21 世纪高等院校

生命科学哲学概论

曾　健 编著

科 学 出 版 社
北　京

内 容 简 介

生命科学哲学是生命科学与科学哲学交融的新兴学科，其研究的对象是生命科学的理论本质与方法特征、科学哲学对生命科学的解读方式以及生命的本质和价值。生命科学哲学是当代科学技术哲学的重要组成部分，它致力于促进生命科学实现新的理论大综合，并在对生命真谛的认识中寻求科学理性与人文精神的统一。

本书由生命科学论、生命科学哲学形态论和生命意识形态论三个理论模块组成，可作为高等学校生命科学类各专业的选修课程教材，理、工、医、农类专业的哲学素质课程教材和哲学类专业的科技哲学课程教材；亦可供自然科学、哲学、社会科学和跨学科研究者参考。

图书在版编目(CIP)数据

生命科学哲学概论／曾健编著．—北京：科学出版社，2007
21世纪高等院校教材
ISBN 978-7-03-019859-4

Ⅰ．生…　Ⅱ．曾…　Ⅲ．生命哲学-高等学校-教材　Ⅳ．B083

中国版本图书馆CIP数据核字(2007)第135644号

责任编辑：丛　楠／责任校对：刘小梅
责任印制：张　伟／封面设计：陈　敬

科学出版社出版
北京东黄城根北街16号
邮政编码：100717
http://www.sciencep.com
北京厚诚则铭印刷科技有限公司 印刷
科学出版社发行　各地新华书店经销

*

2007年8月第 一 版　　开本：B5 (720×1000)
2023年1月第四次印刷　　印张：19 1/4
字数：388 000

定价：69.00元

(如有印装质量问题，我社负责调换)

前　　言

——一个生命科学哲学追溯者的心路历程

本书既是编著者主持的2004年国家社会科学基金项目“基于生物多样性和生态安全的生物学哲学研究”构建理论平台转化的初步成果，也是编著者多年来从事自然辩证法、自然科学史、科学技术哲学等课程教学心得的积累，还是近期在开设生命科学哲学课程中的探索与思考。

在上大学之前，最让我醉心的是数学和物理科学，甚至在后来成为生物系学生的初期还常常心怀一种不甘心的情结，误认为生物科学不在人类智力皇冠的明珠之列。随着学习的深入，一方面震撼于神奇的生命世界是如此的千变万化和引人入胜，另一方面也困惑于生物科学课程和概念是如此的门类繁多和千差万别。此时，最令我着迷的问题不是书本上的概念和理论本身，而是这些概念和理论究竟是怎样被生物科学家们弄清楚并且不断变化发展的？最令我着迷的不是我所学专业课程中的具体问题，而是究竟怎样才能在整体上跨越我学习中所涉及的不同领域（如植物、动物、微生物）、不同层次水平（如分子、细胞、组织、器官系统、个体、生态系统、生物圈）、不同方法（形态观察、物理化学实验、生物数学）之间在观念、知识和方法上的断裂？从本科生的角度，我朦胧地感觉到这种桥梁和纽带的功能需要生物学与哲学的结合，殷切期望今后在生命科学的教学体系中能够安排一门叫作“生命科学思想史”或“生命科学方法论”的课程。

清华大学从理科学生中培养哲学教师的做法的推广，使我大学毕业留校任教后开始从生物科学走进了自然辩证法和哲学这个思维更为广阔的新天地。在广州华南师范大学和后来北京中国人民大学的进修学习过程中，最令我着迷的问题已经从“生命形态的具体结构和功能”扩展到“天体－地球－生命的起源与进化”，从“生物科学的历史、理论与方法”延伸到“对自然科学体系中不同科学门类的历史、理论与方法的哲学把握”，特别是对科学家与哲学家之间在考察研究对象时所运用的思维方式和表述方式“为何”、“如何”、“相同与不同”的思考。在今天看来，这些都是我追溯生命科学哲学过程的重要动因，也是理解和构建生命科学哲学理论平台所必需的背景框架、桥梁和纽带。

北大未名湖畔是一片科学思想的绿地与人文精神的家园。我有幸作为学子在这里攻读研究生，这是我追溯生命科学哲学历程的开端。在生命科学学院里，我有幸认识了一些国内生理学、细胞学、遗传学、分子生物学、生物化学、生物进化论等领域中的著名前辈和翘楚，在他们座下聆听教诲，不但使我研究生命科学的信心倍增，而且使我萌生了研究生命科学哲学的愿望。陪同美国哈佛大学科学史系博士生 W. Hass 做洛克菲勒基金和富布赖特基金资助的中国早期生物学史研究采访，就是这一愿望的最初实践。以“生命有机体自稳态机制”为题的学位论文研究也是神经生理学与哲学相结合的阶段性尝试。在哲学系的科学与社会研究中心里，国内著名的哲学家们组织和指导我们进行了以“遗传学和百家争鸣”为题的研究，这项受到国内外科学和哲学界关注的研究成果于 1996 年在北京大学出版社问世。

作为教师，在博士生、硕士生和本科生课程教学中，我常常尝试结合相关教学环节适当穿插生命科学哲学的思想内容，但是却又每每觉得这样做总是有“原则加例子”之嫌，因为生命科学哲学毕竟是一个学术思想体系而绝非实例的总和。思之再三，决定斗胆编著一本名为《生命科学哲学概论》的教材，并开设一门这样的课程。

教材的编撰与个人发表学术论文、学术专著的不同，主要在于：论文、专著代表的是个人的成果，其范围相对有限并且可以带有一定的争议性；而教材要概括国内外学术共同体在某种程度上的共识，必须具有一定的权威性。因此，我个人编写这本教材的首要前提是必须能够得到我们这个领域的国内学术共同体——中国自然辩证法研究会生命科学哲学专业委员会同行专家的支持和帮助。事实上，我们这个学术共同体从 20 世纪 90 年代中期就开始每年编辑《生物学哲学文集》，进行内部的学术交流。其中，华南师范大学董国安教授、中国社会科学院哲学研究所胡文耕教授和北京师范大学李建会教授都曾出版过自己的生物学哲学和生命科学哲学方面的专著。在 2005 年的学术年会上，我谈了编写教材的想法，得到各位同行的热情帮助与有力支持。随后，他们把自己的专著寄给我，这成为我在生命科学哲学课程教学和教材编写中重要的参考和引用材料。此外，中国医学科学院/中国协和医科大学生命伦理学研究中心翟晓梅教授也把其编著的北京市高等教育精品教材《生命伦理学导论》（清华大学出版社，2005 年）送给我，为我编写教材提供了宝贵的参考和引用材料。若没有生命科学哲学界各位专家学者的支持，本教材就难以在短期内编成。每念及此，我就总觉得感激之情难以言表！

本教材的功能仅仅是呈现编著者所理解的框架式理念和背景知识平台。对于登堂入室来说，虽然这只是阶梯，但却是不可或缺的。

生命科学和科学哲学二者都是博大精深的理论领域，涉猎在这两个领域中交叉渗透的生命科学哲学的确是一项非常冒险的工作！加之本书编著者由于自身学识水平以及精力有限，可以想见书中错误和疏漏在所难免。此外，为了保证所阐述内容的精确性与权威性，本书在编写过程中不可避免地做了较多借鉴和引述，其中有一些是经过编著者消化和理解后的阐释，故未注明原始文献出处。

一滴水只有汇入大海，才永远不会干涸。本书编著者追溯生命科学哲学的历程仅仅是一个开始，任何一门课程的教材建设都是一个长期的和集体的事业，需要教师和同学的共建努力。

编著者在此恳请生命科学界、科学技术哲学界和人文社会科学界的有关专家学者以及高校文理科各位阅读、使用本书的老师、同学和读者朋友对本书给予谅解、赐教与指正！

在本书即将付印之时，谨向北京大学生命科学院蔡益鹏教授、北京联合大学应用文理学院原院长葛明德教授、北京大学图书馆原馆长潘永祥教授、云南大学图书馆卜彤教授以及冯宇博士、叶东海博士、杨雪博士、阮东彪博士、卢照忠硕士、杨雄硕士、徐良中硕士、车轶硕士、陈普硕士、王晓姝硕士表示衷心的感谢！

感谢科学出版社甄文全博士和卜新博士在本书的写作与编辑校对过程中提供的宝贵建议和付出的辛勤劳动。感谢云南大学为本书的出版提供了资助。

谨向各位关心和支持本书的各位师长和朋友致以衷心的谢意！

曾　健

2007 年 5 月于云南大学

目　录

上篇　生命科学论

中篇 生命科学哲学形态论

下篇 生命意识形态论

绪论 谱写生命科学与科学哲学交融辉映的新篇章

——把握生命科学，理解生命本质，尊重生命价值

0.1 本书编著者与读者的虚拟对话——全书导读

一本名为《生命科学哲学概论》的新教材奉献在读者的面前。在眼下这个知识信息爆炸、新书如潮汹涌的时代，有限的时间和精力使得读者在决定买什么样的书（或者是学生在学校里决定修什么样的课程）之前，不能不先做一番考量和选择。编著者与读者之间能否实现心灵上的对话和沟通，往往是进行考量和选择的重要内容。先花几分钟的时间浏览一下本书的导读，或许能对您做这个决定有所助益。

读者：什么是“生命科学哲学”？它的初衷是什么？

编著者：简言之，所谓生命科学哲学就是关于生命、生命科学和生命价值的科学哲学观念体系。生命，是自然界物质演化发展到特定阶段后出现的一类具有特异性的、高度组织化的和有序化的系统存在方式。从出于自然的对生命的赞美和敬畏，到发自理性的对生命真谛的探寻，有史以来一直是人类所追求的最崇高的目标之一。生命的真谛包含知识层面的奥秘和观念层面的真义。生命科学面对的是客观的生命现象和过程，其目的是探索关于生命的机制与规律的知识体系（揭示生命的奥秘）。生命科学哲学面对的是属于认识领域的生命科学，它的初衷有三：其一是尝试对生命科学领域中各门学科及其成果作统一理解；其二是尝试为促进生命科学领域中实现突破性进展并实现新的理论大综合提供一种思维方式上的桥梁和纽带；其三是尝试在生命科学认识的历史和前沿成果的基础上，为提升人类关于生命的本质和价值的观念境界（解读生命的真义）铺垫一个新的知识平台和理论框架。

读者：生命的奥秘是如此的博大精深，变幻莫测，生命的真义更是众说纷纭，莫衷一是。生命科学哲学产生和存在的理由是什么？它有哪些与一般生命科学教材和普通哲学教材不同的特点？

编著者：自古以来，人类对自然奥秘（生命是自然奥秘之最）的探索有神

话、宗教、哲学、文学和科学等各种不同的意识形态。这些意识形态之间，又有着彼此相互区别的认识纲领或范式（出发点与归宿、方法规则和语言构架）。近代以来，人类认识自然最主要的途径是科学，近代科学的诞生是人类进入理性社会的重要标志之一。科学是以实验和逻辑为主要手段探索自然奥秘的活动，是追求主观认识与客观实在相符合的认识过程。科学区别于其他意识形态的核心精神是“实事求是”或“求真贵确”，这是与建立在科学活动及其成果的可观察性、可操作性和可验证性基础上的思维的合规律性、可推导性不可分割的。正是基于上述特征，科学从非科学的认识形态中分化出来；以科学及其发展规律为考察对象的科学哲学从以纯粹思辨为特征的传统哲学中分化出来；以生命和生命科学的特殊性为考察对象的生命科学哲学也同以非生命现象的普遍性和规律性为考察对象的物理科学哲学区别开来。生命是自然界物质运动中最复杂和奇妙的系统形式，生命科学是自然科学中的后发科学。以生命的多样性和生命科学的特殊性作为研究对象的生命科学哲学理应是最贴近人类生存与发展中人文精神需求的学科。对人类来说，没有什么比生命更珍贵，也没有什么比珍视生命的价值更重要的了！如果丧失了生命，就算赚得了整个世界又有什么价值呢？生命科学哲学值得一读的理由（或许是其他教材所不能替代的内容）有三：其一，它与一般重在阐述知识性原理的单维度教材不同，本书在对“生命—生命科学—生命科学哲学”做全景透视中以结合“学科形态—代表性理论—代表性著作—代表性人物”的线索为框架，重在突出其中哲学思想观念的演化；其二，在科学理念和研究方法及哲学的世界观画面上，它梳理了生命科学系统内部的区别与联系以及生命科学与物理科学之间的区别与联系，本书尝试提出了“开放的复杂巨系统框架下的并协论”的研究策略；其三，以生命科学为依托，它探讨了生命意识形态中的诸如生命在未来存在与演化的自然方式与人工方式等若干人类文化当前聚焦的敏感问题，并以在“对生命真谛的认识中寻求科学理性与人文精神的统一”作为全书的逻辑终点。诚然，作为一本《生命科学哲学概论》，它只是生命科学哲学理论领域中的沧海一粟。它不应该，也不可能是对上述问题的标准化解决。它只是期望读者能通过对它的理性批判和扬弃进而登上更高的理论台阶。

读者：这本书的思想主线和逻辑结构是什么？怎样阅读和把握？

编著者：本书的思想主线是三个特殊性之间的内在逻辑联系：“生命的特殊性——生命科学的特殊性——生命观念的特殊性。”生命的特殊性主要是指生命个体和物种在结构、功能、存在、发展和演化方式上的非均一性、历史性和多样性；它既是生命区别于非生命、生命科学赖以存在并区别于非生命科学的逻辑前提，也是生命科学哲学观念区别于物理科学哲学观念的理论依据。生命在发生和存在意义上是具体的和历史的。只有承认每一生命个体和物种都具有不可重复、不可替代的独特价值，我们才有珍惜生命价值和敬畏生命尊严的充分理由。生命科学的特殊性主要是指它在研究纲领上的目的性、学科范畴体系上的非均一性、学科研究方法上（还原方法与非还原方法）之间的互补性以及生命规律表现形式的特殊性。它是生命科学的自主性以及它与物理科学之间的不可替代性和互补性的前提与基础。生命观念的特殊性主要是指生命科学为人类提供了另一种与以经典物理学决定论为核心的、传统的世界观和方法论不同的非线性复杂系统的世界观和方法论。它在系统、信息、自组织、涌现性、耗散结构、超循环等核心观念互补的基础上，勾画出一种新的观念体系。

本书由一个绪论（全书思想逻辑关系的系统集成）以及生命科学论、生命科学哲学形态论和生命意识形态论三个分论组成。三个理论模块之间既有内在逻辑关联又有一定相对独立性。本书第一个逻辑层次是生命科学论：一是从内部梳理生命科学研究纲领的变换、知识的增加、观念的更新、领域的拓展和形态的更替；二是从外部梳理生命科学与物理科学的相互关系。它试图通过这两个梳理树立起生命科学的整体形象。本书第二个逻辑层次是生命科学哲学形态论，这是全书的理论硬核。它主要述评了生命科学哲学中经典、现代的理论形态和代表人物以及当前“自主论与分支论”的争论。本书第三个逻辑层次是生命意识形态论，主要介绍生命的科学观、价值观、伦理观、美学观、社会观等方面的内容。

生命科学哲学的一个显著特点，也是它与生命科学或其他科学领域中传统教材不同的地方，就在于其自身领域固有的跨学科性与争议性。这是一门正在经受着生命科学与科学哲学两个领域发展的冲击和检验，同时也正在经受着社会主流意识形态在认同过程中的批判性检验的新兴学科。“百家争鸣”向来都是推动科学发展的动力和学术兴旺发达的标志。因此，对于生命科学史和生命科学当代前沿热点的争议性观点，请读者在本书的阅读或教学使用过程中做出自己的判断。本书采取以广义的科学哲学（PS）的理论模式为核心兼容自然哲学（自然辩证法）的叙述原则和构架方式。在叙述上以问题为先导和各篇章之间过渡的纽带，在每一章开始都列出核心理念，在每一章之后都有简要小结，并给出复习思考题。

本书的总体目标，是希望能为读者提供一个关于生命科学哲学的理论历史与前沿动态的思维方式的演化框架和知识平台。这一跨学科的知识和观念结构，意在弥合当前生物学单一系列教材或哲学单一系列教材之间科学知识与哲学理念之间的断裂或缝隙。意在对生命真谛的认识中寻求科学理性与人文精神的统一，以上实为当代高校文理学科培养复合型创新人才的理论素养所必需。哲学是提问题的学科，本书中所出现的问题肯定比它所能回答的问题要多得多。

0.2 生命科学哲学的研究对象、学科内涵和理论目标

0.2.1 生命科学哲学的外部规定性

要回答“什么是生命科学哲学”这个问题，首先要找到生命科学哲学区别于

生命科学和一般哲学的特殊的外部规定性，也就是说首先要回答“什么不是生命科学哲学”。其一，在非生命科学哲学专业领域的人看来，“生命科学—哲学”之间是直接相通的，并不存在作为中间层次的“生命科学哲学”。长期以来，要么研究生命科学的人简单地把生命科学的研究成果戴上各种“哲学帽子”；要么研究哲学的人简单地把某些生命科学研究的成果作为证明自己哲学观点的具体事例。这样，生命科学哲学就失去了它学科的外部规定性，失去了它作为一个专门研究领域的独立学术空间。其二，在“生命科学—生命科学哲学—哲学”的链条中，作为链条两端的生命科学与哲学的区别远较生命科学与生命科学哲学或生命科学哲学与哲学的区别来得容易。在这里，重要的是生命科学与生命科学哲学的区别，这里绝非是仅仅能用思维抽象程度上的“特殊与一般”的关系一言以蔽之的。目前，生命科学的成果文献数量高居当代各门自然科学研究之榜首，然而上升到生命科学哲学层面的研究成果却与之相形见绌。固然，离开了生命科学的生命科学哲学只能是无源之水和无本之木，可是离开了生命科学哲学的生命科学也只能是支离破碎的无魂之体。生命科学哲学应该是“后生命科学”或生命科学的“形而上学”，因此它应该有与生命科学在研究对象、范畴体系和理念规范上的相对区别。生命科学与生命科学哲学之间的关系表现在：“生命科学哲学应该阐述生命科学的结论并加以解释，但是科学证明不了用于解释这些科学结论的哲学观念的真实性，至多它也不过是能够证明哲学与真实的相似罢了。”① 是否具有生命科学和哲学不能取代的独特的理论功能，是生命科学哲学能否成为介于生物学与哲学之间的一个中间层次的先决条件。

0.2.2 生命科学哲学的内部规定性

生命科学关注生命现象过程与机制的知识，生命科学哲学则关注对生命现象的过程与机制的观念。生命科学的目的是解释生命现象，而生命科学哲学的目的则是对生命科学关于生命现象的解释进行合理性的追问与批判。具体表现在：

第一，生命科学哲学的理念对生命科学的新探索提供一种方向、方法、框架、语境和话语系统的支撑。

第二，生命科学哲学为融会贯通生命科学各领域和各层次之间研究成果，为寻求生命科学理论成果之间的内在一致性提供思维工具。

第三，生命科学哲学是生命科学与哲学之间的中介、桥梁和纽带，是哲学观念发展的重要源泉。

---

① ［法］让娜·帕郎-维亚尔．1987．自然科学的哲学．张来举译．长沙：中南工业大学出版社．24

0.2.3 生命科学哲学的理论目标

生命科学提供了一幅关于生命的七巧板拼图的基本元素、基础细节、构成规则、全部过程和机制。而生命科学哲学的理论功能则在于：

第一，为我们提供这幅拼图内部多样性统一的原则，帮助我们看懂这幅拼图内部各部分信息之间的内在联系。

第二，帮助我们看懂隐藏在这幅拼图画面背后的真义。

第三，让我们看懂这幅拼图的瑕疵和价值。

第四，让我们知道这幅拼图该如何继续画下去。

第五，澄清生命科学中原有“规律—概念—理论”的真义。

第六，论证生命科学研究纲领、解释原则和语言框架的合理性。

第七，寻求对生命科学各分支领域的研究成果作理论综合的途径。

第八，审视生命科学领域中新发现的科学价值与哲学意义。

第九，判断生命科学前沿突破可能的方向与道路。

第十，思考生命科学与其他学科领域之间的关系。

第十一，思考生命的本质与价值以及生命科学的社会责任。

0.3 生命科学哲学的价值

价值是衡量客体满足主体需要及其程度的尺度。要回答生命科学哲学的价值，首先要确定它满足主体需要的领域及其功能。

生命科学与生命科学哲学是满足人类生存与发展中物质与精神两类不同需求的学科。生命科学提供的是满足人类物质性需求的知识体系，它的价值在于这些知识的具体实用性。生命科学哲学提供的是满足人类精神性需求的观念体系。在对生命和生命科学的认识过程中，生命科学哲学是一套整理知识和发现意义的原则、纲领和模式，是关于如何发现问题和提出问题的学问，是构成生命科学新发展的思维空间、桥梁和纽带。

参照罗素的看法，生命科学哲学的价值表现为：

第一，有利于人们摆脱只考虑生命物质性需求的“现实”束缚。在生命的意义世界中，为心灵提供食粮。在生命的世界中，心灵的运行所需要的东西至少也是与机体的活动需要的东西同样重要。研究生命的人、研究生命科学的人都需要观念的滋养作为心灵的食粮。罗素说，“只有在心灵的食粮中才能够找到哲学的价值；也只有不漠视心灵的食粮的人，才相信研究哲学并不是白白浪费时间。”

第二，有利于人们找到生命科学知识之间的内在关系，形成对生命科学不同层次、不同领域的知识的统一理解，为它们形成一个整体性的理论系统提供桥梁与纽带。

第三，有利于通过对特定科学知识背景下形成的成见、偏见和信仰的不断批判而不断推动科学知识背景与科学观念系统的新陈代谢。

第四，熟知并非真知，生命科学哲学的反思，能够为生命科学的研究提供一种不确定性的发展空间。让人们看到任何生命科学知识都是绝对性与相对性或确定性与不确定性的统一。生命科学哲学的重要价值之一，在于能够在人们确信不疑之处指出其各种可疑的可能性。这是使得科学不断冲破思想的牢笼，永葆青春的精神源泉和动力。

第五，生命科学哲学的价值，并不在于它能够对生命过程中的种种问题提供明确具体的答案，而是在于能够针对这些已有的答案提出新的问题，而这些新问题能够对我们获取更新的答案提供思维空间（扩充我们对于一切可能事物的概念）、提供启发丰富我们心灵方面的想象力、克服具体观察和实验的局限性而直接透析生命的整体本质、并减轻由于习惯性思维或教条式的自信对心灵思考能力的禁锢。①

0.4 生命科学哲学的研究与学习方法

0.4.1 当代生命科学的研究途径

对“消解”与“构建”的不同关注，是哲学中的后现代派与现代派的分野之一。当代生命科学哲学始于从达尔文开始的生物学哲学，它同样面临着对往昔的传统生物学哲学的批判性“消解”与对当代生物学哲学的创造性“构建”问题。不破不立，只有立得住，才能破得掉。当代的生命科学哲学要能够立得住，不但首先需要其理论在生命科学的层面上是以经得起检验的成果为基础的概念升华，而且需要其理论在当代生命科学哲学的层面上具有更广泛的包容性和更高的思想境界。当代的生物学哲学的构建的几条可能的途径是：

（1）对生物学的研究范式转换的历史发展做系统梳理。比如“博物学范式”—“实验生物学范式”—“理论生物学范式”等。

（2）对生物学哲学史上的不同思想观念争论的发展史做系统梳理。比如机械论（mechanism）与生机论（vitalism）、预成论（preformatism）与新生论（epigenesis）、机体论（organismic theory）与记忆论（mnemic theory）等。

（3）对当代生物学发展前沿（分子水平—细胞水平—机体水平—生态系统水平—生物圈水平）的实践难题做理论回应。

① ［英］罗素．2004．哲学问题．何兆武译．北京：商务印书馆．128

0.4.2 生命科学哲学的学习方法

（1）掌握生命科学哲学研究对象层次之间的内在的逻辑联系：生命现象←生命科学←生命科学哲学。

（2）掌握生命科学哲学的学科内涵：处理生命与非生命的关系、生命科学内部各分支领域学科之间的相互关系、生命科学与物理科学（包括天文、地质、化学等非生命科学学科）之间的相互关系、生命科学的知识层面与观念层面之间的关系。

（3）掌握生命科学哲学理论发展的主轴线：生命现象的特殊性→生命科学理论与方法的特殊性→生命科学哲学的论域与论题的特殊性。

（4）熟悉生命科学史：生命科学哲学的理论来源于对生命科学的历史和方法研究的统一：由史引论，史论结合，历史与逻辑相统一。

（5）熟悉科学哲学的理论方法：生命科学哲学的理论背景框架是现代科学哲学和技术哲学，本书采取以广义的科学哲学（PS）的理论模式为核心兼容自然哲学（自然辩证法）的叙述原则和构架方式。

（6）关注生命科学和科学哲学中的重大进展趋势，关注生命科学和科学哲学中的重大理论和实践问题的聚焦点。

（7）对生命和生命科学的“知道”和“理解”之间有着本质性的区别。本书（课程）不是知识和操作性质的课程，而是思想观念性质的课程。因此，学习的方法不是背诵和记忆，本书（课程）的要旨不是知识性的“知道”，而是观念性的“理解”以及哲学性的追问与反思。

本章小结

“生命科学哲学是关于生命、生命科学和生命价值的科学哲学观念体系”。这个命题提示：①研究对象的范围是生命的自然层次、科学层次和哲学层次之间的内在逻辑递进性；②研究与表述的方法是观念性的“理解”以及哲学性的追问与反思；③研究的归宿是哲学观念体系。

生命科学哲学的理论目标是：①尝试对生命科学领域中各门学科及其成果作统一理解；②尝试为促进生命科学领域在整体上实现新的理论大综合提供思维方式上的桥梁和纽带；③尝试为提升关于生命的本质和价值的观念境界（解读生命的真义）铺垫一个新的知识平台和理论框架。

掌握生命科学哲学理论发展的主轴线：生命现象的特殊性→生命科学理论与方法的特殊性→生命科学哲学的论域与论题的特殊性。

思考题

1. 什么是生命科学哲学？它的特点是什么？
2. 生命科学哲学的学科内涵和理论目标是什么？
3. 怎样理解生命科学哲学的价值？

上篇　生命科学论

生命科学论是生命科学哲学理论对象的第一逻辑模块，是对生命科学整体形象的理论概述，即是关于生命科学的总观念和总图景的理论。本篇由生命科学的起源、生命科学的演化以及生命科学与物理科学的关系等三章组成。生命科学起源于人类对生命认识的发展过程中三次重大的转折：一是经验传统、操作传统、知识传统和观念传统四大基础之间的融会与整合；二是在知识和观念的传承与分化中神秘传统与经验传统的分离以及思辨传统与实证传统的分离；三是经验传统与实证传统在科学问题框架下的结合——在实证的知识传统中，博物学传统与医学和生理学传统的并协组合。生命科学的演化是指生命科学所经历的前科学形态（以博物学形态为主的生物学）──→常规科学形态（实验科学形态为主的生物科学）──→后科学形态（系统科学与信息科学形态复合的生命科学）的过程。生命科学与物理科学的关系一章，主要讨论两大科学门类之间在学科研究对象、研究纲领和规律范畴形式等方面的联系与区别、交互渗透与融会整合以及演化发展方向。

本篇通过追溯生命科学的思想发展史、学科发展史以及生命科学方法论发展史之间的内在联系，试图探索生命科学的本质及其发展规律，并为促进生命科学各领域实现交叉渗透的新的理论大综合以及生命科学与物理科学和其他自然科学之间实现交叉渗透的新的理论大综合寻求可能的观念突破口与理论途径。

第1章　生命科学的起源

本章主要介绍人类对生命认识的三种初期形态：自然哲学的思辨形态──→博物学传统与“医学—生理学传统”平行发展的“前生物学形态”──→生物学的科学形态。生命科学起源于人类对生命认识的发展过程中三次重大的转折：一是经验传统、操作传统、知识传统和观念传统四大基础之间的融会与整合；二是在知识和观念的传承与分化中神秘传统与经验传统的分离，以及思辨传统与实证传统的分离；三是在实证的知识传统中，博物学传统与“医学—生理学传统”的并协整合。

1.1　生命科学起源的基础传统

1.1.1　“生物学”一词的来源

英国自然科学史家W. C. 丹皮尔（1867—1952）著的《科学史》是一本世界流行的科学名著①。丹皮尔在绪论中写道：“科学可以说是关于自然现象的有条理的知识，可以说是关于自然现象的各种概念之间的关系的理性研究。物理科学的起源可以追溯到对于肉眼可见的天体运行一类自然现象的观察，可以追溯到人们用来增进自己生活的安全和舒适的粗笨器具的发明。同样，生物科学也一定是从动植物的观察以及原始医学和外科开始的。”人类为了生存就必须认识、利用和改造自然（生物与非生物是两大类主要的自然现象），原始人为了充饥需要捕食其他生物，在捕捉动物和采集植物草木的过程中，逐渐积累了分辨动植物的形状、习性、生活史、用途（食用、药用、毒性）等知识，并且作为原始人类的文化遗产世代相传。然而，是否因为人类有了这些生物知识就可以说原始人类已经有生物学了呢？

国际学术界公认的进化生物学权威、美国著名生物学哲学家E. 迈尔（1904—2005）在其名著《生物学思想发展的历史》② 中明确回答了这个问题：“生物学这个词是在19世纪才有的。在培根、笛卡儿、莱布尼茨及康德的有关科学及其方法论的著述中，就只有医学（包括解剖学及生理学）、博物学和植物学（还包括其他内容），而没有提到生物学。”在董国安教授的《生物学哲学》一书

---

① ［英］W. C. 丹皮尔. 1979. 科学史. 北京：商务印书馆. 9

② ［美］E. 迈尔. 1990. 生物学思想发展的历史. 涂长晟等译. 成都：四川教育出版社. 42

中指出了“生物学”一词的来源①：“根据科尔曼（W. Coleman）的考证，生物学（biology）一词出现在1800年一本极不出名的德国医学出版物的脚注中。两年后，德国植物学家特雷维拉纽斯（G. Treviranus）和法国博物学家拉马克（J. B. de Lamarck）分别在自己的著作中对生物学的含义做了规定。实证主义者孔德在19世纪30年代又把生物学说成是实证哲学的一门主要的科学。而在此之前10年，生物学一词的使用就已相当普遍，特别是在英语文献中。”

根据科尔曼的文章②，拉马克给出的生物学定义是：“生物学：这是地球上自然科学的三大分支之一。它包括了一切从属于生命物体的现象，特别是它们的组织，它们的发育过程，来自于生命活动延续作用的复杂性、创造特殊器官以及由于把活动集中而使它们分离的倾向等。”综上所述，由于研究对象运动形式的多样性和层次结构的复杂性，“生物学”并不是发源于一个理论上的逻辑起点，如物理学中的“力”和“相互作用”等在基础概念的演绎中延伸，而是在不同的来源和传统的逐一发生和交叉渗透中，通过归纳的方法逐步走向统一。

1.1.2 生物学来源的四个传统

“生物学”并不是一个逻辑紧密的理论整体，而是由内容广泛、研究策略差别很大的不同研究领域构成的复合结构。这一复合结构起源于经验、操作、知识和观念四种不同的传统。

1.1.2.1 经验传统

人类的生产经验和生活经验是生物学经验传统最基本的两个来源。在这两种经验中，自然观察奠定了生物学早期最重要学科特征的活动方式的逐渐形成。生物学始于人类在生产和生活中对周边动植物的形态和习性的观察。在最早的草纸和洞穴壁画、岩画中就有了人们对周边生命形式的观察、记录、描述和思考。生物学长期给人以观察科学的形象与生物学中形态学的观察方法及其经验传统密切相关。从亚里士多德一直到达尔文，基于经验传统的观察方法，构成了以外部形态观察和分类为基础的博物学形态的生物学。值得注意的是：在生物学史上，正是由于生物学的经验性的自然观察传统，不但导致了生物学传统研究中的精确性与可重显性的严重局限，而且也导致了构建生物学语言表述系统的困难以及歧义性。这不但为日后从观察形态的生物学向实验形态的生物学跃迁埋下了伏笔，而且也为今天生命科学哲学关于重建生物学的解释系统与语言构架问题的重要性做

---

① 董国安. 1998. 生物学哲学. 哈尔滨：哈尔滨出版社. 88

② W. Coleman. 1977. Biology in the Nineteenth Century：Problems of Form，Function，and Transformation. Cambridge University Press，2

了注释。

1.1.2.2 操作传统

对人体和动物的解剖，是生物学中操作传统最早的组成部分来源。与纯粹作为观察科学的天文学不同，生物学需要面对和处理与人类生存和发展的实际问题有关的手段——操作（技术）传统：一是进入文明社会后农业和畜牧业的引种、栽培、驯化和饲养技术；二是医疗和制药技术（有报道推测古人很早就知道开颅的技术和其他外科技术）；三是处理尸体和制作木乃伊的技术。操作传统在生物学形成中不可或缺的作用是：首先，它使得关于生命和生命机体的知识和观念中的神秘莫测的部分与经验的部分得以逐渐区分开来，使得生命机体内部的结构与功能的正确关系得以逐步揭示。其次，它是未来生物实验技术和现代生物高技术或生物工程的传统来源。最后，它是当今科学信奉的操作主义思想原则的传统来源。

1.1.2.3 知识传统

E. 迈尔指出："几千年来，生物学现象是在医学（生理学）和博物学这两个名称之下被总结说明的。"（E. 迈尔《生物学思想的发展》，第 73 页）形态分类学可以视为博物学传统的出发点。根据 L. N. 玛格纳的《生命科学史》，亚里士多德所建立的分类学知识框架是：为了确定动物间的亲缘关系，必定要先研究动物的结构、生活特性、环境、运动形式以及生殖方式。通过研究动物的所有特征，亚里士多德发现了一种研究动物的方法，即以生殖方式作为分类的主要依据，便可以得出令人满意而连续创造物的阶梯。同德谟克利特一样，根据有无红色血液，亚里士多德首先把动物划分为两大类群，相当于脊椎动物和无脊椎动物。在亚里士多德的著作中可以找到起源于希腊语"形式"一词的"属"和"种"这两个重要的术语。亚里士多德认为，生物的繁殖有自然发生、无性生殖和有性生殖等三种主要的形式。自然发生论一直到 17 世纪仍然很流行，并且在 19 世纪还再次以不同的形式登台表演（L. N. 玛格纳：《生命科学史》第 46—49 页）。生物学的博物学知识传统由此可见一斑。

此外，与医学密切相关的生理学提供动植物各种组织、器官和系统的功能（它被迈尔视为功能生物学，主要回答"怎么样？"的问题）方面的知识。

1.1.2.4 观念传统

神秘观念传统：主要表现于神话和原始宗教中。神话，是人类文化观念史中继语言产生之后最早出现的一类意识现象。它是远古时代人类对世界的起源、自然现象及社会生活的初始理解并以故事和传说的方式世代相传。文化人类学家认为，神话和原始宗教早在距今 15 万—10 万年前的欧洲远古尼安德特人时代就存在了。在尼安德特人的墓葬中发现的人工制品表明，早期人类是相信来世的。我们今天能看到的神话文本包括西方的《神谱》、《荷马史诗》和中国的《山海经》、《淮南子》。宗教是神话的系统化和理论化的延伸，从拜物教到多神教再到一神教，由氏族图腾崇拜到民族宗教再到世界性的宗教。在神话和原始宗教中最核心的观念始终是人类关于生命的起源和终结的神秘性观念、期望超越死亡和生命永恒的神秘性观念。梁漱溟先生曾说过一句很耐人寻味的话：如果世界上人没有死这回事，那么任何宗教就都没有存在的价值了。古代人类对死者的礼遇也表明，古人相信超自然灵魂的存在，并且试图与之交往和利用其影响。关于生命的神秘观念传统也表现在古埃及人的医学和解剖学以及木乃伊的制作中。

思辨观念传统：见 1.1.3 节中的阐述。

经验观念传统：主要表现于农业、渔业和畜牧业的历史发展中，本书不做专门论述。

1.1.3 生物学与生物学哲学在古希腊自然哲学的发展中同源共生①

恩格斯说："在希腊哲学的多种多样的形式中，差不多可以找到以后各种观点的胚胎、萌芽。因此，如果理论自然科学要追溯自己今天的一般原理发生、发展的历史，它就不得不回到希腊人那里去。"

当古代自然科学刚刚处在萌芽阶段，还没有形成独立的、系统的分门别类的知识体系之前，一切有关自然的知识差不多都包含在一种从整体上对自然界进行思辨研究的普遍性命题的自然哲学学说之中。这种自然哲学的思想传统与主张超自然力量创造自然和生命的神话和宗教思想不同，它在总体上是用某种或某几种感性实体的运动变化来勾画自然界万事万物产生变化的生动活泼的画面。在思想方法上，它是对千差万别的自然现象进行追本溯源，试图寻找"万变中之不变"，以此来作为自然的本原和统一的基础，并由此解释包括生命在内的宇宙万物产生和发展。这种哲学思维方式的特点，是从感觉的直观出发，从整体上对自然界的本质与规律做抽象的思辨，从自然界的某种或某几种具有固定形体的实物中，在某种特殊的结构中来寻求自然界的统一，因而具有质朴性、思辨性、猜测性。它的优点是认为构成世界的本原（包括生命的起源）都处于运动、变化、发展之中；它看到了自然界相互联系相互作用的不同方面，并把它们之间的对立统一看作自然界万物变化发展的动力。它的局限性是不能对自然界物质运动（包括生命现象）多样性的说明提供具有重显性的证明和检验，或者说自然界万物的产生、变化和发展及其多样性统一的具体机制、过程和细节不清楚。而这正好是后来产

---

① 本节的编写参考和引用：［美］洛伊斯·N. 玛格纳. 2002. 生命科学史. 李难等译. 天津：百花文艺出版社；吴国盛. 2002. 科学的历程. 北京：北京大学出版社

生的科学知识形态与之相区别的根本前提。

希腊自然哲学与自然科学的始祖：米利都的泰勒斯（Thales of Miletus，约公元前 640—前 546）

泰勒斯是古希腊第一个自然哲学家，他的"宇宙论"认为，水是宇宙的本源，世界万物都起源于水。虽然它不能与现代生命科学关于水与生命的起源和存在条件关系的理论相比，但这种天才的哲学猜测毕竟为后代科学的发展提供了思维的原点和扩展的空间。

希腊生物学哲学传统的启蒙者：阿那克西曼德（Anaximander，公元前 611—前 547）

在埃及人和巴比伦人认为组成世界的基本元素是水、土、气的基础上，他增加了第四个元素"火"以及在质上是不确定的且在量上是无限的原初物质"无限者"，设想在冷和热的作用下，这种原初的物质变化生成水、土、气、火四种元素。L. N. Magner 在《生命科学史》中写道："阿那克西曼德的理论甚至能解释生物的发展。随着太阳使土地变暖，土地发起泡沫，并进而产生出各种动物来。第一种生物是鱼，它是在水占统治地位时形成的。随着分离过程逐步发展，出现了干旱的陆地，一些像鱼一样的生物到陆地上来生活，并随着地球上条件的变化而变化。甚至连人也是从比较低级的生物中进化而来的……虽然阿那克西曼德有时被列为进化论的先驱，但他并不相信生物的变化总是按一个方向前进的。恰恰相反，他认为变化是循环的，因而他认为导致元素分离的动力以及我们现在所理解的生命进化能够周期地翻转，而原始的混沌状态可能再一次出现，并占统治地位。"

从以上这一段历史性的记述中，我们可以清晰地看到关于生命的哲学思想观念与关于生命的科学知识之间的内在联系：

（1）阿那克西曼德的理论是一种关于生命起源、进化和周期性演化的抽象观念的哲学思想，而不是关于生命的起源、进化和周期性演化的具体知识的科学理论。正如 L. N. Magner 总结的那样："他的理论即使有些天真，但毫无疑问，是极富于创造性的。他的自然观是古人关于自然描述中最富于想象力和总括性的。"

（2）这种理论的前提是朴素的自然唯物主义的，因为它既没有诉诸于超自然的解释，也不是纯理念的思辨，而是从思考自然界客观现象之间的联系入手。

（3）外环境条件的变化与生命起源和生物进化之间的关系，生物进化中由简单到复杂、由低级到高级的观念，生物进化中的非直线性、多样性、周期性以及生命中循环机制的观念。这些都是对于未来整个生物学哲学和生命科学的发展具有奠基性影响的思想观念。

希腊生物哲学思想的探索者：米利都的阿那克西米尼（Anaximenes，约公元前 550—前 475）

L. N. Magner 写道："阿那克西米尼似乎已经认为宇宙中的空气好比是人类肉体中的灵魂。阿那克西米尼哲学中蕴含着的概念是：人和世界的其余部分一样，是由同样的本源塑成的，因此，一些相似的原理必定同时适用于二者。他的基本假设——形成某种事物的原始材料数量的变化决定这种事物的形式——可能对赫拉克里特和其他哲学家都很有影响。"透过这段历史的叙述，我们似乎可以联想到生命过程中的化学机制（氧气的作用的确相当于肉体中的灵魂），特别是生命物质与非生命物质在基础构成和规律上具有某种统一性的哲学猜测，这对于后世生命科学研究有启迪作用。

地质生物学的始祖：科洛丰的色诺芬尼（Xenophanes of Colophon，约公元前 560—约前 478）

L. N. Magner 写道："色诺芬尼认为一切事物（包括人类在内）都起源于水和土。他注意到了陆地和海洋在过去曾经互换过位置，并且将来还会再次发生这样的变化。化石的证据支持了他的看法。因为许多贝壳是在内陆、山脉、苏黎世的采石场和其他地方发现的。他认为，陆地曾被污泥所覆盖，当污泥干燥时，于是就留下了鱼和海洋动物的压痕。米利都学派的哲学家虽然也描述过万物（包括生物在内）是由泥土产生的，但没有运用过像化石这样的自然界的事实来作证。"这段历史的叙述不仅使我们看到了自然哲学的猜测性与自然科学的实证性之间的内在统一，而且使我们找到了化石研究——这一在生命起源和生物进化的研究中具有发现事实与鉴别真伪关键性作用的科学方法的起源。

生命辩证思维的开拓者：爱非斯的赫拉克利特（Heraclitus of Ephesus，公元前 556—前 469）

L. N. Magner 认为："作为赫拉克利特体系基础的主要前提是：自然界的一切变化都受某种规律的支配，并且保持着平衡。这种平衡就像存在于人世间的商业交易一样，也存在于宇宙的变化之间。"按照现代生命科学的观点来看，生命体内各种物理和化学过程之间的平衡、物质代谢与能量代谢之间的平衡、生命体内各器官、系统功能之间的平衡、生命体与外环境之间的平衡……无一不在证明着：平衡不仅是生命的基本特征，同时也是生命科学中的基础规律和生命科学哲学中的基本观念。

科学理性传统思维空间的开启者：萨摩斯的毕达哥拉斯（Pythagoras of Sámos，约公元前 582—前 500）

毕达哥拉斯以其对数和量的伟大思想创立了科学史上一种最强有力的理性传统——“数的和谐”理论与“宇宙和谐”理论。这种理性传统不仅影响了后世科学研究中从哥白尼、开普勒、牛顿到爱因斯坦和玻尔等一代又一代的物理科学巨星，而且也影响了后世生命科学研究中的生命物理学观、生命数学观和生命信息学观。

生物学与生物学哲学经验传统的探索者：克罗托内的阿尔克梅翁（Alcomaeon of Crotone，鼎盛时期约公元前 500 年）

L. N. Magner 写道：“据说阿尔克梅翁是第一个以真正的科学精神从事解剖学研究的科学家。就是说他是为了研究学问，而不是为了用动物的预兆作占卜而进行动物解剖研究的。他曾经使用发育中的鸡胚进行研究，这种方法在以后的几千年中成了标准的胚胎学研究的榜样。在他著名的发现中有联系大脑和眼睛的视神经和耳咽管。这些发现曾一度被人遗忘，直到 16 世纪才由尤斯德丘斯（1520—1574）重新发现。阿尔克梅翁企图通过对生理学的研究了解感官知觉过程的性质。德奥弗拉斯特写道，在那些认为不同物种有不同感觉的人中，阿尔克梅翁是第一个理解人与动物间差别的人。他认为，只有人是一种有理解能力的生物，而其他动物‘只能觉察而不能理解’。”解剖学是认识各种生命形式结构与功能关系的基础。

以上这段历史的叙述告诉我们：

（1）科学与非科学之间区别的一个重要的分界在于不同的研究目的——阿尔克梅翁是为了研究学问而不是为了用动物的预兆做占卜而进行动物解剖研究的。

（2）关于生命的科学与关于生命的哲学之间区别的一个重要的分界在于是具体知识还是一般性观念。例如，“发现有联系大脑和眼睛的视神经和耳咽管”，属于解剖学（科学发现）；理解“人与动物间差别”，属于生命科学哲学（哲学观念发展）。

（3）关于生命的哲学发展从此获得了一个新的更加具有生命力的源泉：来源于从科学实验中获得的经验事实的概括总结，而不仅仅是对哲学观念的证实。

生命自然哲学思想的开拓者：西西里的阿格里根特的恩培多克勒（Empedocles of Agrigentö in Sicily，约公元前 500—前 430）

L. N. Magner 写道：“按照恩培多克勒的看法，（土、气、水、火四种元素的运动）是由爱和恨这两种力造成的。爱的力量使得元素互相吸引，从而创造出新的世界；但一旦恨的力量占了上风，就会使世界分裂。这样在他的宇宙循环论中，宇宙就在创造与毁灭两个阶段之间摆动。虽然恩培多克勯有时被称作达尔文（Darwin）的前驱，但他关于进化的总概念却认为进化并不是单方向直线进行的，而是一个来回往复、摆动前进的系统。”吸引与排斥，是一对最古老的哲学范畴。通过上面这段历史的叙述，在生物学史上，我们看到了这对范畴（爱与恨）在恩培多克勒的宇宙循环论中的体现。

以上这段历史告诉我们：

（1）从阿那克西曼德的“四种元素”理论到恩培多克勒的“两种力量学说”，关于生命的自然哲学思想的抽象程度进入了一个更为深刻和本质的层次——对立统一的生命观。恩培多克勒的进化理论由此获得了更为广阔的理论解释空间，在宇宙循环论的大背景下提出了生物进化的四个阶段设想，并认为在第四阶段，新的生物不再直接从土中或者水中产生，而是通过生殖产生了。

（2）分化与进化之间的不断循环是生命形式的复杂性增加与阶梯攀升的永恒源泉与动力。

著名生命科学哲学家 E. 迈尔写道：“关于四种要素的信念一直延续了两千多年，而关于均质性与异质性的问题在 19 世纪又被动物学家冯贝尔及哲学家斯宾塞提起。”[①] 生物学哲学观念对人类思想影响之深由此可见。

生物学(生理学传统)的先驱者:克拉佐美尼的阿那克萨哥拉(Anaxagoras of Clazomenae,约公元前 500—前 428)

L. N. Magner 写道:“他把基本的元素称为均匀的分子或者叫作‘种子’……每粒种子都有一些能够引起我们感觉的各种性质。”“在消化的过程中,这些‘种子’或‘元素’被分门别类挑选出来,通过物以类聚的自然吸引力分别到达适当的部位,促使身体的各部分生长。”

通过以上的历史叙述，我们可以看到在生物学和生物学哲学起源的博物学传统、医学和生理学传统和哲学传统中，阿那克萨哥拉的思想与阿尔克梅翁的思想属于医学和生理学传统，并且与德谟克利特的原子论观点一样具有鲜明的物理学生命观和还原论的色彩。

生命物理学派与还原论的始祖:德谟克利特(Democritus,约公元前 460—约前 370)

L. N. Magner 写道：“直到柏拉图和亚里士多德的时代，古希腊思维活动的最高成果就要算得上原子学说和希波克拉底的理性医学理论。”原子学说的创立者德谟克利特认为：“人是宇宙的缩影——微观宇宙，它反映了整个宇宙——宏观世界……对于人，就像对于围绕着他的宇宙一样，都是用一种物质的观点来解释的。人是一个包含宇宙各种原子的微观宇宙。甚至人的意识、睡眠、生老病

① ［美］E. 迈尔. 1990. 生物学思想发展的历史. 涂长晟等译. 成都：四川教育出版社. 99

死，都能用原子的性质和原子的丧失来加以解释。”

理性医学与生命伦理学的开创者：希波克拉底（Hippokrates，公元前459—前370）

L. N. Magner写道：“生命平衡学说与希腊的医学有密切的关系。这种学说认为健康的精神寄寓于强健的身体之中，它要求人们经常参加体育活动……希波克拉底确实建立了一种关于疾病和健康的理论。这个理论主要按照恩培多克勒的四要素理论衍生出来。人类，正如宇宙的其他部分一样，也是由土、气、火、水四种元素组成。这四种元素分别与人体中的四种液体相对应，这四种液体是黑胆汁、黄胆汁、血液和黏液。这些混合物的特殊变化，决定了人的性格以及疾病和健康状态。当这四种液体恰当地处于平衡状态时，人就很健康；而当完备的平衡发生偏差时，人则成病态。这种包罗万象却又含糊不清的体液稠度理论直到19世纪还对医学有很大的影响。”

从以上历史叙述中，我们可以看到：关于生命的科学知识、哲学思想和医学理论之间内在的密切关联以及生物学基础知识与医学实践之间的密切关联。在科学史上，希波克拉底高尚的医德为世人传颂。他首创的希波克拉底誓词，每一个将要成为医生的人都要以此为誓。誓词中说：医生要处处为患者着想，要保持自身的行为和这一职业的神圣性。希波克拉底的思想成为后世医学伦理学和生命伦理学的先驱。

博物学思维形式的开拓者：柏拉图（Plato，公元前429—前347）

L. N. Magner写道：“在生物学方面，柏拉图虽然没有直接做过什么研究，但是他的思想影响、指导了后辈科学家的研究。物种和属的概念以及系统分类学的基础，都来自柏拉图探索的永恒观念的形式。”在这里，我们又一次看到哲学具有为生命的探索提供认识工具与思维形式的功能。

兼生物学（博物学形态）与生物学哲学的始祖于一身者：亚里士多德（Aristotole，公元前384—前322）

日本生物学家铃木善次在他的《生物学史话》① 一书中写道：“众所周知，在古希腊时代有一位名叫亚里士多德的学者，一般常被人们称为‘生物学的始祖’……为什么称亚里士多德为生物学的始祖呢？亚里士多德是柏拉图的弟子，曾受过当时的哲学教育，承受了他以前许多学者的知识，加上他进行了大量的观察，记载了许多生物现象，得出了自己独到的见解。他的著作大部分是关于动物方面的……亚里士多德的《动物志》、《动物部分论》、《动物发生论》等书至今仍不愧是优秀的观察记录。例如，书中已记载着鲸鱼是胎生的。但是，他对观察到

---

① ［日］铃木善次．1985．生物学史话．张友栋等译．石家庄：河北人民出版社．2

的现象所进行的独断的解释，现在看来确是完全错误的。尽管如此，在当时还未曾有人积累过这样多的资料。诚然他是发展成现代生物学基础知识的集大成者。一般来说，生物学是解释‘什么是生命’的学问。因而必须了解生物是怎样生存的，尽量掌握生物的真实情况，也就是说，必须正确地从‘观察、记录’着手。如果认为‘观察、记录’是生物学的出发点，那么就可以说，亚里士多德是名副其实的生物学始祖。”L. N. Magner 也写道：“亚里士多德逝世 2000 年后，他的思想依然引起哲学家和一些伟大的自然科学家的兴趣。例如，（诺贝尔奖获得者）德尔伯吕克 M. Dellbruck 最近谈到了他对亚里士多德怀着极大的尊敬。德尔伯吕克充满夸张地说，亚里士多德早在 2300 年以前就预见了遗传学的基本概念——现在则称为由 DNA 进行传递的信息。”亚里士多德在人类从未开发过的认识领域里自由驰骋，他的著作涉及物理科学、伦理学和政治学、逻辑学、形而上学和生物学（博物学和生物学哲学）。“在哲学著作中，亚里士多德以两种身份出现：一是理论家和逻辑学家的身份；二是观察家的身份。他深深懂得自己是在一个还没有人开发过的领域里开拓，因此他告诫自己的学生们要信赖自己的观察，而不是他的话。柏拉图认为‘形式’或‘理念’只存在于理性世界中。亚里士多德吸取了这种高度抽象的理论，并把它用来指导对自然的研究。对于亚里士多德来讲，‘形式’或‘理念’是存在于自然界中的，它并不是超脱自然界的。按照亚里士多德的看法，真正的自然哲学家，应当能够在自然界的每一领域都发现令人惊奇的东西，不会像‘孩子似的因对考察那些低等动物感到厌恶’而退缩。在他那著名的关于海洋生物的研究中，他说科学家必须‘兴致勃勃地去研究每一种动物，因为研究一种或多种动物都能揭示出真和美’。对大自然所完成的业绩仔细地进行探索，就会发现‘她的生成和组合’总具有‘一种美妙的形式’。”著名生命科学哲学家 E. 迈尔写道：“在达尔文之前没有一个人比亚里士多德对我们了解生物界做出的贡献更多……生物学史各个方面几乎都得从亚里士多德开始。他是将生物学分门别类的第一人，并为之写出了专门著作（如动物分类，动物繁殖等），他首先发现了比较法的启发意义并理所当然地被尊称为比较法的创始人。他也是详细叙述很多种动物生活史的第一个人。他写出了关于生殖生物学和生活史的第一本书。他特别注意生物多样性现象以及动物与植物之间区别的意义。虽然他没有提出正式的分类（法），但是他按照一定的标准对动物进行了分类，而且他对无脊椎动物的分类比 2000 年后林奈的分类更合理。”这也许是因为亚里士多德在提出分类标准时考虑的因素或视角更广泛。在生物学哲学方面，“亚里士多德的显著特点是追究原因，他并不满足于仅仅提出‘怎么样’的问题，而且还提出‘为什么’的问题，这在当时是非常了不起的……和柏拉图所下的定义完全不同，亚里士多德的 eidos 是程序目的性原则，在他的思想中，这词所表示的意思和现代生物学家的遗传程序所表达的完全一样……对亚里士多德来说，一切结构和生物性活动都有其生物学意义，或者就像我们现在所说的，有其适应意义。亚里士多德的主要目的之一就是解释这些意义。亚里士多德的‘为什么’问题在生物学史上具有重要的启示作用。”

综上所述，我们可以清楚地看到：在生命认识的原始综合思辨形态阶段，生物学的三种主要传统—“自然哲学传统—博物学传统—医学（生理学）传统”之间就是交互为用、浑然一体的。生物学起源上的这种多元性或非均一性即是后来的生物科学与物理科学区别的一个重要特征，也是后来的生物科学哲学内部三种主要传统之间争论不休的来源。

1.1.4 四大基础之间的融会与整合[①]

从“自然史”（博物学）到“生物学”（分类学和进化生物学）：亚里士多德—老普林尼—林奈—达尔文。

经验传统、操作传统、知识传统和观念传统是生物学起源的四大基础。

第一，经验传统是指通过观察积累关于生物形态、习性等方面的多样性的经验知识。

第二，操作传统是指通过解剖积累关于动物内部形态结构与功能的经验知识。

第三，知识传统是指通过学习传承前人关于生物的知识。

第四，观念传统是指通过使用和创造概念范畴来概括和总结来自经验和操作的内容。

1.1.4.1 亚里士多德奠定了生物学、博物学传统融会与整合的框架

亚里士多德是古代知识融会与整合的集大成者。在近代欧洲文艺复兴以前，虽然也有一些人在促进我们对自然界的特殊部分的认识方面取得可观的成绩，但是，在他死后的数百年间，从来没有一个人像他那样对知识有过那样系统的考察和全面的把握，所以，他在科学史上占有很高的地位。亚里士多德给生命所下的定义是：“能够自我营养并独立地生长和衰败的力量。”他把动物学分成三部分：①关于动物的记录，这一部分讨论的是动物生命的一般现象，因而也就是自然史；②论动物的各部分，这一部分讨论的是器官及其机能，因而也就是解剖学和普通生理学；③论动物的生殖，这一部分讨论的是生殖和胚胎学。前面已介绍过，在经验传统方面，亚里士多德当时就已知道五百二十多种不同的物种，他的《动物志》、《动物部分论》、《动物发生论》等书至今仍不愧是优秀的观察记录。

---

① 本节的编写参考和引用：［英］W. C. 丹皮尔. 1979. 科学史. 北京：商务印书馆；［美］洛伊斯·N. 玛格纳. 2002. 生命科学史. 李难等译. 天津：百花文艺出版社；吴国盛. 2002. 科学的历程. 北京：北京大学出版社

在他所提到的500多种不同动物中，有些叙述得精确而详细，说明他亲自观察过；另有50种是根据从解剖得来的知识加以叙述的，并附有插图。在叙述其他动物时，他所依靠的是渔人、猎人、牧人和游历家。在亚里士多德记录的史料中，有许多直到近几百年来才被重新发现。他认识到鲸鱼是胎生的；他把软骨鱼和有骨鱼区别开来；他描写了鸡胚胎的发展，注意到心脏的形成，并观察了心脏在蛋壳中的律动。在普通胚胎学方面，他的见解也标志着一个重大进步。早先的见解（可能是从埃及得来的）认为父亲才是唯一真正的亲体，母亲只不过供给胎儿一个处所和营养而已。这种信念流传甚广，并且成为古代和现代世界的父系风俗的主要根据。亚里士多德认识母体对生殖也有贡献，并且认为母亲供给了活跃的男性因素形成所必需的物质。他把胚胎看成是一个自动的机制，一经推动，就自动进行。在动物分类问题上，较早的对分原则把动物划分为对应的两类，如陆上动物和水居动物，有翅动物和无翅动物等。亚里士多德反对这个原则。他注意到，按照这个原则分类，就会把具有很近的亲属关系的动物分开，如把有翅蚁分入一类，把无翅蚁分入另一类。他认识到，有必要采用尽可能多的足以区别的特性。靠这个方法，他制成一个分类表，比以往任何分类表都更接近于现代的分类系统。

在生理学方面，虽然他的结论和学说常常是错误的，但是他的方法仍然是前进了一大步。例如，在描写了以前的博物学家关于呼吸的意见之后，他指出，这些作者所以不能对事实给予很好的说明，主要原因在于他们不熟悉内部器官，他们不承认自然界的任何行为都有一个最后因。如果他们追问一下呼吸在动物身上存在的目的何在，同时联系器官鳃和肺来考虑这个问题，他们本来可以更快地发现其原因。在这里，他坚持在对器官功能形成见解之前首先要观察解剖构造，这是正确的，不过，他坚持要追问最后因，那就太危险了。他随后就综述了许多动物的构造，描写了它们的肺或鳃的作用。在得出结论时，他当然没有多少化学知识可以依靠，因为当时除空气外，还不知道其他气体存在，而除了对空气加热和冷却外，也想不出空气还会有什么变化。亚里士多德说，呼吸的目的是要使空气和血液接触，以冷却血液。这个说法在今天看来显然是错误的，但也许是当时所能提出的最好学说。另一方面，看起来值得奇怪的是，希波克拉底已经认识到大脑是智慧的所在地，而亚里士多德还要回到心是智慧总府的旧说。在他看来，大脑只不过是冷却器官而已。此外，他不承认植物有雌雄之别，这也使得这个事实经过很长时间才被人重新发现和最后承认。

在操作传统方面，据记载，他曾解剖过50多种动物。在知识传统方面，“就实际知识而言，亚里士多德显然把他从前人所能得到的（很可能绝大多数是从希波克拉底学派得到的）都写进了他的著作中。但是亚里士多德对某些海洋动物的细节描写得如此逼真，这就表明这些知识都是第一手的，至少也是他亲自从渔民或‘民间’得到的。一般认为，他在勒斯波斯岛居住时专心致志于博物学研究”①。在观念传统方面：他以生殖方式作为分类的主要依据，在他的“生物阶梯略图”中，根据动物出生时的发育程度排列它们的等级秩序；他根据“形式理论”提出了“属”和“种”的概念；他的“目的论”（程序目的性原则）等，都成为后世融会与整合四大基础传统以形成生物学前身——博物学（自然史）的框架。

1.1.4.2 老普林尼延续了生物学的博物学或自然史传统

老普林尼（Pliny The Elder，公元 23—79）是公元 1 世纪后半叶罗马最有名的博物学家，他的主要贡献是《自然史》。这是一部包罗了那个时期的全部科学以及一系列被遗忘的希腊和罗马著作家的知识和信念的百科全书，在中世纪时，该书被认为是已有的关于自然界一切知识的宝库。这部著作共 37 卷，内容包括所有的自然科学和人类的技艺技术，书中他广征博引了大量事实和观察的结果，这些都是从 2000 多种前人的著作中收集来的……甚至到了 18 世纪，法国博物学家布丰（Buffon）还对他极其钦佩。直到 19 世纪才开始出现对普林尼著作的批判。该书从总的宇宙理论开始，一直讲到地球和它上面的生命。他认为宇宙是由天空和空间中的星体组成的，这些都是神的表现。然后，他就讲到地理，讲到人和人的身心特性，讲到动物，飞鸟，树木，农业，森林，园艺，酿酒，金属的性质和用途以及美术的起源和实践。他又同样深信不疑地讲到狮子、独角兽和凤凰的自然生活史。老普林尼《自然史》中的典型特征是：不能把现实的东西和想象的东西，真实的事情、可信的事情和不可能的事情区别开来。书中保留了当时的一些迷信，诚心诚意地叙述了各种巫术的实践和功效。在经验传统和操作传统方面，普林尼曾广泛地到德国、高卢、西班牙和非洲旅行。公元 79 年维苏威火山大爆发，摧毁了庞贝城和赫尔库拉内姆城。在当时这种情况下，普林尼还坚持亲身研究这种可怕的现象。按照他侄子的说法，他患有先天的肺部衰弱症。在观察时，普林尼被火山喷出的浓烟毒雾熏倒，没有受到一点外伤就去世了。但是，我们必须记得，他是为了追求自然知识而贡献出自己的生命的。这是他的光荣②。

1.1.4.3 植物形态分类学是生物学的博物学传统发展的顶峰

（1）早期动植物的分类，主要以功利主义的观念为根据或根据表面的显著特点，如把植物分为草本、木本以及灌木等类型。1660 年，植物学史上的第一个杰出人物约翰·雷（John Ray，1627—1705）开始发表论述系统植物学的一系列

① ［美］E. 迈尔. 1990. 生物学思想发展的历史. 涂长晟等译. 成都：四川教育出版社. 173

② ［美］洛伊斯·N. 玛格纳. 2002. 生命科学史. 李难等译. 天津：百花文艺出版社. 84—86；［英］W. C. 丹皮尔. 1979. 科学史. 北京：商务印书馆. 9

著作中的第一部著作。这些著作引起植物分类的大改进，同时也促进了形态学的进步。例如，对于芽的真正性质的认识便是。约翰·雷最先看到把植物胚胎中的单子叶与双子叶加以区别的重要性，又利用果、花、叶和其他特性，首创植物分类的天然系统，并提出了至今仍为植物学家使用的许多植物的纲目。此后他转而研究动物的比较解剖学，又改进了自然的分类，如将动物分为兽、禽和昆虫便是。约翰·雷常与维路格比（Francis Willughby）一块出外旅行，研究植物和动物，足迹遍于全球。约翰·雷不以古人的见解为最后权威，而将现代的自然历史建立在观察的稳固基础之上。布丰（Buffon，1707—1788）的百科全书式的巨著《动物自然史》的出版，标志着现代动物科学第一阶段的结束。

（2）林奈（Car linnnaeus，1707—1778）当他在世的时侯就享有盛誉，被称为“分类学之父”。这是其他博物学家所没有博得的。林奈写道：“知识的第一步，就是要了解事物本身。这意味着对客观事物要具有确切的理解；通过有条理的分类和确切的命名，我们可以区分并认识客观物体……分类和命名是科学的基础。”他最出色的工作，毫无疑问包括对植物学的研究。在这里，可以再次看到他把科学的基础看作“识别植物，系统地命名，包括种名和属名”。（《生命科学史》第 488，489，491 页）。林奈于 1735 年出版了《自然系统》第一版。1753 年，他知道的植物大约有 6000 种。林奈在学术领域的创新包括发明双名制以及没有采用一贯的下行二分法体系（系统）而是采用在一个界（kingdom）之内只含有四个阶元层次——纲（class）、目（order）、属（genus）、种（species）的等级结构体系。他将全世界的全部生物多样性加以分类成为这四个层次的分类单位，这样清晰的体系不但克服了前人体系中的混乱，而且明确又前后一贯，这是他以前的繁琐累赘的二分法所不具备的。现代分类学家都赞赏这样一个缜密的高阶元等级结构。他本人很深刻地认识到，这个分类系统不是“自然的”，但是，他强调指出，这个系统具有不可否认的优点：它是切实可行的，而且使用起来很方便。在经验传统和操作传统方面，1732 年，林奈获得了一个良好的机会，到拉普兰（Lapland）去进行一次范围广大的野外考察，搜集自然科学的资料。拉普兰是个有 4600 英里①范围的未曾开发过的荒凉之地。他尽力节约，买了一把测量尺、望远镜、放大镜、刀、纸和干燥植物的设备，总共花了约 100 瑞典克朗。在这次野外考察中，他不仅获得了自然科学的资料，还收集了人类学方面的资料……

在观念传统方面，林奈相信物种不变，不赞同进化论。他声明：“物种的数目和上帝当初创造出的各种形式的数目是相同的。”

（3）达尔文（Chaveles Darwin）写道：“在 19 世纪，由于进化论不适合于比较严格的、精密的实验条件，因此比起生物学中的其他分支，如生理学、细胞

---

① 1 英里＝1.609 344 千米

理论、胚胎学、动物化学甚至微生物学来，在非科学家中，就更适合于进行争论并能得到普及。毫无疑问，达尔文的《物种起源》一书成了古老的自然史和新生的生物学相结合的缩影……在 19 世纪，‘科学家’已开始代替‘自然哲学家’，更重要的是，职业科学工作者开始取代先前那些把自然哲学作为消遣的业余爱好者、医生和牧师。达尔文成了最后一个，也是最伟大的自然哲学家。”（《生命科学史》第 475 页）

1.1.5 在知识和观念的传承与分化中神秘传统与经验传统分离,思辨传统与实证传统分离(医学—生理学成为科学):盖伦—维萨留斯—塞尔维特—法布里修斯—哈维

1.1.5.1 珀加孟的盖伦(Galen of Pergarmon,公元 129—199)

盖伦在公元 129 年生于小亚细亚的珀加孟，在罗马等地行医直到公元 199 年。他把希腊解剖知识和医学知识加以系统化，并且把那些分裂的医学学派统一起来。他对动物和一些人体进行了解剖，并且在解剖学、生理学、病理学及医疗学方面，发现许多新的事实。他在活的动物身上进行实验，由此考察了心脏的作用，并且对脊髓进行了研究。据萨尔顿说，这是古代最值得注意的两个实验之一。盖伦的医学学说同原子论者及他们的追随者的机械观点相反，它的基础是这样一个观念：人体各部分都贯注着不同种类的元气。盖伦的元气译成拉丁语是 spiritus animalis，这样就变成了所谓的“animal spirits”（动物元气）。

盖伦关于人体功能的一般理论在哈维（Harvey）发现血液循环以前一直盛行不衰。他认为，血液是食物在肝脏内变成的，然后就和“天然元气”（natural spirits）混合，得到富于营养的性质。一部分血液经过静脉管流入身体各部，并经过同一条道路再流回心脏，像潮汐那样涨落不已。其余的血液，经过隔膜中不可见的细管由心脏的右边流到左边，在那里和肺吸来的空气相混合。靠了心脏的热力，它带上了“生命元气”（vital spirits），这种较高级的血液又通过动脉管在身体的各部分涨落，从而使各种器官能够发挥它们的生活功能。在大脑中，这种活力血液生出“动物元气”。动物元气是纯粹的，不和血液混合，它能沿着神经流动，促成运动和人体各种高级功能的实现。这个生理学体系距离真理当然是很远的，虽然就盖伦的知识来说，它已经是惊人的巧妙结合。盖伦之所以享有盛名并影响医学界达 1500 年之久，并不是由于他的真正伟大的观察和实验，也不是由于他的医术高明，而是由于他从这些观点中用论证方法十分微妙地推出一些教条，并且权威地加以阐释。文艺复兴之后，他的权威堵塞了生理学成为科学的道路，直到哈维鼓起勇气把它抛在一边。玛格纳写道：盖伦是古代最后一个伟大的医学著作家。他的死亡标志着希腊医学富有创造性时代的结束。他是一个奇怪的

过渡性人物：对他那个时代充满神秘气氛的环境来说，他是相当的科学化了；而对于后代科学家来说，他又显得十分神秘。在他身上兼有科学家、实验家、哲学家和神学家的特征。在医学界，他是仅次于希波克拉底的第二个权威。在经验传统方面和操作传统方面，盖伦从20岁起就开始了旅行生活以追求医学知识，他到过很多地方，包括希腊、巴勒斯坦、腓尼基、塞浦路斯、克里特岛和亚历山大城。他治好过一些疑难病人，被视为奇迹创造者。在知识传统方面，他的著作反映了他的学术成就，也反映了他敏锐的观察力和实验能力，他是一个技艺精湛、观察敏锐的解剖学家。在观念传统方面，他信奉三种灵气的概念、拟人化的目的论，把科学方法用作证明宗教教义的手段。盖伦收集了古人已经知道的所有的关于血液和脉管系统的知识，他运用了自己的实验、观察和哲学思想，综合成了一个尽管是不正确的、然而却是完整的血液理论。为医学—生理学的整合提供了理论框架，也成为从维萨留斯到哈维的科学发现进步的阶梯。

1.1.5.2 维萨留斯(Andreas Vesalius,1514—1564)

现代西方医学的基础是建立在解剖学上的，而16世纪是解剖学和医学进步的转折点。维萨留斯图文并茂的伟大著作《人体的构造》发表于1543年，与哥白尼《天体运行论》的问世是同一年。哥白尼的著作挑战的是古希腊天文学的集大成者托勒密（Claudius Ptolemaios，约公元90—168）的地心说，纠正了统治西方思想达1300年之久的“地心说和地静说”。维萨留斯的著作挑战的是古希腊医学——生理学的集大成者盖伦的解剖学说，他最重要的贡献是奠定了使得“医学—生理学”成为科学的基础——“直接地观察人体，而不是研究盖伦的书本”。正是这种真正的科学精神成为推动生物学起源过程中：知识和观念的传承与分化中神秘传统与经验传统的分离以及思辨传统与实证传统的分离的起点。

1.1.5.3 塞尔维特(Michael Servetus,约1511—1553)

玛格纳写道：“在16世纪，尽管盖伦体系中的错误和矛盾正在成为显而易见的事，但解剖学家们却仍然接受盖伦的观点。摧毁这个日益残破不堪体系的最大障碍，是它与宗教神学上的‘灵气’或‘灵魂’之间的密切联系。因此直接抨击这个问题需要极大的勇气。第一个做这件事的是这样一个人，他的整个生命都是在与地位牢固的权威和正统观念作斗争中度过的，并且终于为他的信念而献身。这个人就是塞尔维特……在向当时的神学正统观点挑战的同时，塞尔维特还令人信服地说明，对于一个头脑清醒的人，不再需要更多的解剖学知识，就能弄清血液在肺中的流动途径即小循环。”

1.1.5.4 法布里修斯(Hieronymus Fabricius,约1537—1619)

法布里修斯是一位有名的解剖学家和科学胚胎学的奠基人。在解剖学上，法布里修斯最大的贡献是发现了静脉的瓣膜。实际上 16 世纪的许多解剖学家都曾“发现过”静脉瓣膜，但似乎没有一个人对此能像他那样清晰、严密地表述出来。他们虽然注意到在静脉中看到的这些小小的瓣膜，但是，是法布里修斯第一个模糊地领悟到这些结构的真正意义，然后是他的学生哈维完整地阐述了这些瓣膜的作用。

1.1.5.5 哈维（Willam Harver,1578—1657）

1578 年哈维生于福克斯通（Folkestone）。他是肯特郡（Kent）的一个富农或小绅士的儿子。在冈维尔（Gonville）和剑桥的加伊斯（Caius）学院学习之后，他去外国游历了五年，大部分时间在帕多瓦。24 岁时他回英国开业行医。弗朗西斯·培根曾是他的病人。他担任过詹姆斯一世的御医。当时有不少妇女被控告施行妖术，当时这位最富于现代精神的生理学家的职务竟然是负责对这些妇女进行医学检查。他检查出这些女人都没有什么生理上的异状，因而这些妇女都被无罪开释了。哈维与查理一世也极亲密。国王把温索尔鹿苑和汉普顿宫的产品供他作为实验之用，并且同他一起观察过小鸡在卵中的发育，及小鸡的活的心脏的跳动。在这位英王第一次远征时，哈维也随军出征，在边山之战时，他是王子们的保护人。据说当战争方酣时他还坐在树下读书。他后来回到牛津，做了一段时间的麦尔顿市立学校校长。他对生理学产生极大的影响《心血运动论》于 1628 出版。这本书出版后，盖伦的生理学立刻就显得过时了，可是据说，正是由于他离开了盖伦的生理学，“他的医疗业务也受到很大的损害”。哈维的第二部著作《动物的生殖》，出版于 1651 年，是亚里士多德以后在胚胎学上贡献最大的一部著作。哈维死于 1657 年。他没有子女，在遗嘱中把他的产业捐赠给皇家医学院用于“发现并研究自然的奥秘”。

在医学—生理学向近代科学转变的过程中，哈维的贡献突出表现在：

第一，他的研究不是从观念出发（传统的神秘观念或思辨观念或盖伦的观念），而是从科学问题出发。“他为了探求事物的最终原因而提出了似乎是简单的，但却真正具有深远意义的问题。在思索关于心脏和血管的作用时，他逐渐抛弃了盖伦的观点，而更接近于亚里士多德关于心脏是体内最重要的器官的想法。他也提出了别的解剖学家在他以前曾模糊地提出过的问题。他想知道为什么心脏的两个在结构上相似的心室——右心室和左心室，在功能上会有这样大的差异：一个控制血液的流动，而另一个却控制生命灵气的流动？为什么动脉样的静脉仅仅只为肺提供营养，而静脉样的动脉却必须为整个身体提供营养？为什么肺需要这样多的大大超过其本身需要的营养？除了肺的运动以外为什么右心室也必须运动？但在哈维提出的问题中最突出的那个问题却是惊人的简单，甚至充满了稚气。而且这是一个适合于用实验来回答的问题，并能得到定量的答案。这样就一劳永逸地彻底摧毁了盖伦的空中楼阁。这个问题就是：心脏的每次搏动向全身送

出多少血液?”(《生命科学史》第180、181页)

第二，以科学实验作为检验和证实科学理论的标准。“哈维与大多数同时代人不同，他没有仅仅停留在假设和逻辑推理上。他独特地把实验和定量的方法运用于医学研究。对于生物学来说，这是一个显著的进步。因为在当时，即使在物理学领域，定量方法也运用得相当少，而自由自在的推测则极为普遍。”

正是这两大特征，标志着作为科学形态的生物学的真正起源——在知识和观念的传承与分化中神秘传统与经验传统的分离、思辨传统与实证传统的分离以及经验传统与实证传统在科学问题框架下的结合。

1.1.6 在实证的知识传统中“博物学传统”与“医学—生理学传统”并协组合——生物学(科学形态)的诞生

当关于生命的知识传统与观念传统中神秘莫测的部分与可观察和可操作的经验的部分逐渐分离开来时，也就是我们现在所理解的科学意义上的生物学的诞生之时。生物学的名称在自然科学界流行，意味着它来源于各种不同层次、不同领域、不同内容与方法的传统之间的差异与对立，经过科学实践的历史选择，实现了在近代科学理性和实践理性原则框架下初步的兼容、并协或者包含差异与矛盾的统一。在统一的称谓之下，生物学体系内部还在不断努力实现：形态分类学中识别标准的统一（形态学标准—习性行为标准—生理学和生物化学标准的一致）；研究方法以观察为主⟶以实验为主的转折（实验生理学和实验胚胎学）；指导思想观念由特创论和静止论向进化论的转折；研究单位由机体向细胞的转折——终于认识到细胞是生命的结构单位、功能单位和遗传单位。科尔曼把整个19世纪的生物学研究概括为三大领域：①有机体形式领域，主要描述动植物体的形态并分析它们的组织结构，必要时还要研究这种形式产生的途径；②功能领域，研究呼吸、营养、排泄等一系列生命活动过程，其任务同生理学家的任务一致；③变化领域，研究各种生物之间现在和过去的关系以及生物与环境的关系[①]。

1.2 生命科学的问题与领域以及学科特征

1.2.1 生命科学的3个基本问题

1.2.1.1 生命的结构是什么?

回答这个问题的是结构生物学，包括物质结构和信息结构。

① Coleman W. 1977. Biology in the Nineteenth Century:Problems of Form,Function,and Transformation. Cambridge University Press. 14,15;董国安. 生物学哲学. 1998,哈尔滨:哈尔滨出版社. 90

在物质结构的层面：生物圈结构←—生态系统结构←—种群结构←—个体结构—→系统结构—→组织结构—→细胞结构—→分子结构

一方面，生命物质截然不同于无生命物质；另一方面，生命和无生命物质之间没有不可逾越的鸿沟，生命是从无生命的物质发展而来的。构成生物体的各种元素都没有什么特殊，都是普遍存在于自然界的。但是由这些元素构成的核酸、蛋白质、多糖等大分子则是生命所特有的，所以它们才被称为生物大分子。脱氧核糖核酸即DNA有“繁殖”的能力，即在酶的参与下，能复制出和自身一样的分子。DNA还能通过“转录”和“翻译”而决定核糖核酸和蛋白质的结构。一些分子生物学家根据这些特点而给生命下了一个定义，即生命是由核酸和蛋白质特别是酶的相互作用而产生的可以不断繁殖的物质反馈循环系统。但是只有核酸和蛋白质，究竟还不是完整的生命。因为这一简单的系统还不能从外界摄取必要的物质和能。只有当这些大分子和其他必要的分子，如脂类、糖类、水、各种无机盐等组合成有一定结构的细胞，自然界才出现了完整的生命。单细胞生物，如鞭毛藻类、原生动物等就是细胞层次的生命。但是在进化过程中，生命结构不是停留在细胞层次而是向更高的、更复杂的层次发展。相同细胞聚集成群就成了高等生物的组织（tissue），低等生物，如团藻、海绵等都是相当于组织层次的多细胞生物。各种不同的组织构成器官，承担共同任务的各器官组成系统，不同结构和功能的各系统组合而成多细胞生物的个体。个体从来没有，也不可能像鲁滨逊那样单独存在，它们总是以一定的方式组成群体或种群。种群中各个个体通过有性生殖而交换基因，产生新的个体。一个种群就是这种生物的一个基因库。在生物学上，种群才是各种生物在自然界中存在的单位。在同一环境中生活着不同生物种的种群，它们彼此之间存在着复杂的关系，它们共同组成一个生物群落。生物群落加上它所在的无机环境就是一个生态系统。一个池塘就是一个生态系统。生命圈则是包括地球上所有生物群落在内的最大的生态系统。按研究生命结构划分的学科有形态学（morphology），如解剖学（anatomy）、组织学（histology）等；生物结构是多层次的，从不同层次研究生物学的学科有：生态学（ecology）、种群生物学（population biology）、细胞学（cytology）、细胞生物学（cell biology）、分子生物学（molecular-biology）等。细胞生物学已经发展到分子的层次，即分子细胞生物学。分子遗传学（molecular genetics）也是发展最快的学科之一。量子生物学是量子力学与分子生物学相结合的产物，它运用量子力学原理，通过数学运算来研究生物分子的电子结构、电磁性能、能量转移和化学反应等问题。

在信息结构的层面：生物信息学（bioinformatics）是“生物学和信息学结合的一门新兴的交叉科学。生物信息学包含了生物信息的获取、处理、存储、奋发、分析和解释等在内的所有方面，它综合运用数学、计算机科学和生物学的各种工具，来阐明和理解大量数据所包含的生物学意义……生物信息学涉猎广泛，在基因组测序、基因组分析、基因识别、表达图谱分析、蛋白质结构预测、医学图像分析方面做出了重要贡献”①。

1.2.1.2　生命为什么需要有这样的功能？

回答这个问题的是功能生物学，如免疫学（immunology）等。

生理学（physiology）可进一步划分为细胞生理学、生殖生理学等；遗传学（genetics）可划分为种群遗传学、细胞遗传学、分子遗传学等；胚胎学（embryology）是研究生物个体发育的学科，现在吸收了分子生物学的成就，已发展成发育生物学（developmental biology）；生态学（ecology）是研究生物与生物之间、生物与环境之间的关系的学科，可扩大为环境生物学，因其是综合性学科，从研究生态系统功能的角度也可将其列入。

1.2.1.3　生命的过去、现在和未来是怎样的？

回答这个问题的是进化生物学。进化生物学研究生物进化的过程、原因、机制、速率和方向，它的基础是进化论，研究的对象是生物组织的不同层次，从分子、个体、种群、物种和种以上的分类群直至生态系统。“作为历史自然科学的进化生物学将自然界看作产生的、发展的、变化的，因此它不仅要从生物组织的不同层次揭示进化的原因，也要从时间上追溯进化过程，要追究自然之物何以出（起源、产生），何以在（存在、生存、适应、延续），何以去（发展变化的方向或趋势）。进化论是生物学中最大的统一理论，生物界的复杂现象：形态的、生理的、行为的适应，物种的形成和灭绝，种内和中间关系等现象都只能在进化理论的基础上得到统一的解释。正如杜布赞斯基（T. Dobzhansky）所言：生物学各学科无不贯穿进化论的原则思想（Dobzhansky et al.，1977）。”②

迈尔写道：“几千年来生物学现象一直被分为两类：医学（生理学）和博物学。这实际上是一种颇有远见的划分，远比随后为方便起见分作动物学、植物学、真菌学、细胞学、遗传学等更有见识。因为生物学可分为研究近期原因（proximate causes）——生理科学（广义的）主题、研究终极（进化）原因——博物学的内容（Mayr，1961）。”（《生物思想发展的历史》第 78、79 页）

1.2.2　生命科学的交叉领域

生物学涉及的方面很广，因此它的分支学科也很多。此外，生物学的研究对象是生命，生命作为一种物质运动形态，有它自己的生物学规律，同时又包含并

① 李衍达. 2004. 生物信息学若干前沿问题的探讨. 合肥：中国科技大学出版社

② 转引自：张昀. 1998. 生物进化. 北京：北京大学出版社. 6

遵循物理和化学的规律。因此，生物学和物理学、化学都有密切的关系。生物有漫长的历史，它们的遗迹很多都保存在地层之中。现代生物的生活和它们赖以自下而上的地球环境紧密相关。所以生物学和地学也存在着密切的关系。因此，生物学的很多分支学科都是生物学与其他自然科学互相渗透而成的交叉学科。

早期的生物学主要是对自然的观察和描述以及对动、植物种类的系统整理，所以最早建成的分支学科是分类学（taxonomy）和按生物类群或研究对象划分的学科，如植物学（botany）、动物学（zoology）、微生物学（microbiology）等。这些学科又可再划分为更细的学科，如藻类学（phycology）、原生动物学（protozoology）、昆虫学（entomology）、鱼类学（ichthyology）、鸟类学（ornithology）等。微生物不是一个自然类群，包括的种类甚为庞杂，可划分为病毒学（virology）、细菌学（bacteriology）、真菌学（mycology）等。此外，以化石为研究对象的古生物学（paleontology）也属于此类。

用物理学的、化学的以及数学的手段研究生命的分支学科或交叉学科——生物化学（biochemistry）、生物物理学（biophysics）、生物数学（biomathematics）、仿生学等，这是 20 世纪以来发展迅速、成就突出的学科。以上所述只是生物学分科的主要格局，实际上：①分支学科要比上述的多；②各分支学科互相渗透，不像上述的那样界限清楚。例如，物理学、化学和数学的手段和方法不仅用于生物物理学等交叉学科，而且广泛地用于多个分支学科，如分子生物学、细胞生物学、发育生物学、生理学等；③很多学科都已深入到分子层次，如分子细胞生物学。总之，生物学的发展表现为：一方面，新的学科不断分化出来；另一方面，这些学科又互相渗透，走向融合。这种情况反映了生物学极其丰富的内容和蓬勃发展的情景。

本章小结

“欲闻大道，须知历史。”在生命科学的起源中，蕴涵着它未来全部发展的逻辑起点、胚胎和萌芽。在本章中，需要重点掌握的思想框架是生物学起源于人类对生命认识的发展过程中三次重大的转折：一是经验传统、操作传统、知识传统和观念传统四大基础之间的融会与整合；二是在知识和观念的传承与分化中神秘传统与经验传统的分离以及思辨传统与实证传统的分离；三是经验传统与实证传统在科学问题框架下的结合——在实证的知识传统中博物学传统与医学和生理学传统的并协组合。本章需要重点掌握的关键性概念是：自然哲学、博物学、医学、生物学之间的联系与区别。本章需要重点掌握的关键性人物是：亚里士多德和达尔文代表了博物学形态的生物学的起始与终结；盖伦和哈维代表了医学—生理学形态的生物学的起始与形成。本章需要重点掌握的关键性思想是：生命科学起源，是一个从非科学形态向科学形态转化的漫长历史过程。这个过程中的关键性因素：一是生物学脱离了神秘传统、选择了经验传统并且最后走向了实证的传统；二是生物学脱离了自然哲学纯思辨的传统最后走向了科学理性思维的传统；三是在以生命为共同研究对象的前提下，以外部形态观察方法为特征的博物学传统和以内部结构、功能的解剖、实验为特征的医学—生理学形态的并协组合。正是因为生物学内部这种非均一性的并协组合，导致了后来生物学哲学中出现的一种视“医学—生理学的传统”为非正统生物学的观点以及博物学形态的生物学向实验形态的生物科学和分子形态的生命科学的演化。

思　考　题

1. 从生物学的起源过程中可以看出这门学科有哪些特殊性？
2. 生物学的特殊性是由哪些原因形成的？
3. 从博物学形态的生物学的起始与终结过程中可以得到哪些启示？
4. 从医学—生理学形态的生物学起始与形成过程中可以得到哪些启示？

第2章　生命科学的演化[①]

生命科学的演化是对生命科学自身矛盾运动的整体把握。本章主要介绍生命科学学科形态的演替：博物学形态的生物学⟶实验形态的生物科学⟶以解读生命的结构、生化与遗传信息为综合本质的生命科学⟶走向当代生命科学新的理论大综合——遗传—发育—进化相统一、神经生物学与脑科学平台上生命的整合与生物多样性研究。

生命科学的演化是一个从“关于生命存在的科学”走向“关于生命演化的科学”的过程，也是一个对生命认识的范围拓展与程度深化的过程，还是一个生命科学与物理科学和哲学之间的关系由古代的原始综合走向近代的独立发展、再走向当代的协同发展的过程。

2.1　博物学形态的生物学

在个体水平上，博物学形态的生物学以形态学和解剖学的观察方法为主体。

2.1.1　传统形态学研究的目标模式

从亚里士多德开始，形态学作为生物学的一个分支虽然已经有很长的历史，但它仍然不断地改换目标和方法。近代形态学兴起于19世纪60～80年代，在“形态的研究”框架下，它包括了许多在今天看来属于独立的领域：比较解剖学、胚胎学、古生物学和细胞学。形态学既是达尔文主义博物学的基础，也是受达尔文主义博物学影响最大的学科。达尔文以后的时期，形态学含有三个主要的目的：

其一，形态学需要确定什么是构成生物形态的基本单位。这就特别意味着，需要剖析动物或植物形态中恒定性的特征，并将这种恒定性特征与暂时性或适应性特征区分开来。形态学家们确信，一切现存的生物体都是由一个或最多几个基本的模式在以后的发展过程中经历了种种变化而形成的。当时探索形态基本单位

① 本章史料主要参考和引用：［美］G. E. 艾伦. 1985. 二十世纪的生命科学. 谭茜等译. 北京：北京师范大学出版社；［法］米歇尔·莫朗热. 2002. 二十世纪生物学分子革命：分子生物学所走过的路. 昌增益译. 北京：科学出版社；［英］W. C. 丹皮尔. 1979. 科学史. 北京：商务印书馆；［美］洛伊斯·N. 玛格纳. 2002. 生命科学史. 李难等译. 天津：百花文艺出版社；吴国盛. 2002. 科学的历程. 北京：北京大学出版社

的主要方法就是比较，包括观察生物体从受精卵到成体的整个生活史，用某一物种在特定阶段的形态结构与其他类群（物种或更大的有关类群）相应阶段的同一形态结构作比较。因此，比较解剖学就成为与形态学联系非常紧密的支撑学科。比较解剖学在19世纪取得了很大发展，它通过对不同类群成体的各种器官（结构相同功能不同的器官）的研究，去探寻统一的图案。

其二，形态学要寻找不同物种的共同祖先、寻找有联系的两种（或更多种）趋异生物类群的原始形态，或现代品系的古老祖先。为了发现原始类群，必须通过化石、解剖学或胚胎学的证据，设想出那些产生出各种趋异类群的虚构生物。例如，通过原索动物、环节动物和海星的幼体与成体的形态研究，形态学家试图从各门无脊椎动物里找出脊椎动物的祖先类型。推动寻找共同祖先工作尝试的著名人物之一，是达尔文学说的伟大倡导者恩斯特·海克尔（Ernst Haeckel，1834—1919）。海克尔在1866年出版的《普通形态学》（General Morphology）一书中，试图表明所有的多细胞生物均起源于一种像原肠胚（胚胎发育的早期阶段）那样的动物祖先。但是，后来的事实证明原肠祖（gastrea）根本就不存在。海克尔的学说虽然富于想象，（具有达尔文的传统）但是徒劳无益。不过他的学说却代表了形态学研究的一个普遍趋向：寻找趋异类型的共同祖先。

其三，重建系统发育（各门生物长时间的演化过程）的系统树。系统树的证据来自比较解剖学、化石记录以及对胚胎发育过程的详细研究。譬如，根据海克尔的“生物发生律”（biogenetic law），即任何个体的胚胎发育史，都经过了该种生物系统发育历史的主要成体阶段的观点，形态学家只要观察一种生物从受精卵至成体的发育过程，就可以看到这个物种的演化顺序。因此“系统发育关系”就成了19世纪后期许多形态学家主要关心的问题。形态学家们需要构思出种种尚有缺失的系统树——从各种软体动物和蠕虫一直发展到人的系统树。事实上，许多这类系统树上的证据是否符合实际情况，大多数形态学家并不是特别关心的。对于这种通过研究解剖和胚胎的证据而推出相互关系的基本方法，美国著名形态学家、霍普金斯大学的布鲁克斯（W. K. Brooks，1882）认为：“建立系统发育的证据是不甚重要的，而且只能得出一般的结论，也许我们能获得作为绝对证据的全部化石形态，但在这种证据缺少的情况下，可以通过研究许多活的动物，而且尽可能地通过研究许多较近年代的动物类群（如哺乳动物和鸟类的化石）得出结论——我们可以通过这些来自其他方面的证据去推测……并试图从我们所拥有的这些证据中去解释、去尽可能正确地探索生物的历史，这是完全合理的，而且也是应该引起形态学家们注意的。”

2.1.2 传统形态学研究的局限性

（1）传统形态学研究的局限性首先是忽视了生物结构研究与功能研究之间的

辩证关系。形态学家由于注重比较解剖学、胚胎学和古生物学，因而很少关心生理学的研究。虽然大多数有头脑的工作者认为，若想理解一个器官的功能，重在了解它的结构，可是他们的研究却很少参照生理学的材料。例如，各种器官（无论这些器官是否与外界接触）都可以从功能上区分；形态学家由于深受形态学的传统束缚而很少关心这一点，他们首先注重的是强调结构，采用模式标本或原始类型的比较解剖学方法，只是从结构上去区分各种器官。因此，形态学的功能依赖于结构，而结构只能产生改变、适应或原型的变异。问题在于：过分专注于结构而忽视对功能的研究，也同样会分辨不清基本的形态模式，例如已经知道有的器官没有结构上的联系（如鸟的翅和蝴蝶的翅），但具有同样的功能。显然，大多数形态学家都认为功能知识并不像结构那样是理解器官类型单位知识的基础。虽然有些形态学家，如美国的 C. B. 戴文波特（Davenpert）已意识到实验方法的重要性，并且将这种方法应用在自己的研究工作中。但多数人还是忽视了生理学的方法，有时他们甚至排斥生理学的方法，认为在非自然状态下对生物体的研究是一种“人工干预”。由于大多数形态学家仅仅把生物体看成静止的东西，所以常常用静止的方法去研究生物。在这方面，最典型的代表就是海克尔。在他的形态学中，无需古生物学中尚待明确的化石记录，形态学家只要利用他的理论和显微镜学的研究方法以及比较解剖学、胚胎学，就可以轻而易举地搞清楚其他动物或植物类群的系统发育史了。

海克尔是位非凡的宣传家，他激发了人们对进化论、胚胎学和比较解剖学的浓厚兴趣。海克尔重演思想中的变异观点，在 19 世纪后期的几十年间已经充分显示出来。尽管不少生物学家认为重演的理论、尤其是原肠动物的理论过于简单，他们却仍然对此感兴趣。许多年来（甚至到了 20 世纪），人们还是认为胚胎本身是通过自然选择而适应的，任何物种的发育过程，都能很好地体现出建造成体结构的最有效方式。关系密切的物种，当然具有相似的胚胎发育过程，如同它们有着相似的成体结构一样。可见，胚胎显示出一种历史的关系。实际上，人类胚胎发育中存在着鳃裂阶段表明，只有这些结构才是耳咽管和内耳道发育的必然前提，耳咽管和内耳道不过是鳃裂以后的发展而已。这样的发育未必能直接表明，人类和鱼类在遥远的地质年代的某个时期有着共同的祖先。

（2）海克尔观点的普及和传播，遇到他的同胞奥古斯特·魏斯曼（August Weisnlann，1834—1914）的阻挡。在魏斯曼的注意力囿于实验室工作之前，他是位功绩卓著的细胞学家。他后半生的注意力转向研究进化论、胚胎分化及遗传等问题上。他很早就成了达尔文学说的倡导者。他最著名的学说是种质（germ-plasm）和体质（somatoplasm）的区分（这种观点是：变成卵子的卵巢细胞和变成精子的睾丸细胞，不能随着构成身体的其他组织的改变而改变）。魏斯曼是获得性遗传观点的强烈反对者，他认为体质（与生殖腺中产生的生殖细胞相区别的体细胞）的变化不能从亲代传给子代。但是，魏斯曼并不就此而满足，他怀着建立新概念的强烈欲望，试图提出一种独特的、有关进化、遗传和胚胎分化等问题的统一解释。为了解释遗传，魏斯曼提出具备各种特征的一系列颗粒能够从一代传到下一代。为了解释胚胎生长期间细胞分化的原因，他假设这些颗粒连续地分配给各种细胞，以致每个细胞最后将只有一种遗传颗粒——这种颗粒决定为什么有的细胞变成肌肉，有的则变成神经或表皮。为了解释变异是如何产生和遗传的，他假定自然选择是在生殖细胞的遗传颗粒水平上起作用的，食物的竞争使一些强者在遗传单位上占据了优势，并因而显示出自己，而一些弱者则变得潜隐下来。这就是自然选择能够对之起作用的变异。我们回顾一下就可以发现，魏斯曼运用他的那些事实过于细心，他做出一种可敬的、试图统一生物学各个领域的尝试，雄心颇大，可惜为时尚早。他的工作远比海克尔的细致，他的某些方法还博得了许多靠海克尔的观点而异想天开的生物学家的注意。但魏斯曼的学说像海克尔的学说一样，同那些现存的种种事实相去甚远，在 20 世纪的工作者看来，他的学说太注重形态学的臆想了。

2.1.3 传统形态学模式的问题与缺陷

一代人重视的问题常常为另一代人所轻视，这是科学史上常见的情况。实际上，年轻的工作者不仅很少受他们上一代人的观点和方法的影响，甚至否定那些观点和方法。19 世纪 60 年代出生的年轻一代工作者，在生物学的许多领域都不为传统形态学的方法和目标所支配，他们在 20 世纪创造出许多新的分析和实验的生物学。这些年轻的工作者已经厌烦了形态学上对细枝末节无休止地探求，他们努力提出新问题，并用新的方法去解答。他们对形态学传统的突破主要集中在两个方面。

2.1.3.1 传统形态学的所有方面都服从于进化问题

进化问题的确是重要的、有意义的，但越来越多的生物学家感到，在其他领域，比如遗传或胚胎学存在的许多问题，也是同样不容忽视的。然而由于传统形态学研究中对进化问题的过分强调，使得发育和分化过程的一些重要问题被忽略了，就好像胚胎研究的目的就仅仅是为了研究系统发育。同时，许多青年形态学家还认识到，传统的形态学在探讨进化问题时只是强调结构，而忽视了功能的研究。

2.1.3.2 传统形态学具有过分臆测的特点

海克尔和魏斯曼就是明显的例子，但绝不止他们两人。系统发育研究所依据的证据，正像布鲁克斯指所出的那样是偶然的，这是依靠臆测的特点。1870—1900 年，大量的理论都是关于遗传单位及其在进化中的作用（变异的原因）、胚胎学（分化）、遗传（世代之间的延续）和细胞学（染色体及其他可见的细胞结构）的。对年轻的生物学家来说，这些理论纯属平淡无味的臆想——它们不能检验，因而也无法证明正确与否。

2.1.4　生物学博物学形态的突破

G. E. 艾伦在《二十世纪的生命科学》一书中写道：19 世纪 80 年代和 20 世纪 20 年代的生物学家，一直期待着用物理学家和化学家进行科学研究时所实施的方法。生物学家感到：从事物理科学的人经常把真理精确性的矛头指向他们，说他们的领域是不科学的——因为他们不能精确地证明他们的结论，他们的许多证据的线索是不完整的和缺乏说服力的。最重要的是，他们承认，生物学中的普遍规律（从达尔文的自然选择学说到生物发生律及融合遗传的概念）很少有能用实验来加以验证的，而在实验这个“堡垒”上，19 世纪的物理学和化学却树起了胜利的旗帜。19 世纪的最后 40 年，所有这些问题，在围绕着达尔文工作的热潮中，均已明显地暴露出来了。达尔文及其追随者与反对者之间的争论，产生了许多的分歧；然而，没有一个是可以用实验来检验的。诚然，在生物学的一个领域——生理学中，一直应用着实验的方法。不过，在大多数其他领域中，除了 19 世纪后期的细菌学和生物化学以外，并不存在实验的应用，或者充其量也不过是偶尔才使用的。

一方面感到琐碎、无休止地探索系统发育的沉闷，另一方面又不愿意受臆测的进化原因的束缚，这就是为什么受过良好教育的年轻工作者在 20 世纪初期转向新问题和新方法的原因。新问题是胚胎分化和遗传的过程，新方法是实验方法。他们寻找着自己的生物学道路。这就是促使博物学形态的生物学向实验形态的生物科学跃迁的内在原因。

2.2　实验形态的生物科学

在细胞水平上，生物科学以实验胚胎学、遗传与进化的实验研究为标志。

G. E. 艾伦在《二十世纪的生命科学》一书中写道：1890 年以前，在细胞学、胚胎学、进化论、人口学及野外生物学等领域中，均无（广泛的）实验传统……直到 20 世纪，实验方法才在整个生物学领域推广开来。

2.2.1　实验形态的生物科学发端于生理学

G. E. 艾伦写道，19 世纪，首先出现具有明确实验性的领域是生理学。1847 年，在柏林有一个叫作“医学唯物主义者”（medical materialists）的团体［主要成员有路德维希·冯·赫尔姆霍兹（L. V. Helmhotz，1821—1894）、恩斯特·布鲁克（E. Bruk，1819—1896）等］曾发表宣言，呼吁把物理化学的方法重新引入生物学。他们指的主要就是实验分析的方法。他们把器官从身体上分离下来做灌注实验（把已知成分的溶液经过静脉和动脉输送到器官中去）；他们利用电流刺激肌肉和神经，记录神经冲动沿着神经束传导的情形，测量离体晶状体、视网膜和脊椎动物眼睛及其他部分的视觉特性。他们的方法是还原论的方法，试图把生物体肢解开来，孤立地研究它的每一部分，把整体简化成它的组成成分来加以研究。他们的研究具有物理—化学的特点，所使用的测量和分析的方法直接取自于物理和化学实验室。他们的研究是实验性的，试图用生命系统来检验他们的假说，每次仅研究这个生命系统中一个可变因素。19 世纪后期，弗朗西斯·麦金达尔（F. Magenie，1783—1855）、克劳德·贝尔纳（C. Bernard，1813—1878）、约翰·斯科特·霍尔丹（J. S. Haldane，1860—1936）和其他人的工作使得实验的传统得以持续下来，并在生理学上得到了进一步的加强。为了抵制柏林学派的过于简单化的机械论，他们寻求研究动物生理学中较大的问题（包括多器官系统和系统功能的整合问题）的方法。特别是贝尔纳的工作，强调了全部生理过程在保持身体整个内环境稳定性上所起的重要作用。他看到了生理学发展的正确方向，主要是研究体液的化学组成是否发生了变化，而研究从整体分离出来的器官则是次要的。贝尔纳和他的追随者们的工作指出，既保证研究的实验性和精确性，又不简单地落入机械主义的俗套是可能的。对 19 世纪生物学实验方法的发展有特别重要影响的，是 19 世纪 70 年代和 80 年代在德国维尔茨堡由朱利克斯·萨克斯领导的植物生理学派。萨克斯运用化学分析的方法研究离子性质对植物细胞的影响以及叶绿素对光合作用的功能。他还进行了一系列精确的蒸腾作用的实验（水分是通过叶片散失的）。萨克斯的影响通过他的教学工作（他教过的学生有雅克·罗伊布和雨果·德弗里斯）以及一本权威的教科书（《植物学教科书》，1868）而得以流传开来。

在艾伦的这一段历史的叙述中，值得我们注意的有以下几点：

第一，正所谓“他山之石，可以攻玉”。对于持博物学传统的生物学家来说，来自于物理学-化学传统的实验方法不啻是一种几乎不能接受的“异质”的传统，然而这种传统对于生命体的研究却有着仅凭外部形态的观察方法所达不到的精确性和可重复性，而这又是生物学要成为生物科学所必须具备的。实验方法的引入，的的确确推动了生物学的科学化进程。

第二，科学方法论对于科学实验的指导作用。早期柏林“医学唯物主义者”所持的是机械论的观点，他们把生物体看成是一架复杂的机器，认为用物理和化学的工具就完全足以揭示生命的运动方式。他们的方法是还原论的方法，试图把生物体肢解开来，孤立地研究它的每一部分，把整体简化成它的组成成分来加以研究。事实证明生命的机制是复杂相互作用的集合，而不是某一种单纯的相互作用或一系列简单相互作用的机械叠加。在这方面贝尔纳关于生命体内环境稳定自稳态研究的工作框架揭示了生命科学未来的发展方向："既保证研究的实验性和精确性，又不简单地落入机械主义的俗套是可能的。"换句话来说，就是在实验科学的工作框架下，精确性与整体性的结合。

2.2.2 实验胚胎学的兴起

(1) 胚胎学作为胚胎生长发育的描述性研究，在19世纪70年代和80年代已经取得了较大的成就。赫胥黎（T. H. Huxley，1825—1895）、鲍尔弗（F. M. Balfour，1851—1882）、亚历山大·柯瓦列夫斯基（Alexander Kowalewsky，1851—1882）、弗里茨·缪勒（Fritz Muller，1821—1897）和布鲁克斯（W. K. Brooks，1848—1908），这些19世纪的经典胚胎学家的研究范围一般包括两个方面：一是研究特殊结构的发育，如研究脊椎动物胚胎中鳃裂的发育结果，或研究昆虫体内马氏管的形成等；二是根据海克尔的生物发生律去探索各胚层的发育结果。两方面的研究都是以观察为基本方法，而且主要关心的是对正常胎胚发育中所发生的各种现象加以描述。1888年胚胎学内部爆发了激动人心的新变化：威廉·卢克斯（Wilhelm Roux，1850—1924）首次公布了青蛙胚胎实验的结果，因此成为"实验形态学"（即后来的"实验胚胎学"）的主要创始人之一。卢克斯实验工作的进展，体现出生物学进入了实验研究的新方向，也体现出了实验主义（experimentalism）由物理科学经过生理学而扩展到胚胎学的历史过程。

(2) 卢克斯是耶拿（Jena）大学的学生，当时耶拿是重要的生物科学研究中心，拥有一批有才学的学者，像生理学家阿尔伯特·施瓦尔贝（Albert Schwalbe，1844—1916），植物细胞学家爱德华·斯特拉斯伯格（Edward Strasburger，1844—1912）以及形态学家、达尔文主义理论家海克尔（Ernst Haeckel，1834—1917）等。身为耶拿大学的学生，卢克斯在这三个人的门下学习。从斯特拉斯伯格那里，卢克斯认识到从细胞水平寻找一般生物学解释的重要性。从施瓦尔贝那里，他了解到形态与功能的重大意义——细胞的结构影响着他的功能，反之，功能的作用又决定着结构。而从海克尔那里，卢克斯则得到对达尔文学说以及胚胎发育和系统演化史关系的浓厚兴趣。施瓦尔贝和海克尔的工作，引导了卢克斯注意研究胚胎分化的原因：为什么一些细胞在胚胎发育的特定阶段开始与其他细胞有所不同？在他从事这方面的研究之前（1869）海克尔曾做过一个实验，他杀死了生长胚胎的两个分裂球（受精卵最初分裂所产生的细胞）中的一个，然后观察这种异常胚胎的发育。海克尔这个实验获得的幸存下来的胚胎细胞极少。但卢克斯所做的相同实验却取得了极大的成功，这是他对胚胎学的最有意义的贡献。海克尔从两个相反的方面影响了卢克斯的工作：一方面是曾指导他机械地解释生物学问题，海克尔经常谈到生理学方面的问题以及物理—化学方法在生物学研究中的重要性，所以海克尔提出在生物学中使用实验技术是完全有可能的。海克尔感到任何科学的最高目的是原因的研究，因此，一个好的生物学家或形态学家，必须将生物体视为一个机械的和化学的系统。在海克尔的见解中含有独特的原因的概念，在他看来，胚胎发育的原因就是它的系统发育。这种思想渗透到他的“生物发生律”中，海克尔也意识到了历史顺序的因果作用。卢克斯原则上同意这个观点。可是，另一方面，卢克斯又发现海克尔阐述的机械论哲学太含糊、太抽象、太形而上学，无法给科学实践提供一个明确的方针。

19 世纪 80 年代初，卢克斯与海克尔的形态学传统彻底决裂了。他不仅怀疑海克尔的笼统抽象的观点，而且他也为 19 世纪中期和末期所发展起来的动、植物实验生理学所吸引。在这方面，两个特殊人物直接影响了卢克斯的思想，他们是威廉·普赖尔（Wihelm Preyer，1842—1897）和威廉·西斯（Wihelm His，1831—1904）。他们扭转了卢克斯从海克尔那里继承下来的普通机械论的偏见，使他转到运用正确的实验和定量分析的方法来进行研究。普赖尔给人们显示了胚胎发育过程中功能和结构的变化，并指出二者在不同程度上是彼此相关的。希斯对物理和化学力量导致发育过程中特殊的胚胎细胞移动颇感兴趣（如在人们熟悉的原肠阶段形成过程中，大部分细胞都由胚外移向胚内）。上述这些使卢克斯成为机械论和实验胚胎学的主要代表，他的种种影响是 19 世纪生物学中发展起来的方法论传统的一部分。卢克斯将这些来自生理学的方法，运用于解决他认为是当时胚胎学中最重要的问题，即分化的原因问题。虽然他竭力强调实验结果，虽然他对实验主义的强烈主张是重要的，但具有决定作用的还是他的实验方法。他的工作使生物学、特别是胚胎学的研究发生了一场革命。卢克斯把自己看成是研究“发育机制”的，或“原因分析胚胎学”的创始人。在 19 世纪，庆祝一门新学科创立的最好办法是办一份杂志，卢克斯他们办的杂志是《有机体发育机制研究资料汇编》。卢克斯说，描述性的工作已经足够了，为进一步获得关于发育过程的知识，现在是采取新步骤的时候了。卢克斯的著作有助于解决古代关于生命形成过程中“预成论”与“渐成论”之争。他把发育定义为“可感觉到的多样性的产物”。这里包括两部分：第一部分可以称作新渐成论，这是指多样性的真正增加；第二部分可以称作新预成论，这是指觉察不到的多样性的变化。卢克斯认为这两种分化的机制在理论上都是可能的，而到底哪一个正确则要靠实验来判定。卢克斯的“发育的镶嵌学说”认为，细胞分裂时，细胞中的遗传颗粒是以数量不均等的方式从单细胞的卵分配到多细胞的胚上去的。每一次细胞分裂结束时，两个子细胞中都会含有不同的遗传潜能。细胞继续分裂，每个细胞的潜能就变得越来越有局限性。最后，一个细胞只能表现出一种主要的遗传特性，构成一种能被识别的特异地组织类型。与以往的各种理论相比，卢克斯这一学说的最大长处就是它的对错能够被实验所检验。如果这一假说属实，那么毁坏两个或四个细胞阶段的分裂球就会产生畸形的胚；如果这一假说不属实，则毁坏一个分裂球应该不会产生什么作用。在卢克斯用双细胞时期的蛙胚所做的实验中，观察到剩余的胚发育不正常。他依据镶嵌学说，把结果解释为：在姊妹细胞被杀死后，剩下的分裂球中只含有一半的遗传颗粒。但是，使得胚胎学成为实验科学的基本原则之一，是实验的可重现性或可检验性原则。其他科学家在不同的情况下使用不同的实验动物重复卢克斯的实验却得到了相反的结果。1891 年，赫特维希（O. Hertwig）应用处于几个细胞时期的海胆做实验，把它的几个细胞分开，这些细胞都存活了，并且都发育成完整的动物。综上所述，虽然卢克斯大力倡导的实验方法推翻了他的镶嵌学说，但这为实验胚胎学的兴起奠定了基础，更重要的是促进了整个博物学由形态生物学向实验形态的生物科学的跃迁。

（3）实验胚胎学的另一个先驱者汉斯·杜里舒（Hans Adolf Eduard Driesch，1867—1941）改变了实验对象（用棘皮动物的卵代替了两栖蛙类的卵），改变了实验方法（不用刺死细胞的方法，而改用摇动的方法将处于两细胞阶段的海胆卵分成两个单独的细胞），改进了实验技术（使得实验对象扩展到四细胞期、八细胞期甚至更后的阶段）最后都能正常地发育成长腕幼虫。这个优秀的实验证明了胚胎的内胚层与外胚层之间是可以相互转变的。对于两个第一次分裂球的“潜力”这个至关重要的问题的回答，是在最早的两个核中，并非各自包含的只是整个受精卵决定因子的一半，而是每个核都包含着充分发育所必需的全部信息。杜里舒后来由于无法用机械论来回答：为什么当一部机器被分成两半以后，它还能变成同原来一模一样的两部机器？因此，他从机械论跳到了生机论，求助于那个古老的生命内部完善原理。

从生命科学哲学的角度来看实验胚胎学发展初期的这一段历史，特别是看卢克斯和杜里舒的分歧，我们可以得到以下几点启示：

第一，科学的发展过程是一个认识不断深化和精确化的过程。旧学科的改造或新学科的诞生，就是这一过程的必然结果。摒弃科学中的臆想传统，是科学发展中不断深化和精确化的要求。

第二，科学实验是实现科学认识不断深化和精确化的有效途径，也是检验科学理论模式正确与否的唯一标准。然而任何单一的实验（如卢克斯也曾做过的实验）并不能完全证明或完全驳倒某一学说，科学理论的证实需要在各种不同条件下所进行的实验的互相补充和统一认识。

第三，科学认识的发展过程，是一个充满矛盾的辩证发展的过程。结构与功能之间是相互作用的辩证关系，不能只重视一方面而忽视另一方面。内因与外因之间也是相互作用的辩证关系。卢克斯与杜里舒在考虑分化的原因时各执一端。卢克斯强调内因，认为胚胎内部包含着它的生物学组成，这些成分必然导致胚胎本身按一定的顺序进行有规律的发育；各个发育阶段是一个自我决定的过程。相反，杜里舒则强调外因，他认为，胚胎的生物过程——特别是分化中的各个阶段，是外界条件对胚胎细胞强烈影响的结果。在杜里舒看来，胚胎是一种能接受外界刺激并引起反应的一个协调的等能系统。

第四，生物物种是具有特异性的，这是生命科学方法论区别于物理科学方法论的基本特征。生物科学家必须面对的事实是：一个物种的研究结果，不能普遍适用于所有的物种。卢克斯和杜里舒都错在试图从单一物种的研究中得出普遍的结论。

在当代，虽然关于生物发生问题的古老的讨论已经被在分子水平上发育与分化问题的研究所代替，然而发育生物学研究的核心仍然是动态的过程在时间和空间上奇妙的相互协同作用。细胞，作为最初引起兴趣的研究课题，现已被大分子、核酸、阻遏物、诱导物、细胞器所取代，但细胞仍然是结构和功能的自然单位，是世代之间的联系环节，是卵赖以发育成胚胎和成体的单位。

2.2.3　细胞学说的发展

细胞学说是现代生物科学的基础，它是研究生命机体结构与功能的机制、遗传与变异的机制、发育与分化的机制、简单有机体与复杂有机体的统一以及进化学说的理论基础。它既是生命的基本单位，又是生命科学理论中概念系统的基本单元。细胞学说是随着日趋复杂的观察工具——显微镜的发展所积累的日益精细的数据而发展起来的。

(1) 1665年在胡克的《显微图谱》一书中，出现了"细胞"这个词和细胞结构的图解。19世纪30年代，一些主要的生物学中心都已能利用改进了的显微镜进行工作，因而获得了一系列的新发现。普金叶(J. E. Pukinje，1787—1869)在施万之前就对细胞学说的某些方面有所认识，在1837年和1838年之间他发表了有关细胞学说的最著名的观察结果。他描述了神经细胞、神经细胞的细胞核和轴突、有髓鞘神经纤维以及命名为普金叶细胞的小脑皮层的烧瓶型大细胞。1839年最早把"原生质"(protoplasm)一词用于科学意义的也是普金叶。

(2) 施莱登(M. J. Schleiden，1804—1881)于1838年在现代科学医学的奠基人、生理学家和比较解剖学家弥勒(J. P. Muller，1801—1858)的杂志《解剖学和生理学文献》上发表了"植物发生论"一文。他在其中引用了布朗关于细胞核与细胞发育时二者间有特殊关系的说法。施莱登把注意力集中在细胞核的结构上，认为细胞核是"植物普遍存在的基本构造"，并把它命名为"Cytoplast"(当时意义上的细胞核)。施莱登认为，不论怎样复杂的植物体，都是"各具特色的、独立的、分离的、个体(即细胞)的聚合体"。在植物内部，每个细胞都表现为："一方面是独立的，进行自身发展的生活；另一方面是附属的，是作为植物整体的一个组分而生活着。"因此，植物生理学和比较生理学的各个方面，从根本上看，都是细胞生命活动的表现形式。

(3) 施万(T. Schwann，1810—1882)说："一天，当我和施莱登一起用膳时，这位著名的植物学家向我指出，细胞核在植物细胞的发生中起着重要的作用。我立刻回想起曾在脊索细胞中看见过同样的‘器官’。在这一瞬间，我领悟到，如果我能够成功地证明脊索细胞中的细胞核起着植物细胞的发生中它所起的作用，这个发现将是极其重要的。”像施莱登一样，施万发现细胞核是他阐明动物体细胞性质的关键。在无数种动物组织中，即便如“肌肉纤维、神经管、卵或者血球”它们都有细胞核。1839 年，施万在《关于动植物的结构和生长一致性的显微研究》一文中，陈述了他的目的是要“证明在两大有机界中最本质的联系。”施万对脊索和软骨所做的仔细观察表明：“它们的结构和发生的最重要的现象与植物的对应过程相一致。”施万写道：“现在我们已经推倒了分隔动植物界的巨大屏障，这便是结构的多样性。”他认为动物组织像植物组织一样，包含有细胞、细胞膜、细胞内含物、细胞核和核仁。施万的经典论文《显微研究》由三个部分组成，在第三部分中他总结了全部研究，提出了“细胞学说”。其中，第一个论点是：无论有机体的各基本部分怎样不同，在它们的发生和发育上有一个普遍的原则，那便是形成细胞的原则。第二个论点描述了细胞的产生：首先，存在着无结构的物质，它们或者围绕着已存在的细胞，或者在已存在的细胞内部。依照一定的规律，在其中形成细胞。根据这种规律，各种细胞以各种方式发育，成为生物体的各基本部分。

(4) 威尔赫（R. L. C. Virchow，1821—1902）使细胞学具有了当今的形式，并把它并入了科学医学的基础学科——病理学。在“细胞病理学”的总题目下，威尔赫改正了早期植物细胞与动物细胞过分简单的互相类比，他认为构成组织、器官、系统、个体的是处于相互从属关系中的组成物。这些组成物构成巨大的链条，细胞则是这一链条中永远可以找到的处于最内层的一环。威尔逊（E. B. Wilson）在《细胞的发育与遗传》中，概括地列举了细胞学说继施莱登与施万之后发展的三个阶段：第一阶段，在 1840—1870 年，建立起一系列连续性的基本轮廓和原理；第二阶段，从 1870—1900 年，是细胞学、细胞胚胎学趋于成熟以及遗传学物质基础和发育机制的新概念得到发展的过程；在孟德尔定律再发现以后的第三阶段是“对于性别和遗传的机制做现代的、更彻底的探究的时代”。玛格纳写道，遗传学和细胞学沿着三个线索发展：第一，遗传类型的统计分析导致了孟德尔主义和群体遗传学；第二，显微镜研究揭示了重要的亚细胞结构以及在不同环境下静止、生长和分裂的行为；第三，化学研究阐明了各种各样细胞组成部分的性质。需要把所有这些研究工作汇集和综合起来才能对遗传学有真正的理解。

2.2.4 实验水平上的遗传学研究

2.2.4.1 起源

由于达尔文的自然选择理论中缺少一个令人信服的遗传概念，19 世纪后期魏斯曼、德弗里斯等一大批著名的生物学家纷纷创立了各种遗传学说。前一节中已介绍过，魏斯曼（August Weismann，1834—1914）的最著名的学说是种质（germplasm）和体质（somatoplasm）的区分。他为遗传学贡献了两个重要的指导性概念，一个是种质连续性理论，另一个是关于染色体减数分裂及其合理性的预言。魏斯曼的学说像海克尔的学说一样，注重于形态学的臆想。荷兰植物育种学家雨果·德弗里斯（Hugo de Vries，1848—1935）的"突变学说"（mutation theory），1900—1910 年为生物学界广泛接受，特别是为年轻的工作者所接受。德弗里斯的学说之所以广泛传播，不仅是因为他从另一个角度为达尔文的自然选择学说提供了物质基础，而且也因为他为先前是描述性研究的领域——进化论提供了实验的方法（利用杂交繁殖形成新变种的方法）。美国优生学家戴文波特（C. B. Davenport）在评论德弗里斯的《种与变种》（Species and Varieties）一书时写道："德弗里斯的伟大著作《突变论》，如同达尔文的《物种起源》一样，开创了生物学领域的新纪元。可是这个革命是不完全的，这或许因为还未建立起一系列这样的重要学说。但是我们在探讨进化问题时需要一种方法上的革命……德弗里斯工作的重大作用是创立了实验法。有关实验的争论仅仅是判断它本身的价值。如果说突变学说所产生的广泛影响是引导人们用实验去研究进化问题，那确实是很恰当的。"德弗里斯工作的价值，不仅在于他提供了一种物种形成的可见证明，而且他的工作使得进化论的整个领域更加密切地与生理学乃至物理、化学联系起来。

2.2.4.2 孟德尔(Gregor Mendel,1822—1884)的工作

在 1851—1853 年的四个学期里，孟德尔曾经在维也纳大学学习过物理学、化学、动物学、昆虫学、植物学、古生物学和数学。在此期间，他受到一些杰出科学家们的影响：曾为物理学家多普勒（C. Doppler 1805—1853）充当物理学的"演示助手"，曾向数学家和物理学家依丁豪生 A. V. Ettinghuasen 和细胞学理论发展中的重要人物恩格 F. Unger 学习过，也许还从恩格那里学到了把细胞看作动植物结构的关键。1854 年夏天，孟德尔用 34 个豌豆株系开始了他的著名实验，1865 年他在"布隆自然历史学会"上宣读了那篇独创性的论文《植物杂交实验》，并于 1866 年发表在《布尔诺博物学会会刊》上。为了解释自己的实验结果，孟德尔做了科学假设：每个亲本植株的每个遗传特征（如植株的高度、花的颜色、种子的形状和种皮的类型等）都由两个"遗传因子"来决定。一个遗传因子来自父本，另一个遗传因子来自母本。植物体可以有两个相同的遗传因子（例如都是高因子），也可以有两个不相同的遗传因子（如一个高因子和一个矮因子）。在孟德尔看来，当两种因子在一起时，遗传因子掩盖了另一些遗传因子的表现，他把前者称为显性（dominant），后者称为隐性（recessive）。从这些假设出发，孟德尔概括出了"分离定律"（即形成生殖细胞时，决定任何性状的两个

遗传因子总是彼此分离进入到不同的卵和精子中）和“自由组合定律”。（任何一组性状的母本与父本的遗传因子，都是与其他组性状的遗传因子独立分离的，来自父本或母本的遗传因子在每个生殖细胞中随机组合。这种组合可以依照概率规律从统计上加以预期。）

这一段历史的叙述可以让我们清楚地看到：

第一，孟德尔的研究所采取是一种完全不同于达尔文的博物学模式的全新的“实验生物科学模式”：它从科学假设出发，用科学实验来检验假设，用数学方法来显示、分析和预期实验结果。

第二，孟德尔的工作证明，在生物的遗传领域中，确实是存在着规律，并且这些是可以在特定条件下观察到其恒定表现的。

可是，孟德尔的贡献被忽视了35年之久。当时他曾寄给达尔文的论文油印本一直没有被启封；他把论文副本寄到慕尼黑植物学教授耐格里（K. Nageli，1817—1891）那里，但耐格里却完全不能理解孟德尔所做的工作。N. 玛格纳写道，19世纪的科学家们，几乎没有人能理解孟德尔对遗传问题的实验方法和数学方法。虽然当时相当普遍地进行植物杂交实验，但是没有一名植物学家曾想到要对所有的杂交后代做数学探讨。就孟德尔决定采用的数学方法以及他对杂交所得的全部后代进行计数而不是单单对“有趣”的后代进行计数来说，他的工作是独一无二的。其他人把整个物种的全部性状作为一个单位，而孟德尔用纯系进行实验，研究各个简单的、可分开的单一性状。在这一点上，由于他提出的性状因子可以同拉瓦锡提出的化学元素相比较，孟德尔被称为“植物学上的拉瓦锡”。1900年重新发现的孟德尔1866年的论文，为研究遗传过程的新思想提供了一个重要的思想源泉，随着杂交实验的结果与细胞学积累的事实的综合，终于被生物科学界认为是带来了最好的方法。通过1900—1920年孟德尔遗传学说的确立，遗传与进化的研究开始真正走上了实验生物科学的道路。此后，沿着探寻孟德尔所提出的“遗传因子”在活细胞中是否有物质基础的方向前进，遗传学中的“染色体理论”和“基因理论”相继诞生。

2.3 分子水平的生命科学

在分子水平上解读生命的结构、生化与遗传信息综合本质的生命科学。

2.3.1 引　　言

当代的新闻媒体几乎没有一天不在报道生命科学领域的一项又一项新发现——基因治疗、人类基因组计划、通过基因工程制造出各式各样新的动物和植物以及克隆人可能问世的倒计时间表。人们很自然地被这些新发现所吸引。这些事物的出现都是由在20世纪中叶发展起来的分子生物学所引起的。艾伦写道，如果后世的科学家通过一些历史的标志来认识第二次世界大战后的25年，那么这段时间应被称为“分子生物学时代”。过去，像胚胎学、遗传学或进化论这样的一些领域，只是在组织、细胞或群体水平上进行过研究，后来证明在特定大分子的分子构成上是有共同基础的。对诸如蛋白质以及后来的核酸分子的结构和功能的研究，开辟了研究生命系统微观结构的新前景，并且揭示了在生物学广阔领域中存在的新联系，而过去对它们的共同基础，只做过一些模糊的推测。艾伦写道，当代生物学有几个主要特征，其一就是坚信所有生物学问题最终都能在分子水平上加以研究。但这个观点并不意味着在其他水平上（如细胞、器官、个体或群体水平）对有机体的研究是无价值的。事实上，生物学家们越来越意识到，在高级水平上研究有机体和在低级水平即分子水平上研究有机体都是同样重要的。但是，那种认为把复杂的生物学现象还原为其简单的组成成分（细胞或分子）就能得到充分说明的观点，在20世纪70年代初期的生物学家中，已不如先前那样流行了。

2.3.2 分子生物学的概念

艾伦写道，近些年来，“分子生物学”这一术语变得很时髦，并且用法也很不相同。在一些人看来，它已经成为生物化学的同义语；而在另一些人看来，它是为了争得研究资金的套语；还有一些人认为，它不过是深入到分子结构水平上的超微结构生物学的一个分支。X射线结晶学家约翰·肯德鲁（John Kendrew）曾指出，事实上，虽然“分子生物学”这一术语经常被使用，但许多分子生物学家甚至不清楚他们学科的确切含义是什么？作为“分子生物学”这一术语的创立人和宣传者之一的W. T. 阿斯特伯里（W. T. Astbury）在1950年曾把分子生物学定义为：“……专门（涉及）生物分子的形式及这些形式在朝着越来越高的组织结构水平的进化、扩展和演变。分子生物学主要是研究三维的和结构的方面，但这并不意味着，分子生物学只是一种精密的形态学。它必须同时研究起源和功能问题。”阿斯特伯里在同一篇文章中补充道：“与其说它是一种技术，不如说它是一种探索方法。它的主导思想是从所谓基础科学的观点出发，按照相应的分子活动来探讨经典生物学中的大量现象。”然而，在许多方面这个定义还是不完全的，它只暗示了分子形态和功能之间的关系，这是当代分子生物学的主旨。现在的“分子生物学”不仅包括结构和功能的因素，而且也包括信息的因素。它涉及一些重要的生物大分子（如蛋白质和核酸）结构如何在细胞的代谢中行使功能和携带特定的生物学信息的问题。分子生物学不仅仅是使用分子术语进行描述的生物学，它包括那些使得对最基本的生物过程（涉及有机体稳定性、存活和繁殖的过程）进行的分子研究并使其成为可能的技术和发现。严格说来，分子生物学并不是一个新的领域，而是一种把生命有机体看作是信息存储器和传递物的新方法。这种新的方法使现代生物工程（基因工程、蛋白质工程、酶工程等）得以成为可能。

2.3.3 分子生物学的由来

(1) 分子生物学是由三条思想路线交汇而成的：结构方面——分子的形状以及在某种程度上形状如何决定特殊的功能，这方面特别与分子的三维结构有关。生物化学方面——与生物大分子在细胞代谢中如何相互影响有关。信息方面——与信息如何在有机体世代间传递以及该信息如何被翻译成特定的生物分子有关。

(2) 分子生物学是由20世纪初发展起来的两个生物学分支——遗传学和生物化学结合而成的。这两个学科分别有其自己明确的研究对象：遗传学研究基因，而生物化学研究蛋白质和酶。由于不再满足于有关基因作用的抽象观点，遗传学家们集中研究了基因的本质以及它们的作用机制；而生物化学家们也试图理解蛋白质和酶——这些有机体产生专一性的必需成分是怎样合成的以及基因是如何参与此过程的。终于，他们发现基因是一种大分子（DNA），并且除了基因的结构被确定外，它在蛋白质合成过程中的作用也得到描述。当人们更清楚地了解了这两个问题之间的关系时，分子生物学就应运而生了。

2.3.4 分子生物学产生过程中的关键性事件

2.3.4.1 生物化学的发展

20世纪初期，生物化学取代了生理化学。作为一门基础科学，生物化学试图揭示有机体内分子转化的途径。第一个生物化学实验是在1897年进行的。一位德国化学家爱德沃德·布赫纳（Eduard Buchner）用不含细胞的酵母菌抽提液成功地在活的生物体外实现了糖转化为酒精的发酵过程。这一发现非常重要，因为在40年前，法国科学家巴斯德（Pasteur）曾经强调过发酵过程代表着生命的“记号”或“手迹”。生物化学沿着两个方向得到了发展：一方面，它研究有机体内分子（尤其是糖）的转换；另一方面，它鉴定了蛋白质和酶的特征，而它们是生命的必需组分。酶是生物化学家极为关注的使生物体内分子发生转换的催化介质。

20世纪的前半段对于生物化学来说是一个很重要的时期。在这个阶段中，生物化学家揭示了代谢的主要途径和循环——如糖酵解途径、尿素循环、三羧酸循环（或叫Krebs循环）等，并对细胞呼吸进行了大量的研究。同时，物理化学领域的进步使得在生物体外开展对酶活性的研究成为可能。一个用于对酸度进行定量描述的概念“pH”产生了，同时人们还研制出了反映细胞内环境特性的“缓冲溶液”系统。这些进展为研究酶的动力学行为的基本原理——酶学奠定了基础。对酶的进一步纯化和结晶使科学工作者能够研究它们的结构。

1922 年，德国化学家赫尔曼·斯托丁格（Hermann Staudinger）引入了“大分子”（macro-molecule）这个术语，将它用于描述质量很大的分子。在这些大分子里，原子通过很强的化学键而组装在一起。

另一个对理解生物化学在分子生物学的发展过程中做出特殊贡献的极为重要的概念是“专一性”（specificity）。专一性是指酶辨认出它们所作用的分子（即酶的底物）的化学结构的能力。这个被认为是反映生物分子特性的概念，在 20 世纪上半叶的生物学界是无所不在的。专一性这个概念首先是在 1890 年由德国化学家艾米尔·费希尔（Emil Fischer）清楚地提出的。费希尔曾对蛋白质进行过深入的研究。为了说明专一性这一概念的含义。费希尔用锁和钥匙进行比喻——酶与底物的关系就好像是锁与钥匙的关系一样。所有生物分子都有化学专一性。这一概念是从对酶的研究中发展起来的，但它却在免疫学领域得到了最为惊人的应用。免疫学家们很快就发现抗原与抗体之间的关系和酶与底物之间关系非常类似。

对抗体的化学研究——免疫化学，是 20 世纪上半叶在卡尔·兰斯泰勒（Karl Landsteiner）的推动下发展起来的。兰斯泰勒向动物体内注射各种各样的分子，然后观察动物体内怎样形成对付这些分子的抗体。结果令人振奋：无论注射的分子的化学本质怎样，只要有大分子作为携带载体，那么动物机体就能够产生对抗这些化学分子的抗体。兰斯泰勒对注射的分子稍微进行了一些改造，结果发现动物可以识别这些细微的变化并且能够合成专门对付这些新分子的抗体。这些结果说明识别的专一性是生命的一个固有特性。虽然免疫化学本身就是一门学科，但它却被证明是用来研究有机体组成的一个重要工具。如果一个动物体内被注入了从其他有机体中提取出来的某种蛋白质，那么它就会产生针对这种特异蛋白质的抗体。于是，这种免疫学识别的专一性就揭示了一种有机体化学组成的特异性。

1936—1940 年，专一性的概念发生了实质性的变化，从一个生物学的概念逐渐演化成了一个立体化学的概念。这个迅速的转变是兰斯泰勒与美国化学家莱纳斯·鲍林（Linus Pauling）相遇的结果，那时，鲍林已经因为将量子力学的概念应用于研究分子而知名。兰斯泰勒一直想就动物体针对注射的分子而产生的抗体所表现的专一性进行化学解释，而对于一直想研究生物分子的鲍林来说，兰斯泰勒的研究结果是用来研究使抗原和抗体之间产生特异相互作用的化学键的极好材料。鲍林在把专一性简化为物理和化学概念的过程中起了重要的作用，由于他的工作，专一性的概念真正地被化学家们接受了，并且可以从立体专一性、结构互补性和弱键集合角度来理解这个概念。鲍林把弱键的概念应用于理解蛋白质的结构。他研究了由热、酸、碱或者诸如尿素等化学试剂引起的蛋白质变性现象。1936 年，他得出了对变性现象的正确解释：该过程并不破坏分子的任何共价键，也不使聚集成胶体的分子分开，只是破坏一系列对于维持蛋白质三维结构稳定性所必需的氢键而已。因此，弱键和结构互补的概念今天仍然是理解生物大分子之间相互作用的基石，并且支配着我们对所有生命形式的结构和功能的理解。

通过这一段历史的叙述，在生物化学这一现代科学的交叉领域的形成和发展过程中，在以生命特异性（复杂性）为研究目标的前提下，我们看到了生物学、医学、化学和量子力学理论和方法相结合的实际成果。

2.3.4.2 从经典遗传学向分子遗传学的发展

在孟德尔的遗传学定律经过德弗里斯（Hugo de Vries）、柯灵斯（Carl Correns）和丘谢马克（Erich von Tschermak）的工作而得到重新发现以后，围绕着孟德尔的遗传因子是什么、它们是在什么地方和什么时候发生重组的等核心问题的不断深入，遗传学经历了从经典遗传学向分子遗传学的发展。

直到1909年，威廉·约翰尼森（Wilhelm Johannsen）才定义了基因型和表现型之间的根本区别。“基因型”指的是逐代传递下去的成对因子的集合（分别来自父本和母本的遗传因子称为“基因”），“表现型”指的是一些很容易区分的成熟个体特征的总和。

萨顿（W. S. Sutton，1877—1916）清楚地说明了遗传因子位于细胞核内的染色体上，博维里（T. Boreri，1862—1915）证明了染色体并不是相互等同的物质小片，而是一组染色体，其中各个染色体在性质上各不相同。萨顿和博维里分别用自己的方法证实了每个染色体都各有自己的特性。萨顿—博维里的假设似乎解释了孟德尔遗传因子的性状分离与染色体行为之间的关系，但是由此又产生了新的问题：如何解释遗传因子的数目多于染色体的数目这一矛盾？唯一能够解决这一问题的只有“连锁群”理论，萨顿认为：“否则，一个个体所具有的明显性状，就不可能超过在生殖细胞中的染色体数目。”因此，同某一特定染色体相连的一切性状，必然是一起遗传的。摩尔根实验室的实验体系和方法，为遗传的染色体基础和连锁群中基因的排列提供了实验证据。

推动遗传学向分子方向发展的第一个关键性事件，是美国哥伦比亚大学的生物学家托马斯·摩尔根（Thomas H. Morgan）与其合作者选择了比豌豆更易于研究的模型生物——具有典型性并且繁殖速度很快的果蝇（*Drosophila melanogaster*）。从科学方法论的角度来说，科研的成败与实验材料的选取之间有着非常密切的关系。果蝇这种生物的生活周期短，繁殖量大，并且容易在实验室中保存。更重要的是，这种果蝇每个细胞只有四对染色体，每对的形状、大小各不相同，而且它还有好几十个容易识别的遗传性状。1910年，摩尔根发现，有些基因的传代在不同性别的果蝇中方式不同，表现为与“性染色体”的传递方式一致。果然，这一观察既证实了性染色体在性别决定中的作用，同时也证实了西奥多·伯浮立（Theodore Boveri）和沃尔特·萨顿（Walter S. Sutton）关于基因是由染色体携带的假说。一对染色体所携带的基因间的重组（recombination）可以解释为是由发生于性细胞形成阶段的染色体片段的交换引起的。基因在染色体上相距越近，重组的频率就越低。重组现象使得摩尔根小组的研究人员能够在染色体上给不同的基因排出顺序，进而可以建立染色体图谱。

1928年摩尔根将“基因论”概述如下：个体的种性性状起源于生殖质内连在一起，形成若干连锁群的成对要素（基因）；生殖细胞成熟时，每一对的两个基因依孟德尔第一定律而彼此分离，于是每个生殖细胞只含一组基因；不同连锁群内的基因依孟德尔第二定律而自由组合；相应的连锁群内的成员基因之间有时也发生有秩序的交换；交换的频率可以提供有关每个连锁群为的成员间线性排列的证据，同时也能表明成员相互之间的相对位置。作为基因理论的创始人，摩尔根于1933年获得了诺贝尔奖。

很多情况证明选择果蝇作为研究材料是一个极为聪明的结果。在果蝇的唾液腺细胞中含有巨型染色体，在显微镜下可以很容易地观察到这些巨型染色体上有明暗交替的条纹结构。当基因改变时会出现相应的条纹的变化，这一现象被用于构建基因组的物理图谱。物理图谱可以叠合到根据重组频率而获得的遗传图谱之上。这一重大发现证实了基因是物理实体，它们位于染色体上。据此，遗传学家们不仅阐述了基因的特性及其位于染色体上这一事实，而且还描述了基因突变（mutation）和染色体的改变，并分析了它们对生物体的形态和生理特征所产生的效应。他们的研究表明某些形式的物理或化学处理（如X射线照射）可以增加基因突变的频率。对果蝇的遗传分析为研究其他有机体——动物和植物的遗传分析提供了一个可借鉴的科学模型。这些工作不但证实了对生物繁殖进行遗传分析的合理性，而且也使得未来的分子遗传学能够成为现代生命科学中的一门主导性学科。

推动遗传学向分子方向发展的第二个关键性事件，是赫尔曼·缪勒将物理科学研究方法（X射线对基因的诱变效用）在遗传学研究中的引入。遗传学的成功曾经在一定的程度上导致了它在研究上的相对独立性。例如，对有机体与其亲代之间的相似性（遗传学问题）和有机体从卵细胞发育成为成熟个体的过程（胚胎学问题）这两个紧密关联的问题在研究中的分离。由于当时遗传学所采取的独特的研究思路，所以许多生物学家把遗传学看作是一门与现实脱离的推理性科学。遗传学家们在研究基因时，并不十分明显地热衷于研究基因是怎样起作用的，也不关心基因的化学本质是什么。赫尔曼·缪勒（H. J. Muller，1890—1967）是摩尔根的学生中唯一的一位立刻对这些问题表现出兴趣的人。对于缪勒来说，基因是“生命的基础”，是蕴藏着生命“奥秘的地方。1927年，缪勒发现了X射线对基因的诱变效用。正如欧内斯特·卢瑟福（Ernest Rutherford）1919年的化学元素蜕变实验打开了理解原子核的道路一样，缪勒坚信他1927年的实验一定能够帮助解开基因的奥秘。缪勒对马克斯·德尔布鲁克（Max Delbruck）的工作有着浓厚的兴趣。德尔布鲁克正试图通过研究突变频率与辐射能量水平的关系来确定基因的性质。缪勒第一个成功地用纯系果蝇研究了突变现象。为了科学概念上的明晰，缪勒把突变定义为在某一基因中的可遗传变化，并试图用各种手段来增加果蝇的突变率。1927 年，缪勒宣布 X 射线是强有力的基因突变剂，并由于该项研究获得 1945 年的诺贝尔奖。20 世纪 30 年代，遗传学家和物理学家开始协同攻关，以了解“基因的本质是什么?”这个核心的问题。理论物理学家德尔伯里克曾受到 N. 玻尔（N. Bohr，1885—1962）在 1933 年发表的“论光与生命”这个著名演说的影响，在题为“论基因突变和基因结构的性质”的文章中用量子力学的观点来处理基因分子。薛定谔（E. Schrodinger，1887—1961）在他于 1944 年发表的《生命是什么?》这部著作中向物理学家发出了探寻生命本质的号召。薛定谔认为，对遗传物质的正确认识不可能直接通过物理学来获得，只能在“生理学和遗传学指导下”，通过生物化学的进展来获得。但是，由于当时化学家和遗传学家不能互相认识对方工作的意义，不能共同分享他们的研究成果，因此基因化学本质的揭示进展缓慢。

推动遗传学向分子方向发展的第三个关键性事件，是在米谢尔发现“核素”（nuclein）后揭示的遗传本质奥秘。在另一条进军路线上，19 世纪 70 年代，米谢尔（J. F. Miescher，1844—1895）在脓细胞的研究中发现了一种“可能在细胞发育中发挥着极其重要作用”的新物质——“核素”（nuclein），他推测核素的原子可能形成“异构体”或“几种不同的空间排列”，由此而导致变异，但是他的研究成果却因不能得到同时代人的理解而被搁置，在他死后才得以发表。莱文（P. A. Levene，1869—1940）在 1900 年开始研究核酸化学，他的研究几乎包括了每一类重要的生物化合物，他的成果不但有助于形成一个关于核酸的比较清晰的画面，而且也有助于把核酸同蛋白质区别开来。对核酸的分析表明，在各种不同来源的核酸中，四种碱基的克分子数相等。这些数据导致了“四核苷酸假说”。1946—1950 年查伽夫（E. Chargaff）所进行的化学研究使当时对 DNA 的看法起了革命性的变化。他运用了二战后才第一次投入实际运用的方法——纸层析、紫外分光光度测量和离子交换层析，非常明确地证明了四种碱基的数量不是相等的。查伽夫强调了这样一个发现——全部嘌呤同嘧啶之间的分子比例以及腺嘌呤与胸腺嘧啶之间、鸟嘌呤和胞嘧啶之间的比例总是大约为 1。查伽夫的工作很清楚地说明了核酸与蛋白质一样，是一种结构复杂、令人感兴趣的独特的化合物。然而，20 世纪 40 年代，化学家、遗传学家和物理学家的主要注意力是集中在基因与蛋白质关系（基因必然是蛋白质或核蛋白的假设）的研究上，他们都普遍忽视了另一条有意义的线索，即关于核酸的传递能力的研究。向基因必然是蛋白质或核蛋白的假设挑战的一系列著名的实验，首先是在艾弗里（O. T. Avery，1877—1955）的实验室里进行的。而从某些方法面来说，艾弗里的工作仅仅是改进和提高了先前格里菲斯（F. Griffith，1877—1941）进行过的研究。

格里菲斯是一位著名的细菌学家和流行病学家，曾对各种类型的细菌进行过多年的研究。1928年，格里菲斯在一篇论文中描述了他在观察肺炎双球菌时发现的一些非常奇特的现象，这些现象表明肺炎双球菌能经历某种形式的类型转化。虽然格里菲斯已经观察到了遗传转化的现象，但是当时他似乎没有认识到在他的观察中有遗传物质的传递。艾弗里从III型s肺炎双球菌分离得到活性的转化因子后，鉴定为“一种高聚合度的、黏性的脱氧核糖核酸钠盐”，并且对这种物质做蛋白质是否存在的检验，结果为阴性。不久从其他细菌中也提取到了具有转化功能的DNA。由于许多科学家对DNA的化学性质存在错误的看法，不接受把DNA当作遗传物质的证据。直到1952年，赫尔希-蔡斯（Hershey-Chase）的实验以后，DNA才被认真看待。赫尔希-蔡斯用放射性硫标记噬菌体的蛋白质，然后用这种噬菌体去感染细菌，再把受感染的细菌细胞放在搅拌器内旋转离心，把受了感染的细菌和更小的颗粒分离开来。他们发现，大多数噬菌体DNA仍然与细菌细胞在一起，而噬菌体的蛋白质则被释放到上清液中。因此，他们认为噬菌体的蛋白质只是噬菌体附着在细菌上时所需要的保护性外套，同时也是把噬菌体DNA注入到细菌中去时所需要的工具，但对细胞内噬菌体的生长是没有作用的。显然，赫尔希-蔡斯的实验结果仍然没有为DNA的遗传作用提出令人信服的证据。直到沃森-克里克的DNA模型成功之后，艾弗里的研究成果、赫尔希-蔡斯的实验结果等才溶合为一个遗传物质基础的分子生物学的科学体系。以上我们阐述的是分子遗传学的理化背景。

推动遗传学向分子方向发展过程中起决定性作用的事件，是沃森和克里克阐明了DNA的立体结构。在DNA双螺旋模型中蕴含着的DNA：“怎样在每一个细胞世代中复制，怎样在个体发育和机体功能上起作用，怎样经历那种作为有机进化基础的突变过程。”分子遗传学是分子生物学中的标志性学科，它的诞生是生化、结构和信息三个方面融合的结果。

DNA双螺旋模型的发现，同时也是结构学派和信息学派结合的典范。艾伦写道，首先应用于研究蛋白质结构，后来又用来研究核酸结构的最重要的技术之一，就是X射线结晶学。主要在英国起源和发展的X射线结晶学，成了结构学派思想的组成部分。1912年前后，由H. W. 布雷格（H. W. Bragg）和W. L. 布雷格（W. L. Bragg）父子提出并发展了X射线结晶学技术。约翰·肯德鲁和马克斯·佩鲁茨就曾在布雷格实验室（即剑桥的卡文迪什实验室）成功地弄清了两个相关蛋白质（血红蛋白和肌红蛋白）的大部分结构，不仅表明了蛋白质的巨大复杂性，而且，更重要的是通过三维结构的知识来解释分子的功能问题。这项工作，对于后来核酸研究的发展有着重要的意义。蛋白质方面的研究创造了许多可以简化和精炼X射线衍射过程的分析的新技术。当约翰·肯德鲁和马克斯·佩鲁茨正在剑桥研究蛋白质的时候，主要由莫里斯·威尔金斯（M. Wilkins）和罗莎琳德·富兰克林（R. Franklin）组成另一个研究小组，在伦敦的王室学院（King's College）也正在用X射线结晶学的方法研究核酸。这两个小组有过大量的接触，共同交流过许多问题和发现，特别是交流了技术方面的进展。沃森-克里克的DNA双螺旋模型就是利用了罗莎琳德·富兰克林的X射线衍射的资料结合自己研究的结果。以“探讨生命的奥秘”为目的的信息学派的工作开始于20世纪30年代中后期，他们的研究在于阐明遗传过程中信息传递的方法。

信息学家对遗传问题的研究是在备受量子论影响的思潮中开始的。最初的影响来自物理学家尼尔斯·玻尔（N. Bohr，1885—1962），他是量子论的先驱，又是有关生物学问题的不寻常的思想家。1932年在题为“生命和光”的讲演中，玻尔指出，试图把有机体简单地还原为化学的相互作用来回答“生命是什么?”的问题，就如同试图通过画出每个电子的位置来描述原子一样的困难。他认为存在着一种生物的不定性，因为要保持某个机体活着（为了研究生命）的必要条件，就不能将生物体分解为其组成部分的化学系统。如果那样做了，机体就不能活了，因而也就成了另外的不同系统了。他感到生物学也和物理学一样，当他运用了新的概念和新的研究方法时，就能上升到新的认识水平。这些概念和方法并不认为，机械论和还原论的解释是生命现象的唯一令人满意的解释。玻尔的思想在他的学生马克斯·德尔布吕克的头脑中遇到了肥沃的土壤。德尔布吕克认为，如果人们还是以物理学家和化学家那样简单的方式看待基因，那么所有这些因素都是反常的。玻尔和德尔布吕克关于对生命现象的研究可能导致发现和阐明物理和化学的新定律的思想，在薛定谔的《生命是什么?》一书中得到了体现。薛定谔特别指出，生物学和物理学的主要问题不是有机体是否通过产生（如比它们摄入更多）能量而违抗热力学定律的问题。真正的问题是信息传递的问题：信息如何被编码？在从一代细胞到另一代细胞的大量传递中它如何保持稳定？偶然的变异又如何产生？在物理学家的世界中，无论如何都没有与这些现象相对应的东西。薛定谔的结论是，生命物质在不违背迄今为止已确定的物理学定律的同时，很可能还包含着迄今不明了的物理学的其他定律。薛定谔的生物学观点，在20世纪40—50年代影响了一大批年轻的物理学家把兴趣转向了生物学的研究，其中也包括沃森和克里克。

可以把德尔布吕克引入噬菌体作为研究工具看成是信息学派浪漫时期的开端，这一时期大约结束于1952年前后。那一年，赫尔希（D. Hershey）和玛莎·蔡斯（M. Chase）以权威性的工作表明了DNA可以被确定为遗传物质。为回答“什么分子传递遗传信息”这类问题，噬菌体小组挑选病毒作为适宜的研究对象是颇有远见的。病毒具有许多独特的优点，这使它在分子遗传学的历史上所占据的位置与果蝇在经典遗传学上所占据的位置等同。1952年噬菌体小组公布的研究结果表明，当一个噬菌体感染一个细胞时，它把DNA注入寄主体内，而把蛋白质外壳留在外面。后来的研究进一步表明，只有噬菌体DNA（而不是蛋白质）与新噬菌体复制的生化过程有关。复制的基本问题现在可以用噬菌体的两种功能——自催化(autocatalysis)和异催化(heterocatalysis)来重新陈述了。

从1956年起一直持续到20世纪60年代中期，是将遗传学的结果和结构学家对大分子研究的结果结合起来，以期推断DNA的实际结构，并由此推论出它的许多功能和性质的分子生物学关键时期。沃森（J. D. Watson，1928— ）和克里克（F. Crick，1916— ）主导了这一时期。他们从1951年秋到1953年4月在《自然》（Nature）发表那篇历史性的文章（Molecular Structure of Nucleic Acids－A Structre for Deoxyribose Nucleic Acid. NO. 4356 April，25，1953，Nature，737）这一时期的工作可以简要总结如下：

第一，研究的背景资料与目的。一旦决定了研究DNA的结构之后，沃森和克里克试图设计一种分子模型，这种模型不仅要同X射线衍射资料一致，而且也要能解释自催化和异催化双重功能。根据威尔金斯和罗莎·富兰克林所做的X射线衍射研究，已经清楚DNA分子是由许多亚单位的堆积层组成的，这些亚单位呈有规则的几何形状，每3.4Å重复一次。也弄清了DNA分子是某种长链的多聚体，其直径始终不变。DNA分子的化学组成已经确定，是由四个结构单位组成：两种嘌呤碱和两种嘧啶碱，分别连接着糖，糖又连接着磷酸，形成四种称为核苷酸的物质。已知一个核苷酸的糖基和另一个核苷酸的磷酸基靠化学键连接，形成了与分子同长的糖-磷酸“骨架”。沃森和克里克的研究目的是要决定这些部分如何在结构上同生物学的功能相适应。

第二，研究中的主要问题：在DNA分子中，核苷酸的任何排列都必须能说明分子结构的规律性及其化学的稳定性。也必须说明分子如何忠实地复制自己。这种考虑意味着所要确定的，不仅是各个部分有怎样的物理排列在几何上才是可能的，而且尤其要确定是哪种已知的分子间和原子间的相互作用力，能把各个部分结合在一起。

第三，影响沃森和克里克思考方向的三个因素：一是与剑桥年轻的数学家约翰·格里菲斯的偶然相遇。格里菲斯同意为沃森和克里克计算在一个DNA分子内相同碱基之间的吸引力（弱的相互作用），格里菲斯计算后发现不是相同碱基之间的相互吸引而似乎是不同碱基之间的相互吸引，克里克想到可能是互补配对能更好地解释复制机制。可是这个发现仍然没有说明分子的整体三维性质；二是沃森和克里克与生物化学家E. 查哥夫（Erwin Chargaff，1905— ）的相遇，查哥夫谈到的配对与格里菲斯讲过的竟然是一回事。这样，在1952年春天，克里克就认识到不同碱基之间互补配对很可能是形成DNA分子的基本形式。这个认识极为重要，因为他揭示了分子如何能连接在一起以及如何能够复制。然而，DNA分子是由几条链组成，它们彼此之间的空间关系如何还没有证据；三是来自林纳斯·鲍林引进的研究蛋白质α-螺旋结构的方法的启示采用这种方法，沃森和克里克就可以利用嘌呤碱和嘧啶碱的比例模型，来决定什么样的维度和排列才能既符合氢键的理论要求，又符合查哥夫规则的经验要求。这种方法被证明是很有价值的，因为它使沃森和克里克能够提出各种可供选择的模型，并用来与DNA的X射线衍射图案进行对比、检验，看看能否发现某种相关性。

第四，1953年4月沃森-克里克DNA双螺旋模型在《自然》（Nature）刊登的一篇短文里公布于世。这个模型包括两个彼此缠绕的螺旋体，就像一种螺旋楼梯，梯阶由配对的碱基构成，糖—磷酸骨架在外侧。两条链是彼此互补的，一条链上的腺嘌呤通过氢键一定和另一条链上的相应位置的胸腺嘧啶联结。这个模型完美地说明了遗传物质的遗传、生化和结构的主要特征。在生化和结构水平上，它解释了双螺旋所特有的X射线数据：DNA纤维的固定直径，碱基有规律的间隔堆积以及1∶1的碱基比例等。从生物学角度看，它解释了自催化和异催化，并提出了DNA如何储存遗传信息的机制。自催化或DNA分子的复制，能通过每条链来进行，每条链都可作为复制其配对物的模版。这样，当两条链分开时，每条链都形成它的互补物，结果原先只有一个DNA分子之处，就有了两个完整的DNA分子。

G. 艾伦指出，我们现在所称的分子生物学，其最初一步是由分子遗传学迈出的。分子遗传学的结论和方法后来被扩展到了其他领域，如发育、进化、免疫学或细胞生理学。20世纪60年代初，分子水平的研究已经渗透到生物学各个领域；一门真正的分子生物学诞生了。

2.3.5 来自分子生物学的生命科学哲学问题与启示

2.3.5.1 第一个问题：在生命科学的内部关系中，“博物学形态的生物学”、“实验形态的生物科学”、“分子形态的生命科学”之间的联系与区别是什么？

1. 博物学形态的生物学

博物学形态的生物学的知识基础转移：如前所述，博物学形态的生物学的前身是思辨形态的自然哲学。博物学形态的生物学的知识基础转移，是从纯哲学思辨的推理性概念系统向经验性的自然史知识系统的转移。这个转移过程的特点，是主观臆想的部分所占的成分逐渐为观察的经验成分所取代。例如，在博物学形态的生物学的第二位著名代表人物，老普林尼的《自然史》中，有一些如“独角兽”等奇异的想象动物，而在博物学形态的生物学的集大成者达尔文的《物种起源》中，知识基础的来源完全是环球航行的观察记录和采集到的标本。

博物学形态的生物学的研究纲领变换：思辨形态的自然哲学的研究纲领，其目的是寻求世界万物发展变化的物质性的“本”和“源”，试图用一套统一的思维范畴及其相互关系的规则体系来反映世界发展变化的多样性。其原则是追求理论系统中“整体理念”与“基础观念”在思维逻辑上的和谐性。其特点是用天才的猜测来弥补观察事实之不足，用思辨的逻辑联系来代替客观的联系。博物学形态的生物学的研究纲领，是企图用一个无所不包的、基于观察和归纳方法的理论体系，对生物多样性的起源及其演化的趋势做一个整体性的与同时性的把握。其目的是寻求生物世界万物发展变化的物质性的“动态”和“趋势”。其特点是用事实材料中的实际联系来纠正思想观念的错误，其原则是追求理论系统中“原则”与“细节”在观察事实证据上的一致性。从追求思维中的整体性联系，到追求思维与现实对应关系的联系（用经验联系校正思维联系，例如，用“进化”的观念代替“物种不变”的观念），这就是博物学形态的生物学的研究纲领变换。

博物学形态的生物学的解释层次更新：思辨形态的自然哲学的解释模式是统一性的、均一的、无多样性层次分化的因果论或本质论解释。

博物学形态的生物学的解释，开始了以生物形态分类学系统为基础、以物种（或生物个体）为最低层次的层次多样性的分化。

2. 实验形态的生物科学

实验形态科学的知识基础转移：必须是针对某个具体的科学问题；进而在某种科学假设的指导下进行实验；实验的目的是用以检验该科学假设的推断。尽管实验形态强调的是操作，但实验也是一种不同于博物学形态“臆想”特点的思维方式。虽然“臆想”并不是毫无客观依据的“空想”，但是由于它缺乏思维的精确性（科学问题—科学假设）以及行为的精确性（实验对象的典型性与可操作性）与之对应，因此它的对错无法分辨。（如在分子遗传学中，为回答“什么分子传递遗传信息”的科学问题，赫尔希和玛莎·蔡斯的判决性实验的科学假设就是无论“遗传信息的携带者是蛋白质？还是核酸？它的分子特征都可以在实验结果中能够被观察到——这两类不同的分子的生物化学性质都是已经被掌握了的。噬菌体小组挑选病毒作为实验对象，因为病毒具有许多独特的优点，实验的结果清楚地表明，当一个噬菌体感染一个细胞时，它把DNA注入寄主体内，而把蛋白质外壳留在外面。由于实验结果表明了只有DNA与新噬菌体复制的生化过程有关，因此是DNA而不是蛋白质可以被确定为遗传物质。）”

实验形态生物科学的研究纲领变换：博物学形态的生物学的研究纲领，是企图用一个无所不包的、基于观察和归纳方法的理论体系对生物多样性作整体和同时的把握。在这样的研究纲领之下，支撑它的研究方法是基于个体水平上的、外部的形态学观察以及试图通过归纳的方法去寻求各种不同生物类群的各种“同源器官”、“恒定性特征”和“统一的模式”。实验形态生物科学的研究纲领，分门别类地指向具体研究领域（如遗传、发育等）和具体科学问题（如“一个物种转变为另一个物种的物质基础与过程的机制是什么?”“胚胎分化的原因是什么?”……）。

实验形态科学的解释层次更新：博物学形态的生物学的解释层次是基于自然

状态下的个体形态-解剖学水平的、宏观的自然观察层次，实验形态生物科学的解释层次是基于实验状态下的组织学和细胞学水平的、中观的仪器（光学显微镜）观察层次。博物学形态的生物学的解释目标，是用形态结构的变异来解释生物的进化；实验形态生物科学的解释目标，是用结构与功能、外因与内因等更深层次的辩证关系来解释生物的现状与进化的关系。

3. 分子形态的生命科学

分子形态的生命科学的知识基础转移：在遗传学方面，是关于基因的生物学功能的实验知识为基础，即关于遗传信息如何在有机体世代间传递以及该信息如何被翻译成特定的生物分子的知识。在物理和化学方面，是关于如何使用现代的X射线衍射技术、分子标记技术、化学分析技术等方面的知识以及如何确定糖、蛋白质、核酸等生物大分子的三维构型、构象及其与特殊的生物学功能的关系的知识。在生物化学方面，是关于生物大分子在细胞代谢中如何相互影响以实现特定的生物学功能。

分子形态的生命科学的研究纲领变换：从实验生物科学在细胞水平上针对具体领域和具体科学问题的研究，转向以揭示生命特异性（复杂性）为研究目标的，生物科学、医学、化学和量子力学的理论与方法的结合，研究生物大分子的物质结构、信息传递与代谢功能之间的内在联系的综合研究。生命科学体系内部各学科之间统一的最新的、最低的共同层次单位由"细胞"转移到了"分子"。在研究生命的统一性方面，现代分子生物学已经显示出与生物进化论相似的影响。

分子形态的生命科学的解释层次更新：生命科学体系内部各学科之间的关系由彼此孤立，互不相关，走向彼此关联，相互渗透。分子生物学产生和成长的过程，是进化论（变异的产生及其连续性的思想概念最初出自进化论）、遗传学、胚胎学、生物化学之间概念的改造、发展与在分子层次上和实验基础上的结合。

2.3.5.2 第二个问题①：分子生物学在生命科学中的地位和作用怎样？分子生物学是否能够做到将生物体的功能还原（简化）到组成它们的分子的特性呢？分子生物学是否能够削弱并取代传统的生物学学科呢？

1. 分子生物学在生命科学中的地位和作用怎样？

生命科学是一个对生命机制进行多方位和多层次阅读和破译的非线性复杂框架系统，分子生物学是其中的一个基于生物大分子的"结构—功能—信息"之间的内在联系来破译生命机制奥秘的阅读框架。分子生物学不仅仅是运用分子观念

① 主要参考和引用：[法]米歇尔·莫朗热. 2002. 二十世纪生物学的分子革命——分子生物学所走过的道路. 昌增益译. 北京：科学出版社

和分子术语来对生命的过程及其机制进行描述的生命科学。它不但涉及生物分子的形式以及这些形式在朝着越来越高的组织结构水平的进化、扩展和演变的问题，不但涉及一些重要的生物大分子（如蛋白质和核酸）结构如何在细胞的代谢中行使功能和携带特定的生物学信息的问题，而且涉及包括那些使得对最基本的生命过程（涉及有机体稳定性、存活和繁殖的过程）进行的分子研究并使其成为可能的技术和发现。分子生物学最初的一步是由分子遗传学迈出的。分子遗传学的结论和方法后来扩展到了其他领域，如发育（如控制生长和发育的信号分子机制）、进化（如分子进化）、免疫学（如免疫反应的分子机制）以及细胞生理学（细胞膜的结构—功能—信息的分子机制）等。综上所述，分子生物学在生命科学中具有基础性的地位和作用，但它只是生命科学对生命机制进行多方位和多层次阅读和破译的非线性复杂框架系统之中的一个。如果现代生命科学大厦要保持完整的话，进行分子以上的更高层次上的研究是绝对不可缺少的。只有以进行更高层次分析作为一个参照才能使分子生物学家（及生化学家）理解他们所研究的生命现象的终结所在，并以此证明他们的研究是需要并且正确的。

2. 分子生物学是否能够做到完全将生物体的功能还原（简化）到组成它们的分子的特性呢？分子生物学是否能够削弱并取代传统的生物学学科呢？

法国生物学家米歇尔·莫朗热写道：从 17 世纪开始，生物学被简化为物理学和力学；从 19 世纪开始，生物学又被简化为化学。20 世纪 60 年代，当分子生物学主要的“法则”被牢固建立时，一些分子生物学家就对传统的生物学学科发起了前沿性攻势，将所研究现象的分子观强加给这些学科。在神经生理学和发育生物学领域中，这种企图失败了。今天，值得注意的是那些曾经认为它们自己受到威胁的传统生物学学科已经获得了新的生命。这里将要列举的两个例子对于所有这些学科中所发生的事情是具有代表性的。第一个例子，经典遗传学似乎面临灭亡。它所涉及的所有现象都能够在分子水平上得到解释。基因可以由一个 DNA 片段来替代，而突变能够被理解为核苷酸序列的改变。几位科学哲学家发现经典遗传学被包含在分子遗传学之中并能完全从这种新学科中推论而来。然而，“包围”旧的遗传学于新的遗传学之中，的确需要进行一些小的调整才行。可是，矛盾的是，尽管如此，经典遗传学并没有消失。例如，目前对于与不同遗传疾病有关的基因的分离与鉴定的研究旨在利用遗传工程的工具对有关基因进行克隆和测序，推导它们的结构，并想象它们所编码的蛋白质的功能。但是这项研究的第一步就落入经典遗传学的范畴中了：在受影响的个体的家族内部，寻找与疾病有关的基因和其他事先已经在染色体上进行了定位的基因之间的联系，并估计这些基因间的遗传距离。经典遗传学和分子遗传学之间的区别并不是清清楚楚的：遗传标记越来越多地是指核苷酸序列，而非传统意义上的“基因”。而且，一旦研究达到足够高程度的分辨率，遗传学图谱就被物理学图谱所取代了，而基因之间的距离就将用“千个碱基”（即千个碱基对）来描述。这样经典的和分子的研究方法就具有了互补的作用了。

第二个成功地与分子生物学“同居”的例子是细胞生物学。没有任何其他学科（遗传学除外）能够感受到更多的威胁。毕竟，分子生物学家认为细胞内的结构只是生物大分子组装的结果。但是，毫无疑问，20 世纪 80 年代是细胞生物学的黄金时代。在如此困难的背景下，这种新生又是如何成为可能的呢？它也许可以部分地被解释为十分有效且简单的研究细胞的方法的建立，其中一个（免疫荧光法）已经揭示了细胞的建筑结构和细胞骨架的存在。因为它使用简单，免疫荧光法不需要任何很高的技巧，不像电子显微镜那样。然而，这些新技术如果没有出乎意料地揭示细胞内存在丰富的“运输”系统的话，它们也将不可能挽救细胞生物学。蛋白质在细胞表面和细胞内不同细胞器之间的转运是通过一系列小泡进行的。在它们的氨基酸序列中，蛋白质携带着使它们能够被这些不同的转运系统所摄取的信号。当然，细胞生物学家的工作，就像遗传学家的那样，将会继续进行下去直到涉及细胞内运输的所有的蛋白质和酶都被分离、鉴定、克隆和测序。但是对细胞内的事件的理解并非在分子水平上，而是在一个居中的水平上进行的分析，所用的术语是分隔开的空间和运输小泡。就像在遗传学中的情况一样，在经典的和分子的方法之间存在一种互补性。分子观并不取代先前的观念，而是把它们放在了一个新的认识角度。

G. E. 艾伦写道[①]：“分子生物学，特别是它的早期阶段，也并不表示又回到雅克·洛伊布旧式机械唯物论上去。那些把信息论方法运用于生物学的移民物理学家——特别是玻尔、德尔布吕克和薛定谔——（他们）都是反机械唯物论者和反还原论者。他们都承认，生命体受支配无生命物质同样规律所支配；生命界并不存在一种非生命界所没有的活力。但他们的确感到，旧式的还原论模糊了生命复杂性的基本面目。企图将这些现象简单地还原到已知的化学水平，是无视这样一个事实。”

关于“传统的生物学学科能否被分子生物学削弱、取代或还原”这个当代生命科学哲学中的重大问题，目前可以借用法国生物学家米歇尔·莫朗热的论述来总结：生物学家和科学哲学家弗朗西斯科·阿雅拉（Francisco Ayala）已经区别开了“还原论”这个词的三种不同含义。首先是本体论的还原主义：是一种“哲学上”的关于发生在“更高”层次复杂程度的任何事情必然建立在发生在“更低”层次事件之上的确信。当代生物学就是建立在这种还原主义之上的：生物学家确信在生物体中观察到的所有现象，无论多么复杂，都是分子间相互作用的结果。“还原论”这个词的第二个含义是认识论方面的。根据这一定义，从它能够用分子术语解释其他生物学学科所进行的观察角度看，分子生物学是还原论。将

---

① ［美］G. E. 艾伦. 1985. 二十世纪的生命科学. 谭茜等译. 北京：北京师范大学出版社

经典遗传学简化（还原）为分子遗传学（或分子生物学）就是这样的一个例子。哈罗德·金克德（Harold Kincaid）已经表明当人们试图将细胞生物学简化成分子生物学时，进行同样的演绎就要困难得多。还原论的认识论观点存在的困难（也可能是它相对激发不了人们兴趣的原因）就在于，为了运用这种认识观，需要将科学知识冻结，禁锢在与它的无政府主义发展模式不相对应的固定框架中。经典遗传学究竟是什么呢？在不歪曲历史的前提下它能与分子遗传学分开吗？“还原论”的最后一个含义更为有趣，因为它更实用，与科学的真正功用联系更为紧密。阿雅拉称其为“方法学的”还原论：分子方法更诱人，因为它比其他更整体性的方法更为有效。20 世纪 30—40 年代，鼓励许多物理学家用来自现代物理学的方法和技术研究生物学问题的洛克菲勒基金会的管理者们，同样确信还原论方法对于研究生物现象是最有效的。方法还原论的支持者也经常支持本体论的还原论，反之亦然。然而本体还原论的支持者，在没有确信还原论者的方法论总是最好和最合适的情况下，认为每一事件都能通过分子进行解释。分子生物学的发展似乎是方法还原论拥护者的胜利。对分子及其结构的研究已揭示了生物体功能的一些最细致的机理。但是马克斯·德尔布吕克和（在较小程度上）尼尔斯·玻尔（Niels Bohr）所梦想的新物理学原理并没有出现。然而当一个人仔细地研究分子生物学家是如何工作时，很清楚分子生物学方法中的还原论只是部分的。就像在前两个例子中所看到的，概念和模型都是从其他非还原论的生物学学科中拿来的。

2.4 走向生命科学新的微观与宏观的理论大综合

2.4.1 走向遗传-发育-进化相统一的演化生命科学

达尔文《物种起源》发表以来，由于其理论在遗传、发育机制方面的缺欠，遗传、发育和进化的关系一直是生物学中紧密相关的三大难题。这三大相关性难题能否获得突破性进展，将关系到生命科学领域是否能实现遗传、发育与进化相统一的理论大综合。

1. 从遗传学方面探索“遗传-发育-进化”相统一的途径

德国生物学家 A. 魏斯曼曾于 19 世纪试图建立遗传、发育和进化的统一理论；美国细胞学家 E. B 威尔逊于 1928 年在《发育和遗传中的细胞》一书中，提出过基因在细胞水平的活动是发育的根本原因的观点，并认为发育是“遗传特性按一定时空秩序的表现”；基因论的创始人 T. H. 摩尔根在他的晚年著作《胚胎学和遗传学》(1934) 中，强调发育和遗传统一的重要性并设想“在发育不同时期有不同一组基因起作用”。摩尔根的思想后来得到了分子生物学有关发育研究的证实。发育的特征是时空秩序性，遗传如何控制发育的问题本质上可归结于发育不同时期基因的选择表达及其调控问题。然而对发育来说，最重要的不是个别基因的表达过程，而是这些基因彼此之间在时空上的联系和配合，即控制发育的遗传程序。问题的核心是这种遗传程序以何种方式编码在基因组上，DNA上的一维信息又如何控制生物体三维形态的建造。

2. 从进化论方面探索“遗传-发育-进化”相统一的途径

同样是针对达尔文进化论中遗传学机制的缺陷，J. 赫胥黎、T. 杜布赞斯基等生物学家，曾经把进化论和遗传学综合起来，形成了新达尔文主义或综合进化论。这一理论主张新种形成是基因突变逐渐积累（基因频率改变）的结果，较好地解释了小进化（microevolution）的遗传机制。但由于缺乏发育在进化中的作用，综合进化论很难解释形态进化或大进化（macroevolution）的原因。

3. 从形态学方面探索“遗传-发育-进化”相统一的途径

英国遗传学家 W. 柏特生于 1894 年提出了“形态进化可能以跃变方式进行的思想”。他指出，某些节肢动物的发育过程中，一种器官可以转变为另一种器官，如昆虫的触角转变为腿，称之为“同源异形突变”。W. 柏特生认为这一现象对进化的意义表现在“物种的不连续性是变异不连续性的结果”。美国生理遗传学家 R. 戈德施密特进一步指出：“必须对发育进行遗传学研究，才能阐明进化的共同基础。”这意味着，揭示形态进化的关键在于了解形态发育的遗传控制。这些古典生物学家虽然提出了问题的关键和探索的方向，但限于当时的科学水平，未能找到具体的解决途径。直到 20 世纪下半期，随着分子遗传学的巨大进步，从分子水平解决这一历史重大悬案的条件开始逐步成熟。20 世纪 80 年代初，在果蝇同源异形突变上取得了重大突破，对果蝇发育的主基因——同源异形框（homeobox）的发现对遗传如何控制发育问题开始给出了初步的回答。果蝇双胸突变时，体节形态发生明显变化（后胸平衡棍变成中胸的翅），结果出现四翅的果蝇，似乎重现了祖先的特征。这些相关的基因统称为双胸基因群，包括至少 8 个基因。分子发生遗传学研究表明，发育过程中各基因按其在染色体上排列的顺序依次激活，控制体节从前到后的分化。果蝇发育的分子遗传学研究表明，胚胎形体（体轴和分节）发育是受几个基因群形成的相互作用的层次网络控制的。决定卵和胚胎体轴的，首先是母体效应基因，其次是分节基因，最后是同源异形基因。它们在发育过程中依次逐步表达，决定了胚胎形体构造从大到小、从粗到细的格局。下一步器官原基轴的发育亦复如此。果蝇肢盘原基轴的决定是受三个基因相互作用而逐次进行的。对各门动物（两栖类、鸟类和哺乳类）肢体发育机制的比较研究表明它们所用的基因信号、原基轴决定的时间序都是同源的。此外，还发现从低等无脊椎动物（多毛类、甲壳类等）到脊椎动物附肢发育的遗传程序均有基因参加调控。总之，果蝇和线虫分子发生遗传学研究得出的主要结论是：①个体发育是受遗传程序控制的；②形态进化主要是控制发育过程的少数几个调节基因或遗传程序发生变异的结果；③这些基因或遗传程序变异的历史可能记录在基因组结构中。因此，形态发育和进化的奥秘最终需要从基因组结构中去寻求解答。

2.4.2 在现代神经生物学和脑科学平台上关注“生命——人的思维、意识和目的性”问题的整合①

（1）人脑在结构和机能的复杂性上是地球上生命进化中最复杂的产物，是生命奥秘之最。

人脑的高级活动还具有深刻的社会历史内涵。众所周知，人脑包含大约1 000亿个神经元和更多的连接。德国神经解剖学家布劳德曼（Korbinian Brodmann，1869—1918）曾将大脑划分为104个区（后人称布劳德曼区）。生理学家们认为：每个小区都一定有更小的结构，它们体现出功能组构原理。现代神经科学的研究表明，在量子力学和思维意识之间，大约有10多个结构层次：化学键、分子和自组织、分子生物学、遗传学、生物化学、膜及其离子通道、突触及其神经递质、神经元、神经元网络、皮层柱、功能模块和大规模皮层的动态活动等。从学科研究的层次上，至少可以涉及下列领域：分子生物学（分子层次），脑神经系统动力学，细胞生物学（或神经生物学，细胞、神经元和非神经元层次）、神经网络（神经元网络和非神经元网络层次）、神经系统功能块结构学（神经元微回路、大回路、功能柱及其连接）、脑脊髓实体功能学、个体行为学（机体、心理、行为及其与自然环境、生物圈和社会的关系等层次）。从时间层次上，脑的各种组织的时间特性涉及毫秒、秒、分、小时、日、月、年、十年、百年，在进化意义上则涉及更长的时间尺度。现代神经生物学的开创者，美国生理学家S. Kuffler等指出：我们深信，在每个似乎极端复杂和难以解决的问题背后，都有一个简单的道理可导致阐明这个事件。那么，面对如此复杂的层次、结构与功能，能否用统一的科学规律来描述和解释，这是生命科学领域中面临的一个重大的挑战。

对于人类的生命来说，脑最根本性的作用和意义就在于维持自我意识与环境意识的存在与正常。脑是思维的器官，是获取、处理、传输、存储和创造信息，为人类适应环境而维持基本的生命活动提供信息的依托；高级运动机体有三种信息反应系统：脑及神经系统、内分泌系统和免疫系统，这样就涉及更多的生命科

① 本节编写参考和引用：21世纪100个科学难题编写组. 1998. 21世纪100个科学难题. 长春：吉林人民出版社

学的学科领域。

（2）脑神经系统动力学的研究方法。

①以生物学已有的成果为背景建立逼近神经元及其不同层次网络的生物脑神经系统的动力学数学模型，这些数学模型的时空特性在何种程度上能反映相应脑神经系统的动态行为；②把脑看作思维的社会，观察在不同层次上的动力学演化过程会遵从何种规则，而各层次之间是否受某种普遍规则支配；③脑的独特功能之一就是通过对外界环境（输入信息）的学习和记忆，获得非生物智力，所以脑是创造信息的源泉之一。瑞士心理学家让·皮亚杰（Jean Piaget，1896—1980）曾说：智力是你不知怎么办时动用的东西。这种创造性能力可否用脑神经系统的非线性动力学模型模拟和应用；④记忆和遗忘是脑神经系统的基本机能。记忆是对信息的肯定，遗忘是对信息的废弃。信息是指人类知识的总和，它本身属于中性，然而个体的脑神经系统对信息是有选择的。所谓兴趣或注意，应该是指人在某种特定环境下对信息的选择性；⑤思维和意识是有关的，但又不完全相同。如果我们把信息处理过程都认为是思维过程的话，那么计算机是可以进行思维的。但人的思维过程中出现新的“突显”（emergence），这就成了生物学史上机械论与生机论的长期争论的延续。在不同的时代，生命曾被比拟为从蒸汽机到计算机的不同机器。机械论与生机论这两种不同理论在这里的差别就表现为有无操纵者和编程员。在大脑思维过程中出现“突显”是生命物质的特点，也就是生物学中的新生原则（epigenetic principle）。操纵者、编程员都是表现有意识的存在，在信息处理中只起到把时空运动的方向耦合起来的作用。

（3）脑科学对生命科学和哲学问题的综合：从基因的达尔文主义到突触的达尔文主义再到思维的达尔文过程[①]。

郭爱克先生写道，天才与勤奋是脑社会（societies of brain 的提法见于 Fremann，1995）的永恒主题。一个人的智力或者智能是由先天决定的，还是由后天决定的；是由人类基因组的遗传信息决定的，还是由脑的选择性适应决定的？譬如，爱因斯坦、莫扎特、或凡·高是由先天决定的，还是由后天决定的？或者在多大的程度上是由先天或后天决定的？或者这个问题的提法本身就是不适宜的？为了接近这个科学主题，让我们来探索脑是如何表达外部世界的，如何与外部世界相互作用，思维如何在脑与环境的边缘上演化，思维为什么可能是一种达尔文过程？

在 18 世纪，德国古典哲学家康德指出，生命有机体的自组织是不能用牛顿力学来解释的，它解释不了一棵小草。在 19 世纪，热力学第二定律关于封闭系统的“热寂”与生命系统的从低级到高级的演化之间形成了尖锐的矛盾。20 世

① 参考和引用：21 世纪 100 个科学难题编写组．1998．21 世纪 100 个科学难题．长春：吉林人民出版社

纪 Haken 和 Prigogine 提出的远离平衡态的“耗散结构”，它因缺乏多样性和稳定性、范围过于有限而不大可能成为恰当的脑理论。当代一些科学家，如 Roger-Penrose 认为，量子力学的线性动力学并不能解释有思维的宇宙的创生。思维看上去是受脑的复杂神经网络的非线性动力学控制的。

从亨利·彭加莱（H. Poincare）的太阳系的稳定性分析遇到的麻烦到洛伦茨（E. N. Lorenz）气象中的“蝴蝶效应”。输入的微细差异可能很快成为输出的巨大差别——这种现象被称为“对初始条件的敏感依赖性”。例如，在气象中，这就成了人们半开玩笑说的“蝴蝶效应”——今天在北京有一只蝴蝶扇动翅膀，可能会导致下个月在纽约的风暴。从牛顿到曼德勃罗（S. Madebrod），向人们展示了自然界的“分形”美——无穷无尽的自相似的“似曾相识”的嵌套结构。人类正在改变着自己的自然观，即不再把世界看成是必然的、内禀有序的和完全可以预测的。有序是可以自组织生成的，但是要付出代价的。W. J. Freeman 指出，具有至少三个自由度的系统所表现的对初始条件的敏感性及输出的不可预见性使得人们的思路换了一个样子，真正是一种思想解放：如果给定某一具有多个峰值的宽频谱，我们不再需要去寻找某一独立的振荡子来解释每一个峰值；我们也不再拘泥于用马尔可夫过程或随机数字发生器来对其建模。随机系统产生有趣结构的概率极小，这如同猴子通过偶然性不可能打印出莎士比亚的作品来。威廉·卡尔文在“脑如何思维”中指出“达尔文进化过程在千万年的时间过程中形成新的物种，而在持续数周的免疫反应中产生新的抗体，同样也可以在思维和动作的时间尺度上形成思想”，“我们的思维活动是动态的达尔文过程”。达尔文主义自身也在演化。达尔文主义曾经把自然选择和适者生存看作是有序的唯一来源。自组织是近年发现的某些复杂系统的固有性质，即某些非常无序的系统可能自发地“组织”成高度有序。这样的系统不可避免地成为自然选择的目标。生命就可能是自组织和自然选择相结合的成功之作。在一定的意义上，我们说脑就是对久远的自组织和自然选择相结合的历史所留下的最为美好的记忆；还是在一定的意义上，我们可以说思维就演化在混沌和有序的边界上。

1. 脑的种系发生和基因达尔文主义

脑是具有高度有序的内在结构的开放的、复杂的巨系统，是人类的浩瀚的思维、智力与个性的“宇宙”。脑同时是物质的、精神的、历史的、自然的和社会的，其内在结构是对环境中可开发的规则性的表达，是在与环境相互作用的选择性适应过程中获得的。

这种表达的正确性不仅取决于脑系统自身，而且取决于它与环境的关系。所谓自适应性行为就是指生命有机体通过改变自身的基本变量和参量，以适应不断变化的环境，而维持自己的生命，等价于在相空间或参量空间中所有基本变量的变化都保持在稳定范围内。大脑用来完成计算任务或者信息处理任务的基本单元——神经表达或表象，是通过神经突触相互连接的神经元集群的时空相关活动来实现的。而这种神经表象的生成则是在种系发生、个体发育、后天学习和动态联结四个时间尺度上得以实现的。它们是从几毫秒的瞬间到几亿年的浩瀚的历史跨度。与物种进化同步的种系发生过程是达尔文过程。基因的达尔文主义的提法见于J. P. Changeux（1985）所著的《神经元人类》（Neuronal Man）。这个过程确定的是神经元以下分子水平的基本过程和系统水平各神经核团及其间通路的解剖学不变性。高等动物所使用的神经元以下的生物化学和分子机器在非常低等的动物的神经系统中已经出现。面对不断呈加速进行的进化过程带来的生存竞争压力，神经系统种系发生的策略很早的时候就不再依赖于细胞水平以下的生物大分子层面上策略的改进，而是依赖于细胞水平以上由细胞之间相互作用，在细胞集合层面上涌现的自发多样性和选择性稳定机制来达到对环境和知识的表达。尽管神经元的特征时间尺度为毫秒级，但神经表达作为由这样的单元相互作用组成的稳定态，系统要达到这样的稳定态却只需要几十或上百毫秒时间——产生一个感知事件的心理学的时间尺度。

2. 脑的个体发育和突触达尔文主义

Haeckel在1866年出版的《普通形态学》（Generelle Morphologie）中写道：在个体发育的迅速而短暂的历程中，重复着它的祖先在漫长而缓慢的系统进化中所经历的最重要的形状的改变。“个体发育重演系统发育”，这就是Haekel的著名的“重演律”。今天，我们不再把个体发育看作进化历史的线性重演。在个体发育过程中，神经细胞的分化大多是在出生前已发生，而在神经生长因子的作用下，轴突生长并达到各自的靶区，与靶区内其他神经元形成突触联结的过程则是从出生前一直持续到出生以后相当长时间的整个发育阶段。神经元在出生后的发育敏感期自发地产生各种突触联结模式，神经元之间的联结密度达到最大，神经布线出现暂时冗余。神经元的自发发放和外来的刺激两者都先后参与，与已存在的联结模式之间形成“共振”或“共鸣”。与传入信号匹配的那些预先存在的联结模式被逐步稳定化。个体发育期间，突触联结在稳定态、易变态和退化态的三态间变化。通过突触联结的消除机制（消除率可达到二分之一或五分之四。不经常使用的联结即那些突触前后的神经元，很少同时同步放电，亦即该突触联结前后的神经元的活动很少有相关性，会逐渐消退）。这种“神经雕塑”可以被看作突触的达尔文主义。突触的达尔文主义的提法同样见于《神经元人类》。所以，在第二个时间尺度上，多样性与稳定性的主体是联结模式，是那些从优联结模式确定的神经元集群的产生。在神经系统内部有序生成的过程中，对遗传的信息的需求是很小的。人类基因组包括6万—7万个基因，而人脑含有至少10^{11}个神经元和10^{14}个突触联结数。所以，基因组不够也不用编码每个神经元的坐标和每个突触联结的强度，也没有必要负责确定神经细胞间相互作用的细节。遗传因素确定的只是个体早期发育及突触具有可塑性的定时（timing）和神经布线的初始格局以及各类神经元的基本特征。个体发育的时间尺度是以年、月和周来计算的。

3. 后天的学习修饰和网络达尔文过程

看来，一个神经元集群必须具有相应的内部结构，才能选择性地反应和解释来自别的神经元群落的时空模式。这种内部结构的形成需要经学习来雕塑在个体发育阶段已经准备好的基本结构。即使脑的工作“历程”开始于随机联结非常丰富的系统，一种学习过程仍是必需的，它用来加强必要的联结，退化不必要的联结。通过学习雕塑结构的过程就是在系统的空间结构中嵌入动力学模式的机制。记忆的痕迹就是这种嵌入的结果，这就好像在唱片上刻下的密纹。这种雕塑过程可以被看作是在系统进化和个体发育机制的作用下，对已经确定的神经结构和功能，面对特定的环境或任务实行微调的选择性自适应过程。其时间尺度大约是分、秒。即使脑不与外部世界接触，由已存在的突触联结模式确定的网络也会自发地产生各种活动模式，即所谓的预表达，这是神经表达的一种。基于神经表达与外部世界的关系，它可以被划分为：一是初级感知，它是随环境变化而变化的；二是存储表达，是记忆载体，是神经网络动力学的稳定状态，系统达到这种状态时表现为网络中神经细胞之间的持续相关活动。在神经系统的建模过程中，人们可以看到预表达与存储表达之间的关系。在确定性建模中存储表达是系统动力学的稳定态，而预表达则是由混沌吸引态提供的。在随机动力学模型中，由温度效应引入的热噪声使系统可以经常偏离稳态（存储表达）而在各稳态之间游走，从而提供了预表达。由外部输入引发的初级感知与预表达之间的共振，形成了一个感知过程。通过改变突触联结的强度来选择性地稳定从优的预表达，其结果是新的存储模式的生成。突触强度的变化是遵循赫布（Hebb，1949）学习规则的，即突触前后的神经元若同时同步发放（即它们的活动有时间相关性），则突触强度会增强，其他情况则会逐渐减弱。这是通过 Hebb 突触效率改变而完成的第三时间尺度上的学习过程，目前在一般人工神经网络中研究的是这种学习过程，称为慢速联结。人工神经网络的选择性学习过程大致是这样的：首先，一个输入活动模式设置了一个初始状态，系统按当前的联结相互作用确定的动力学弛豫到与初始态最相近的一个局部极小（一个吸引子，或称一个预表达，或比作一个山谷）。一遍又一遍重复的弛豫过程，使网络中神经元的相关发放活动状态以大概率处于该亚稳态及其吸引域内的相似状态上，按 Hebb 律对突触权重的修正将使该山谷变深（即其能量更低），其吸引域也以牺牲别的山谷为代价而移动和扩大（这就是选择性稳定化的物理学含义），从而由预表达逐渐变成了存储表达。由于学习前各山谷之间就存在分级结构：山谷，山谷中的山谷，山谷中的山谷中的山谷……所以选择性学习过程可以看作是对相应的树结构的剪枝过程。哈密顿能量地形结构在学习过程中不断改变，不断新生成的存储表达会影响和改变对以后学习事件的预表达。但同时能量地形的演变一般不会出现激烈的变化，因为突触符号不能改变及每次以微小量作突触修正的约束为能量地形提供了内在的稳固性。能量地形在学习过程中的演变既意味着外部刺激对内表达的选择性过程，也意味着由网络依照自己内部的预表达在外来输入中进行选择的反过程。自然界中的内外适应过程几乎无一例外地服从选择性规律，这就是网络的达尔文过程。

4. 动态神经集群和思维的瞬态达尔文过程

自 1665 年惠更斯注意摆钟的自发同步，到南国海岸线夏日雄性萤火虫发光行为的明暗交替的大规模同步，到维也纳新年音乐会上请求“再加演一个”的掌声的自发同步，到 C. M. Gray 和 W. Singer 发现的视皮层神经元群活动的 gamma 同步振荡，时-空同步现象愈来愈受到科学界重视了。实验表明，感觉输入引发的神经活动的同步振荡，不仅存在于人脑、哺乳动物的脑，而且也发生在昆虫的脑、蜗牛的脑；不仅发生在视皮层，也出现在外侧膝状体，新近证明还发生在视网膜；不仅发生在听觉皮层，也发生在脑的海马区；不仅发生在麻醉的实验动物，也发生在活动的动物脑中；不仅在清醒状态，也出现在做梦状态。它几乎无处不在，无刻不在。在有关“神经网络和脑”的科学文献中，人们用不同的表达方式，讲述着同一个故事：协同作用、协调、共同激活、共成员、一致性、脑区之间的同步、相关性、时-空同步等。这类同步现象是基于神经编码机制的。信息在脑内是如何编码的和编码后的信息是如何用于计算和解码的，这是争论持久的问题。在脑中，什么是信息的载体，是神经元的平均放电速率还是放电定时？脑皮层的神经元的功能是脉冲放电的定时的重合一致性检测器，还是平均放电速率的积分器？皮层神经元采用的是一阶统计特性，还是高阶统计特性？神经科学的实验表明，脑皮层神经元的放电时间模式近似于随机过程（泊松分布），所以，将神经元看作平均放电速率的积分器的概念，受到了新的实验事实的挑战。这样，新皮层神经元可以被看作是重合一致性检测器。皮层神经元凭什么有“资格”作为重合检测器的？因为单个神经元接受 1 万—4 万个突触的输入；当且仅当输入脉冲，其数目超过阈值，并在短暂的时间窗口内近似于同步到达，则突触后神经元将放电。新近提出的动态细胞集群的理论假设就是基于将皮层神经元看作重合检测器的工作假设。这是近年来出现的有关脑的时空编码的认真思考。它描述了动态神经元集群的自涌动力学，进而基于自涌动力学的假设，描述了脑的时-空编码原理。动态神经元集群的概念是与任务相关的，以自涌方式形成的细胞的瞬时组合。它的基本要点是：

（1）以神经元之间以解剖学联结起来的系统结构和输入脉冲的时-空结构为基础，可以自发地和动态地组织成细胞集群。就是说，动态神经细胞集群可以出现在一定的动态的和神经布线的条件下。

（2）一个动态形成的细胞集群的成员，可以通过其成员之间的互相关来加以确认。该互相关系可以根据任务或关联来随日寸地进行调制。

(3) 它是功能上联结的动态系统，是作为时-空脉冲放电模式的检测器来工作的，它只是以自己的“上下文”的关系，对于它所“适宜”的时空——脉冲放电模式进行反应。

(4) 在神经细胞“池”中的多个细胞集群同时运作。一个神经元在给定时限内，可以参与一个以上的细胞群。它犹如钢琴上的琴键，可能在演奏不同的乐曲中，起着不同的作用，它们可以演奏肖邦、巴赫，或者莫扎特……神经放电时间的重合性、一致性，是单个神经元层面上的事件，它赋予输入脉冲输入定时的重合；而动态细胞集群则是一系统层面上事件，是作为重合检测的后果而瞬时涌现的。总之，神经系统根据自身的内部结构，通过产生相应的时-空动力学模式，来唯一地表达它的外部世界的上下文关系。动态细胞集群自涌生成的过程可能就对应着瞬态思维活动的达尔文过程。

5. 从基因的社会到脑的社会再到思维的社会

从基因的达尔文主义到突触的达尔文主义再到思维的达尔文过程，我们看到在脑的各个历史阶段和功能实现中，必定通过两个不可或缺的方面：即内部多样性的自发产生和在与外部环境的相互作用中对内部表达选择性的稳定化。人类基因组的10万个基因（可能也包括尚未确定其遗传功能的大量基因）和大脑的100亿神经元（可能还包括更大量的胶质细胞）就是内部多样性的发生器。我们看到，我们的神经系统为了应付和表达多样和多变的外部世界而利用了内禀的组合爆炸机制，我们的高级脑功能就依赖于这种内表达并在其上运作。多样性、稳定性、涌现性和选择性，从所有这些要素中，脑可以获得“著名的达尔文漂移，即向似乎专为其环境设计的模式的漂移”（引自《大脑如何思维》，1996）。

达尔文过程是一种美妙的机制，一种创造性机制，它使得无规则的变异在成千上万年后成为稳定的特性。人类经过了一个多世纪才意识到这样的竞争。选择和适应机制是多么的强有力，它深刻地注解了在基因的社会、脑的社会、思维的社会（Minsky，1985）中的“偶然中的必然，必然中的偶然”。

2.4.3 现代生命科学中的博物学——生物多样性研究[①]

生物多样性的概念及其价值如下。

生物多样性是地球上数十亿年来生命进化的结果，是生物圈的核心组成部分，也是人类赖以生存的物质基础。然而，随着人口的迅速增长与人类活动的加

① 本节的编写参考和引用：马克平. 1998. 生物多样性保护. 载：21世纪100个科学难题. 长春：吉林人民出版社

剧，生物多样性受到了严重的威胁，成为当前世界性的环境问题之一，受到国际社会的普遍关注（Wilson et al.，1988）。

1. 生物多样性的概念

生物多样性（biological diversity 或 biodiversity）是生物及其环境形成的生态复合体以及与此相关的各种生态过程的总和，包括数以百万计的动物、植物、微生物和它们所拥有的基因以及它们与其生存环境形成的复杂的生态系统。它是生命系统的基本特征。生命系统是一个等级系统（hierarchical system），包括多个层次或水平：基因、细胞、组织、器官、物种、种群、群落、生态系统、景观。每一个层次都具有丰富的变化，即都存在着多样性。但理论与实践上重要、研究较多的主要有基因多样性（或遗传多样性）、物种多样性、生态系统多样性和景观多样性（马克平，1993）。现在，人们往往把生物多样性视为生命实体本身，而不仅仅看作生命系统的重要特征之一。

2. 生物多样性研究的方法

生物多样性包括不同的水平，每个水平的多样性都有各自的特点，很难用统一的方法和标准予以测度。物种丰富度（species richness）可以用于物种水平的多样性，即用一定面积内的物种数目表示。更精确的方法是考虑物种之间的关系，即测度分类学多样性（taxonomic diversity）。例如一个有两种蛇和一种鸟的岛屿的多样性高于一个只有三种蛇的岛屿。生物群落多样性测度的方法相对比较成熟，除物种丰富度外，还有物种相对多度（species abundance）、物种多样性指数（species diversity index）和均匀度（evenness）等（马克平，1994）。常用的物种多样性指数主要有 Shannon-Wiener 指数和 Simp-son 指数等。生态系统水平多样性测度的难度较大，主要是生态系统的边界不确定，本身的结构又比较复杂。但是，如果用一系列的标准来定义生态系统，其数量和分布还是可以测定的，也有人从种间关系或营养结构的角度构造生态系统多样性指数。遗传多样性的测度要困难得多。形态上判定的遗传多样性如作物或家养动物的品种可以参照物种水平的方法测度，而染色体、蛋白质和 DNA 水平的遗传多样性的测度则很困难，目前还没有确定很好的测度公式或指标。但群体遗传学中等位基因频率、遗传一致性和遗传距离等的计算方法是很有参考价值的。

3. 生物多样性的价值

生物多样性是人类赖以生存的物质基础，其价值可以从下列两个方面得以了解：第一，直接价值。从生物多样性的野生的驯化的组分中，人类得到了所需的全部食品、许多药物和工业原料。同时，它在娱乐和旅游业中也起着重要的作用；第二，间接价值。间接价值主要与生态系统的功能有关，通常它并不表现在国家核算体制上，但如果计算出来，它的价值大大超过其消费和生产性的直接价值。生物多样性的间接价值主要表现在固定太阳能、调节水文过程、防止水土流失、调节气候、吸收和分解污染物、贮存营养元素并促进养分和维持进化过程等7个方面。随着时间的推移，生物多样性的最大价值可以在于为人类提供适应当地和全球变化的机会（陈灵芝等，1993）。生物多样性的未知潜力为人类的生存与发展显示了不可估量的美好前景。

2.4.4 生物多样性受到的威胁及其形成原因

近年来，物种灭绝的加剧，遗传多样性的减少以及生态系统特别是热带森林的大规模破坏，引起了国际社会对生物多样性的极大关注。生物多样性丧失的直接原因主要有生境丧失和片段化、外来种的侵入、生物资源的过度开发、环境污染、全球气候变化和工业化的农业及林业等。但这些还不是问题的根源所在，根源在于人口的剧增和自然资源消耗的高速度、不断狭窄的农业、林业和渔业的贸易谱、经济系统和政策未能评估环境及其资源的价值、生物资源利用和保护产生的惠益分配的不均衡、知识及其应用的不充分以及法律和制度的不合理。总之，人类活动是造成生物多样性以空前速度丧失的根本原因（世界资源研究所等，1992）。

中国是生物多样性资源特别丰富的国家（mega-diversity countries）之一。据统计，中国的生物多样性居世界第八位，北半球第一位。同时，中国又是生物多样性受到最严重威胁的国家之一。中国的原始森林长期受到乱砍滥伐、毁林开荒等人为活动的影响，其面积以0.5万km^2/a的速度减少；草原由于超载过牧、毁草开荒的影响，退化面积达87万km^2。生态系统的大面积破坏和退化，不仅表现在总面积的减少，更为严重的是其结构和功能的降低或丧失使生存其中的许多物种已变成濒危种（endangered species）和受威胁种（threatened species）。高等植物中有4 000—5 000种受到威胁，占总种数的15%—20%。在“濒危野生动植物种国际贸易公约”列出的640个世界性濒危物种中，中国就占156种，约为其总数的四分之一，形势是十分严峻的（马克平，1994）。

生物多样性保护关系到中国的生存与发展。中国是世界上人口最多、人均资源占有量低的国家，而且是85%左右的人口在农村的农业大国，对生物多样性具有很强的依赖性。中国又是近年来经济发展速度最快的国家之一，在很大程度上加剧了人口对环境特别是生物多样性的压力。如果不立即采取有效措施遏制这种恶化的态势，中国的持续发展是不可能实现的，甚至会影响到世界的发展与安全。

2.4.5 生物多样性研究的哲学内容和意义

（1）通过生物多样性研究反思现代生态危机（生态危机是指维持生态系统正常的结构、功能状态濒临崩溃，生命支撑系统濒临瓦解，从而危及生物圈和人类生存和发展）。生物多样性研究的目的是强调人与自然的协调，关注人类生态系统的发展。

（2）生物多样性研究中呈现出来的生态危机是人与自然关系的危机（人类对自然的认识的无知的危机和人类对自身制约无力的危机），人类以自然的统治者和主宰者自居，在对自然的统治、征服、控制、掠夺的狂热欲望支配下，只考虑自然界满足人的需要、目的和特性（合目的性），无视人类的活动必须遵循、符合自然规律、法则（合规律性）。

（3）生态危机是社会问题的危机。反映了短期的局部利益与长远的全局利益的冲突，发展与代价的冲突，国际社会发展不平衡的冲突。发达国家向发展中国家转移废料和公害，一些发展中国家由于贫穷和债务也不断以粗放的方式加剧对自然的开发力度，最贫穷人群往往生活在生态环境最脆弱的地区。

（4）生态危机是传统发展观的危机。传统发展观把发展简单等同于经济增长，认为自然资源是低价或无价的，可以无偿利用，自然资源是“取之不尽，用之不竭”的。

（5）人在生态系统中处于杂食性消费者的生态位上，但是人类的消费与其他生物的消费有着本质的区别，它是建立在一定的社会关系中以改造自然为目的的高级消费，它消费的后果不能由自然消除，还会通过负反馈影响或危及人类自身，只有通过人类自身的活动或创造人工自然来处理。

（6）人是生态系统中多样性的调控者和协同进化者。人在创造自己的社会历史的同时，必须维护地球生态系统多样性的健全，不断提高生态系统维持生命世界的能力。

（7）生物多样性中包含着生命世界的整体观念、循环观念、平衡观念、多样性观念、自组织开放性等观念以及“物物相关”、“相生相克”、“能流物复”（物质循环、能量流动）、“协调稳定”、“负载定额”、“时空有宜”等生态规律，是构成了生命科学哲学的重要理念和科学基础。

本章小结

生命科学的演化是对生命科学自身矛盾运动的整体把握。就整个生命科学的宏观领域而言，生命科学的演化是学科形态的更替：“在个体水平上以形态学和解剖学的观察方法为主体的博物学形态的生物学”⟶“在细胞水平上以实验胚胎学、遗传与进化的实验研究为标志的生物科学”⟶“在分子水平上解读生命的结构、生化与遗传信息综合本质的生命科学”

（包括当代前沿的基因组学、蛋白质组学与生物信息学）⟶“在生命系统演化水平上期待‘遗传—发育—进化’相统一的生命科学”⟶在神经生物学与脑科学平台上关注生命整合的生命科学与现代博物学式的生命科学——生物多样性研究。就生命科学的中观层次而言，生命科学的演化是博物学（形态学—分类学）传统和“医学—生理学传统”之间平行演化与渗透演化的协同。就生命科学的微观层次而言，生命科学的演化是其体系自身动力学系统内部发生的“基础转移—纲领变换—解释更新”。简言之，生命科学的演化是一个从“关于生命存在的科学”走向“关于生命演化的科学”的过程，也是一个对生命认识的范围拓展与程度深化的过程，还是一个生命科学与物理科学和哲学之间的关系由古代的原始综合走向近代的独立发展、再走向当代的协同发展的过程。

思 考 题

1. 研究生命科学的演化有哪些意义？
2. 生命科学各种不同历史形态的特点与区别是什么？
3. 怎样理解生命科学的演化发生的原因及其机制？
4. 怎样理解生命科学的演化是一个从“关于生命存在的科学”走向“关于生命演化的科学”的过程？

第3章　生命科学与物理科学[①]的关系

本章从生命科学与物理科学同源发生与并协发展的角度讨论二者的关系，既不赞同物理主义的大一统观点，也不赞同生命科学对物理科学的排斥。从科学哲学的角度，设想生命科学与物理科学关系的未来是走向开放的复杂巨系统理论框架下的并协论。

3.1　生命科学与物理科学的协进化

3.1.1　生命科学与物理科学的初始理念同源于亚里士多德

古希腊人对物理现象的研究以亚里士多德的工作最为系统，影响也最大。他的《物理学》一书可以说是世界上最早的物理学著作。亚里士多德所讨论的物理问题涉及时间、空间及一些力学现象。“力”（自然界相互作用）的观念可以说是物理科学思想理念的逻辑起点，也是物理学对生物学影响的基石点。在第1章中已经介绍过，生物学起源的博物学传统同样始于亚里士多德对生物学理论奠基所做的观察与分类贡献。这里需要特别指出的是，在生物学起源的“医学—生理学”传统中关于“四种相互作用与生命平衡的观念”与物理学中的“力”的观念如出一辙，以至于“生命力”与“活力论”成为生物学史上神秘传统的哲学形态。非常有意思的是，就是在与“生命力论”与“活力论”相对立的生命科学机械论传统中，尽管物理学的概念和方法通常把宇宙假定或还原成的那种“死的”机械论过程，可是早期的生物学家不仅采纳了物理学家关于物质、力和永恒的许多概念作为描述生物学事实的模式，而且他们还发现对生命的研究无法摆脱与物理学的密切关联。“力”观念曾被法国社会学家斯宾塞（Herbert Spencer，1820—1903）在下述涵义上使用：①作为运动变化的原因；②作为生物学的过程；③作为动能的名称；④作为势能的名称：⑤作为诸如光和热等物理的感觉印象的普遍名称。耐格里（Nggeli）谈到“已知的有机体的力、遗传和变异”；魏斯曼讲到卵不可能“受不同类型的两种力的控制，且控制方式又与它仅仅受它们之一的控翎方式相同”；他进而述及“属于生物体的力”影响种质，他把种质这一不可知觉的实体均分和划分，犹如它是物理量一样。兰克斯特（Lankester）论及“最初的原生质是化学结构的漫长而逐渐的进化的结果和有机形式发展的起

---

① 在本文中，物理科学指生命科学之外的所有科学——本书编著者注

点”。近代不少生物学家重视原生质的“化学结构”和作为生理功能或伴随生理功能的化学过程上，同时频繁地使用诸如“生命物质的单位质量”、“有机体力的合力”、“分子刺激物”、“张力和运动的条件”、“对生存必要的物理构成”等具有物理学背景的术语。或许这些术语是比喻地使用的，但即使在现代的细胞生物学、生物物理学、生物化学的科学著作和文献中，仍然可以见到经过改造和科学精确定义后的“力”的概念，如“细胞动力学系统”、“范德华力”、“分子亲和力”等术语。

3.1.2 生命科学与物理科学的科学形态共同奠基于欧洲文艺复兴运动

经过中世纪的漫长黑夜之后，15 世纪前后欧洲社会经历了一系列深刻而巨大的变革。伴随着资本主义生产关系的出现，欧洲思想文化领域展开了一场以复兴古希腊文化为旗帜的“文艺复兴运动”。这一运动的主旨在于摆脱封建制度及其意识形态的束缚，提倡个性解放、尊重人格、爱人和人性至上的人文主义思想。文艺复兴运动为自然科学从神学桎梏下的解放扫除了精神障碍，崇尚自然和追求真理的古希腊文化的优秀文化遗产，特别是其中的理性主义精神气质为包括物理科学与生命科学在内的整个近代自然科学的生长提供了适宜的文化生态条件。

3.1.3 物理学（天文）领域中哥白尼（Copernicus，1473—1543）的“日心地动说”与生物学（医学—生理）领域中哈维（William Harvey，1578—1657）的“血液循环理论”并驾齐驱，互相呼应

波兰天文学家哥白尼于 1543 年发表《天体运行论》，纠正了统治人类思想达 1300 年之久的托勒密的“地心说”和“地静说”，提出了“日心说”和“地动说”。爱因斯坦认为，“哥白尼对于西方摆脱教权统治和学术统治枷锁的精神解放所作的贡献几乎比谁都要大”，“令人信服地详细说明太阳中心概念的优越性，这必须具有罕见的思考独立性和直觉，也要通晓天文事实，而这些事实在那个时代是不容易得到的。哥白尼的这个伟大的成就，不仅铺平了通向近代天文学的道路，而且也帮助人们在宇宙观上引起了决定性的变革。一旦认识到地球不是世界中心，而只是较小的行星之一，以人类为中心的妄想也就站不住脚了”①。同在 1543 年，“血液循环理论”的先驱者比利时医生维萨里（Andreas Vesalius，

---

① 爱因斯坦．1976．爱因斯坦文集．第一卷．许良英，范岱年编译．北京：商务印书馆．601

1514—1564）发表了《人体的构造》，在医学—生理学领域中以“真实地描写人体的构造，而不管这种描写与古代权威的观点有什么不同”的科学精神，揭露了古希腊权威盖仑的错误，开始了纠正对微观世界——人体结构认识的历程。经过西班牙医生塞尔维特（Michael Servetus，1511—1553）于1553年发现的人体血液小循环，最后集大成于哈维1628年发表的《论动物心脏和血液运动的解剖学专题论文》（《心血运动论》）。盖仑的学说是解剖学、生理学、思辨哲学与神秘观念的混合体，在他的学说中，生命过程被分成由植物性灵魂、动物性灵魂和理性灵魂控制的三个层次，而生命最终是靠作为宇宙呼吸的“元气”来维持的。哈维的学说彻底推翻了盖仑的观点，奠定了医学——生理学的科学基础。从物理科学与生命科学协进化的角度来看，哥白尼革命与哈维革命的相同之处在于：他们都摒弃了科学体系中的神秘传统和臆想观念，哥白尼长期坚持天象观测，积累了大量的第一手资料并且运用数学的方法进行定量计算，最终更新了作为宇宙学人类中心主义基础的太阳系模型；哈维长期坚持解剖和实验观察，并且把实验和定量的方法应用于医学研究，最终更新了作为生命神秘论基础的人体结构机制。

3.1.4 生命科学（显微镜）与物理科学（天文望远镜）在光学仪器平台上的协进化

科学仪器是支撑自然科学理论进化的物质平台。17世纪时，一些源于物理科学研究成果转化的对实验科学十分重要的仪器开始投入使用。此后，望远镜（直到哈勃望远镜和今天最先进的射电天文望远镜）促进和深化了人类对宇观天体系统朝着无限大方向发展的认识，为生命科学探索生命的起源与演化提供了科学的宇宙背景框架：人类对地外天体的认识愈广泛，对地球生命起源和进化的条件与机制的认识也就会愈清晰。显微镜（直到今天最高分辨率的电子显微镜）开启了生命科学领域中细胞学、组织学和微生物学的大门，奠定了生命科学在细胞层次上的统一。1838年，由德国植物学家施莱登（M. Schleiden，1804—1881）提出了植物的细胞构造理论。1839年，德国的动物学家施万（T. Schwann，1810—1882）把细胞学说扩大到动物界。细胞学说指出，细胞是生命的结构单位、功能单位和遗传单位，是动物和植物有机构造与发育的基础。一切有机体都是由细胞按照一定的规律遗传、发育和生长的结果。细胞学说揭示了生命现象的内在统一性，这是19世纪自然科学三大发现之一，它的问世使得过去认为是非常神秘的生命奇迹现在可以用细胞的生长、分裂和凋亡的周期过程来解释。

3.1.5 化学领域的革命与进步成为揭示生命本质的基础

生命的起源和演化都是通过化学途径实现的。化学领域的革命与进步成为揭示生命本质的基础，而生命科学的发展又成为推动化学进步的新动力。

1. 拉瓦锡的化学革命与生命科学

1772 年，法国化学家拉瓦锡（A. L. Lavoisier，1743—1794）在他的实验室记录中写道，他的燃烧学说“将导致一场物理学和化学的革命”。[①] 1777 年他的名著《燃烧通论》问世，在其中他提出了使得化学最终从思辨哲学和炼金术中摆脱出来的“燃烧氧化学说”。1789 年 3 月，拉瓦锡的名著《以一种新的系统秩序容纳了一切现代发现的化学基础论》出版，该书在化学史上的地位和作用可与牛顿的《自然哲学的数学原理》在物理学史上的地位与作用媲美。拉瓦锡不但开创了近代化学的新纪元，而且他所发现的那种“特别适合于呼吸的气体”（氧气）的发现，对于后世揭示生命的科学本质具有极为重要的意义。N. 玛格纳写道：“还是在 1777 年的时候，拉瓦锡就发表了一篇论述呼吸的文章，该文题为《关于动物呼吸的实验和关于空气通过肺部时所经历的变化》。由于明确地了解了在呼吸过程中所涉及的各种气体的性质，所以拉瓦锡把呼吸过程明白无误地解释为缓慢的燃烧或氧化……在《关于热的研究报告》一文中，拉瓦锡断言，人们可以认为‘由呼吸作用将纯净空气转化成固定空气过程中所释放的热是动物维持热量的主要原因’。”（《生命科学史》第 323 页。）以上内容非常清晰地显示出物理科学（化学）与生命科学之间的协进化关系。

2. 德国化学家维勒用人工方法合成有机物与生命科学

1824—1828 年，维勒（Fridrich Wohler，1800—1882）在人类历史上第一次人工合成了有机物尿素，这项工作不仅填平了无机界（非生命界）与有机界（生命界）之间传统认识上的鸿沟，扫除了作为生命物质基础的有机化合物的神秘性，彻底动摇了神秘的“生命力论”（或“活力论”），而且证明了化学规律对于有机物和无机物是同样适用的，从而开辟了未来生命科学研究中人工合成生命物质的新空间。

3.1.6 在能量守恒与转化定律发现过程中的携手并行

能量守恒与转化定律是 19 世纪 30—40 年代在 5 个国家里由六七种不同学科的十几位科学家从人体的新陈代谢、蒸汽机效率的研究、电磁转化等不同方面独立研究的共同成果。能量守恒与转化定律揭示了热、机械、电、磁、化学等各种物质运动形式之间的统一性，它是物理学领域中的再一次大综合，也是 19 世纪自然科学三大发现之一，并成为整个自然科学（包括物理科学和生命科学）中的

---

① 郭宝璋. 1992. 世界化学史. 南宁：广西教育出版社. 102

基础性定律。著名的德国物理学家劳埃（Max. Von Laue，1879—1960 ）指出，“……到 1860 年左右，能量定律才得到普遍的承认，当然，它很快就成为全部自然科学的基石。从此以后，特别是在物理学中，每一种新的理论首先要检查它是否能跟能量守恒原理相符合”①。能量守恒与转化定律的发现在过去被认为是互不相干、各自独立的机械、化学、热、电、生物等物质运动形式之间找到了相互联系的渠道，它从自然观的角度表明“自然界中不同运动的统一，现在已经不再是哲学论断，而是自然科学的事实了”。在这个伟大的科学发现中，物理科学与生命科学是携手并行的。1840 年，德国医生迈尔（Julius Robert Mayer，1814—1878）依据拉瓦锡的理论，从食物中所含有的化学能和机械能一样可以转化为热能的途径，计算出 1cal 热相当于 3. 58J（现在的精确值为 4. 1868J）。1842 年他的论文在德国著名化学家李比希（J. V. Liebjg，1803—1873）主编的《化学和药物学》杂志刊出，迈尔从生命科学的角度成为发表能量守恒与转化定律的第一人。1849 年，英国物理学家焦耳（J. Joule，1818—1889）首先用实验精确地确立了能量守恒与转化定律。与此同时，德国物理学家赫尔姆霍兹（H. L. F. Helmhotz，1821—1894）（从研究动物热的途径）、格洛夫（W. R. Grove，1811—1896）（从对电的研究的途径）、柯尔丁（L. A. Colding，1815—1888）（从摩擦实验研究的途径）都独立发现了能量守恒与转化定律。1853 年 W. 汤姆生（W. Thomson，1824—1907）对能量守恒与转化定律做了精确的表述。

3.1.7 自然科学整体突破“自然界绝对不变”的形而上学自然观（在突破“自然界绝对不变”的形而上学自然观上，“康德-拉普拉斯的星云假说”—“赖尔的地质渐变论”—“达尔文的生物进化论”的协进化）

1. “康德-拉普拉斯的星云假说”

1755 年，德国哲学家康德（I. Kant，1724—1804）依据当时天体观察中得到的存在云雾状天体的资料，在他的《自然通史和天体论》一书中，提出了太阳系是从星云（无序的弥漫物质）通过自身的运动规律（吸引与排斥）逐步发展成为现在的有序的天体系统的。1796 年，法国天文学家、数学家和物理学家拉普拉斯（Pierre-Simon Laplace，1749—1827）出版了《宇宙系统》，提出了另一个“星云假说”，猜测太阳可能起源于一团旋转着的巨大星云。由于引力作用，星云气体不断收缩，较外围的星云因离心力的作用保持在外轨道上绕中心转动，并且自身继续在引力作用下收缩成行星，星云核则收缩成太阳。后来人们将这两个假说并提，合称“康德-拉普拉斯的星云假说”。这一假说用天体物质运动自身的原

① 劳埃. 1978. 物理学史. 北京：商务印书馆

因来解释天体演化的历史过程，把地球和整个太阳系表现为某种在时间过程中逐渐形成的东西，不仅纠正了那种认为“宇宙万物在空间中彼此永远孤立地并列，没有时间上的生成和演化历史”的形而上学绝对时空观，而且也取消了牛顿“第一推动”的假设。恩格斯认为，这是自哥白尼以来天文学上的最大进步，它包含着未来自然科学中一切继续进步的起点，那种认为自然界在时间上没有任何历史的观点第一次被动摇了（恩格斯：《反杜林论》第 54 页）。演化观念，这一来自天文学中的极其重要科学思想新思想生长点，从此推动着物理科学和生命科学开始了由“存在科学”向“演化科学”发展中的协进化。

2. 赖尔的地质渐变论

英国地质学家赖尔（Charles Lyell，1797—1875）继承和发展了赫顿（J. Hutton，1726—1797）的思想，于 1830 年发表他的名著《地质学原理——参照现在起作用的各种因素来解释地球表面过去发生变化的尝试》，用现实主义和以今推古的方法，提出了“地质渐变论”，把发展和演化的科学思想引入地质学，成为生命科学中“达尔文的生物进化论”的背景框架和科学基础。

3. 达尔文的生物进化论

本书在第 4 章中作专门阐述。

3.1.8 生命科学与物理科学协进化的里程碑——分子生物学的诞生

1. 分子生物学诞生的简要历程

分子生物学是 20 世纪初期发展起来的遗传学和生物化学结合的产物。遗传学研究基因（生命科学传统），生物化学研究蛋白质和酶（生命科学与化学交互渗透的传统），然而基因是一种生物大分子（DNA），它在蛋白质的合成过程中起着重要的作用，一种把生命有机体的遗传和发育过程视为信息存储和传递过程的物理科学新思想导致了这两种科学研究传统的联系以及分子生物学的诞生。“大约在 1836 年，著名瑞典化学家柏采留斯提出了‘蛋白质’的概念。1842 年，李比希证实了蛋白质是是生命的基本构成物质……1869 年，瑞士生物化学家米歇尔从病人绷带上取下来的脓细胞中发现了一种与蛋白质不同的物质，称之为核素，由于它呈酸性，后来改称核酸。1911 年，美国化学家列文查明核酸有核糖核酸（RNA）和脱氧核糖核酸（DNA）两种……摩尔根的基因学说建立之后，许多生物化学家致力于确定基因的物质基础……1944 年，美国细菌学家艾弗里用实验事实证明了 DNA 确实是遗传信息的载体……德裔美国生物学家德尔布吕克用噬菌体的研究证明了传递遗传物质的是 DNA，而不是蛋白质……时间已经到了20世纪50年代，不仅关于生物大分子化学的研究已经有一定的水平，运用X射线等先进的物理学方法研究生物大分子的晶体结构也取得了重大的突破……1951年，英国生物物理学家维尔金斯研究了DNA的晶体结构，给出了关于DNA纤维的X射线衍射图。这些工作为DNA双螺旋结构的发现打下了基础。完成这一伟大工作的是美国生物学家沃森和英国生物学家克里克……1953年4月，他们终于将新的DNA双螺旋结构模型在《自然》杂志上公之于世。DNA双螺旋结构模型的提出是生物学史上划时代的事件。它宣告了分子生物学的诞生。”①

2. 分子生物学诞生的哲学意义

正如前文所述，物理科学（物理学和化学）的思想、方法和仪器设备，在分子生物学的诞生和发展中起了重要作用。但是，物理学家们并没有从中发现新的物理学规律，他们却帮助生物科学家们在分子生物学中发现了新的生物科学规律（生物遗传信息的复制与传递规律）以及物理学规律、化学规律和生物学规律之间的内在一致性（在DNA模型中的内在一致性）：在DNA分子中，核苷酸的任何排列都必须能说明分子结构的规律性及其化学的稳定性。也必须说明分子如何忠实地复制自己。这种考虑意味着所要确定的，不仅是各个部分有怎样的物理排列在几何上才是可能的，而且尤其要确定是哪种已知的分子间和原子间的相互作用力，能把各个部分结合在一起。因此，分子生物学的诞生充分说明：在生命科学的外部关系上，生命科学的演化与物理学、化学之间是一种互补或并协的关系。

3.1.9 在人类基因组计划和后基因组计划中的协同

人类是地球生命演化的高级形态，自有史以来，破译生命的奥秘一直是人类最美好的愿望。“人们经过了不懈的努力，渴望解开生命之谜这个多年的愿望并未向前推进多少，谜仍是个谜！以往研究的艰履或失败教训使人们头脑开始清醒地认识到，任何仅依靠单一学科如细胞学、发育学、肿瘤学、人类遗传学或分子生物学的独自努力都无济于事，都太局限了，难以完成人类对自身的认识和保护……所以，要知道某事物的局部作用机制最好先知道全局的看法逐渐主导了人们的认识（R. Dulbecco，1986）。在绕了一大段弯路后，人们回过头来决定开始进行人的所有基因即基因组的研究，全面探讨这个‘摸得到，猜不透’的人体奥秘，由此形成了基因组学（genomics）和人类基因组计划（Human Genome Project，HGP），其最终目的是对生命进行系统和科学的解码，以此达到了解和认识生命的起源、种间和个体间存在差异的起因、疾病产生的机制以及长寿和衰

---

① 吴国盛. 2002. 科学的历程. 北京：北京大学出版社. 474-475

老等生命现象（E. S. Lander，1996）。人类基因组计划以前的遗传学或称基因学（genetics）偏重于单个基因的研究，而人类基因组计划是把目光投向整个基因组的所有基因，从整体水平去考虑基因的存在、基因的结构与功能、基因之间的相互关系等。随着数理化、信息和材料等科学的渗透以及具有时代特征的工业化管理模式的引进，HGP 真正成了生命科学领域的第一项大科学工程，其规模和意义远远超过阿波罗（Apollo）登月计划和曼哈顿（Manhatton）原子弹计划。HGP 的正式启动也标志着解码生命的真正开始！”① 在人类基因组计划的目标任务中，遗传图谱、物理图谱、序列图谱、测序技术、人类序列多样性、基因图谱、功能分析、模式生物等内容的实现都需要生命科学与物理科学的协同。“研究基因组的根本任务在于揭示整个生命活动的规律，因此基因组全序列的测定只是认识生命改造生命万里长征的第一步，人们必须继续研究所有这些基因的功能，这就是后基因组研究，也有人称之为功能基因组研究。”（《解码生命——人类基因组计划和后基因组计划》第 323 页）“1990 年国际上开始了人类基因组研究。尽管目前只解出了约 3%的序列，但功能基因组的研究已经开始，后基因组的时代已经到来。新时代的最终目的是阐明基因组所表达的真正执行生命活动的全部蛋白质的表达规律和生物功能，也即蛋白质组研究。当前主要的研究手段为双向凝胶电泳，双向高效柱层析，质谱技术和生物信息学。蛋白质组研究不仅是 21 世纪整体细胞生物学的新的最重要的内容，而且将为医药、农业和工业的革新提供崭新的思路。”（《解码生命——人类基因组计划和后基因组计划》第 322 页）

3.2 物理科学对生命科学研究的影响

3.2.1 物理科学提供了生命科学的背景框架

（生命起源、生物进化的研究需要物理科学关于宇宙演化的大背景、地球科学、地质演变的大背景和化学演化的大背景）

（1）生命的起源，是生命科学研究中的核心问题之一。然而，生命起源的研究必须在物理科学研究所提供的“我们的宇宙”的起源⟶基本粒子的起源⟶化学元素的起源⟶天体的起源⟶地球的起源⟶地球的圈层分化⟶有机物质的形成等一系列科学大背景下才具有科学性。

（2）生物进化，也是生命科学研究中的核心问题之一。然而，生物进化中有关物种的形成和灭绝的研究同样离不开地球演化的大背景，如地球气候变化对生物进化的影响、冰川期与生物物种变化的关系、寒武纪与生物物种大爆发的关系、大陆漂移与物种变迁的关系、地质（地层变迁）演变的大背景与生物物种变

① 贺林主编. 2000. 解码生命——人类基因组计划和后基因组计划. 北京：科学出版社. 4

化的关系、化石证据的分析等都需要物理科学提供相关的科学背景作为佐证。

3.2.2 物理科学提供了生命科学的基础理论框架

早期生物学的医学——生理学形态是在物理学机械论的理论框架下发育起来的。现代生命科学在物质结构的分子和分子以下层次的研究中也不能离开物理科学的基础理论框架。正如物理学家 N. 玻尔所言：生命规律不能归结为物理规律，但是又不能违反物理规律。就是说，生命规律是物理、化学等多种规律在生命系统中的复杂组合，而不是各种单一规律的机械叠加，因此不能简单还原为“基本粒子—原子—分子”等某一层次上的个别物理规律。与此同时，构成生命的基础具有物理化学的性质，因此生命过程中的物质代谢、能量代谢和信息传递不能违反如能量守恒和转化等基本的物理学规律。物质和运动的基本定律像适用于无机物质一样地适用于生命物质；生命（内环境稳定）的存在和演化离不开适宜的外部环境条件，如空气、阳光和水等。

3.2.3 物理科学提供了追求精确性的传统

物理科学追求精确性的传统，有助于提升生命科学的理论形态，促进其在发展中与形而上学的思辨性猜测彻底分离。

追求在认识中精确地复制认识的对象，并且精确地预言对象运动变化的过程和状态（经典决定论的或统计学的），历来是物理科学引以自豪的重要特征。物理科学拥有这一特征的基础是它理论形态的数学化或解析化的程度很高。例如，牛顿力学在其语言和结论两方面所设想的精确性达到巅峰状态（后科学状态）时就融入（或经过）了雅可比、拉格朗日、哈密顿等一大批数学家的淬炼。而生命科学由于其在博物学形态下主要的思维工具是自然语言的描述，并且也由于研究对象的复杂性造成使用数学工具的困难，所以理论形态的精确性问题常常成为易受物理科学攻击的“软肋”。生命科学的数学化和精确化（并非物理化模式）是生命科学现代化进程中的不可或缺的阶段。

3.2.4 推动生命科学由观察科学向实验科学的转型

马克思指出：“物理学家是在自然过程表现得最确实、最少受干扰的地方考察自然过程的，或者，如果有可能，是在保证过程以其纯粹形态进行的条件下从事实验的。”（《马克思恩格斯全集》第 23 卷，人民出版社，1972 年，第 8 页）实验与观察的区别在于：“单凭观察不能证明必然性，必然性的证明是在实验中。”科学实验是人们根据研究的目的，利用科学仪器、设备、人为地控制或模拟自然现象，排除干扰，突出主要因素，在有利的条件下获得科学事实的方法。科学实验是获取科学事实和检验科学假说、科学理论的基本手段，这是科学认识不同于其他认识的根本特征，所以马克思说："科学是实验的科学。"（《马克思恩格斯全集》第2卷，人民出版社，1957年，第163页）由于在生命科学的博物学传统中长期占据统治地位的是观察的方法，因此它常常被视为一门观察的科学。当物理科学已经在实验的城堡上高高地竖起了胜利的旗帜时，当博物学形态的生物学面对来自形态学的争议莫衷一是时，医学生理学传统之外的观察生物学开始了向实验生物学的转型。其中最有名的代表就是孟德尔的遗传学。随后，生理化学也开始为生物化学所取代。如果没有实验形态的生命科学的诞生，也就是没有实验胚胎学、细胞生物学和分子生物学的问世。来自物理科学的批评与责难，是推动生命科学实验化进程的外部动力。物理科学与生命科学将在科学实验这座走向科学现代化的桥梁上走向对接。

3.2.5 推动生命科学由现象性描述走向本质性解释

当生物学家听到"生物学只是描述而不是根本的说明"这样的批评时，他们会感到相当的震惊。据说当年沃森和克里克研究DNA双螺旋模型的动因，就是认为当时生物学中的遗传理论只是在啃一个大饼的边缘，而"一点儿也没有击中这个恶魔的靶心"。对于博物学形态的生物学，这样的批评不是无根据的。例如，根据达尔文的"机体再生假设"，每一个体细胞都要甩掉在再生的细胞中聚集的粒子或胚芽。这些胚芽或"未成长的原子"是由双亲传递给后代的，它们通过自我分裂繁殖，在早期的生命中甚或在数代的时间内它们依旧是未成长的，但是，当它们在适宜的环境的影响下成长时，它们变成像衍生它们的细胞一样的细胞。借助于这个假设，达尔文能够概述许多遗传事实。遗传只不过是亲本的胚芽在后代中的成长，变异能够部分地用两个双亲的胚芽的混合、部分地用亲本细胞的胚芽由于它们的运用或不用而引起的变更来描述。现在看来十分清楚，达尔文理论中对生物遗传表象猜测理论的本质性解释就是当时物理学中的微粒理论的变形。后来，虽然魏斯曼实际也是在用"种质"的术语来重述达尔文的假设，但是在本质性解释的层次毕竟又深入了一步。他说未知的力把这些分子引向再生的细胞并在那里排列它们。但是，就像当时的物理学家从未捕获过原子一样，当时的生物学家也从未捕获过"未成长的原子"或胚芽。该概念的特点只是一种对遗传表象的猜测性表述。它被"在血液中未发现胚芽的陈述反驳，正像原子理论被在空气中未发现原子的事实反驳一样"。这里还有另外一层意思，就是在科学形态中的本质性解释与思辨哲学所作的形而上学推断并不是一回事。而在魏斯曼的学说中，同样存在着形而上学的色彩：具有连续性和同一性的实物应该无限地繁殖自身，或者它通过吸收外来的实物增长。因此，正是对遗传学研究的分子基础探寻，才为生物的遗传与变异现象提供了更为深刻的本质性说明。

3.2.6 物理学家对生命科学发展的贡献

近代物理科学在生命研究中的地位与作用首先是通过物理学家的贡献体现出来的。一些虽未接受过正规生物学训练的物理学家在分子生物学的诞生过程中发挥了关键性的重要作用。他们中很多人是在利用物理学的技术来研究生物学，或者说是想"发现生命现象中的物理学规律"。DNA 双螺旋的发现者之一的弗朗西斯·克里克得到的第一个学位是物理学方面的，他自述直到 30 岁时，除一般知识外对生物学所知甚少。但他却决定从头开始学习和研究生物学。"我花了不少时间才使自己适应生物学所需要的不同思考方法，一个人如同重新出生了一次。不过这种转变也不是极其困难，而且所付出的努力肯定是值得的。"① 还有一个典型例子就是匈牙利物理学家利奥·西拉德。西拉德是对麦克斯韦尔（Maxwell）的"精灵"提出"物理学"解释的第一人，从而也就成为了信息学理论的奠基人。作为原子链式反应的发明者，他在建立曼哈顿项目以研制出第一颗原子弹方面做出了重大的贡献：同另外两位匈牙利物理学家一起，他提醒爱因斯坦，德国纳粹分子很有可能造出原子弹的危险。这使得爱因斯坦写了一封信给美国总统罗斯福。但是，在 1945 年初，西拉德也是强烈反对使用原子弹作为军事武器的首位科学家之一。在第二次世界大战末期，他就转向对细菌代谢的研究，并且在对细菌基因调控的分析中起了重要作用。宇宙起源"大爆炸"理论的奠基人之一乔治·盖莫（George Gamow），也是一位对分子生物学的发展做出过重要贡献的物理学家。在沃森和克里克有关 DNA 双螺旋结构的论文发表后几天，盖莫就写信给文章的两位作者，提出了一种可以解释 DNA 的碱基序列与氨基酸链之间对应关系的密码。虽然盖莫的模型有一些错误，但他是第一个试图用理论方法来破译遗传密码的科学家。尽管在沃森和克里克的文章中使用了"密码"这个词，但是他们并没有想到所提出的模型可以逻辑性地推导出，遗传密码可以由此而被破译。盖莫后来还对遗传密码结构的理论研究做出了很多重要的贡献。物理学家着迷于生物学的状况，根据尼古拉斯·马林斯（Nich1as Mullins）对某噬菌体研究组成员进行的学科背景所做的"量化"分析，物理学家和化学家在生物学研究中所占有的"份额"（以他们最初所获得的博士学位的领域为准），在 1945 年之前，研究组中的 6 位学者之中就有 3 位曾获得了物理学或者化学方面的博士学位。从 1946 年到 1953 年之间，19 位新成员中就有 10 位拥有物理学、生物物理学或者是化学的博士学位。此后，DNA 双螺旋结构的发现又吸引了许多年轻的物

① ［英］弗朗西斯·克里克．1994．狂热的追求——科学发现之我见．吕向东，唐孝威译．合肥：中国科学技术大学出版社．4

理学家进入成为一门独立的新学科并且有大量潜在的研究课题等待着他们去承担的分子生物学领域。还有一些物理学家，也许在他们所选择或所研究课题的过程中，并没有与生物学家们进行密切的合作；然而他们的研究成果却意外地成了生物学的成果。以上说明，物理学家在生物学研究人员组成结构上的重要性是无法否定的。

3.2.7 “互补论”——来自物理学家的生物学思想方法论

不同学科的科学家们在同一科研小组中的组合以及赋予信息和信息交换的重要性，导致了一种生命科学中新世界观和方法论的出现。分子生物学就是一种关于生命阅读的新的分子方式，而“互补论”就是一个来自物理学家的生物学思想方法论。物理学家们被生物学所吸引的另外一个重要原因在于，生物学似乎蕴含着大量的尚未解决的根本性科学问题，从而成为获取科学知识的“新前沿”。量子物理学以及它所产生的新化学，好像能为解开生物学中的一个个奥秘提供所需的工具和概念。事实上，正是量子力学之父——尼尔斯·玻尔和欧文·薛定谔首先预见到了这种新的生物学研究方法的出现。如果深入地分析一下他们的著作就会更加清晰地明白他们与很多物理学家所持的相同的动机和希望。尼尔斯·玻尔的父亲克里斯丁·玻尔是一位声名显赫的丹麦生理学家，主要研究血液中氧气是如何固定的。玻尔同样也对生物学非常感兴趣，并鼓励很多的物理学家（如德尔布吕克）转攻生物学。玻尔邀请乔治·赫维西（George Hevesy）加盟他在哥本哈根创办的理论物理学研究所，并鼓励他进行用放射性同位素作为生物标记物的研究。玻尔还不遗余力地从洛克菲勒基金会为他寻求经费支持。在战争结束之后，这项新技术成为生物化学和分子生物学发展的重要支持工具。1932 年 8 月，玻尔受邀在哥本哈根召开的“国际光治疗大会”的开幕式上发表演说。次年，这篇演说稿被刊登在《自然》杂志上。玻尔报告的题目——“光和生命”概括性地反映了这篇演说稿的内容和重要性。在介绍了很长一段的量子力学之后，玻尔转向他要论述的核心话题：最近那些关于物质（和光）方面的研究结果将如何改变我们对生命的看法。玻尔的目的不是想通过将一个学科的成果应用到另外一个学科而建立一个从物理学到生物学的转移，而是进行一次“认识论上的转移”，试图发现物理世界的新视角是如何改变我们对生物世界的理解方式的。玻尔贡献给新物理学的一个极为重要的思想成果是互补原理。例如，说一个光子能够甚至应该用各种不同的、互补性的方法去研究——它既应该作为波，又应该作为粒子去被研究。与此同时，玻尔认为，生命有机体也应当用这种互补性的方法去研究。没有人可以否认在所有有机体的各种功能过程中，化学的和原子的现象的重要价值。对生物分子的多年研究早已击碎了所谓的“生命力”理论，而表明有生命的物质同无机物之间并没有根本性的区别。但是，有机分子的研究首先需要把含有有机分子的生命有机体杀死，也就是说，还原论者对生命的研究意味着首先对生命的破坏。为了解决这个悖论，玻尔提议接受生命是一个不能够被还原的现象这个基本事实，这相当于生命现象中的一次量子行动：这是为了解释其他现象而必须承认的公理。玻尔问道，我们是否可以想象甚至建立一种与最终必须对生命进行破坏的还原论方法相平行的生物学呢？这种生物学将认为生命是一种不可还原的现象，从而为目的论者也保留一席之地。这篇讲演经常被人们引用，但却极少被人完整读到。德尔布吕克，发展了玻尔的理论并用它们作为自己生物学研究的理论基础。玻尔曾经讲道，物理学或许永远也不能解释有机体的生物机能，所以要想使我们对生物世界的理解变得全面深入，我们必须先要去发现一些其他的原理。今天，还原论者的方法似乎变得越来越全面，越来越完整。玻尔对于生命不能还原成物质世界，或者精神不能还原成物质这些观点并不陌生。但可以肯定的是，对生物学进行互补性研究的建议意味着一个策略上的谨慎，而不是一次反还原论的宣言。因为它抛弃了所有哲学上的还原论，对生命不可还原的宣称是这一新生物学的“量子”，它为实验还原论开辟了道路。通过限制化学、物理和生物方法在哲学上的野心而将有争议的解释搁置在一边，那么科学家们就可以认为“好像”生命就仅仅是有机体内的分子相互作用的结果，不是别的什么，从而继续往前迈进。玻尔的动机并不重要，重要的是，他的演说帮助物理学家把注意力转向了生物的“对象”。

3.2.8 《生命是什么?》——来自物理学家的进军号召

1943年，薛定谔于都柏林所做的一系列演说和以这些演说为基础在1944年出版的名为《什么是生命》一书中，把年轻物理学家的注意力吸引到遗传学的研究结果上来了，并暗示量子力学可以用于解释这些结果。薛定谔的书一经出版就很快被大家认为是代表着物理学新概念向生物学转移的标志，是物理学家对遗传机制研究抢夺性的投标。他在一开始，按照在经典物理学中的顺序对各个物理学原理做了一番描述。对于物理学家来说，热动力学（宏观水平的有序性）只不过是微观水平无序性的一个统计学结果。薛定谔然后对遗传学的主要进展做了描述。他强调了基因的稳定性，只有在突然和稀有的突变发生时这种稳定性才会被搅乱，随后基因又会进入新的稳定状态。薛定谔描述了穆勒通过辐射诱导突变的成功实验。基因的这两大特征（稳定性和可突变性）不能用经典物理学来解释。基因实在太小，不可能是它们的组成分子的统计平均的结果。基因的特征引发出稳定的能级，量子力学分析表明这种能级状态在分子中是存在的。要获得稳定的观察，形成基因的分子只需获得足够复杂的能态即可。薛定谔接着就讨论了德布里克是如何通过使用这一基因的子模型来解释部分基因突变的特征和试图测量出基因的。书中接下来的两章是有关有机体的组织结构方面的内容。该书以一篇关于决定论和自由意志问题的后序作为收尾。

薛定谔的书获得了惊人的成功。很多分子生物学的奠基人都称这本书在使他们下定决心转攻生物学方面起了至关重要的作用。冈瑟·斯滕特（Gunther Stent）作为一名遗传学家（也是一名研究遗传学历史的学者），争辩说对于新一代的生物学家来说，这本书的作用无异于《汤姆叔叔的小屋》。薛定谔把最新的遗传学成果生动系统地做了介绍，比以往生物学家的介绍精彩多了。50 年后，这本书的魅力依然如故：它通俗易懂，简洁明了，使每一位潜心于生命科学研究的读者都爱不释手。

一个当代的分子生物学家读薛定谔的书时也会感到相当亲切。他或她将会对薛定谔关于基因作用的决定主义观点产生共鸣："当我们把染色体纤维的结构说成是密码本的时候，其意思是说，能立刻揭开每一重因果关系、洞察万物的头脑。拉普拉斯（Laplace）也曾这么认为，可以从它们的结构判别出，在适宜的条件下，一个卵细胞是被孵化成一只黑公鸡还是花母鸡、一个苍蝇还是一棵玉米、一棵杜鹃花、一只甲壳虫，一只小鼠或是一个女人。"此书的篇章结构充分显示了薛定谔的意图。尽管上面把"女人"也列入会产生诸多异议，但是，今天的分子生物学家却会全心地赞同这个研究项目。另外，薛定谔还是首先用"密码"这个词汇来描述基因作用的科学家之一。在书中试图描述基因的结构的另外一部分内容中，薛定谔提出假说。认为基因是由某些非周期性的晶体所形成的——这是对核酸链非单调性的多聚体结构的一个惊人预见。阿瑟·科恩伯格（Arthur Kornberg）（一位后来转攻生物学的物理学家）把很多物理学中的研究战略引入借鉴到了生物学研究领域，但很少引入具体的战术。换句话说，他们仅仅改变了生物学研究的形式，但并没有改变其基本内涵。对阿兰·普洛查滋（Main Prochiantz）来说，分子生物学仅仅是生物学的一个具体的化身。

3.2.9 来自物理学方面的研究支撑

来自物理学界的基金会所提供的资金在为很多实验室添置仪器设备方面起了重要的作用，这些先进的设备包括分光光度计、超高速离心机、进行 X 射线衍射所需要的材料、用于探测放射性同位素的盖格计数器等。洛克菲勒基金会对于这些新技术的发展也同样起到了推动作用。最后，该基金会继续把相当大量的资助投给了由那些知名的实验室所提出的长期研究项目，比如美国加利福尼亚理工学院的莱纳斯·鲍林实验室和位于英国利兹（I. eeds）的维廉·阿斯特伯里（William Astbury）实验室。

这些经费的给予方式也是新的：给予资助的最终决定权是韦弗和他的几个同事做出的。所提出项目的质量和项目负责人的水平要由从有关国家的最知名的科学家中选出的几位进行通讯评审。这个不正规的筛选评判网给韦弗提供了大量的信息，这些信息对于评判那些接受了资助的科研项目的经费使用情况以及研究成果的科学水平是大有帮助的。

欧洲的一些实验室也是这个新的资助政策的获益者。一方面，该基金会试图改变它先前的以美国为中心的政策，而寻求某种平衡性的政策。另一方面，欧洲科学政策的多元化（或瓦解）赋予了基金会比在美国更为广阔和更为自由的活动空间。

接受了洛克菲勒基金会资助的部分实验室对于分子生物学的崛起发挥了重要的作用。在20世纪的30—40年代，位于加利福尼亚理工学院的摩尔根遗传实验室，同鲍林和比德尔实验室一样得到过该基金会的大笔经费支持。鉴于加拿大出生的法国科学家路易斯·拉普金（Louis Rapkine）的建议，洛克菲勒基金会的管理者们在第二次世界大战结束之后为法国国家科学技术中心提供了重要的经费支持。这些资助主要被用于实验室购置仪器设备和组织召开国际学术讨论会。这些资助的最大受益者是巴斯德研究所的伯利斯·伊夫鲁西研究组以及安德里·罗沃夫和雅克·莫诺（Jacques Monod）两个人的实验室。这些法国研究小组在分子生物学一个特别流派的发展过程中发挥作用。

相反，一些在1950—1960年间对分子生物学的发展做出了重要贡献的研究组却未能从该基金会获得任何资助。例如，沃森和克里克在进行他们的DNA双螺旋结构工作时就没有从洛克菲勒基金会获得过任何资助，噬菌体研究组的一些成员也没有从该基金会得到过任何资助。这一情况的部分原因在于，从20世纪40年代中期开始，分子生物学研究所得到的公共资助迅速上升了，特别是来自美国国家健康研究中心（NIH）、英国医学研究联合会（MRC）以及后来的法国国家科学研究中心（CNRS）的资助。这些初期的回顾表明，洛克菲勒基金会的资助在分子生物学的最初阶段（“史前期”）比在其后期更为重要。很多这些讨论的剧烈性反映，所期望的奖品远不是分子生物学的历史本身，而是和现在的研究工作的走向，以及研究经费的获取紧密相关的。

3.3 生命科学的自主性

生命科学的自主性是相对于物理科学而言，在研究对象、学科空间、学科问题和学科理论方面的自主性。

3.3.1 生命和无生命的区别

1. 生命形式具有“智能性”（或“目的性”）程序

从低等生物体的刺激感应性⟶高等生物的感觉⟶动物的心理⟶人的意识，生命是一种与无机物质运动组合存在相对立的“智能性”的有机物质运动的集合存在。没有单一的感觉印象能够被说成是生命的感觉印象。细胞以上的生命形态具有内外环境的区分，并且具有一种对外环境做出程序性的整体性反应行为（“智能性”或“目的性”），这是物理科学研究对象所不具备的特征。当我们毫无保留地接受一切生命都是从某种简单的有机体进化而来的理论时，我们于是就必须承认，随着生命形式的自组织和有序化复杂性程度的增加，“智能性”(不同层次的意识——协调生命内部反应过程的网络体系的程序)逐渐变成生命的一部分。

2. 生命形式具有完形型

1790年，康德在其《判断力批判》第75条中写道：“有一点是肯定的，这就是，单纯依靠自然本身的机械作用原理，我们永远不会对有机物与其内部的可能性得到足够的认识，更不用说解释它们了。这一点是肯定的，如同我们可以毫不客气地说，即便有一天再有一个牛顿出现，他也不能让我们了解，甚至一根草不是由于有意的安排，而是按其自然规律的作用发生成长的。”康德没有想到，就在他天才断言两个世纪之后，虽然没有再出现牛顿，可是生命科学的发展不但成功地解释了小草的生长不是出于宇宙目的的有意安排，而且解释了小草按其自然规律的作用发生成长是出于生命体特有的完型性。法国哲学家让娜·帕朗-维亚尔在《自然科学的哲学》一书中提出，在生命科学中表现出的是生物体的完型特性[①]。她写道：“……此外还要使用完型（teleomorphie）这一更为确切的术语。这一术语的意思是说“具有合目的形式”，但它既不预断原因，也不预断导致生物合目的性的机理。事实上，完型这一术语概括了区别于物理学家所研究对象中的生物体。根据让娜·帕朗-维亚尔的概括，生物体的完型性特征表现在：①生物体是有机体，即是这样一种东西的总合——总的不同组分影响到整体的行为，每一种器官最终都要担任一种或多种职能，这种职能以具有整体状态下有机体的特性作为自己的目标；②这种生物不断成长和更新，根据其适当的条件，它具有一种自动的形态生成能力。即使为了维持自己的生存和发展，一个生命系统具有吸收其他物质（食物、氧、碳酸等）的基本要求，即使没有和环境的那种关系，生命就不能存在，不能发展，但事实仍然是，每一生物体的结构、形成和发展都受一内在的、不受外部因素影响的程序支配。细胞结构的保持由一不寻常的过程来确定，人们把这一过程叫做倒转（turn over），生物所有的细胞都要死亡，并永远被其他细胞取而代之，这些其他细胞是通过母细胞的有机分裂得到的。生物元素的现代标定方法使用胸腺嘧啶核苷，其结果使在生指数提到最高的程度。尽管外部世界发生了变化，但是生物体在增长和自动组织层次上所具有同态调节特性能够通过再生而保持生物体原有的功能，以利于生物体内部世界恒常性的保持。每一生物都是一个独立的个体，它的原初状态都是不可还原的；③对于生物

① ［法］让娜·帕朗－维亚尔．1987．自然科学的哲学．张来举译．长沙：中南工业大学出版社．75

体的结构，都有适当的信息与之相适应。有机物的目的性，就是由再生和传递这种信息的能力表现出来的。信息是很丰富的，因为这样的信息描述一种极为复杂的组织自动，但是这些信息全都包含在下一信息的再生过程中。人们把这种性质称作不变再生殖或不变性；④有机体的完型性，还表现为热力学第二定律（该定律支配着分离的无生命系统）不能适用于生命体这样的开放系统。正如贝塔朗菲所指出的，生物只要活着，就不会达到那种化学平衡和热力学固定的状态，相反，它们要保持一种平衡了的永恒，流体总是在变化着，人们就是将这种现象的本质叫做新陈代谢……在胚胎发育中也是如此，在胚胎生长后也是如此，转变总是朝着概率更小的状态、总是朝向具有秩序和组织的系统前进（《自然科学的哲学》第 78 页）。

3.3.2 生物学领域内部发展的非均一性

迈尔[①]写道：生物科学缺乏物理科学那样的统一性，其中每一门学科各有自己的发轫与兴旺的年代。直到 17 世纪左右，我们现在称之为生物科学的学科只包括两个联系非常疏松的领域：博物学与医学。后来在 17、18 世纪博物学才明确地分为动物学与植物学，虽然从事这方面工作的许多研究人员，包括林奈与拉马克，常在这两门学科间自由流动。与此同时，医学中的解剖学，生理学，外科与内科日益分离，逐渐形成单独学科。20 世纪为主导的遗传学、生物化学、生态学和进化生物概念在 1800 年以前还根本不存在……人们有时候会提出这样的问题：生物学史上有没有这样一个时期，就像物理科学在科学革命时期那样经历了激剧的转变方向的变化？答案是没有。生物学的每门学科确实都有各自新开端的年代：胚胎学，1828 年；细胞学，1839 年；进化生物学，1859 年；遗传学，1900 年。虽然每门学科有各自的周期，然而并没有范围广泛的普遍革命。即使《物种起源》在 1859 年出版，但实际上对实验性生物学并没有影响。种群思想和本质论在进化生物学是如此重要，但几乎在 100 年以后才触及功能生物学。DNA 结构的阐明（1953）对细胞生物学和分子生物学产生了强大的影响，而对大部分机体生物学则并无关系。生命科学中最类似于一次革命的年代大致在 1830—1860 年，就在这一段时间内，冯贝尔（K. E. von Baer）的著作使胚胎学发生了飞跃。由于发现了细胞核，施万、施莱登及微耳和的著作为细胞学的发展提供了动力。在赫尔姆霍兹—雷蒙德和贝尔纳领导下新生理学开始成型。维勒和李比希等为有机化学奠定了基础。Muller、Leuckart、Siebold、Ssrs 的工作使无脊椎动物学的基础得到更新。最重要的则是达尔文和华莱士提出了关于进化的新学说。上述事态的发展并不是一项联合行动的一部分，事实上多数是独立开展的。

---

① ［美］E. 迈尔. 1990. 生物学思想发展的历史. 涂长晟等译. 成都：四川教育出版社. 144－145

3.3.3 生物学的完型性质与开放特征

（1）生物学内部关系上的完型性质：生物科学的研究领域是多层次与多领域的集合与并行，因此整个领域无法用一个基本原理通约。不同领域的研究策略和建构原则差别很大，需要准确理解和把握各部分之间的关系。生物学规律的作用不是彼此孤立的，而是具有网络性。

（2）生物学外部关系上的动态开放特征：生物学与其他自然科学之间的关系是兼融与并协的。

（3）生物学中体现了“过去—现在—未来”的统一。过去：生命的起源；现在：生命的存在；未来：生命的演化（进化与退化）。

3.3.4 生命科学概念与物理科学概念的区别

（1）物理科学的理想目标是简单性原则，即用尽可能简洁的公式描述最广泛的现象。对生命的描述不可能比引力定律说明行星的椭圆路线更多地“说明”生命。物理科学概念的原则，是可以将指称对象的内容简单化。例如，牛顿万有引力的成功的关键在于将地球抽象为一个质点。而生物学概念不可避免的困难，是指称对象内容所包含的复杂性（层次、结构、系统）。例如，物理学（力学）家的运动变化的基本概念的指称对象，是一个（没有内部层次结构、没有外部环境的）实体或粒子的运动变化，因此可以将力作为这一变化的方便的度量。然而，在众多生物学陈述（如卵细胞的成长过程）中，就包括变化和多样性的分化过程，因而不可能进行力学的线性推演。

（2）物理学的推演要求是无矛盾的，而对生物的分化的陈述则是矛盾性的。因此生物学家不可能直接依靠物理学概念（如速度、加速度、质量等概念）来说明生命。设想对胚胎成长的“控制动因”的描述，当我们把一种特定的“纯化的物理量”的概念与一组“在发育中随着机体内环境多层次生物化学过程的不断变化而变化的”的感觉印象群联系在一起的时候，我们就会发现二者之间无法对应。如果生物学家一定要借助动力学或几何学的严格定义或模型去描述胚胎分化的实际过程，那么他所遇到的困难肯定比用经典力学的概念去描述微观粒子运动时所遭遇到的不确定性关系（测不准关系）更要大得多。例如，经典的博物学家把“人们对于与亲本生物体结合在一起的后代的感觉印象之经验的再发生的特征以及人们对于未与亲本有机体结合在一起的后代的感觉印象之经验的发生的特征”用“遗传和变异”的概念来表述生命现象过程的基础。然而，由于“遗传和变异”本身就是一组矛盾的概念，在要求思维过程无矛盾的形式逻辑的规定中两组尖锐对立的判断不可能同时为真。在物理科学家看来，包括变异在内的遗传这种明显反常状态就像天气的反常状态一样，是一个在科学还没有形成充分广泛而基本的事实前的不确定性结果。可是，在生物学家看来，生命世界本身就是无数矛盾过程的集合体，“遗传和变异”的概念不过是对生命世界的反映，因此它还是被生物学家用来作为构造生命进化的基础性概念。

3.3.5 生命科学家论生命科学的自主性

（1）当代著名的英国生物学家、诺贝尔生理学和医学奖获得者弗朗西斯·克里克在他的自传体著作①的导言中写道：本书最重要的主题是自然选择。正如我所解释的，正是这一机制使得生物学与所有其他学科区别开来。当然，每个人都能理解这一机制本身，但很少有人真正接受它。最令人吃惊的是自然选择过程在经历了亿万年之后所产生的结果，它所产生的生物的特性出人意料。自然选择总是建立在已有的基础之上，以至一个简单的过程由于加上许多附属机制之后变得很复杂。进化所产生的复杂性使生物变得如此不可思议。生物学与物理学之间有很大的差别，物理学中的基本定律通常能够用精确的数学公式表达出来，而且它们很可能在宇宙中任何地方都是正确的。相比之下，“生物学中的‘定律’只是大致概括，因为它们描述的是自然选择经过亿万年所形成的化学机制。生物的复制对自然选择来说极其重要，它产生出许多化学分子的精确复制品，物理学或其他相关科学中就没有类似的机制。这也是为什么有些人觉得生物有机体无规律可循的原因之一”。

（2）总结：①自然选择长期连续的作用导致了生物学研究对象的特殊性。每一个生物体，每一个细胞以及一切生物化学大分子，都是延续了几十亿年的长期复杂过程的最终结果。这就使生物学变成了一门和物理学很不同的学科。物理学，无论是比较基础性的领域，如基本粒子极其相互作用的研究，或者是比较应用性的分支，如地球物理学或天文学，都和生物学很不一样；②生物学的另一个关键点是：存在着复杂结构的许多完全相同的样本。当然，广义地说，许多恒星也是彼此相似的。在地质岩石中，许多晶体也有基本相同的结构。但是在这两种情形中，恒星和晶体并不在各种细节上都等同。与此相反，同一类蛋白质分子常常存在着绝对等同的复制品。如果这种现象不借助自然选择而纯粹靠偶然产生，几乎是不可能的；③生物学与物理学的不同之处还在于：物理学的结果可以用有力、深刻、而且是常常违反直觉的普遍定律来表示。生物学中没有相当于狭义相对论、广义相对论或量子电动力学那样的理论，甚至也没有像牛顿力学中能量守恒、动量守恒和角动量守恒等简单的守恒定律。生物学有自己的“定律”如孟德

---

① 弗朗西斯·克里克. 1994. 狂热的追求——科学发现之我见. 吕向东，唐孝威译. 合肥：中国科技大学出版社. 3

尔遗传定律，但它们只是广泛的概括，而且存在着许多重要的例外。人们相信在宇宙中各处物理定律是相同的，但生物学则不是这样。我们很难想象地外生物学（如果它存在）和我们自己的生物学相似到何种程度；④生物学中发现的是机制，即由化学组分造成的机制。它们常常由于后来的机制加到早先的机制上而发生改变。在物理学中奥卡姆剃刀是有用的工具，但在生物学中是有害的。生物学研究不能用简单和优美的原则作为指南。人们当然可以认为DNA是简单而优美的，但是应该记得，DNA肯定是在接近生命起源的时候产生的，而那时候的事物必须简单，否则它们不可能存在。

（3）法国生物学家米歇尔·莫朗热论“物理学的作用”[1]。米歇尔·莫朗热写道，如果说物理学的确影响了生物学的发展，但生物学并没有被简化为化学或物理学。在当今的生物学中没有任何数学或物理学中的那种拘泥于形式的痕迹。有一个拒绝承认物理学有任何真正影响的看法是：生物学研究至少从表面上看是连续性的，即使在分子生物学诞生的关键时期也没有发生任何突然的方向性变化。但是，这种连续性并不意味着不存在一场“分子革命”——科学上的革命往往是以稳定性为背景而发生的。只有这种研究工作和具体研究对象的连续性才可能造成新旧科学观点的冲突。无论是那些承认物理学家对分子生物学发展有贡献的人，还是那些否认这一论点的人一般都持有一种相同的对于科学进程的错误视角。为了找到一门科学的关键影响所在，他们会考察其起源和发展初期——这是一种“预成说”的科学史观。从这个角度看，贾德森的言论特别具有启发性，因为它们强调，试图搞清物理学的概念对于分子生物学的早期实验有什么影响是不可能的。尽管，这些概念现在对于描述这门学科是必不可少的。这种似是而非的现象可以简单地解释为：今天的分子生物学在导致这门学科诞生的初期实验中是不存在的，而是经过逐渐演化才变成今天的样子。那些对于理解和解释生物学研究结果如此有用的概念（如信息、反馈、程序等）并不是从物理学（或计算机科学）中“借鉴”来的。事实上，这些概念对于这些学科和生物学的影响是同等的。它们存在于第二次世界大战期间和第二次世界大战之后发展起来的新的世界观的核心内容中。它们构成了分子生物学实验、理论和模型成形的框架。

（4）克里克评价达尔文进化论的哲学思想框架性作用

克里克写道，达尔文写了《物种起源》一书来阐明进化论的思想，这本书于1859年一出版就很快几次再版，并确实引起了轰动。因为它简明地概括出了“生命秘密”的基本特征。只要将最早由孟德尔于1860年创立的遗传学的发现以及20世纪以来建立的遗传学的分子基础补充进去，生命的秘密就以其本来面目在我们面前展开来了。哲学是一种思维方式：框架、语言、法则和机制。生物学

---

① ［法］米歇尔·莫朗热. 2002. 二十世纪生物学的分子革命——分子生物学所走过的路. 昌增益译. 北京：科学出版社

家应时常记住，他们所见到的东西并非设计出来而是进化而来的。因此可以认为，在指导生物学研究时进化的观点会起重要的作用。

在论及生物学研究的策略时，克里克写道："要了解功能，就得研究结构。"记得在研究分子生物学的时候我说过这句话。我认为应当从各层次研究这个问题，正像在分子生物学中做的那样。经典遗传学终究是一个黑箱学科。把它同生物化学结合起来是很重要的。"在自然界中杂种往往不育，但是在科学中正相反，交叉学科常常有惊人的丰产。如果一个学科过于单纯，它就会枯萎。"在研究一个复杂系统时，除非站在高层次上研究这个系统，否则人们甚至连问题是什么都看不清楚。但是较高层次的理论证明，总是要有较低层次的详尽数据，这样才能可靠地确立理论。

3.3.6 在分子水平上对生物学的理解是一种"可使用"的理解

1940 年到 1965 年之间，遗传工程技术的大力发展显示出：在分子水平对生物学的理解是一种"可使用"的理解。今天，无论是分子生物学家还是物理学家都持有一种相同的科学世界观，即知识和行为是紧密地联系在一起的。通过他们设计和进行实验的方式，物理学家对于生物学知识形式的变化起了重要的作用。在步德尔布里克的后尘和就生物对象提出简单的问题方面，他们迫使这些生物对象用同样简单的语言来回答这些问题。物理学家所做出的最重要的贡献或许只是自己确信了，而且使得生物学家们也确信了：生命的奥秘不是一个永恒的谜，而是可以企及的。在此期间，两门基础学科（计算机科学和分子生物学）诞生并发展了。一种新的世界观出现了。据此，信息和逻辑比能源或物质构成更为重要。

3.4 生命科学与物理科学的同一与差别

3.4.1 生命科学与物理科学在研究对象上的同一与差别

20 世纪以来，人们一直认为现代自然科学两大类——物理科学和生命科学之间是分裂的，其间有着一条鸿沟，不可能统一起来。20 世纪的前半叶，人们把这种分裂的原因归结到热力学的第二定律。因为热力学第二定律把大规模物质运动的总趋势看成是无可避免地从有序到无序。而生命现象却正好相反，是从简单到复杂从无序到有序的发展。热力学第二定律不但对于生命现象构成了困难，对物理学本身也是个难题。20 世纪 40 年代，奥地利的著名物理学家薛定谔在《什么是生命》一书中提出了两个有助于弥合物理科学与生命科学鸿沟的观点：第一个观点是他认为可以用物理科学的方法去探寻遗传物质的基础，第二个是他从物理科学的角度提出解释生命本质的负熵观念。第一个观点开辟了分子生物学前进的道路，第二个观点扫清了物理学和生物学间的逻辑障碍。但他认为要用物理学的理论来说明生命现象，如思维、意识、目的等问题看来还要等待物理学的发展。这本书对物理学和生物学都起到了很大的作用，它影响了以后很多年物理学特别是生物学的发展。20 世纪六七十年代，宇宙学的发展提出了“大爆炸”的理论，这一理论展现了把宇宙的物理-化学进化与生命起源联系起来，从而把物理科学与生命科学衔接起来的理论前景。

20 世纪 70 年代以来，物理学的发展确实给了生命科学许多新的启示。在过去物理学认为生物学是对杂乱现象的描述，完全够不上现代科学的标准。但 20 世纪 70 年代以来，随着计算机技术的发展，物理学家发现物理学也进入紊乱的世界。过去那种高级绅士式的简洁明了的公式、明确漂亮的推论都可能是对现实世界的近似。现实世界不像物理、数学所描述的那样美妙，也没有一个绝对稳定不变的系统。于是，物理学进入了一个新的发展时期，出现了如混沌、分形、孤粒子这类非线性问题。生物学家多少有些欣慰地感到“吾道不孤矣”！而物理学家也想以他们的新进展来探讨生物学问题。这就促进了这两大自然科学门类之间的联系。

生命科学研究的对象是自然界的生命系统，物理科学科学研究的对象是自然界的非生命系统，它们之间的同一性表现在：第一，生命系统与非生命系统同属于自然物质系统，在生命系统的物质形态中也并不存在什么特殊的神秘活力。宇宙万物在化学元素上具有同一性，生命的物质基础——原生质的物质组成中碳、氢、氧、氮、磷、硫、氯、钠、钙、镁、铁等元素中没有一种只为生命物质所特有，而为非生命的无机物系统所没有的。再进一步来说，宇宙物质结构在基本粒子和夸克层次也是具有统一性的；第二，两个系统的各种物质运动形式之间能够相互联系、相互渗透和相互转化。自然界中的一切现象都连接成一个统一的物质形态和运动形态的链条，生命系统由非生命系统演化而来，二者具有在起源和演化上的同一性。具有质的差异和区别的不同物质层次和系统，它们之间在结构与功能、组织化和有序化程度方面的差异和区别只不过是自然界物质演化过程中的一个一个的阶段和环节的表现。有机物由无机物变化发展而来，生命运动由非生命运动发展而来。生命科学与物理科学在研究对象上的差别表现在：生命系统与非生命系统之间有着复杂性程度或组织化有序化程度的差别。例如，生命系统是远离平衡态的耗散结构系统，生命系统是生物化学和生物物理的相互作用过程耦联的网络系统，生命系统是能够存储和运行巨大的遗传信息的算法智能系统，它具有自我复制、自我调节、自稳态、自组织与超循环等非生命系统所不具备的特异性。

3.4.2 生命科学与物理科学在研究纲领上的同一与差别

生命科学与物理科学在研究纲领和研究方法上的同一性表现在：二者在共同遵守“求真贵确”和“实事求是”的科学精神以及共同遵守科学活动的基本原则与社会规范等方面的一致性。生命科学与物理科学在研究纲领和研究方法上的差异表现在：生命科学的研究纲领是功能论（或程序性目的论）的，物理科学的研究纲领则是因果论的。

3.4.3 生命科学与物理科学在研究方法上的同一与差别

生命科学与物理科学在研究方法上的同一性表现在：二者都以追求科学实验和逻辑推理与客体本真状态的符合这一现代自然科学的理性精神作为指导，都以科学方法的可操作性和可推导性、科学研究成果的可重复性或可检验性作为基本原则。生命科学与物理科学在研究方法上的差异性表现在：生命科学研究方法受到研究对象特性制约的程度大于物理科学。

3.4.4 生命科学与物理科学在科学理论的起源与演化上的同一与差别

生命科学与物理科学在科学理论的起源与演化上的同一性表现在：生命科学与物理科学都起源于自然哲学的理性传统，二者都以客观世界的存在及其变化不以人类的主观意志为转移作为基本前提。生命科学与物理科学的演化都经历了与哲学纯思辨传统的分离和与神秘传统的决裂。生命科学与物理科学在科学理论的起源与演化上的差异性表现在：生命科学具有非均一性和后发性，即以观察方法为主的博物学（形态学）传统和以实验（解剖）方法为主的医学与生理学传统，两个传统同时起源，并行渗透演化，生命科学的长足进步常常有待于物理科学在对天体演化—地层演化—物质化学结构等等方面的先驱性发展。物理科学具有均一性和先驱性——在物理科学的演化过程中曾多次实现过整个领域性的理论大综合：如牛顿的“天—地”力学世界理论大综合、麦克斯韦的“光—电—磁”理论大综合、爱因斯坦相对论的“物质—运动—时空”理论大综合等。

3.4.5 在科学理论与方法之间的交互渗透与互补性

在生命科学史上，来自物理科学的思想、理论与方法曾导致了生命科学研究中的机械论和还原论、生命物理学派、生命化学学派、生命信息学派等的产生。

现代细胞生物学和分子生物学的诞生甚至当今争论激烈的“机器人”和“克隆人”等人工生命（或生命的技术存在方式）都与物理科学的思想有着割不断的联系。同时，来自生命科学的思想、理论与发现也导致了现代系统科学的诞生，促进了物理科学由存在科学向演化科学的发展。

3.4.6 生命科学与物理科学在科学规律表现形式之间的内在一致性

既然自然界生命系统与非生命系统之间没有鸿沟，不同的物质运动形式之间可以通过转化而相互联结，那么生命科学与物理科学在科学规律表现形式之间必定具有某种可以经过转化实现的通约性。虽然目前认为，物理科学规律的表现形式是法则论的，符合“亨-奥”模式而在生命科学中是否存在规律以及规律的表现形式还存在着很大的争议，但是随着生命科学领域整体进步（实现突破性的理论大综合）以及自然科学领域整体进步；特别是随着思维科学突破性进展，生命科学与物理科学之间在理论（规律）表现形式之间的内在一致性（整体论性质的理论转化和相互联结）将会日益清晰。

3.5 走向开放的复杂巨系统理论框架下的并协论

3.5.1 走向生命科学哲学的探索性理论框架

怎样理解生命？怎样理解生命科学？如何构建生命科学哲学方法论？对这个问题本书有一个三位一体的回答：生命是多形式、多层次、多矛盾、多关系集合的复杂性特征，决定了生命科学是多领域、多层次、多方法交叉渗透的复杂性知识体系，在此基础上的生命科学哲学方法论必须具有能够兼容学科和方法的多样性与复杂性的格式塔（gestals，经验的整体）或完形性结构。作为本章的理论总结，本书编著者提出一种“开放的复杂巨系统理论框架下的并协论”。

康德有一句名言：“能够解释小草的牛顿还没有出生”，这是指小草作为一种生命形式它所具有复杂性也是非生命形式难以想象的。

20 世纪，人类思想史上最伟大的飞跃是系统思想的产生。人类对物质客体和思想客体的认识进化，经历了一个由“简单”到“复杂”的历程，亦即由“实体”到“关系”再到“系统”和“非线性复杂系统”的过程。由此，我们可以理解非生命科学与生命科学之间的差异性与互补性，以及生命科学的后发性和定义生命的艰巨性。开放性的自组织和自适应系统是生命形式区别于非生命形式的本质特征，开放的复杂巨系统理论框架下的并协论也应该成为指导生命科学研究的哲学方法论。

3.5.2 复杂性—复杂系统—开放的复杂巨系统

按照人工智能与认知心理学研究的先驱、中科院外籍院士、诺贝尔经济学奖获得者司马贺（H. Simon）教授的看法，复杂性是我们生活的世界，以及与其共栖的系统的关键性特征①1999年4月，美国《科学》（Science）出版了“复杂系统”专集。两位编者Richard Gallagher和Tim Appenzeller在其以“超越还原论”为标题的导言中，对他们所指的“复杂系统”做了如下简单描述：通过对一个系统的分量部分（子系统）的了解，不能对系统的性质做出完全的解释，这样的系统称为“复杂系统”。简言之，即对于复杂系统而言，整体的性质不等于部分性质的和，系统整体与部分之间不是一种线性关系。国内外对复杂系统的研究，对于学科交叉发展，不同学科的融合有着相当重要的意义。目前人工生命已成为这一领域中的重要组成部分。20世纪80年代末，我国著名科学家、对“两弹一星”做出重大贡献的钱学森院士提出了“开放的复杂巨系统”（open complex giant system）的理念，并将它的性质概括如下：①开放性：系统本身及其子系统与周围的环境有物质的交换、能量的交换和信息的转换；②复杂性：系统中子系统的种类繁多，子系统之间有交互作用；③层次性：已经认识得比较清楚的子系统到可以宏观观测的整个系统之间层次很多，甚至有几个层次也不清楚。1990年，《自然杂志》第一期发表了钱学森、于景元、戴汝为三人署名的论文《一个科学新领域——开放的复杂巨系统及其方法论》，首次向世人公布了这一新的科学领域及其基本观点，它是在钱学森领导的持续多年的系统学讨论班上，用系统的观点研究了范围广泛的横跨自然科学和社会科学的问题后，从中提炼出来的。文中所关注的几类系统是：①具有相互依存关系的地理与生态环境系统；②社会经济系统；③人体系统；④人脑系统。贯穿这些问题的共同特点都是涉及生命现象。生命系统与非生命系统两者的差别是很大的，二者之间表现出似乎截然不同的规律：非生命系统通常服从热力学第二定律，系统总是自发地趋于平衡态和无序，系统的熵达到极大。系统自发地从有序转变到无序，而无序却不会自发地转变到有序，这就是系统的不可逆性和平衡态的稳定性。但是生命系统却相反，生物进化、社会发展总是由简单到复杂、由低级到高级越来越有序。这类系统能够自发地形成有序的稳定结构。然而，在不违背热力学第二定律的条件下，普里戈金（Prigogine）的耗散结构理论沟通了非生命系统与生命系统之间的内在联系，表面上的鸿沟是由相同的系统规律所支配，所以普里戈金在其著作中指出，“复杂性不再仅仅属于生物学了，它正在进入物理学领域，似乎已经根植于自然法则之中。”钱学森先生在总结出“开放的复杂巨系统”的同时，还十分明

① 许国志. 2000. 系统科学与工程研究. 上海：上海科技教育出版社. 1-2

确地指出，采用以往还原论的方法不能解决这类复杂系统的问题。他同时提出了处理开放的复杂巨系统的方法论，即“从定性到定量的综合集成法”（metasynthesis）。此后，钱学森先生又进一步提出了“大成智慧论”和“综合集成研讨厅”体系的思想。钱老在文章（第 642 页）中还指出，德国著名的物理学家普朗克认为：“科学是内在的整体，它被分解为单独的整体不是取决于事物本身，而是取决于人类认识能力的局限性。实际上存在着从物理到化学，通过生物学和人类学到社会学的连续的链条，这是任何一处都不能被打断的链条。”自然科学和社会科学的研究覆盖了这根链条。马克思早就预言：“自然科学往后将会把关于人类的科学总括在自己下面，正如同关于人类的科学把自然科学总括在自己下面一样：它将成为一个科学。”① 可以说，开放的复杂巨系统的研究及其方法论的建立，为实现马克思的这个伟大预言，找到了科学的和现实可行的途径与方法。

3.5.3 开放的复杂巨系统理论框架下的并协论

通过前面叙述，我们不难得出这样的结论：以钱学森先生为代表的“开放的复杂巨系统及其方法论”是具有普适性和远见卓识的科学思想体系；就其思想境界的高度和方法功能的广度而言，它不但超越了生命科学哲学中的“分支论”与“自主论”；而且也超越了“整体论”与“还原论”；它不但是生命科学中各领域之间联系的桥梁；而且也是生命科学与物理科学之间联系的纽带。因此，以开放的复杂巨系统及其方法论作为生命科学哲学方法论的指导原则和构建框架是非常合适的。由于生命科学哲学方法论只是开放的复杂巨系统及其方法论中的一个子系统，因此生命科学哲学在处理生命科学领域内部各分支领域之间理论的关系和生命科学外部与其他学科之间的关系时，在基本框架之下似乎还需要一个具体的方法策略，对此本书作者尝试提出“并协论”。“并”者，是谓“并列”或“并存”而非“合并”；意指不同的真理性学科体系与理论方法之间的相对独立性。这是保持“百花齐放和百家争鸣”的学术繁荣所必须的文化和哲学生态条件。物理学史上“光的波动说”与“光的粒子说”之间的争议导致了“光的波粒二象性”和“微观世界的波粒二象性”的重大发现，说明真理并不完全在哪一方手里。宏观物理学与微观物理学之间、经典解释与统计解释之间是一种并存的关系。生命科学史上分子生物学的诞生并没有能够还原或取代生命科学中的其他宏观理论形态；结构生物学、功能生物学与进化生物学之间，或者说研究“近因”的生物学与研究“远因”的生物学之间也是一种并存的关系。“协”者，是谓“协同”；意指不同的真理性学科体系与理论方法之间的“内在联系性”。在生命系统这样的开放性复杂巨系统中，任何规律的实现本身都是很多非线性相互作用

① 马克思．1957．经济学——哲学手稿．北京：人民出版社．91

的并协；这就是所谓“生物学中的规律难以准确预言和测量”和“生物学中的规律就是任何规律都有例外”的原因所在。生命科学内部不同层次和领域中来源于不同传统的分支学科之间以及生命科学内部经典学科之间应该保持一种并立、并存的交叉渗透的互补关系，而不是“统一”或“还原”于某一学科（如量子生物学或分子生物学）的“取代”关系，因为生命的本质与规律的表现是多样性的同一，而不能仅仅归结于某一形式、结构和层次上的表现（如机械论的生命观）。生命科学与物理学和化学等非生命科学之间的关系也同样应该是保持一种并立、并存的交叉渗透的互补关系，而不是“统一”或“还原”于某一学科（生命物学或物理学、化学）的“取代”关系，因为自然界物质运动形式之间本来就是多样性相互联接与相互转化的同一。多样性既是生命的本质表现也是自然界物质运动的本来面目和真实存在。因此，本书提倡开放性复杂巨系统及其方法论框架下的“并协”观念的目的在于理解和发展生命科学。

本章小结

生命科学与物理科学的关系是生命科学哲学的基本问题之一。作为对当代生命科学哲学中自主论与分支论观点的回应，本章从生命科学与物理科学同源发生与并协发展的角度讨论二者的关系，既不赞同物理主义的大一统观点，也不赞同生命科学对物理科学的排斥。本章的核心观点是，作为构成自然科学领域的两大基本学科，它们之间的关系是包含着差异与矛盾的同一：即在各自的具体研究对象、研究纲领、研究方法、理论形态等方面存在着差异；在自然界的统一性、科学理论的起源与演化的关联性、科学精神与基本原则的一致性、科学理论与方法之间的交互渗透与互补性、科学规律之间的内在一致性等方面存在着同一性（统一性）。生命科学与物理科学在协进化中存在着不同步性。在关于未来科学大统一的模式问题上，本书提出了不同于“统一于物理学”或“统一于生物学”的模式，设想生命科学与物理科学关系的未来是走向开放的复杂巨系统理论框架下的并协论。

思考题

1. 你怎样理解与评价生命科学与物理科学之间的相互关系？
2. 你认为生命科学与物理科学关系的未来是一种什么样的前景？

中篇　生命科学哲学形态论

生命科学哲学形态论是生命科学哲学理论对象的第二逻辑模块，是生命科学哲学的理论框架和主干，即关于生命科学哲学的全景式透视。本篇由生命科学哲学的奠基、历史形态与当代论域、代表性理论形态三章组成。第4章，达尔文主义是生命科学哲学奠基的理论形态，它真正动摇了人类传统观念的大厦，宣告了与物理主义科学哲学不同的生命科学哲学观与生命科学哲学方法论，标志着博物学形态的生物学向实验形态的生物科学转折的起点。第5章是本篇承上启下的中枢：向上追溯了生物学历史上各种对立的哲学观念形态，向下概述了生命科学哲学的当代论域与论题。第5章意在建立一个整体性的逻辑历史框架。第6章，迈尔与赫尔的理论贡献，是当代生命科学哲学理论高度的标志性成果与点睛之作。

本篇通过阐述生命科学哲学的历史渊源、思想脉络及其在当代国内外的理论表现形态，试图探索生命科学哲学的本质及其发展趋势，并为生命科学哲学的进一步深入研究铺垫一个理论平台。

第4章　生命科学哲学的奠基：达尔文主义

本章的主要内容介绍是达尔文主义的核心理论成果《物种起源》的由来、形成、内容及其意义；达尔文其人、其事及其生物进化论中科学思想方法的特点；达尔文主义进化论受到的挑战以及其后的修正与发展。

4.1　达尔文主义的生物学哲学及其意义①

4.1.1　生命科学哲学奠基的标志——达尔文的《物种起源》

1543年5月24日，尼古拉·哥白尼的《天体运行论》问世标志着科学革命的开始。这一人类思想解放史上划破黑暗夜空的著作虽然震撼了统治西方千余年的传统观念的大厦，可是，真正动摇了人类传统观念大厦的却是1859年11月24日出版的查尔斯·达尔文的《物种起源》。美国哈佛大学终生名誉教授、国际学术界公认的进化生物学权威、综合进化论（现代达尔文主义）的积极倡导者之一E. 迈尔在他的世界名著《生物学哲学》一书的序言中明确写道："独立的生物学哲学的建立始于达尔文，然而这一事实却被普遍地忽视。"在生物学的各个学科中只有生理学的哲学基础在一定程度上和物理主义学派的这种科学哲学相一致。1859年达尔文的《物种起源》的出版导致了一场无可避免的决裂，因为达尔文的进化学说中没有任何一个主要概念遵从物理主义的规定，生物学中的决定论（从而其可预测性）最多也不过是概率性的。作为物理学学说的通用性定律在生物学中几乎不并存在（"生物学的规律就是任何规律都有例外"）。人们在物理科学中也无从找到只有生物学才具有的一些特性，例如，独特性、种群思想、基因型与表现型的双重性，以及其他许多的过程和现象。然而更重要的，也是构成活的生物的最突出特征的历史因素（即经由遗传取得的遗传程序）则是物理主义学派的科学哲学中所完全缺少的。正如马克思·德尔布吕克于1949年所正确指出的，每个生物具有其祖先在过去30亿年历史中所获得的信息。研究生物界的科学哲学家必须特别强调这一事实，连同其他在非生物界不存在或不重要的一些现象和过程。奇怪的是，几乎所有著名的科学哲学家都曾反对根据这一情况作出应有的合理的结论。他们不去领悟并不是一切科学在基础上都必须像物理学那

① 本节的编写参考和引用：[美] 迈尔. 1992. 生物学哲学. 涂长晟译. 沈阳：辽宁教育出版社

样，而是企图将生物学及其理论“还原”为物理学及其学说。从惠威尔和赫切尔到卡尔那普、耐格尔、亨普尔，甚至到1970年代的波普尔，哲学家们一直在为物理主义学派的科学哲学辩护，尽管人们日益认识到，这种哲学决不能公正地对待生物学，尤其是进化生物学。后来，终于发生了所急需的变化。贝克尔、赫尔、鲁斯在他们的哲学中包含了进化问题，而特别着重进化的新一代哲学家也纷纷崛起。最后，随着时机的成熟于1985年创刊了一种新杂志《生物学与哲学》。这些近期的哲学发展的特点是，它不仅包括了独特的生物学现象（如生命，选择、编码信息，目的论），而且还涉及方法论和提法问题上的重大改变。一个重要的变化是不再强调定律的重要性。在绝大多数正统的科学哲学中，解释或说明在于将现象与定律联系起来。虽然在生物学（特别是生理过程和发育过程）中也常遇到定律，但生物界的大多数规律并不像物理学定律那样普遍适用。生物学哲学的特色是侧重概念和概念的澄清。

4.1.2 生物学哲学意义上的达尔文主义

1. 生物学哲学意义上的达尔文主义

这是指由达尔文创立的一种与物理主义学派的科学哲学不同的、基于生物世界特殊性的科学世界观和方法论。独立的生物学哲学始建于达尔文。生物学哲学的科学背景正如E. 迈尔指出的那样：“自从伽利略、笛卡儿、牛顿以来，直到20世纪中叶，科学哲学一直被逻辑学、数学和物理学左右达数百年之久。它的突出特点表现为类型学思想（本质论），决定论。它相信自然法则普遍适用，并认为预测具有绝对可靠性。迈尔写道：“哲学家帕斯莫（Jchn Passmore，1983）近来指出，历史上只有一次知识革命被赋予在词尾缀上“主义”的殊荣，这便是由达尔文发起的知识革命，被称为达尔文主义。对比之下，并没有牛顿主义、麦克斯韦主义、普朗克主义、爱因斯坦主义或海森堡主义。由于达尔文革命是人类历史上最伟大的知识革命这一点难以驳倒，所以这一殊荣便无可挑剔。达尔文主义的重要意义在于达尔文瓦解了当时某些最重要的基本信念。此外，直到现在才充分认识到他还为完全新的哲学观点奠定了基础。”（迈尔：《生物学哲学》第159页）“就生物学家看来，由自然选择引起的经由共同祖先的进化概念使他们的思想发生了根本转变，杜布赞斯基说得好，‘除非从进化观点考虑，生物学便毫无是处。’”（迈尔：《生物学哲学》第182页）

2. 达尔文主义的生物学含义

根据迈尔的观点，达尔文主义是指“达尔文的进化学说”不是单个学说而是具有集成性（复合性）的一整套学说。这是一套即涉及适应性变化的“纵向”现象又关系到种群多样性、端始种和新种的“横向”现象的学说。它可以被分解为五个主要组成部分：进化本身、经由共同祖先（而实现）的进化、多样性的来源（物种组成）、（进化的）渐进性、自然选择。其他还有性选择、泛生论、用进废退、性状趋异。达尔文于1859年在《物种起源》中提出的是一个综合性的学说，但是其中的五个亚级学说在达尔文去世后的80年中却有着极不相同的命运。1859年以后大多数的进化主义者，包括所谓的达尔文主义者，只承认五个学说中的某几个而否定其他几个。

达尔文主义这个词有很多不同的含义，具体要根据是谁和在什么时代使用它而定。在达尔文时代，对大多数人而言，达尔文主义只不过是一种进化的信念，也许是指人类来源于猿类。如果是现代的生物学家使用这个词，他的着重点就完全放在自然选择上。他会给达尔文主义下这样的定义：关于进化演变是自然选择作用结果的学说。然而非生物学家往往在更广泛的意义上使用这个词，如社会达尔文主义，这是一种社会意识形态，它与斯宾塞的关系（比起和达尔文来）更深。19世纪后期达尔文主义在使用上指唯物主义无神论的世界观（迈尔：《生物学哲学》第193页）。

4.1.3　达尔文主义的挑战

E. 迈尔写道（《生物学哲学》第184页）：人们很少注意到达尔文革命在我们的文化思想史上是多么晚近才发生。《物种起源》只是在迈尔出生前45年才出版，而欧洲在前三个世纪中却经历了不断的文化思想巨变的震荡。即16、17世纪的科学革命，18世纪的启蒙运动。为什么进化学说需要这样长的时间才能正式提出？为什么达尔文主义一经提出后要经过如此艰苦的战斗才站住了脚跟？迈尔认为主要原因是达尔文对当代的一些基本信念发起了严峻的挑战。在这些概念中，特别重要的是：① 世界是恒定不变的；②世界是被上帝创造出来的；③世界是由大仁大智的造物主上帝设计的；④相信宇宙目的论；⑤信奉本质论哲学；⑥相信由物理学家作出的对自然界过程的动因的解释；⑦人类在世界万物中的特殊地位。

4.1.4　达尔文主义生物哲学的革新思想

根据迈尔的观点（迈尔：《生物学哲学》第192页），达尔文提出并大力支持了下列新概念：

种群思想：生物界并不是由固定不变的模式（类型）而是由可变的种群组成，种群中的个体都是独一无二的（独特的）。

自然选择：由于繁殖过剩，在同一种群的个体之间为了生存与生殖便展开了激烈竞争。在繁衍后代上某些基因型较之其他基因型有更大的成功可能性。

地理（性）物种形成：不同的种群所经历的遗传变化（修饰）也各不相同，如果这样的种群被隔离，其遗传变化可能汇成物种（之间）的差异。

进化性进步：由于不存在宇宙的目的论，所以也就不需要有生物有机体的进步。我们在生命的原始形式和现有生物区之间所见到的外表上的进步现象是由于物种之间的竞争以及形状趋异的结果。有很多过程（如某一结构的功能发生改变）在物种竞争中能促成取得新的优势。

通过达尔文的毕生努力，我们认识到任何生物现象和过程都至少要求有两种解释，一种纯粹是功能性的解释，另一种是进化性的说明；而进化又有两个组成部分，即适应性的变化与多样性的变化。

4.2 达尔文主义生物进化论的起源

4.2.1 达尔文主义生物进化论的思想传统

就像生物进化是一个漫长的自然历史过程一样，关于生物进化的思想理论的进化也必须经历一个漫长的思想历史过程。西方的进化思想观念源于古希腊的自然哲学。在本书第1章中，我们就已叙述过早于达尔文的进化论2300多年的古希腊自然哲学家阿纳克西曼德、恩培多克勒等人的有关进化的思想。在亚里斯多德的《动物志》中，不仅有关于动物结构解剖和生活习性的细致叙述，而且还有关于从水螅到人的由低级向高级传衍攀升的阶梯过程的猜测性论述。随着文艺复兴后自然科学的兴起，进化思想也开始了从哲学的抽象思维方式向科学的具体实证方式转折的思想演化新阶段。

在哲学领域里，培根（Francis Bacon，1560—1626）最早提出了关于“物种可变性”的问题；笛卡儿（Rene Dascartes，1596—1650）在《论人类》和《论胚胎的形成中》第一个“敢于以一种机械方式来解释人类的全部功能，特别是脑功能”；康德（Immanuel Kant，1725—1804）认为“物种之间的相似性说明它们可能来自一个共同的祖先，实际上有血缘关系”……这都是站在近代自然科学思维方式的基础上，以较之古希腊自然哲学更少模糊性，更多确定性的命题来探讨进化思想。

在生物学领域中，乔治·布丰（George Buffon，1707—1788）是第一个提出广泛而具体的进化学说的博物学家。1739年，布丰被任命为法国皇家植物园园长，此后他潜心研究自然史，历时50年写出了鸿篇巨制的《自然史》前36卷。这是自老普林尼以来人类又一次全面叙述自然界的各个方面的伟大著作，其中首次给出了自然界演化的图景，表述了自然进化的思想。布丰不同意分类学家林奈（C. Linnaeus，1707—1778）所持的物种不变论观点。布丰认为，物种是可变的，由于物种生存环境的改变，特别是气候与食物性质的改变能够引起生物机体的改变。布丰还有一个更为重大的贡献是他培养了拉马克（“一切物种皆由其他物种演化而来”、“环境变化使生物发生适应性变化”、“用进废退”和“获得性遗传”等理论的提出者）和圣提雷尔（Etienne Geoffroy Saint-Hilaire，1772—1844）（提出生物“原型”理论，在各种类型的动物之间进行广泛的对比工作）。

第二位是查尔斯·达尔文的祖父——伊拉兹马斯·达尔文（Erasmus Darwin，1731—1802），他曾在《动物生物学或生命法则》等著作中阐述过物种可变的观点和不同类型的生物可能起源于共同祖先的“衍传概念”以及有关“获得性遗传”的见解。

第三位是法国伟大的博物学家拉马克（Jean-Baptiste Lamarck，1744—1829），他在1809年发表的《动物学的哲学》等著作中，系统地提出了进化学说。根据张昀教授在其著作《生物进化》（引文）中的概括，拉马克学说的基本内容和主要观点是：①传衍理论——生物物种是可变的，所有现存的物种，包括人类都是从其他物种变化、传衍而来。生命是自然发生的，物种的变异是连续的渐变过程；②进化等级说——自然界中的生物存在着由低级到高级，由简单到复杂的一系列等级（阶梯）。生物本身存在着一种由低级向高级发展的“力量”。进化过程是一个由简单、不完善的较低等级向较复杂较完善的较高等级转变的进步性过程；③进化原因——强调生物外部因素。拉马克只承认在植物进化中外部环境可以直接引起植物变异，并且进一步把关于动物进化原因的解释概括为“器官使用法则”或“用进废退”法则以及“获得性遗传法则”。

综上所述，作为对达尔文进化学说有直接影响的价值观，布丰学说、老达尔文和拉马克的理论都是当时社会意识形态中占统治地位的“特创论”和“物种不变”的传统自然观的挑战者。拉马克的《动物哲学》宣告了进化学说的第一次突破。但是又过了50年，进化学说才被普遍接受。

4.2.2 查尔斯·达尔文的科学生涯简介[①]

查尔斯·达尔文（Chareles Darwin 1809—1882）于1809年2月12日生于英国什鲁斯伯里（Shrewsbury）。他的祖父伊拉兹马斯·达尔文（1731—1802）是位有名的医生、诗人、哲学家、发明家和博物学家，发表过《动物学》等多种生物学著作，也是进化思想的先驱之一。他的外祖父乔赛亚·韦季武德是著名的

① 本节的编写参考和引用：[英] 达尔文. 2006. 物种起源. 舒德干等译. 北京：北京大学出版社；[美] 约翰·西蒙斯. 2006. 历史上最具影响力的科学家排行榜：科学家100人. 王首燕等译. 北京：当代世界出版社；吴国盛. 2002. 科学的历程. 第二版. 北京：北京大学出版社；张昀. 1998. 生物进化. 北京：北京大学出版社

美术制造商。他的父亲罗伯特是一位有名的医生，母亲在他 8 岁时患肠胃病去世。达尔文在一所富有名望的什鲁斯伯里私立学校开始了他的学习生活。他自认为从小活泼好动，颇为顽皮。他不喜欢学校开设的经典名著课程，却发展了对自然历史的强烈的求知欲，在搜集贝壳、印鉴、邮票、矿物标本等方面兴趣尤浓。他喜欢对自己观察到的各种现象进行思索，寻求现象背后的机理（这就是哲学思维方式）。达尔文最显著的特点就是对大自然广泛而浓烈的兴趣。凡他感兴趣的东西，能如痴如醉；对一些复杂的问题和事物，他总有穷根究底的强烈愿望。达尔文在他的自传中写道："引导一个人成为一名成体系的植物学家、一位大使或吝啬鬼，在我身上有强烈的体现。这明显是天生的，因为我的兄弟姐妹中没有一个人有这种爱好。"他小时候读到一本《世界奇观》，遂萌发了周游世界的欲望。大学毕业后作为博物学家参加为期 5 年的贝格尔号环球航行，终于实现了儿时的梦想。

1825 年达尔文进苏格兰的爱丁堡大学学医。第二年他加入了普林尼自然史学会，开始受到著名医生、动物学家罗伯特·格兰特的影响。由于医学课程乏味，并且难以忍受查看当时无麻醉条件下外科手术的痛苦，达尔文于 1827 年离开爱丁堡，进入剑桥大学神学院，并于 1831 年毕业。在剑桥学习期间，对他影响最大的是植物学家约翰·斯蒂文·汉斯洛教授。汉斯洛教授主讲植物学，同时还精通昆虫学、化学、矿物学和地质学。本来达尔文对地质学毫无兴趣，但在汉斯洛的建议下，他在剑桥的最后一年出人预料地选修地质学，并随当时剑桥的地质学大师薛知微进行了一次卓有成效的野外地质实习。实习刚结束，汉斯洛便向"贝格尔"（Beagle）号船长罗伯特·费兹伊洛做了关于达尔文"有足够的能力收集、观察、记录"的推荐。不久，达尔文得到了以博物学家的身份乘船环行世界的邀请。随贝格尔号于 1831 年 12 月 27 日开始的历时 5 年的环球航行，既改变了达尔文的一生，也改变了人类千百年来的传统观念。在这漫长的 5 年中，他不仅广泛收集了所到之地的动植物标本，记录了伽尔福派格斯（Galfipagos）岛屿鸟类与海龟数量的细微变化，仔细观察和研究了大量的地质现象，解决了珊瑚岛的成因问题，而且还搜集到大量的生物变异事实。20 多年后，这些大量丰富鲜活的事实材料终于成为建造他进化学说宏伟大厦的基本砖石。与此同时，达尔文也一直在热切地阅读查尔斯·赖尔新近发表的《地质学原理》（Principles of Geology），从中吸取未来整理科学事实所必需的理论框架资源。

贝格尔号于 1836 年 10 月返回英国。1837 年和 1838 年，强烈震撼达尔文思想的两件大事先后发生，促使他的学术思想发生了两次根本性的转变，完成了两次重大的飞跃。一件事发生在 1837 年 1 月，鸟类学家戈尔德指出，在达尔文从加拉帕戈斯群岛采回的众多朝鸫标本中，不同岛的标本差异很大，是不同的物种。这一看法对达尔文的启发很大，使他对"物种固定不变论"产生了怀疑，并开始着手搜集"物种演变"的证据。到 1837 年 7 月，他便完成了第一本"物种演变”的笔记，7个月后，他又完成了第二本。至此他完成了进化论自然观的转变。第二件事发生在1838年10月，当达尔文读到马尔萨斯《人口论》时激发了他形成“在激烈的生存斗争中有利变异必然有得以保留的趋势，并最终形成新物种”的思想。于是，以生存斗争为核心的自然选择学说就由此萌生。又经过了4年的慎密思考，达尔文于1842年6月才用铅笔将这一学说写成35页的概要，两年后再将它扩充为230页的完整理论。从1844年理论思想的基本完成到1859年《物种起源》的正式面世，花了15年时间。这对于一位多产的世界顶尖级学者来说，似乎难以理解。原因可能主要是：连续的疾病耗去不少年月，五年环球航行留下大量工作亟待整理和发表，发表进化论需要更多的事实支撑，同时更需要等待适宜的思想舆论的背景。

1842—1859年，达尔文在恶劣的健康条件下仍然坚持出版了三本地质学专著（包括关于珊瑚礁的研究），关于珊瑚堡礁和环礁形成机理的学说广为学术界接受。从1854年9月起，达尔文才开始整理有关物种变化的笔记，继续1844年那230页理论大纲的演绎工作。1858年，达尔文收到了也曾旅行南美洲的业余博物学者阿尔弗雷德·华莱士寄给他的一篇题为“论变种与原型不断歧化的趋势”的论文。由于这篇论文与达尔文学说的思想几乎完全一致，达尔文只好中断原定的写作计划将自己研究摘要和他1857年9月5日给阿·葛雷的信与华莱士的论文于1858年同时发表，理论的优先权最终归于达尔文。

1859年，达尔文进化学说的代表作《依据自然选择的物种起源》（The Origin of Species by Means of Natural Selection）或《生活抗争中的适者生存》（The Preservation of Favoured Races in the Struggle for Life）问世。达尔文进化学说的诞生主要得益于三个方面的原因：一是历史思想财富的继承和精练；二是大量直接和间接科学实践结果的积累；三是科学灵感的点燃。

1860—1882年，针对自然选择理论，达尔文相继发表了一系列的论文和著作：《兰花受精》（1862）、《动物及植物在家养条件下的变异》（1868）、《人种的起源》（1871）、《人类和动物面部表情》（1872）、《论食虫植物》（1875）、《同种花的不同形式》（1877）、《植物的运动能力》（1880）、《可耕土壤的形成与蚯蚓的运动》（1881）……1882年4月19日，这位曾以自己艰苦的科学实践和理论贡献改变了人们千百年来传统观念的伟大学者与世长辞，享年73岁，安葬于威斯敏斯特教堂，离伊萨克·牛顿不远处。

约翰·西蒙斯写道：“A. E. E. 麦肯济在他的经典历史作品——《科学的主要成就》（The Major Achievements of Science）中是这样写的，查尔斯·达尔文‘因其对人类思想的巨大影响，应当与亚里士多德、伽利略、牛顿、拉瓦锡和爱因斯坦一起被归为最伟大的科学家一列’，还没有发生能够改变这一看法的事情……达尔文主义提供了一种比物理学所做的更令人痛苦的探索个人与社会的预想。这一理论必须承担整个社会结果，争论成为它的一个持续的、进展的特征。

然而就像乔治·盖洛德·辛普森写道的，查尔斯·达尔文是‘革新了科学的仔细研究和我们知识的起源以及我们与自然和宇宙的物理关系的天才，尽管他和我们所有人一样可能犯错’。”

舒德干先生在《物种起源导读》中写道：“在达尔文辞世前一年，他给自己五年前的自传写了一个补记。其最后一段总结性文字意味深长，对于今天希望在科学上有所造就的年轻一代应该有着特殊的启迪：‘作为一个科学工作者，我的成功取决于我复杂的心理素质。其中最重要的是：热爱科学—善于思索—勤于观察和收集资料—具有相当的发现能力和广博的知识。这些看起来的确令人奇怪，凭借这些极平常的能力，我居然在一些重要地方影响了科学家们的信仰。’这告诉我们，科学并不是什么高不可攀的东西。对于我们大多数具有‘平常能力’的人来说，只要真正热爱科学，勇于实践，勤于观察和思考，是很有希望在科学上做出不平凡的贡献的。”

4.2.3 《物种起源》一书的逻辑层次与主要内容

根据舒德干先生的《物种起源》导读，《物种起源》一书的逻辑层次是：

（1）在绪论中，达尔文以“引言”的形式简述了34位先行者的工作，介绍了两件后来导源出进化学说的最为重大的科学实践：一是历时5年的以博物学者的身份随贝格尔号环球航行，二是他在作物的人工培养和家养动物人工饲养长期的直接和间接的工作经验。两次科学灵感的激发：加拉帕戈斯群岛朝鸫标本研究关于不同物种的发现和马尔萨斯《人口论》关于生物演化的机制和驱动力问题对自然选择机制的启发。

（2）第1章至第5章是全书的主体：进化理论的核心——自然选择学说。前两章，作者通过他详细地观察，分别列举了家养动植物与自然状态下的动植物的变异属性。在自然界无时不有、无处不在的形形色色的生存斗争中，生物的各种微小变异无可避免地都要经受自然选择作用的“筛选”：对生物适应有利的变异得以保存和积累，不利的变异终究要遭受淘汰。正是这种无可回避的自然选择，构成生物不断由一个物种演变为另一个物种的基本驱动力。

（3）第6章至第10章：作者设想站在反对者的立场上给进化学说提出了一系列质疑；然后再逐一作答或解释，使之归于化解。

（4）第11章至第15章：达尔文用他的以自然选择为核心的进化理论对生物界在地史演变、地理变迁、形态分异、胚胎发育中的各种现象进行了解释，以使这一理论得到进一步的支撑。

张昀先生将达尔文的进化学说的主要内容归纳如下[①]：

---

① 张昀. 1998. 生物进化. 北京：北京大学出版社. 34-36

（1）变异和遗传。一切生物都能发生变异，至少有一部分变异能够遗传给后代。达尔文在观察家养和野生动、植物过程中发现了大量的、确凿的生物变异事实。他从性状分析中看到可遗传的变异和不遗传的变异，他不知道为什么某些变异不遗传，但他认为变异的遗传是通例，不遗传是例外。达尔文把变异区分为一定变异和不定变异。所谓一定变异，“是指生长在某些条件下的个体的一切后代或差不多一切后代，能在若干世代以后都按同样方式发生变异”（《物种起源》第一章）；而所谓不定变异，就是在相同条件下个体发生不同方式的变异。达尔文所列举的一定变异的例子多半是我们现在所知道的表型饰变。关于变异原因，达尔文提到以下几方面：环境的直接影响，器官的使用与不使用产生的效果，相关变异等。关于变异与环境的关系，达尔文更强调生物内在因素。他说：“生物本性似较条件尤其重要……对于决定变异的某一特殊类型来讲，条件性质的重要性若和有机体本性比较，仅属次要地位，也许并不比那引起可燃物料燃烧的火花的性质，对于决定所发火焰的性质来讲更重要。”（《物种起源》第一章）关于变异的规律，达尔文作出两点结论：①在自然状态下显著的偶然变异是少见的，即使出现也会因杂交而消失；②在自然界中从个体差异到轻微的变种，再到显著变种，再到亚种和种，其间是连续的过渡。因而否认自然界的不连续，否认种的真实性（认为种是人为的分类单位）。

（2）自然选择。任何生物产生的生殖细胞或后代的数目要远远多于可能存活的个体数目（繁殖过剩），而在所产生的后代中，平均说来，那些具有最适应环境条件的有利变异的个体有较大的生存机会，并繁殖后代，从而使有利变异可以世代积累，不利变异被淘汰。

在说明自然选择这个概念之前，达尔文引进了“生存斗争”的概念。什么是生存斗争呢？达尔文说：“一切生物都有高速率增加的倾向，所以生存斗争是必然的结果。各种生物，在它的自然生活期中产生多数的卵或种子的，往往在生活的某时期内或者在某季节或某年内遭于灭亡。否则，依照几何比率增加的原理，它的个体数目将迅速地过度增大，以致无地可容。因此，由于产生的个体超过其可能生存的数目，所以不免到处有生存斗争，或者一个体和同种其他个体斗争，或者和异种个体斗争，或者和生活的物理条件斗争。”（《物种起源》第三章）

达尔文还从自然选择引申出性选择概念，把自然选择原理应用到解释同种雌、雄两性个体间性状差异的起源。性成熟的个体往往有一些与性别相关的性状，如雄鸟美丽的羽毛，雄兽巨大的搏斗器官（角等），雄虫的发声器，雌蛾的能分泌性诱物质的腺体等。这些都称为副性征（或第二性征）。这些副性征是如何造成的呢？达尔文看到正如人工选择斗鸡的情形一样，在自然界里经常发生的生殖竞争（通常是雄性之间为争夺雌性而发生斗争）是造成副性征的主要原因。在具有生存机会的个体之间还会有生殖机会的不同，那些具有有利于争取生殖机会的变异就会积累保存下来，这就是性选择。达尔文在《人类起源和性选择》一书中有更详尽的叙述。但不是所有的副性征都可以用雄性之间的搏斗或雌性的“审美观”来解释的。雄蝉的叫声诚然动听，但据说蝉是聋子。而对于人类本身的副性征的解释则更需谨慎了。现在看来，某些副性征是自然选择直接作用的结果。例如，雌虫的性引诱器官对生存有利。某些雄兽（如鹿）的角虽然也用于性竞争，但也用于防卫。而大多数副性征都是和生殖腺和内分泌有关，因此这些副性征可能都是相关变异的结果。

（3）性状分歧、种形成、绝灭和系统树。达尔文从家养动植物中看到，由于按不同需要进行选择，从一个原始共同的祖先类型造成许许多多性状极端歧异的品种。例如，从岩鸽这个野生祖先驯化培育出上百种的家鸽品种。身体轻巧的乘用赛马，与身体粗壮的铣马体型如此歧异，但都可以追溯到共同的祖先。类似的原理应用到自然界，在同一个种内，个体之间在结构习性上愈是歧异，则在适应不同环境方面愈是有利，因而将会繁育更多的个体，分布到更广的范围。这样随着差异的积累，歧异愈来愈大，于是由原来的一个种就会逐渐演变为若干个变种、亚种，乃至不同的新种。这就是性状分歧原理。

达尔文还强调了地理隔离对性状分歧和新种形成的促进作用，如被大洋隔离的岛屿加拉帕戈斯群岛的龟和雀。

由于生活条件（空间、食物等）是有限的。因此每一地域所能供养的生物数量和种的数目也是有一定限度的。自然选择与生存斗争的结果使优越类型个体数目增加，则较不优越的类型的个体数目减少。减少到一定程度就会绝灭，因为个体数目少的物种在环境剧烈变化时就有完全覆灭的危险，而且个体数目愈少，则变异愈少，改进机会愈小，分布范围也愈来愈小。因此，“稀少是绝灭的前奏”。

达尔文认为，在生存斗争中最密切接近的类型，如同种的不同变种、同属的不同种等，由于具有近似的构造、体质、习性和对生活条件的需要，往往彼此斗争更激烈，因此，在新变种或新种形成的同时，就会排挤乃至消灭旧的类型。在自然界和家养动、植物中的确可以见到这样的情形。

由于性状分歧和中间类型的绝灭，新种不断产生，旧种灭亡，种间差异逐渐扩大，因而相近的种归于一属，相近的属归于一科，相近的科归于一目，相近的目归于一纲。如果从时间和空间两方面来看，则这一过程正好像一株树。达尔文是这样描述这株树的：“同一纲内一切生物的亲缘关系，常常可用一株大树来表示……绿色的和出芽的枝，可以代表生存的物种；过去年代所生的枝桠，可以代表那长期的、先后继承的绝灭物种。在每个生长期内，一切在生长中的枝条，都要向各方发出新枝，覆盖了四周的枝条，使它们枯萎，正如许多物种和物种类群，在任何时期内，在生存的大搏斗中要征服其他物种的情形一样。树干分出大枝，大枝分出小枝，小枝再分出更小的枝，凡此大小树枝，在这树的幼年期，都曾一度是生芽的小枝；这些旧芽和新芽的分支关系，很可以表明一切绝灭和生存的物种，可以依大小类别互相隶属而成的分类系统一样……从这树有生以来，许多枝干已经枯萎脱落了；这种脱落的大小枝干，可以代表现今已无后代遗留，而仅有化石可考的诸目、科、属等。我们有时在树的基部分处可以看到一条孤立的弱枝，因为特殊机会，得以生存至今；正如我们有时可以看到的像鸭嘴兽和肺鱼那样的动物，通过它们的亲缘关系把两条生命大枝联系起来，它们显然是由于居住在有庇护的场所，才能在生死的斗争中得以幸免。芽枝在生长后再发新芽，强壮的新芽向四周发出新枝，笼罩在许多弱枝之上。依我想，这巨大的‘生命之树’的传代亦是如此，它的许多已毁灭而脱落的枝条，充塞了地壳，它的不断的美丽分枝，遮盖了大地”。(《物种起源》第四章）这是达尔文以他的自然选择原理对生物进化的过程最生动形象的描绘。系统树这个概念沿用至今。

4.2.4 达尔文进化学说与其他理论的异同

1. 新拉马克主义

拉马克是第一个从科学角度提出进化论的学者，在生物进化论上本应占有重要地位。但是，由于他一方面面临着神创论的巨大压力，另一方面还由于他当时列举的进化事实不足，“获得性遗传”假说又长期得不到实验的证实，同时还遭到同时代动物学权威居维叶的猛烈攻击，使他的学说始终未能形成气候，以致在达尔文学说问世后不久，几乎被人们淡忘。但是，另一方面，由于他是创立进化论的第一勇士，也由于其学说中仍包含一些诸如“用进废退”原理及环境对生物演化的积极意义的正确主张，他的学说在他的故乡法国得以延续和发展，逐步形成所谓的“新拉马克主义”。新拉马克主义者主要包括两大群学者，一是法国的大多数进化论者，二是原苏联的“米丘林-李森科”学派。我国著名生物学家朱洗、童第周曾是留法学生，也持这一学派的观点。这一学派组成人员较为复杂，他们阐述进化理论的角度和强调的侧面彼此也很不相同，但他们在下述几个方面的看法却大体一致。①在生物演化的动力机制上，尽管他们也承认自然选择的作用，但认为用进废退和获得性遗传在生物演进中的意义更大；②生物演化有内因和外因，内因是生物体本身固有的遗传和变异特性；外因是生物生活的环境条件。两者相比，新拉马克主义者更强调环境的作用；③生物的身体结构与其生理功能是协调一致的，但在因果关系上，即到底是身体结构特征决定了其生理功能，还是生理功能决定了结构特征的争论中，新拉马克主义者赞成后者。最典型的例子是他们关于长颈鹿的脖子形成的解释：由于它要实现取食高处树叶的功能，因而决定了其长脖的构造特征。在现代科学成就的基础上，新拉马克主义进一步发展了传统拉马克主义的“环境引起变异、生理功能先于形态构造”的思想，同时也继承了后者的理论缺陷，即对生物变异缺乏深入的分析、不能区别基因型和表现型，以为表现型的变化可以遗传下去（即生物后天获得性的遗传)。

2. 孟德尔遗传理论

孟德尔（G. J. Mendel）是奥地利学者，与达尔文为同时代人。出人意料之外的是，尽管他终身挂着神职，但却扎扎实实地进行着创造性的科学研究。他奠定了遗传学的基础，为进化论的发展做出了划时代的贡献。

孟德尔出身贫寒，但从小勤奋好学，聪明过人。虽常忍饥挨饿，但仍坚持到中学毕业，而且全部课程皆为优秀。1843 年，由于生活所迫，他进入布尔诺奥古斯丁修道院当了一名见习修道士。幸好该修道院兼有学术研究的任务，而且院内的主教、神父和大多数修道士都是大学教授或科技工作者。他刻苦好学，自学成才，1849 年被主教纳普派任当大学预科的代理教员，讲授物理学和博物学。1851 年，孟德尔进入奥地利最高学府维也纳大学深造，主修物理学，兼学数学、化学、动物学、植物学、古生物学等课程。结束学习后仍回到修道院任代课教师。从 1856 年起，他便开始了最终导出他“颗粒遗传”或称“遗传因子”这一伟大科学发现的豌豆杂交试验。孟德尔对科学实验态度严谨、一丝不苟，始终坚持实事求是的科学态度，按照生物本来的面貌去认识生物。这大概也是他成功的主要秘诀。遗憾的是，尽管他的颗粒遗传理论与达尔文 1859 年的《物种起源》几乎同时完成，但前者在当时却鲜为人知。1868 年他被任命为修道院院长后，从事科学研究的机会大为减少。在达尔文谢世后不到两年，1884 年 1 月 6 日，孟德尔也与世长辞。当时数以千计的人们为他们这位可亲可敬的院长送行，然而却没有人能理解这位伟大学者为遗传学和进化论做出的杰出贡献。不过，在逝世前几个月，孟德尔本人曾十分自信地说：“我深信全世界承认这项工作成果的日子已为期不远了。”

实际上，这个日子来得稍为迟缓了些。直至 1900 年，他的遗传学成果才被科学界重新发现，并被概括为“孟德尔定律”。这个定律包括两条。一是“分离定律”：具有不同性状的纯质亲本进行杂交时，其中一个性状为“显性”，另一个性状为“隐性”。所以在子一代中所有个体都只表现出显性性状。例如，当叶子边缘有缺刻的植株与无缺刻的植株杂交时，如果叶子有缺刻为显性，那么子一代所有个体叶子皆为有缺刻的。但在子二代中，便会发生性状分离现象，即产生有缺刻的叶子和无缺刻叶子两种类型，而且其比率为 3∶1。二是“自由组合定律”，又称为“独立分配定律”：2 对（或 2 对以上）不同性状分离后，又会随机组合，在子二代中出现独立分配现象。例如，黄色圆形豌豆与绿色皱皮豌豆杂交后，在子二代个体中，黄圆、黄皱、绿圆、绿皱的比例为 9∶3∶3∶1。

在达尔文时代，人们对遗传的本质几乎一无所知。人们所观察到的子代，常表现出父母双亲的中间性状。于是“融合遗传”假说应运而生。这种遗传现象恰如将两种不同色彩混合在一起便产生了中间颜色一样简单。这种表面上似乎真实的理论统治学术界达近半个世纪。其实，它极不可靠。假如融合遗传果真存在的话，那么，物种内一个能相互交配的群体之间的个体差别便会越来越小，最终变为同质，这样变异便没有了，自然选择便成了无米之炊，无法发挥任何作用。而且，由于同质化，即使能偶尔产生变异，它们也会随之消失。孟德尔颗粒遗传的问世，证明了所谓融合遗传毫无意义。

3. 达尔文学说与其他学说的比较

根据张昀的概括，达尔文进化学说中包含了前人关于物种可变、物种原有和变异的特征可以传衍的观点以及排除用超自然的原因解释生物的进化与适应的原因的观点。达尔文以前的进化学说多强调单一的进化因素，例如，布丰强调环境直接诱发生物的遗传改变，拉马克强调生物内在的自我改进力量，瓦格勒（M. Wagner）则强调环境隔离因素。达尔文在《物种起源》中兼容并包，他采纳了布丰的环境对生物直接影响观点，但认为环境条件与生物内因比较起来还是次要的，他也接受了拉马克的“获得性遗传法则”，但他在解释适应的起源时强调自然选择作用。达尔文的学说可以说是一个综合理论，但自然选择理论是其核心。此外，适应（现象）的起源和多样性的由来是两个完全无关的独立问题，对这两个问题的研究代表了生物学中的两个不同的传统。拉马克一贯重视纵向进化，达尔文（尤其在他从事研究的早期）则更着重多样性的由来，即横向进化。进化学说的这两位鼻祖创立了两种不同的传统一直流传至今。根据迈尔的看法（《生物学思想发展的历史》第九章第452—472页），不能认为“进化就是生物界的历史”因为这个定义没有指明生物的进化包括两个基本上独立的过程，即演变（transformation）与多样化（diversification）。具体来说，演变涉及的是随时间而变化的“纵向”（一般是适应）部分；多样化涉及的是同时发生的过程（如物种的增殖）可以称为变化的横向部分，是由不同的种群和初始种（incipient species）所显示的变化。

近几十年来，普遍采用的定义是：“进化是种群中基因频率的改变。”这也是指演变部分，并没有指明物种的增殖，更广泛一点来说，没有提到生物多样性的由来。因此，还需要有一个内容更广泛的、包括演变与多样性都在内的定义。

4.2.5 达尔文著作中的科学和哲学思想方法

1. 坚持自然科学唯物主义的原则

达尔文自然选择理论的建构不是从思想观念和原理出发，而是以环球航行中通过观察得到的大量事实材料和家养动物品种选育的实践经验为基础。他在地质考察中发现了地层演变的现象，在古生物化石的发掘中，发现了现存生物与古生物的联系；在动植物区系的考察中，看到了相邻地区有密切相似的动植物类型。他在《物种起源》中写道：“显然，这些事实以及其他种种事实，只能以这样的假设，加以解释：物种是逐渐变化的。这个课题常常盘踞着我的心头。”①

2. 坚持历史与逻辑相统一的自然历史观原则

赖尔的地质渐变论学说，为达尔文的理论提供了生物演化观的方法论背景框架，达尔文关于物种起源和演化思想突破了当时占据统治地位的“自然界绝对不变”的形而上学自然观和在生物学领域中林奈的“物种不变论”原则。采用以不同地层中古生物化石的不同作为佐证的生物历史观点，是达尔文破除“物种不变论”的科学方法论核心。达尔文进化论实质上是一门在揭示生物物种在时间维度上起源变化的历史性科学。恩格斯指出，正像达尔文发现了我们星球上有机界的发展规律一样，马克思发现了决定人类历史运动和发展的基本规律。

3. 变换理论解释模型②

波塞尔写道：“对于物种的起源与发展，进化论提出了一种非常特别的模式。这一模式不同于‘亨-奥模式’亦不同于（特别是神学中的）目的论解释，它是以功能解释的形式出现的，‘自然选择’这一功能被看成是进化的推动力量。用另外的话说：突变的出现是事先无法被预测的。在此前提下，选择是对出现的突变选择，选择的标准是变种的生存能力，亦即能否更好地完成保种的功能，而这一功能正是每个由突变产生出来的有机物必须具有的。”

4. 抓住主要矛盾和关键性的事实

达尔文善于从纷繁复杂的观察材料中鉴别和发现那些能够揭示研究对象主要矛盾的关键性事实，并以此作为他研究问题的出发点，并进而概括出更深刻的本质并从其中取得带有普遍性的法则与结论。在建立进化理论中，他紧紧抓住的就是自然选择——这一最普通、最常见、最简单、而又最容易被视而不见的事实，用来作为解决进化核心机制的钥匙。

5. 处理矛盾普遍性与特殊性的关系

达尔文在《物种起源》第一章开篇首先就论证在家养状态下的生物变异的普遍性，这是因为变异是自然选择的对象，如果变异没有普遍性，那么自然选择就将成为“空中楼阁”。而他首先讨论的不是自然状态下的生物变异而是家养状态下的生物变异，其高明之处（同时也是日后被诘难之处）就在于家养状态下的生物变异是通过人工选择实现的，因而其变异的“利与害”就表现得更为显著、更易于观察、更为人们熟知，更易于确定变异，因而理论的说服力也就更强。由显

---

① 达尔文．1955．物种起源．北京：科学出版社．404

② ［德］汉斯·波塞尔．2002．科学：什么是科学．李文潮译．上海：上海三联书店．215

见的家养状态下的变异入手，然后再用类比的方法架思维设过渡的桥梁，逐步深入到较难以观察到的自然界中的微小变异，符合人们认识复杂事物本质属性的常规逻辑，由显而微，先易后难，这也正是达尔文论证方法的高明之处。

6. 由思维的抽象上升到思维的具体

在第 1 章中，由生物变异的普遍性深入到内因是生物的本性，外因是生活条件，内因决定变异的性质和方向。由生活条件的变化引发变异，深入到定向变异（在相同生活条件下，几乎所有个体都发生的相似变异）与非定向变异（在相同生活条件下，个体发生各不相同的变异），进而上升到对变异的规律的刻画：用进废退与相关变异。由生物的变异大多数可以遗传推演到“获得性遗传”（现已被否定）。由性状分歧经人工选择使其定向发展，可以形成相差很远的新品种，推演到人工选择的机制：趋利避害，具有创造性。

在第 2 章中，由家养条件下的变异过渡到自然状态下的变异。自然选择的“对象”（变异）⟶自然选择的“工具”（生存斗争）⟶自然选择的结果⟶适者生存。

在第 3 章中，由生存斗争（自然选择学说的机制）的一般性描述，深入到：生存斗争的内容：生物与无机界的斗争、种间斗争、种内斗争。生存斗争的原因：高生殖率与食物和生存空间有限性的矛盾。

在第 4 章中，进一步论述自然选择即适者生存——深入论证“适者生存”在不同的生存斗争条件下的表现。凸出生活环境对有利变异的选择作用和选择的结果。例如，狼与鹿在生存斗争、相互选择、共同进化：只有最敏捷、最狡猾的狼才能获得最好的生存机会，因而被保存或被选择下来。另一方面，也只有最敏捷的鹿才能被保存或被选择下来。在自然选择与人工选择之间进行类比的前提是自然选择与人工选择都具有“趋利避害”的共性。二者之间的差异在于：①选择的主动者不同：前者是大自然，后者是人类的意愿；②被选择的性状特征不同：前者选择并积累对生物本身有利的性状特征，后者选择了只对人类有益的性状特征。自然选择的结果：一是生物对环境的适应性，二是形成新的物种。

7. 用思辨性的哲学猜测弥补科学知识和科学事实的欠缺

在第 5 章关于变异的法则中，达尔文以科学的态度，实事求是地坦然承认：“关于变异的法则，我们几乎毫无所知。”这不能责怪达尔文，因为任何科学理论都不可避免地要受到其所处时代的科学发展水平的限制。达尔文进化论的缺陷集中在遗传学方面。但是，即使在未能了解遗传学内在机理的情况下，达尔文仍然在论证了变异的普遍性和可遗传性之后，凭借自己的科学悟性成功地建立了自然选择学说。为后来作为遗传学与自然选择学说结合起来的“现代达尔文主义”或“综合进化论”开辟了理论发展的空间。正如埃米尔·诺埃尔在其所著《今日达尔文主义》[1] 一书中写道："我的第一个问题，也是最后一个问题。你们作为分子生物学家，对达尔文主义持何种立场？现在对你们而言，它相当于什么？雅克·尼尼奥（法国国家科学研究中心主管）：达尔文主义对于我而言，类似于哥白尼（Copernic）系统之于物理学家：他们提供了一个基本的思想框架，而框架之外的所有想法都是荒谬或者极为复杂的。此外，没有人会试图从细节上去证实它。因为，不管怎么说，只要进入细节，必然会碰到初始模式的一些特殊情况和偏离。而且，一旦自然选择推动进化的主要思想被接受，研究者的任务就是关注从达尔文主义体系中延伸出的其他思想。"

4.2.6 达尔文主义奠定了生命科学哲学的理论框架

达尔文主义为生命科学实现以进化观念为核心的第一次理论大综合提供了历史的、系统的整体性思维框架，促进生命科学从以分门别类地收集材料为主的经验科学阶段走向以（归纳和综合的方式）整理材料为主的理论科学阶段。

（1）以生物的"自然谱系"作为在宏观的整体性层面上把握生物界进化的思维框架：达尔文在《物种起源》的最后结语中指出，我们的分类学将成为——尽可能成地使之成为——生物的谱系，那时将真正显示出'创造的计划'了。当分类学有了确定的目的之时，它的法则将趋于简单……我们必须用长期遗传下来的各种性状，去发现和探索自然谱系上许多分歧的系线。分门别类地研究各种不同的生物性状特征的分类学成为服务于发现和探索"自然谱系"的工具。

陈世骧先生认为："进化论为分类科学建立了历史观点，给分类学指出了明确的目的。进化论说明了地球上形形色色的生物种类，都是历史的产物，具有或近或远的亲缘关系，渊源于共同的原始祖型，是同一祖型的分支后裔。分类的目的，就是要分析种类之间的这个历史渊源，据以分门别类，反映生物的自然谱系。进化论给分类学以明确的目标。"[2]

（2）以生物的物种概念，作为在微观层面上把握对生物界演化的统一性的思维基础。

（3）以生物的系统思想，作为在中观层面上整理生物进化的相互关系的思维纽带。

4.3 对达尔文进化论的挑战与达尔文以后的进化理论的发展

4.3.1 对达尔文进化论的挑战

达尔文的生物进化论是博物学形态生物学的集大成，是特定历史条件下科学

---

① ［法］埃米尔·诺埃尔. 2000. 今日达尔文主义. 朱晓杰译. 北京：北京大学出版社. 91－92

② 陈世骧. 1978. 进化论与分类学. 北京：科学出版社

发展水平与哲学思维方式交互作用的成果。随着科学和哲学的发展，达尔文生物进化论不可避免地要不断接受新的科学事实和哲学理论的检验、质疑与批评。

1. 渐变论哲学背景和化石证据受到“寒武纪生物大爆发”的挑战

化石证据既是达尔文以渐变论的哲学思想为指导（主要来自赖尔的地质渐变论）建立生物进化论的依据，也是达尔文生物进化论受到质疑与批评的依据。在达尔文建立生物进化论的时候，并没能够得到充分的化石证据作为中间环节，来支持他关于生物进化来源于“共同祖先和渐变方式”的学说。随着科学的发展，达尔文主义者遇到了“寒武纪生物大爆发”这个最头疼的问题——既没有发现共同祖先的痕迹，却反而显示出“突变”的方式。进化理论是为正确描述和阐明生物进化历程而建立的学问，它必须首先正确反映生物演进的真实面貌。传统进化论一直将生物演化描绘成一个渐进过程。然而，近20多年来古生物学的发展告诉我们，生物演进中充满了大大小小的突变事件。于是，“间断平衡演化理论”在古生物学家中获得了最大的认同（艾德列奇和戈尔德，1972）。在这些突变事件中，最大的更替性事件发生在古生代与中生代之交以及中生代与新生代之交，这可能是地外事件（如陨星撞击地球）和多种地球事件（火山、冰川、干旱等）联合作用的结果。大规模的生物创新事件发生在寒武纪与前寒武纪之交。人们早就知道，在这不到地球生命史百分之一的一段时期里，“突然”演化出了绝大多数无脊椎动物门类。近年来我国学者首次发现了在寒武纪早期可靠的无脊椎动物与脊椎动物之间的重要过渡类型半索动物和原始脊索动物，甚至还出人意料地发现了真正的脊椎动物（昆明鱼、海口鱼和钟键鱼），使这一生物门类“爆发”事件更为宏伟壮观①。面对“寒武大爆发”，达尔文当年就曾深感困惑。而现代认识到这一“爆发”，比原来设想的力度还要大。那么，在综合理论之外，是否还存在着大突变、大进化的特殊规律和机制，无疑是进化论者必须回答的一个重大课题。十分值得欣慰的是，尽管学术界在探索扣动寒武纪大爆发“扳机”的激发机制上尚无定论，但是，人们在另一原则问题上还是取得了共识：历史上这一次规模最为宏伟的生命爆发式创新事件，应该是一次与“特创”无关的自然事件。这一理念更得到了下述事实的支撑：

（1）从前寒武纪末期的爆发“前奏”，经过寒武纪初期的爆发“序幕”，最后过渡到以澄江化石库为代表的爆发“主幕”，前后经历了三千多万年；其间，生命经历了既是逐次的、又是跳动性的快速演化。这一过程并非如特创论所想像那样的“瞬间”发生、“一下子”完成。由于澄江化石库中产出的动物门类数可能比现存的还要多，于是有人提出，这一事实与达尔文理论有矛盾，甚至颠倒了达尔文的演化树。其实，综观寒武大爆发从前奏到序幕、最后到主幕的全过程，其

① ［英］达尔文．2005．物种起源．舒德干等译．北京：北京大学出版社．26

动物演化的总体路径和基本格局与达尔文推测的十分一致。

(2) 一个半世纪以来，人们对寒武纪大爆发本质认识的进步，主要得益于我国澄江化石库、加拿大布尔吉斯页岩化石库和澳大利亚伊迪卡拉化石库等一系列化石宝库的发现和深入研究。多学科的综合研究显示，这些自然珍稀瑰宝的形成机理完全可以通过生命演化的阶段性和特定地质环境作用得到合理的解释，而无需特别目的的"设计"。

(3) 地球上的动物界习惯上划分为无脊椎动物和脊椎动物两大类群，不言而喻，探索从无脊椎动物向脊椎动物过渡的具体演化历程，便一直构成进化生物学的一个核心命题。然而，由于长期以来古生物学缺乏这两大类群演化过渡的实际证据，致使脊椎动物起源问题一再成为神创论向进化论发难的主要口实。很有意义的是，近年来，正是在寒武纪大爆发的最佳科学观察窗口澄江化石库中关于后口动物"半棵树"上的系列性发现，提供了在脊椎动物起源的"源头"时段发生的一步一步演进的可靠证据。从原始后口动物古虫动物门起步，经半索动物和棘皮动物类，再经尾索动物和头索动物，最后终于迎来了最古老、最原始脊椎动物昆明鱼和海口鱼的悄然面世（舒德干，2003；舒德干等，2004)。正是这一连串事件，为 5. 3 亿年后人类的辉煌诞生奠定了坚实基础。

(4) 生物门类绝灭一直被蒙上了神秘色彩。寒武纪大爆发这一生物伟大创新事件同时也伴随着一些门类（如古虫动物门和叶足动物门）的绝灭，对此，特创论无法给出恰当的说明，然而，古生态学研究告诉我们，这种现象在生存斗争一自然选择学说那里却很容易得到有说服力的解释。也正是这些欠适应门类的绝灭，才为狭路相逢的脊椎动物未来的大发展腾出了广阔的生态空间。

2. 自然选择机制受到中性突变漂变学说的挑战

自 1953 年沃森和克里克关于 DNA 结构划时代的科学发现以来，分子生物学发展迅速。它对遗传的分子奥秘的不断揭示，使人们对突变和遗传性质有了更深的理解。这些新知识一方面丰富了综合理论，另一方面也向后者提出尖锐的挑战。首先发难的是日本群体遗传学家木村资生。1968 年他提出了"中性突变漂变假说"，简称为"中性学说"。次年，美国学者金和朱克斯著文赞成这一学说，并直书为"非达尔文主义进化"。因为他们认为在分子水平的进化上，达尔文主义主张的自然选择基本上不起作用。这一学说的要点包括下述几点：①突变大多数是"中性"的，它不影响核酸和蛋白质的功能，因而对生物个体既无害、也无益；②"中性突变"通过随机的遗传漂变在群体中固定下来；于是，在分子水平进化上自然选择无法起作用。如此固定下来的遗传漂变的逐步积累，再通过种群分化和隔离，便产生了新物种；③进化的速率是由中性突变的速率决定的，即由核苷酸和氨基酸的置换率所决定。对所有生物来说，这些速率基本恒定。木村资生认为，表现型的进化速率有快有慢，但基因水平上的进化速率大体不变。尽管中性学说否认自然选择在分子水平进化上的作用，但承认在个体以上水平的进化中，自然选择仍起决定作用。

中性论是否与自然选择学说完全对立呢？中性论是否有可能统一到新的综合进化理论中去呢？美国现代分子进化学家阿亚拉认为“自然选择在分子水平上也起着实质性的作用”（1976，1977），其证据表现在分子进化的保守性，对“选择中性的突变”的选择以及选择在生物大分子的适应进化中起作用（贺福初和吴祖泽，1993，1995）等。目前，讨论仍在继续，还远未达到做结论的时候。

3. 当代生态学三原理对“生存竞争是自然选择主要因素”的挑战

我国学者裴新澍在《生物进化控制论》[①] 一书中认为，生存竞争不是普遍的现象，更不是促进生物进化的因素。20 世纪以来，生态学研究得出的三个原理与“生存竞争是自然选择主要因素”的理论相反。

（1）“生态重叠原理”：生存竞争的先决条件是不同物种一定要生活在一个生态位里，而且以同一种食物为生，亦即不同物种的生态位是重叠的。但是，根据生态学的研究，生态位的重叠不一定就会产生生存竞争，而只有当资源不足时才会产生生存竞争。由于不同物种一般都具有广泛的生态位，这样就可以降低竞争的强度。此外，在竞争阶梯中最极端的情况是完全没有竞争和完全自由竞争。

（2）“完全竞争不能共存原理”：如果两个物种的生态位完全相同，那么由于食物、栖息地等因素的局限性，两个物种为了维持生存不会在同一个生态位中形成种群，这样生存竞争就因为失去了竞争的对象而无法实现。

（3）“近缘种的趋异进化原理”：当动物重组时，近缘种是可以长期共存的，在动物感到缺少生活资料或栖息地发生拥挤时，那些适应性比较广的种，往往离开原来的栖息地，这就逐渐引起了遗传性的变异，从而促使种的分化，这就是趋异进化。这个原理表明，在自然界物种之间会尽可能避免竞争的发生。

历来对达尔文的变异学说批评甚多，某些错误是受到达尔文那个时代的以外部形态观察为主的生物学水平的限制，如关于变异的遗传和不遗传问题、遗传的规律与机制问题、一定变异与不定变异问题、物种与变种问题、“融合遗传”与“泛生子”假说等。

4.3.2 关于进化论争论的主题[②]

张昀写道，总起来说，100 多年来新、旧进化学说既有承袭，也有发展，既有补充、修正，也有对立、争论。关于进化论的争论，总是围绕着下面三个主题。

---

① 裴新澍．1998．生物进化控制论．北京：科学出版社

② 张昀．1998．生物进化．北京：北京大学出版社

1. 进化的动力是什么？

一些进化学说强调环境对生物体的直接作用，认为外环境的改变是推动生物进化的动力。例如，莱伊尔和巴克兰（Buckland）都认为物理环境的改变为生物的改变提供了原动力。近年来出现的新灾变论也认为环境的改变或灾变是所有大的生物进化改变的推动力。原苏联的“米丘林-李森科”理论认为环境可以引起生物的定向的、适应的变异。与此相反，另一些进化学说则主张进化的动力在生物内部。达尔文以前的拉马克主义者和活力论者都认为生物内部的“意志”或“活力”驱动生物进化。达尔文以后的“突变论”者和某些现代遗传学家认为生物本身的遗传机制是推动进化的主要因素。达尔文学说和现代综合论则主张进化的动力来自生物的内在因素（即突变）与环境的选择作用相结合。

2. 进化是否有一定方向？

拉马克主义者认为进化是定向的，是进步的，即由低级、简单的结构向高级、复杂的结构进化。主张直道进化的终极目的论或直生论者也认为进化是定向的。与此相反，达尔文以及现代综合论者都认为进化是适应局部环境的，因此，进化方向是由环境控制的。随机论者认为进化是随机的、偶然的、无向的。但近年来一些地质学家，如美国人克劳德（Cloud，1976）则认为地球环境的改变是有方向的、不可逆的，因而生物的进化也有方向，也是不可逆的。

3. 进化的速度是否恒定？是渐进的还是跳跃的？

达尔文学说和近代综合论基于自然选择原理来解释进化，因而认为进化是渐变的过程。近代的中性论认为进化速度近乎恒定。20 世纪 70 年代发生了断续平衡论与线系渐变论之间的争论。断续平衡论和新灾变论（Alvarez et al.，1980）都强调进化的不连续性。

4.3.3 对达尔文学说的挑战的分析

达尔文进化学说确实有一些缺点、错误，包括著作中的含糊其词和臆想推测，以及学说中所留下来的大量悬而未决的问题。作为科学家的达尔文，在《物种起源》一书中特意写了“学说的疑难”和“对于自然选择学说的各种异议”两章，承认对他的学说，人们“可以提出许多而且严重的异议”。这是一种非常令人钦佩的严谨和客观的科学态度。

达尔文进化学说中的疑难，不外乎两方面的原因。一是达尔文本人主观上的局限性，就如任何科学伟人对科学的贡献一样，在后人看来，都有需要改进的地方。二是客观上的因素。在达尔文时代生物学还很落后，植物学、动物学、解剖学、生理学、古生物学都处在初级的阶段。1839 年建立了细胞学说，关于孟德尔遗传学的重新发现（1900）和对基因的化学本质研究（1940）都是在 1859 年以后许多年才取得的科学进步。在哲学思想理论层面上，应该看到达尔文渐变论所针对的是在当时生物学中占统治地位的目的论和物种不变论。恰恰是达尔文学说提出，才从根本上使生物学建立在科学的基础上。

对达尔文学说的非议有两种情况，一种是出自科学原因的肯定中的否定；另一种则是出自非科学原因的全盘否定。生物学家们一般赞成前者而不是后者。这是因为在达尔文的五项理论中已经有大量的证据支持其中的某些部分，如生物进化、共同起源学说。对自然选择的理论因为涉及到需几代人的研究才能说明问题，因此相当一段时间内支持者较少，随着证据的不断充实和扩大，这一理论的权威性也早已确立。同时，也正是由于对达尔文学说中所包含的缺点与错误的揭示，现代进化研究中提出的一些新观点、新概念、新理论一般是从不同角度、不同方面对达尔文学说的补充、修正和发展，而不是全盘否定。例如，研究分子进化的中性学说是对达尔文学说在微观水平上的补充。达尔文论述的生物进化，实际是定位在形态和整体的层次上，达尔文时代也不具备研究分子进化的可能。间断平衡理论的提出，修正了达尔文只承认渐变、认为“自然界没有飞跃”的错误，但后者属于局部性质的问题，况且渐变的进化过程也是大量存在的事实。大进化研究中的有些内容，补充和发展了达尔文关于小进化的论述。协同进化观念的提出，纠正了达尔文过分强调生存竞争的斗争性的一面，但这种争斗现象在生物界却广泛存在。正如迈尔所说：“当我们回顾 1859—1984 年（迈尔书写著作年份）对达尔文学说所做的一切修正就会发现，其中没有一个能影响达尔文学说的基本结构……”

由于达尔文学说所引起的社会意识形态革命的影响远远超过了哥白尼、牛顿、拉瓦锡、爱因斯坦，因而对达尔文学说持全盘否定者大多是出自非科学本身的原因。其实，对达尔文学说的非议并非坏事。达尔文学说正是在非议中被后继者不断地修正、补充和发展，使进化科学一步一步地走向成熟。也正是在非议的过程中才确立了它的科学权威。达尔文进化论始终是一块屹立在科学史上的丰碑。

1998 年 12 月，在为《物种起源》中译本所写的前言中，英国皇家学会会员、剑桥大学著名进化生物学教授西蒙·康威莫里斯先生是这样评价达尔文及其学说的：“早在 1882 年去世之前，达尔文便被公认是 19 世纪最伟大的一位科学家。在他 200 周年诞辰（2009）临近的今天，人们不仅更加认识到他的伟大，而且还形成了这样的共识，他在生命科学上的研究方法及其成就的深远意义仍远未为人们所全面认识。起初，他十分担心，他那个由一系列学术思想构成的理论体系是否能赢得大众广泛的认同。然而，他心里非常清楚，他的理论是符合真理的，正如爱因斯坦坚信自己的广义相对论一样。而且，他还坚信，即使对这些原理的论证还不够完善，但自然选择的进化原理终将成为生命科学中不朽的基本思想。现在，他这本《物种起源》的重要性，已不言而喻了。实际上，他早年关于进化原理的这些论述，现在已被人们视为显而易见的真理。”[①]

4.3.4 达尔文学说经历的修正[②]

张昀写道，有人认为达尔文学说已经变成教条而死亡了，也有人认为达尔文学说已经或即将被新理论取代。然而事实是达尔文学说既没有成为教条而死亡，日前也没有任何新理论能完全取代它。达尔文学说自诞生以来就不断地被修正、改造和更新。达尔文学说形成于生物科学尚处在较低水平的 19 世纪中期，那时遗传学尚未建立，生态学正在萌芽，细胞刚被发现。作为生物科学最高综合的进化论，它随着生物科学的发展而不断显露出矛盾、问题、错误和缺陷，理论本身就不断被修正和改造。达尔文学说经历了两次大修正，并且正经历第三次大修正。

20 世纪初，魏斯曼（A. Weismann）及其他学者对达尔文学说做了一次“过滤”，消除了达尔文进化论中除了“自然选择”以外的庞杂内容，如拉马克的“获得性状遗传”说、布丰的“环境直接作用”说等，而把“自然选择”强调为进化的主因素，把“自然选择”原理强调为达尔文学说的核心。经过魏斯曼修正过的达尔文学说被称为“新达尔文主义”，这是第一次大修正。

第二次大修正是由于遗传学的发展引起的对“自然选择”学说本身以及与其相关的概念（如适应概念、物种概念）所作的修正。20 世纪初由于孟德尔（G. Mendel）被埋没的研究成果的重新发现以及德弗里斯（De Vries）、摩尔根（T. Morgan）及其他遗传学家对遗传突变的研究，使得“粒子遗传”理论替代了“融合遗传”的传统概念。20 世纪 30 年代群体遗体学家又把“粒子遗传”理论与生物统计学结合，重新解释了“自然选择”，并且对有关的概念做了相应的修正，如对适应概念的修正。群体遗传学家用繁殖的相对优势来定义适应，适应程度则表现为个体或基因型对后代或后代基因库的相对贡献即适应度（fitness），用这样的新概念替代了达尔文原先的“生存斗争，适者生存”的老概念。适应与选择不再是“生存”与“死亡”这样的“全或无”的概念，而是“繁殖或基因传递的相对差异”的统计学概念。这是十分重要的修正，这一修正使得经常被用于社会政治目的的“生存斗争”口号失去了科学基础。此外，对达尔文的物种概念、遗传变异概念也作了修正。这个时期对进化理论作出重大贡献的有遗传学家、生物系统学家、古生物学家等，他们综合了生物学各学科的成就中的多种进化因素，建立了现代的进化理论，赫胥黎（J. S. Huxley，1942）称之为“现

---

① ［英］达尔文．2006．物种起源．舒德干等译．北京：北京大学出版社

② 张昀．1998．生物进化．北京：北京大学出版社

代综合论”。

达尔文学说通过“过滤”（第一次修正）和“综合”（第二次修正）而获得了发展。当前，达尔文学说正面临第三次大修正。这一次修正可以说主要是由古生物学和分子生物学的发展引起的：古生物学家揭示出大进化的规律、进化速度、进化趋势、种形成和绝灭等，大大增加了我们对生物进化实际过程的了解；分子生物学的进展揭示了生物大分子的进化规律和基因内部的复杂结构。宏观和微观两个领域的研究结果导致了对达尔文学说的如下修正：

（1）古生物学证明大进化过程并非“匀速”、“渐变”的，而是“快速进化”与“进化停滞”相间的；

（2）大进化与分子进化都显示出相当大的随机性，自然选择并非总是进化的主因素；

（3）遗传学的深入研究揭示出遗传系统本身具有某种进化功能，进化过程中可能有内因的“驱动”和“导向”。

但是，关于进化速度、进化过程中随机因素和生物内因究竟起多大作用、起什么样的作用问题尚在争论之中，这一次大修正尚未完成。

从达尔文学说的历史命运可以看出，科学理论的替代并不只是简单的新理论对旧理论的否定和排斥，修正发展可能更为常见。某一学科的发展往往以某个中间层次为起点，向微观和宏观两个方向扩展和深入，而相关的科学理论也随着这种扩展和深入不断获得新的信息，并随之不断地被修正、更新和改造。这就是科学理论的“发展式替代”，旧理论被修正、改造为新理论。达尔文的“自然选择学说”是建立在对生物个体层次的认识基础上的，随着生物科学和古生物学向微观和宏观层次的深入和扩展，必然要对它作相应的修正和改造。基础学科的综合理论大体都有这样的经历，这类理论总是随着基础学科的发展而发展，争论不停息，理论本身的演变也不会停止。

人类对自然历史的认识过程本身也是一个不断修正和发展的过程。从林奈到达尔文，从居维叶的“灾变论”到“新灾变论”，是一个曲折的认识过程。

本章小结

进化论是生命科学中哲学观念层次最高的理论，也是生命科学中研究物种多样性的横向领域与研究物种起源和演化的纵向领域相统一的最大的综合理论。进化论是生命科学对整个自然科学和人文科学领域最重大的贡献，它荟萃了人类文明进步的思想精华。进化论的创始形态是达尔文主义，它奠定了生命科学哲学的经典思维空间与方法论原则，它既是生命科学博物学形态的集大成的标志，也是博物学形态的生物学向实验形态的生物科学形态转折的起点。达尔文的生物进化论真正动摇了人类传统观念的大厦，它宣告了与物理主义科学哲学不同的生命科学哲学观与生命科学方法论的诞生。达尔文及其学说和思想是人类文明史和科学史上的丰碑，它也和一切科学理论一样在不断经受科学和历史的检验中不断丰富和发展。

思 考 题

1. 达尔文的生物进化论是怎样诞生的？
2. 达尔文的生物进化论的核心内容及其意义是什么？
3. 怎样看待达尔文的生物进化论所经历的挑战与发展？

第5章　生命科学哲学的历史形态与当代论域

本章围绕着生物学理论基本问题，追溯了生命科学史上各种有代表性的哲学观念形态。以生命科学在当代的兴起为背景，叙述了生命科学哲学兴起的根源和标志；进而介绍了生命科学哲学的学科内涵、判别标准以及生命科学哲学在当代的主要派别与争论的问题；归宿到生命科学哲学在我国发展的历史和现状。

5.1　生物学哲学的历史形态①

生物学是一个由非常广泛的研究领域、非常多的结构层次和非常漫长的演化历史时期形成的、非均一性的集合科学。“博物学”和“医学-生理学”是生物学的两个主干；“博物学形态的生物学”—“实验形态的生物科学”—“分子形态和信息形态的生命科学”是生物学演化的不同理论形态。由于生物学的每一个理论形态都对应着不同的基本问题，因此要概括出生物学理论的基本问题及其与之对应的哲学形态就绝非易事。可是，这对于力图于把握生命科学和生命科学哲学的发展框架和理论要旨而言，这却又是不可或缺的。对于这个难题，本书尝试采用梳理生物学的学科形态与基本问题的对应关系；分段把握、问题化简和直接引述名家的方法来应对。

5.1.1　生物学史上的基本问题和有关理论学说的哲学观念形态

1. 生物学史上的基本问题

就生命科学的学科形态的演化而言，本文所谓的生物学是指分子形态和信息形态的生命科学之前的生物学。按照童第周先生的看法，生物学上的基本问题，主要包括在系统发育和个体发育中，大体说来有这几方面：生物和非生物的区别，生命和细胞的起源，物种的形成、遗传与变异，个体的发生等。童第周先生认为生物学的基本问题主要集中在发育、遗传和进化三个方面。但是，如果按照

① 本节的编写参考和引用：童第周．1980．生物科学与哲学．北京：中国社会科学出版社；沈淑敏等．1981．自然辩证法讲义专题资料之十：生物学中的几个辩证关系问题．北京：人民教育出版社

迈尔的观点，生物学的基本问题还应该包含功能生物学中的基本内容。

2. 生物学史上有代表性的哲学观念形态

童第周先生写道，对生命现象的解释，各个不同时期各有不同的见解。但从他们的思想体系来说，自古希腊时代起到近代为止，可以总括为几个理论学说。这些理论学说常形成为相反的两方，互相争执，有时这一理论学说占优势，有时那一理论学说占优势，常随时代的不同而有变化。如机械论（mechanism）和生机论（vitalism），预成论（preformatism）和新生论（epigenesis），是多世纪来争执最尖锐的相反的学派。此外如机体论（organismic theory）和记忆论（mnemic theory）则又以其他不同观点解释生命的基本现象。当然各种理论学说不是一成不变的，它们随着生物学的发展和新材料的积累，不断地得到修正和补充，成为新的理论学说，但是基本观念还是一样的。

从思想方法来说，上述的各种理论学说又可分为两个基本不同的观念：一个为整体观念，一个为部分观念。前者认为生物是一个完整的个体，生命现象只能从完整的情况下表现出来。后者把个体看作部分或特性的集合体，以分析部分或特殊性来说明个体。这两种观念虽然不是绝对的，但从希腊时代起到现在，有它深远的根源。

一般说来，预成论者往往是部分学说者，新生论者往往是整体学说者；机械论者和记忆论者有的是部分学说者，有的是整体学说者；机体论者坚持整体观念，强烈反对部分学说。从另一方面来看，预成论者对生命现象的观念常是机械的，新生论者则常是生机的。

机械论对生命现象的解释是从物理化学的观点出发，它认为生物中的复杂现象，无非是物理和化学重要或活动的过程，因此也像物理学者、化学者研究物理和化学现象一样来研究生物，所以这样有可能会把生物学弄成物理学或化学的一部分。

吴奇（Woodger，1929）曾把机械论分别为四种：①用狭义的机械意义即牛顿（Newton）或赫兹（Hertz）的机械学或力学的意义，来解释生命现象；②用物理学——化学现象来解释生命；③以生命比作机器即有机机器，这便是机器论；④用目的论解释生物，认为一个机器或一个物体的构造都是有一定的目的，它的各部分的相互关系和动作是完全可以意识到的，有机体也是这样，它的构造也是有它的目的的。

生机论者认为机体内有一种特殊因素，它能引导或组织机体进行活的过程，这些过程是不能仅仅用物理化学的能力所能解决的，这一因素，杜里舒（Driesch）称之为活力（entelechy，是杜里舒给的新字，意思是建成完整形态的潜在活力），凌克（Reinke）称之为中心活力（diaphysical force），柏格森（Bergson）称之为生命的冲动（élan vital），而在心理的生机论者简单地称之为灵魂（soul）。

预成论同新生论是相对的两个学说，预成论的观点是静止的、固定的、形态的。新生论的观点是动的、生机的、生理的。前者的重点是在空间和顷刻间的情形，后者的重点是在时间和进程；前者的重点在形态，后者的重点在功能。预成论者认为生物是不变的，不论是特创的（上帝特创的即特创论）或自然发生的。它们一次形成以后就永远这样，因环境的变化不能适应的就淘汰。所谓生殖，是预先存在于生殖细胞中的，我们看不见的东西，展开成为我们所能见到的东西，遗传则是预成东西的继续。

新生论否认个体的发生是预成的，生殖基本上是一个新个体的形成，他们认为是一个新的整体，经过分化的过程逐渐增加它的独立性和自动性。新生论者相信发育的后面有一种推动力（driving force）或构成力（formative force），或有一种目的性，来促进发育。

机体论的观点主要是在于整体性，认为机体是一个个体，不能分割地来看。他们认为没有活的物质，除非是一个活的机体。所谓活的性质是产生于它的系统性，即物质和作用有系统性的安排或组织，如果这种有系统的组织破坏了，生命也就消灭了。人们所分析的活的机体构成物与死的物质的构成物，没有什么分别，因为生命性质的表现不是在于构成物质的特殊，而是在于构成或结合的不同。所以他们说：没有活的东西，因为生命的特性是在于物质的组织。

记忆学说是把发育和遗传看作一种习惯性的动作或活动。这种作用或活动是它们的先祖千千万万代经历过的，所以成为习惯性，新的活动也可以经过多少代而成为习惯，旧的习惯也可以因多少代不起作用而消失，这就产生了生物的变异和进化。

5.1.2 生物学理论思想发展的历史

1. 变化与静止的思想

童第周先生写道，希腊人的哲学思想很早就分为两类：认为事物是在变动的，这是赫拉克利特（Herakleitos）派的哲学；认为事物是静止的、固定的，这是巴门尼德（Parmenides）派的哲学。这两种思想重现在亚里士多德（Aristoteles）和柏拉图（Plato）之间，亚里士多德认为东西是在变动，是在发展的，在思想上他是新生论者。柏拉图接受巴门尼德的静止哲学，对种类和形态抱有特创论的观念，所以是预成论者。

2. 整体与部分的思想

童第周先生写道，亚里士多德是整体论的鼻祖，关于遗传和发育，他的观念与希波克拉底（Hippokrates）相反，希波克拉底推想产生个体的精液是来自身体的各部分，这是早期的泛生论（pangenesis），是 2000 年以后达尔文泛生论的前身。

3. 结构与功能的思想

童第周先生写道，亚里士多德认为后代与前代的相似，是他们之间潜在功能的相似，这些功能的全部实现，就会使后代像前代，所以遗传是个体功能完整表现的结果，细小性状的相似是衍生物或是偶然的现象。他没有把遗传作为一个独立的问题来看，认为遗传功能的相似，等于发育功能的相似。所以解释遗传往往结合发育，发育也就是功能的表现。这种功能将组织和器官作有系统的安排，产生一个整体，这便是发育和功能相等的原因。他把功能放在结构之上，认为整体比部分来得重要，他还把发育比作自动机器，认为雄性精液推动发育以后，一系列的运动就一个接着一个地产生了。亚里士多德的生物学的主导观是：自然界的一切都在争取能达到更完善的情况，但成功的程度不一。他把自然界分为从低级到高级的各种等级，这可说是他的一种进化观念。

4. 生物学思想方法的哲学背景

童第周先生写道，17 世纪在哲学思想上被称为大统一时期，由文艺复兴以来所产生的各种知识和思想得到了总结和分类。培根（Bacon）和笛卡儿（Descartes）是这方面最有影响的人。不过他们对科学方法的观念很不相同。培根的观念，本质上是归纳法；笛卡儿的观念本质是演绎法。笛卡儿的思想对生物学的影响很大，他认放物质是可分的，东西是在动的，空间是无限的。他把宇宙分为两部分：物质部分和道德部分。他说动物是机器。同样，人也是机器，四肢的运动按照物理的原理，这是人的纯粹机械方面。另一方面，存在于人体内有理性的精神和意志，这就是道德部分。这两者之间一定有某种联系，他提出这种关系可能是通过脑顶上的松果腺。他这样划分，可能是逃避宗教的压迫，从那时起，他的这种说法就使科学工作者能进行他们的工作，只要不侵犯宗教的范围，就不会受到宗教的干涉。

5. 新生论与预成论

（1）哈维的新生论。

童第周先生写道，哈维（Harvey）是文艺复兴后最早的一个杰出的生物学工作者，他的理论观点没有离开亚里士多德的学说，他同亚里士多德一样是新生论者，认为卵子是在继续不断地分化。他也同亚里士多德一样，相信生物是自然发生的，他的动物都是从卵子发生的学说，并不是以后人们所认为的所有活的生物都是从卵子来的意思。在哈维看来，卵子的意义是指没有分化的胚胎，包括幼虫和蛹。哈维是血液循环的发现者，他说人体可以看成为一具水力机，这表明他有机械的观点。他受了宇宙机械论的影响，把人体比作宇宙，认为心脏是生命之始，它在人体内是小宇宙的太阳，是生命的基础，是一切的创造者。

(2) 马尔比基的预成论。

童第周先生写道，与哈维学说相反的预成论，是比哈维略后提出来的。实现倡导这种学说的是马尔比基（Malpighi）。这一新学说的出现很难说明是由于哪一种原因，但无论如何可以肯定，主要是由于开普勒、伽利略和牛顿在天文学和数学物理上研究的成果和笛卡儿在哲学上的影响。这种新的宇宙机械观导致生物机械观的产生，视生物如同机器，没有灵魂，他的动作是他的结构的机械作用。同时由于显微镜在生物学上的应用，见到低等动物复杂的结构，便想像显微镜的不够完善。对于显微镜不能看到的更小的东西，便假定在卵子内有一个像成体一样复杂的机械结构存在着。自然发生的观念，当时在意大利逐渐被推翻，雷笛（Redi）的实验表明昆虫不是在腐烂的东西里产生，而是同高等动物一样，是两性生殖的。所以生物的连续说，动物是卵子产生的观念占了上风，这也有利于预成论的建立。

预成论得以建立的另一原因是接受圣经上的创造原则，上帝创造世界，毕功于一役，以后就让创造的机器自己继续活动，世界上所有的生物就在这样严格的命令下存在着，我们所见到的东西都是这样造成的，不再有新的东西的创造。活的东西也没有新的形成。生物的基本机构和原来一样，没有改变，发育和遗传是原始东西的展开和继续。上面已经说过，预成论的哲学思想是静止的、形态的和固定不变的。

预成论的具体建立是在 17 世纪和 18 世纪早期，这早期的预成论对现代的发育和遗传的观念没有重要的意义。

(3) 鲍奈的预成论。

童第周先生写道，鲍奈（Bonnet）是 18 世纪中晚期的预成论者，他的观点是值得特别提出来的。他认为成体所有的部分存在于卵子内，并不是这些部分已经具有为成体同样的形状，或一个同样的小个体，而是将来形成具体各部分的微粒和同它们相连的营养颗粒组成的小网。它们觉得器官的生长和个体的发育，遗传的特性，也就是这样代代遗传下去的。鲍奈的这个学说是和希腊时代希波革拉第的泛生论，即胚体是成于来自身体各部分的种子或微粒的学说相同，也与以后耐格里（Nägeli）的种质（idioplasm），魏斯曼（Weismann）的决定子（determinants）的观点相似，所以鲍奈的学说可以说是早期预成论到近代预成论的过渡。鲍奈认为从机械的立场来说，新生论是不能解释个体发育的，像脑子、心脏这样复杂的东西，没有机械能够制造它们，只有预先创造的，所以能代代相同。

预成论到了鲍奈达到了最成熟的时期。当鲍奈还在世的时候，沃尔夫（Wolff）就提出不同的意见，他研究鸡胚的发育，又回复亚里士多德的新生观念，认为个体的发育是新生的，不是预成的。他同亚里士多德一样，是生机主义者，认为发育后面有一种推动的力量，形态是附属于功能的。歌德（Goethe）也有同样的观点，他的植物变态的理论，认为有一种组成力量的存在。19 世纪初，预成论的观念已经有些消沉了。

(4) 冯·拜尔的生机论。

童第周先生写道，冯·拜尔（Von Bear）是倾向沃尔夫的：他认为生殖基本上是一个新个体的形成，发育似乎一个分化的过程，从一般到特殊，增加机体的自动性和独立性。冯·拜尔不是一个唯物主义者，他反对唯物论的观点，不同意前一阶段的发育是后一阶段的条件，他认为这不能完全解释为原因，因在早期发育的生活中可以有很大的变化，这种变化能在发育的过程中得到调整。他主张发育的真正原因不是由于物质的安排，而是有生殖能力的机体的一种基本性质。这种观念与亚里士多德的观念相似。亚里士多德认为发育不能用物质的性质如“热”或“冷”来解释，应当把它看作是生殖的物质的某种发育的方向或趋势。冯·拜尔的哲学思想，也受到康德（Kant）的目的论的影响。他说，发育的真正原因是最终的形态，完成生命的过程是本能。他批评用物理化学来解释生命现象的生理学家，说他们仅仅接触生命的一方面，而没有看到生物全部的本质。他的生机论的观念，也表现得很明确，他说创造过程的规律是精神逐渐胜过物质，生命过程是一种节奏，是一个美好的曲调，根据这节奏有机体建立它自己。

19 世纪以前对生命现象的解释，在发育与遗传问题上常没有明确的分界，一般将重点放在发育上，遗传包含在发育中。预成论者把发育看成是预成构造的展示，所以不存在什么遗传问题。新生论者否认有遗传的特殊物质的存在，发育的动力，发育的方向，就是遗传的性能。在 19 世纪下半期遗传现象受到了注意和重视，人们把它与发育分别开来，并认为发育是受遗传控制的。

6. 关于遗传变异的观念

童第周先生写道，关于遗传现象的研究主要有两方面：

第一，遗传的物质基础。由泛生论发展到生殖质连续说。

第二，遗传性状的传递，从单独的遗传性状，到探索遗传的一般规律。前者的发展是由达尔文起到魏斯曼，达到了高峰，后者则以孟德尔（Mendel）和高尔敦（Galton）为代表，以实验统计的方法进行遗传规律的探索。当然这些思想和理论的产生是与当时细胞学说的建立和细胞学研究发展分不开的。

(1) 达尔文复活了希波克拉底的泛生论。

童第周先生写道，达尔文复活了希波克拉底的泛生论来解释遗传现象，他推想所有组成身体的细胞都能产生微粒，他称为生殖微粒（gemmules），如肌肉系统、神经系统、骨骼系统以及其他组织的细胞，集合在一起，所以生殖细胞是由来自身体的各种器官所产生的形成各种组织的物质组成的。这一学说说明遗传有它的物质基础，这些物质来自身体各部分。他没有把生殖细胞和体细胞严格的区别开来。

（2）耐格里-德·甫里斯的遗传物质学说。

童第周先生写道，耐格里是第一个以怀疑的态度将遗传物质和营养物质区别开来，他推想细胞内有关于遗传的物质，他称为种质（idioplasm）。因当时还不知道染色体，所以他认为种质存在于细胞质内。德·甫里斯（De Vries）研究达尔文的泛生论以后，提出他自己的生命实质的学说，这就是泛子（或胚芽）学说（pangens theory）。他说机体中能独立变化的性状，都有它们的实际物质，这物质他称为泛子（或胚芽），泛子是由物质构成的极小粒子，生物的不同或各种各样的变化是根据泛子的组成。泛子组成的多样性似乎无限的。泛子存在于细胞核中，包括生殖细胞和体细胞。它在生殖细胞时传给卵子，在个体发育时传给每个细胞。在发育过程中泛子从细胞核散布到细胞质，给予细胞质以特殊的性质。细胞的分化，便是细胞质按着泛子所给予的特性发育的过程。

（3）魏斯曼的生殖质连续说。

童第周先生写道，魏斯曼接受并综合了鲍奈、达尔文、耐格里和德·甫里斯等的遗传物质基础的观念，他批判了达尔文的泛生论，而代之以生殖质连续说。他把体细胞与生殖细胞区别开来，认为体细胞是生殖细胞产生的。生殖细胞的基本物质不是从体细胞来，而是直接从亲代生殖细胞传递下来的，所以它代代相续不断。他的学说有两个基本点：遗传是由一种特殊物质的传递，这是一种复杂分子结构的物质，经过代谢，不会改变；这种物质的直接影响，是决定发育的。发育之所以能一代代经过同样的过程，原因是它们的起点，即生殖质是相同的。魏斯曼采用了耐格里的种质作为他所想象的遗传基本物质，但是把它更抽象、更复杂化了。把种质当作一个复杂的、有秩序的建筑结构，存在于细胞核内，它是由许多决定子构成的。决定子是能够自己繁殖的单位，它是形成机体某一部分或某一群细胞的物质，每一个或每一群决定子，有它们自己的性质和一定空间的地位。这样就建立起种质。决定子本身成自生源体（biophore），每一个生源体都显示着它们的生命特性。在发育过程中，随着卵子的分裂，种质的决定子在适当的期间分散到适当的地区。这就是说，所谓分化，是种质有次序的、以预先决定的状态，把决定子分散到各地区或细胞群后，所显示出来的不同的特性。魏斯曼自己说，决定子的活动与德·甫里斯的泛子一样，但决定子最后还必须破裂为微粒，微粒经过核膜到细胞质中，与细胞质的物质合作产生各种物质，如肌肉、叶绿体等。所以决定子的结构要比泛子更复杂。

魏斯曼的学说，对于个体的发育完全是预成论，个体是按照种质的复杂的建筑结构，点对点发育的，所以发育的过程可说在内部是把复杂的东西简单化，即复杂的种质分散为决定子，最后为微粒，而它的复杂性只有最后在机体的外形上显示出来。他的学说与旧的预成论相比，仅仅是以决定子或微粒代替具体的结构罢了，所以一般称之为新预成论。魏斯曼学说是形态学的理论，他讲的是部分和结构，不注意功能和环境，他没有提到过决定子与决定子之间的相互关系，所以是抽象的形态观念。魏斯曼的学说是关于遗传的物质基础学说当时最完整的一个，它在生物学界的影响也特别大。

(4) 孟德尔的豌豆实验。

童第周先生写道，以上所说的是关于遗传的物质基础的问题，至于对遗传性状的传递，19 世纪下半期的工作可说是 20 世纪遗传学的重要基础。这方面的成就主要是孟德尔在豌豆上的实验。他的工作方法也就是现代遗传学研究上所采用的基本方法，主要有三点：分别各种性状，进行单独研究，如豌豆花的颜色，茎的高矮，豆的形状等；采用杂交方法，观察不同性状的出现；以数量统计，研究性状出现率的比例。过去对遗传现象的观察比较笼统，注意整体，但仅是一般的或平均的现象，所以不明确也不精密。孟德尔的工作，科学性比较强，因此能得出比较精确的定律。但仅偏于个别或局部的性状，没有接触到个体的基本性质和整体性。

(5) 记忆学说。

童第周先生写道，记忆学说是从另一角度来看生物现象中的基本问题的，如遗传、发育和进化。主要的代表人物是希林（Hering)、西孟（Seman）和白脱勒（Butler)。他们都强调记忆或习惯在个体的生命中的重要性。白脱勒的《生命和习惯》这本书是 1875 年出版的，那时受精现象发现还不久，达尔文的泛生论刚提出，魏斯曼的学说还没有成立，体细胞和生殖细胞还没有分。他同达尔文的祖父伊·达尔文一样，或许受了后者的影响，认为一个卵子等于植物的一个芽，个体的产生不是一个新的机体，是亲代的一枝或延长，并不是一个完全新的东西，所以它保存着亲代系统的习惯。他说复杂的动作在最初学习的时候是很花力的，经过有意识的长期的学习，逐渐变为容易，到了最后成为无意识的、自动的、完全习惯性的动作了。个体的发育与习惯性的动作完全一样。胚胎似乎已经知道关于它应当走的道路的全部知识，因为它以前的胚胎已经知道关于它应当走的道路，所以这一知识也已经成为习惯了。每一个受精的卵子或胚胎不仅有它最近一亲代的习惯，并且有它在卵子的长途中继续下来的远祖的个性，但是更像它的近的亲代，因为在记忆上近代的比远代的更清楚。白脱勒是拉马克主义的热心拥护者，认为生物的进化是由于个体的努力，这种努力会在下一代形成一个类似记号的东西，从苦痛和竞争中得来的东西不容易忘记，也就容易在后代出现，最后就成为新的习惯。白脱勒的记忆学说，容易解释生物的遗传、发育、进化等现象，但他的观点是从心理出发的，是唯心的，但是整体的，全面的。

希林和西孟的记忆学说实质上与白脱勒没有多大的不同，但是他们的观点是唯物的。他们认为任何刺激，对有感受性的有机物并不仅仅在当时产生一种物质作用，它将遗留下一个持久的、物质的痕迹，他们相信这种遗留在体质上的痕迹，在某种方法或程度上对生殖细胞能产生物质的影响。他们相信获得性可以遗传，但他们没有说明体质由刺激得来的痕迹怎样影响生殖细胞。不过他们认为体质对生殖细胞的诱导比之刺激同时作用于体质和生殖细胞的可能要大。生殖细胞似乎有一个时期对体质的感应特别敏感。以上是记忆学说的概况，它们都是19世纪下半期的产物。

5.2 生命科学哲学的当代论域

5.2.1 生命科学哲学在当代的兴起

1. 生命科学哲学兴起的根源

生命科学哲学在当代兴起的根源首先在于：生命科学研究对象的特异性导致了生命科学在研究方法与思维模式和理论表现形态上具有不同于物理科学的特殊性与独立性；而生命科学哲学则是这些特殊性与独立性在哲学观念层次上的表现。其次，生命科学哲学的兴起还源于生命科学发展与科学哲学发展的双向理论诉求：生命科学需要革新科学哲学的思维方式，借以梳理其体系内部不同的研究范围、层次之间的相互关系、凝炼各学科中研究的最新成果、探索突破当前发展中的瓶颈与实现新的理论大综合的途径，并回应生命科学理论体系外部的责难与挑战；科学哲学需要反思和汲取来自生命科学研究的新观念和新方法，以开拓有别于物理科学研究传统的理论新视野、丰富和更新科学哲学的研究纲领与思维形式。

2. 生命科学哲学兴起的前提

(1) 生命科学的发展。

自从1953年沃森（J. D. Watson）和克里克（F. Crick）发现DNA的双螺旋结构以来，生物学便跨进了飞速发展的新时代。短短十多年的时间，遗传密码得以破译，中心法则也得以确立。同时，由于新知识的渗透和综合，生物学的一些经典学科，如进化论、胚胎学、分类学等也面貌一新。一时间，世界范围内出现了一股研究生物学的热潮，生物学成为继相对论和量子力学革命以来发展最快、成就最多的学科之一。生物学的这些革命性发展自然引起越来越多的哲学家对它的关注。他们或者利用生物学的成就重新评价以往科学哲学的适用性，或者从生物学中总结出独特的认识论、方法论和本体论结论。

20世纪50年代以来，当生命科学的理论形态开始由分门别类地收集材料的经验科学转变为各分支学科都已具备了相对稳定的基础理念、解释方式、语言框架和逻辑规范的理论科学，当生命科学的研究中心开始了由生命的存在形态向生命的演化形态和人工形态的转移，当生命科学已经由自然科学的边缘走向中心并因其在人类未来生存与发展中的地位和作用日益突出……来自生命科学中的问题也同时备受关注：生命科学将怎样才能实现突破性进展而达到新的理论大综合？未来的生命科学将向何处去？如何理解生命科学成果的意义？它将给地球生命带来什么？对上述每一个问题的回答都不可能离开生命科学哲学的思维。

（2）传统科学哲学的危机。

生命科学哲学的兴起与传统科学哲学的危机有关。当科学哲学在17世纪和18世纪开始发展起来的时候，或者说，当培根、笛卡儿、莱布尼兹和康德论述科学和科学方法时，完全是以物理科学为基础的。在这种传统的科学哲学理念的统治之下，物理科学的思想和方法自然成了评判一切科学的标准范式，大多数的科学哲学家都认为一旦理解了物理科学，就能理解其他任何科学，凡是不符合物理科学范式的就不是真正的科学。传统科学哲学有三个主要的教条：一是分析命题和综合命题的区分，认为自然科学的命题是综合命题；二是还原论，“即认为每一个有意义的陈述都等值于某种以指称直接经验的名词为基础的逻辑构造”；三是演绎的解释理论，认为科学解释就是推理。一个需要解释的对象，只要它能从一些规律性陈述和一些前提条件中推导出来，它就得到了解释。其中第二点是逻辑实证主义的中心命题。这个命题换个说法就是认为，在科学中，观察（或经验）和理论是可以完全分开的，科学的本质就在于以经验为基础建立科学理论，科学理论的正确与否就是看它能否得到证实。奎因在《经验论的两个教条》中已对这种经验与理论的二分法以及第二个教条进行了批评。不过，决定性的批判则来自波普尔。波普尔认为，从逻辑的角度看，完全证实是不可能的，然而反过来，证伪却是可能的。由此，波普尔提出了证伪主义的科学纲领：科学的标志不在于它的可证实性，而在于它的可证伪性。由于波普尔的工作，科学哲学开始发生一个重大的转变：从研究科学理论的静态结构转向研究科学理论的历时结构。于是库恩的范式论、拉卡托斯的研究纲领方法论、费耶阿本德的无政府主义方法论等科学哲学理论相继出现，使传统的科学哲学出现严重的危机。传统科学哲学的危机使一些哲学家为寻求科学哲学的新出路而转向生命科学哲学的研究。

尽管早在19世纪中叶，达尔文就曾说过生物学的成就将会使哲学出现新的繁盛，可是19世纪的科学哲学仍然完全根植于物理科学之中，不论是第一代实证主义，还是第二代实证主义，他们关于科学的本质，科学的理论结构和概念框架、科学方法等的论述，完全是以经典物理学为依据的，仿佛达尔文的生物学理论并不存在。面对这种情况，著名的生物学家和哲学家恩斯特·迈尔（Ernst Mayr）不无遗憾地说：“自从伽利略、笛卡儿、牛顿以来直到20世纪中叶，科学哲学一直被逻辑学、数学和物理学左右达数百年之久。”他还说自己书架上那些声称是科学哲学的著作，事实上全都仅仅是论述物理科学的，仿佛世界上并没有活生生的有机世界，仿佛达尔文、贝尔纳、孟德尔等生物学家的理论成果并没有对人类哲学思想产生任何影响。

物理科学范式君临于整个自然科学和传统的科学哲学不是毫无道理的。自17世纪科学革命获得巨大成功以来，物理科学确实是哲学灵感最有力的源泉。牛顿证明，无论是行星还是彗星，无论是炮弹还是潮汐，都服从一组简洁的、可用数学公式表达的自然定律，无一例外。这些定律非常普适，一旦给定行星在任何时刻的位置，物理学家就可以计算出过去任何时刻以及未来任何时刻它们的位置。“如果牛顿是对的，那么任何时刻的位置和动量就确定了所有未来时刻的位置和动量。非但如此，同样一组无情的定律约束着所有具有质量的事物”。牛顿力学的决定论（determinism）同样也可能引出生命世界中人类行为“决定论”的幽灵。因为，如果人类只是分子—原子—某种物质的集合体；如果这些集合体服从绝对的自我同一的定律，那么就不可能存在真正的选择自由，只存在这样一种幻觉。我们假设追踪我们表观自由的同时也是负责任的行动的原因，可以追踪到先前的原因，如我们的选择、我们的欲望和我们人脑的物理状态，在大脑中这些欲望得以表达。如果大脑不是别的，只是一种复合的物理对象，其状态与其他物理对象一样都受物理定律的制约，那么，我们头脑中所发生的事情，就是由先前的事件决定好的，正好比在一长串多米诺骨牌中，触动其中一块骨牌后发生的一块压倒下一块的现象。如果我们头脑中决定事件发生的因果链中包括我们无法控制的事件，如我们受教育的背景、我们当下的感官刺激和生理状态、环境、我们的遗传特质等，那么就可以声称，在如此，广博的因果之网中，没有真正自由选择的地位，没有主动行动（与单纯的行为相对）的地位，进而没有道德责任的地位。由先前的事物状况所决定的东西，超出了我们控制的范围，我们不能因此而受到指责，当然也不能因此而受到嘉奖。随着牛顿力学的成功，决定论成为一种活跃的哲学选择。

但是，对于生物学哲学家来说还留有余地，他们坚持认为，物理学并不能束缚人的行动，也不能制约任何生命的行为。因为，生物学的王国超越了牛顿决定论的势力范围。对这一点的证明是，物理科学根本不能说明生物过程，更不用说像它在说明简单的运动物体之行为时那样既有威力又有很高的精度了。到了19世纪中叶，决定论的反对派已经认为人的行动，以及一般来说生命的行为，免除了牛顿运动定律的约束。因为人的行动和生物学过程显然是具有目标导向的，它们之发生是为了某种目的，生物王国展示了极大的复杂性、多样性和适应性，不大可能仅仅是运动物质的产物。生物王国的多样性、复杂性和适应性，以及达尔文的成就，动摇了物理科学决定论形而上学世界观的普适性。达尔文对多样性、复杂性和适应性作为可遗传的变异和自然环境之选择的结果，已经超出了牛顿钟表式决定论之外。这是一个深刻的哲学结论，对整个科学的发展来说，这比物理决定论对大自然中所有现象的单纯说明更有意义。

进入20世纪，实证主义发展到了它的第三代——逻辑实证主义。正如提出这种理论的核心人物所说，逻辑实证主义主要依据的自然科学理论是数理逻辑和20世纪初诞生的相对论和量子力学。20世纪的物理科学本身的发展及其数学的表述，同样也撼动了作为传统科学哲学基础的机械唯物主义的哲学信念。首先，试图把决定论的物理理论从可观测现象扩展到不可观测过程，就遭遇了自然中的亚原子非决定论表象（appearance）。微观物理学的事实说明，在量子过程的层次上，电子、质子、中子和构成光的光子的行为，以及α粒子β射线γ射线，都不存在放之四海而皆准的“科学定律”，科学定律似乎都具有不可消除的“或然性”。这不仅仅意味着我们不可能确切地知道发生了什么，以及必须满足于概率上的了解；毋宁说，几乎所有物理学家都相信，物理学上已确认的观念是，量子力学的概率不可能以极高的精度说明物质（以及世界万物）的基本构成物的行为。也就是说，假定存在着（if there were）一种更深一层的决定论的理论能够以某种方式说明这些概率，但是机械力学和量子力学都做不到。在下一分钟内，一个铀原子是否会放射出一个α粒子，就可能会具有0．5乘以10的负9次方的概率。任何进一步的考察都不会提高或者减少这个概率。在一分钟内将会放射出α粒子的那个铀原子的状态，与下一分钟内不放射出α粒子的铀原子的状态，是无差别的。在自然的基本层次上，作为传统科学哲学基本信念的同因同果原理（principle of same cause，same effect），不可避免地被违反。当然，电子、质子和其他粒子可以聚集成分子的时候，它们的行为开始渐近趋近于牛顿力学所要求的决定论模式。但是，牛顿最终还是出错了，如果人们满怀希望牛顿理论所处理的可观测物体的世界免除了量子力学的非决定论，只需回忆一下盖革记数器（G. Geiger counters），把这种可观测的探测装置放在放射性物质周围，它的嘀嗒声意味着量子层次非决定性的α粒子发射，可以在宏观世界中产生观测上可探测的差别。

然而，20世纪中叶以后，由于传统科学哲学的自身危机以及分子生物学革命和综合进化论的革新，使哲学家们开始转向对生物学的哲学概括，以便从生物学中找出科学的新范式，于是，有关生物学的哲学思考成为西方科学哲学讨论的一个最热点的领域之一。在这种讨论中，生命科学哲学作为一门学科逐步成熟。

3. 生命科学哲学兴起的标志

第一，是生命科学研究对象与方法的特殊性导致了生命科学在研究方法与思维模式和理论表现形态上具有不同于物理科学的特殊性与独立性；而生命科学哲学则是这些特殊性与独立性在哲学观念层次上的表现。

第二，是生命科学研究对象与方法的特殊性导致了它在研究纲领、解释模式和规律范畴的表现形式上具有不同经典科学哲学的独立性与特殊性；而生命科学哲学则是这些特殊性与独立性在哲学观念层次上的表现。

在桂起权等著的《生物科学的哲学》[①] 一书中，把生物学哲学的特异性总结为以下几点：

（1）与物理学哲学不同，观念上的革命主要是达尔文主义所带来的革命，这

---

① 桂起权等．2003．生物科学的哲学．成都：四川教育出版社

是生物学哲学的研究重点。

（2）与物理学哲学不同，在生物学中没有强定律只有弱定律。

（3）与物理学哲学不同，目的性说明是生物学中的主要形式，它与传统的覆盖律模型一起达到了对生命现象的科学说明。

（4）与物理学哲学不同，系统科学及其分支学科可以视为生物学理论背后的元理论。

（5）与物理学哲学不同，生物学哲学虽然根据进化定律为生物学的自主性进行辩护，但是，在生物学哲学的研究中，定律的重要性正在下降，相应地概念的重要性正在上升，生物学所特有的概念与范畴逐渐成为生物学哲学的主要研究对象。

4. 生命科学哲学的称谓辨析

称谓辨析的缘起。学科的称谓是学科理论体系的逻辑起点。中国传统文化观念认为：名正则言顺，言顺则事成。这是因为：学科称谓不仅是该理论内涵与外延的缩影；而且还内在地蕴含着该理论体系未来逻辑展开的全部规定性的胚胎和萌芽以及该理论体系从思维的抽象①上升为思维的具体②的逻辑过程与逻辑规则。此外，学科的称谓还是学科定位的依据。

生命科学哲学的称谓辨析问题的提出，是由于在同一领域中有："生物学与哲学"、"生物学哲学"、"生物科学的哲学"和"生命科学哲学"等不同的称谓。当前，"生物学哲学"是本领域中的主流称谓。例如，最具影响力的国际学术名著是：Toward A New Philosophy of Biology（哈佛大学出版社，1988），作者是国际著名进化生物学家、现代达尔文主义（综合进化论）的主要倡导人之一、美国哈佛大学教授迈尔（Ernst Mayr）；The Philosophy of Biology（Oxford University Press，1998），作者是西方生物学哲学的奠基人赫尔和鲁斯（David L. Hull and Michael Ruse）。国内有代表性的学术专著包括我国著名生物学家童第周先生著的《生物科学与哲学》（中国社会科学出版社，1980）；华南师范大学董国安教授著的《生物学哲学》（哈尔滨出版社，1998）；中国社会科学院胡文耕先生的《生物学哲学》（中国社会科学出版社，2002）；武汉大学桂起权先生等著的《生物科学的哲学》（四川教育出版社，2003）。最近又看到了北京师范大学李建会教授的《生命科学哲学》（北京师范大学出版社，2006）。因此，本书所指的学科称谓辨析问题，就是在以上四种称谓中做出选择。

本书编著者认为："生物科学与哲学"望文生义容易使人产生一种所指称的不是一个专门学科，而是两个学科之间关系的感觉。于是问题就集中到"生物学-生物科学-生命科学"的称谓辨析上来，作为本学科称谓的前缀，使用何者更

---

① 思维的抽象指概念的形成过程——本书编著者注。

② 思维的具体指通过概念之间的相互关系而形成理论的过程——本书编著者注。

为妥贴？在通常情况下，“生物学-生物科学-生命科学”之间原是相互通用的；更何况“生物学哲学”已是国内外学界的主流提法。但是，如果仔细考虑三种提法作为本学科的前提基础的针对性，不难会发现这些提法之间存在一定的内在差别。

（1）“生物学”与“生物科学”的基础含义并不能完全等同。第一，生物科学只是生物学发展到特定阶段的产物，是生物学的科学形态。在［美］戴尔·古德主编的《康普顿百科全书生命科学卷》中，在生物学发展史条目下写道：“早在公元前3000—前2000年间，中国、埃及和印度的文明相当发达，对某些生物学过程已有所了解，尤其在与农业和医学实践有关的方面更是如此。”① 可是，从严格的意义上来说，“生物科学”，却应该是指生物学发展到特定阶段的学科形态。“欧洲文艺复兴时期（1300—1650）生物学开始有了长足的进步。16世纪和17世纪，由于对生物体进行了解剖，解剖学和生理学（研究生物体体内的各种过程）继续得到了发展。在17世纪由于显微镜的发明和研制，对生物学爱好的激增，生物学思潮也日益增多。这一重要的新工具对科学实验和科学发现具有惊人的价值。在急风暴雨式的生物学研究中发现了一些科学上崭新的，过去未曾怀疑过的过程和生物，这对地球上生命的理解有了新的重新认识。”因此，本书编著者认为：“生物学”与“生物科学”之间的区别在于后者与前者相比发生了基础的转移，即生物学研究的基础方法由感性经验化的猜测性向科学实验化的可证实性的转移。其中科学仪器的使用和科学理性思维的引入，开始了生物学的科学化过程。第二，生物学中包含着各种各样的理论形态，不仅有科学的形态也有非科学的形态。譬如，在古希腊的医学和分类学中有一些关于生命的神秘观念就是非科学的。此外，严格说来博物学形态的生物学也有别于生物科学。正是由于生物学进入了科学的形态，使得生物学研究中发现了一些科学上崭新的，过去未曾怀疑过的过程和生物，这对地球上生命的理解有了新的重新认识。

（2）生物科学形态中的分子革命和信息革命，使得这种“对地球上生命的理解的重新认识”又开始了崭新的里程，标志着生物科学的形态又开始了由现象生物学（近代阶段的经验生物学）深入本质生物学（现代阶段的理论生物学）的新的历史性转向：即开始了以认识自在生物现象的过程和作用机制为主的存在生物学，转向以对一切生命形式（包括人工生命）中的普遍深层本质及其演化机制的运用为基础的演化生物学。因此，我所理解的作为本学科前缀的生命科学，是指生物科学发展的当前阶段，即以研究手段的高度人工化、信息化和系统化为基础的、关于生命的本质及其演化规律的运用的科学。正如胡文耕先生在《生物学哲学》中所提到的：“生命科学包括广义的生物学，涉及传统生物学之外的一些研究领域，如生态学、

---

① ［美］戴尔·古德．2003．生命科学基础，生物学．康普顿百科全书生命科学卷．北京：商务印书馆．1

生命伦理、生物医学等方面的问题。”[①] 这也是本书中涉及的内容。

5.2.2 生命科学哲学能否成立的判断标准

本书编著者认为，判断生命科学哲学能否成立的标准应该是：生命科学哲学是否具备：独立的学科对象、独立的学科问题、独立的学科范式与独立的学科体系。

胡文耕先生在《生物学哲学》一书中指出：“判断一个新的学科分支是否已经形成为一门独立的学科，并不是因为个别学者按照他们自己的意愿任意确立的，有一定的客观标准。”[②] 胡先生提出了三条标准：

（1）是否有自己的独立的学术机构，如学会、研究会等。

（2）是否有专门的研究刊物和一批有质量的代表性论著。

（3）在高等学校科系设立上是否占有一席之地，能否至少开出一门独立的课程——相对稳定的必修课或选修课。

胡先生用这三条标准对生物学哲学做了逐一衡量。就学术机构而言，国际生物学哲学学会早已成立，并且每两年举行一次会议。国内在中国自然辩证法研究会下，生物学哲学专业委员会作为二级学科的学会而设立，近年来也定期召开了全国性的学术会议。就专门的研究刊物和一批有质量的代表性论著而言，除在一般哲学刊物和生命科学的专门刊物大量发表的生物学哲学论文之外，生物学哲学的专门刊物 Biology and Philosophy 已问世多年，1991 年创刊与墨西哥的国际性刊物 Uroboros 集多种文字于一身。到 20 世纪 80 年代末，仅 M. Ruse 在其《今日生物学哲学》中所列出的文献就已达 798 篇（本）之多。关于第三条标准，虽然目前生物学哲学的理论体系尚在探索之中，尚未达到独立的科系，但是有条件的学校还是开出了这门课程。因此，胡先生认为，生物学哲学是一门正在形成中的新学科。

作为后学，本书编著者完全赞同胡先生的上述观点，并且认为，生物学哲学是生命科学哲学的母体，因此判断生物学哲学能否成立的标准同样适用于生命科学哲学。除了胡先生提出的三个判别标准之外，本书编著者认为：判断生命科学哲学能否成立的标准主要是看本学科是否已具备：独立的学科对象、独立的学科问题（研究领域或学术空间）、独立的学科范式（学科规范——研究模式、理论硬核、范畴体系、解释原则、表述规则）以及独立的学科体系（标志性质的或集大成性质的理论成果）。

本书编著者认为生命科学哲学能够成为独立学科的理由在于：

（1）生命科学哲学独立的学科对象。

---

① 胡文耕. 2002. 生物学哲学. 北京：中国社会科学出版社. 13

② 胡文耕. 2002. 生物学哲学. 北京：中国社会科学出版社. 10

生命科学哲学独立的学科对象是直接面对来自生命科学的方法和理论。这个独立的学科对象既与直接面对生命运动形式的生命科学相区别，又与作为科学哲学主要形态的物理学哲学相区别，更与作为一般世界观和方法论的哲学相区别。

（2）生命科学哲学独立的学科问题。

生命科学哲学独立的学科问题（研究内容）具体内容如：经典遗传学能否向分子遗传学的还原、生物学中的目的论解释是否合理、进化论的结构、生物学定律、分类学的方法论基础和物种概念等。宏观问题如：怎样理解和评价生命科学产生与发展的历史进程中研究范式与学科形态的更替？人类在对生命现象和规律的探索中曾经产生过哪些重要的生命观念（科学观念和哲学观念）？这些关于生命的思想观念对生命科学的研究产生了什么样的影响？怎样理解生命系统的本质特征与生命科学研究的宗旨？怎样解读生命科学研究成果的工具理性价值与社会人文精神？生命科学的发展将走向何方？……

（3）生命科学哲学独立的学科范式。

生命科学哲学独立的学科范式是：自主论（生命科学哲学所面对的生命科学是一门自主的科学，它的研究对象、概念结构和理论方法与物理科学完全不同）和多元论（自然科学中没有统一的解释系统、生物学应该有自己的解释策略、由于生物学领域的复杂性导致不可能建立统一的解释系统或理论体系）。

（4）生命科学哲学独立的学科体系。

生命科学哲学独立的母体体系的建立开始于达尔文（迈尔：《生物学哲学》序言）。现代著名的生物学哲学家 E. 迈尔和 D. 赫尔的代表作都可以视为在生命科学哲学独立的学科体系形成和发展的过程中的重要里程碑。生命科学哲学目前还是一门正在形成中的新兴学科，读者眼前的这本生命科学哲学概论只不过勾画了它冰山一角的简单轮廓。

5.2.3 当代生命科学哲学的两大派别①

5.2.3.1 当代“生物学哲学的中心问题”

1. 提法的由来

近来西方出版的几乎所有生物学哲学的著作都以生命科学在现代科学体系中的地位，或者说生命科学与物理科学相比有什么不同这个问题作为开篇。按照罗森伯格的说法，生物学和物理科学的关系问题是“生物学哲学的中心问题”。

① 本节的编写参考和引用：李建会. 2006. 生命科学哲学. 北京：北京师范大学出版社

2. 提法的理由

第一，“生物学与以物理科学为代表的其他自然科学是否不同和怎样不同?”这不仅仅是生物学哲学提出的问题，而且也是它所面对的和经常被以物理科学为代表的其他自然科学提出的最突出、最尖锐和争议最多的问题。

第二，对这个问题的不同回答，决定了生命科学家、物理科学家和科学哲学家在回答与生命现象有关的所有认识论、本体论和方法论问题时的逻辑起点与理论归宿。

第三，对这个问题的不同回答，决定了生命科学家、物理科学家和科学哲学家在回答生命科学未来的发展途径与演化前景问题，自然科学体系内部两大学科之间的相互关系问题，以及能否实现科学大统一与如何实现科学大统一等科学和哲学重大问题时的不同态度。

第四，对生命科学与物理科学之间的关系问题的不同回答，是区分当代生命科学哲学中的两大派——自主论与分支论的理论依据。

5.2.3.2 自主论与分支论之争

分支论和自主论实际上是对传统科学哲学危机和生物学迅速发展的两种不同的反映。

1. 分支论

分支论认为，生物学在原理和方法上与物理科学并没有什么不同，而且未来的研究到了一定的时候会将整个生物学还原为物理科学。20 世纪中叶以后，生物学中最激动人心的事件就是分子生物学的革命。由于这一革命，生物学的许多现象都可以根据 DNA 分子的结构得到解释。分子生物学的成功使许多生物学家和哲学家坚信，生物学的所有现象最终都可以根据它们组成部分的物理学和化学的规律完全得到说明，物理学和化学的方法完全适合生物学研究。DNA 双螺旋结构发现者之一克里克就断言：“生物学当代运动的最终目标事实上就是根据物理学和有机化学解释生物学。对于这一点有很多理由。因为化学和物理学的相关部分……量子力学与我们关于化学的经验知识一起，表明能为我们提供建立生物学的确定性基础，这与牛顿力学……为比如机械工程提供基础是同样的方式。”物理学和化学之所以能为生物学提供一个“确定性基础”，在这些人看来，是因为生物体最终是由物理材料——运动中的分子和原子组成的。这些分子和原子在生物体中被聚集在不同的组织水平上，一些组织水平甚至能避开其他组织水平自主地活动，但是最终都是物理学和化学的产物。因而克里克说：“最终人们希望生物学的整体可根据比它低的水平进而正好从原子水平得到解释。”沃森也认为：“基本上所有的生物学家都已确认生物体的特性可以从小分子和大分子之间协调的相互作用来理解。我们已了解了许多，这足以使我们确信，进一步的研究最终将能使人类对构成生命的那些本质特性做出完整的描述。”既然生物有机体可以从其组成部分的物理特性和化学特性得到解释，所以这些生物学家和哲学家继续断言，整个生物学最终将变为物理学和化学的一个分支。伏肯斯坦的一段话清楚地表明了这种看法，他说：“毫无疑问，在过去几十年内，已开始向这样一个目标迈进，即把整个生物学作为物理学研究的一个具体对象。”哲学家鲁斯也说：“不管怎样，我们将会看到生物学作为一门独立的学科将来终有一天会消失。”

这些生物学家和哲学家就是我们所说的分支论者。概括起来，他们认为：“生物学最好能成为物理科学的一个分支，一个能够通过运用物理科学方法，现在特别是物理学和有机化学的方法发展的独立分支。”他们把分子生物学作为用物理学和化学研究生物学的最成功的范例，因此，对他们来说，生物学的其余部分都应该像分子生物学一样，主动地运用物理化学方法。目前，生物学和物理科学之间仍然存在着很大差别，有许多生命现象还不能用物理学和化学原理解释，但他们认为，随着生物学和物理学的发展，最终都可以用物理学和化学理论来解释。

2. 自主论

与分支论相对，自主论则认为生物学理所当然地是一门自主的科学，因为它的研究对象、它的概念结构和方法论与物理科学根本不同。并且，除了分子生物学之外，群体遗传学、综合进化论、生态学、行为学、分类学等生物学学科在20世纪也得到了革命性发展，都显示“空前繁荣，茁壮成长”。这些学科都有其本身的词汇、方法论和概念结构，与其他学科特别是物理科学很少联系。因此，面对分支论的挑战，从事这些学科研究的生物学家以及从这些学科搜集材料的哲学家就认为，尽管物理学和化学方法在生物学研究中曾取得过振奋人心的成绩，但是物理学和化学的方法并不能完全适合生物学的主题内容。他们认为“生物学真正重要的目标以及获得这些目标的适当方法，与其他科学的目标和方法是如此不同，以至于生物学的理论和实践必须与物理学的理论和实践保持持续的隔离”。这些生物学家和哲学家就是自主论者。根据他们的观点，生物学追寻的是回答物理学不能回答的问题，因而生物学必须运用物理学提供不了的方法和手段。当然，生物学也可自由地借用物理学的理论和方法，但它不能仅仅简单地靠借用发展，它必须形成自己的方法。生物学运用物理学方法在某些方面能够取得成绩，但生物学若运用自己独立的方法则会取得更大更明显的成就。分支论与后实证主义的观点是一致的，但在自主论者看来，后实证主义从物理学中得出的科学图景对生物学来说是完全错误的。生物学当然是一门自主的学科，后实证主义那种建立在物理科学基础之上的科学统一观念会使生物学走向迷途，并会阻碍生物学的发展。

3. 支持分支论或自主论的原因分析

第一，自身研究方法的倾向。

在生命科学领域中，从事分子生物学或宏观生物学研究的科学家由于自身研究方法的特点，比较容易倾向于分别支持分支论或自主论。

第二，为自己从事的职业的重要性作辩护。

著名生物学家和哲学家恩斯特·迈尔曾说："许多物理学家坚信全部生物学的见解都能归结为物理学的定律，这种情况使许多生物学家为了自卫而主张生物学的自主性，很自然，不只是物理学家，而且信奉本质论的哲学家也极力反对这种生物学的解放运动，但是这种解放运动在最近几十年不断增强了力量。物理科学的原则、理论和定律是不是能说明生物科学中的每件事呢？对于这些问题的冷静讨论，由于物理科学和生物科学明显的对抗情绪，甚至是互相敌对的情绪，就成为非常困难的事情。许多人曾经想把各门科学分类排列，把数学（或者特别把几何学）规定为科学的皇后。在为争取各项荣誉如诺贝尔奖金、政府及大学的预算、职位以及在非科学家中的普遍声望的竞争中，这种对立变得非常表面化了。"

第三，职业动机与观念动机的驱使。

哲学家罗森伯格把这种争论的目的叫做"动机"，以便与争论的认识论和方法论的"理由"区分开。他说："我们必须把支持生物学对物理学的独立或生物学同化到物理学中去提出的理由和促使生物学家和哲学家站在哪一边的动机区分开来。动机仅仅只是在争论中揭示出来的，但它们的存在说明了争论的激烈程度。"罗森伯格认为，对于自主论和分支论来说，它们有两个主要动机：一个就是职业动机，另一个是观念上的动机。迈尔的话很形象地说明了人们分别支持自主论或分支论的职业动机。自主论可以说是那些受过传统生物学训练的生物学家对分子生物学革命的一种自然反应。分子生物学是在物理学和化学的直接影响下产生的，它的每一项重大发现，每一项重大理论突破都是在物理科学的理论和实验技术的指导下产生的。这些理论、技术对受过传统生物学训练的生物学家——包括进化生物学家、生态学家、动植物学家、人种学家以及群体遗传学家来说是全新的东西。尽管宏观生物学也向前发展了许多，但相对于分子生物学的一项项连续突破来说，这些学科的发展要缓慢许多。而且随着分子生物学的发展，这些宏观生物学的诸多问题的解决，都依赖于分子生物学的发展。并且分子生物学的解决方法与传统方法比较起来更加出色。因此，随着分子生物学帝国的扩大，越来越多的人转向分子生物学研究。这样，一度曾是生物学研究的主战场的传统生物学现在受到了冷遇，并且有受到轻视的威胁。因此，出于职业的原因，一部分生物学家为传统生物学的自主性辩护，并试图说明分子生物学并不能解决生物学的一切问题。

第四，意识形态的原因。

在自主论看来，生物学对物理科学的自主性反映了生物客体与无机客体相比有某种特殊的东西，特别是人类生活更是如此。而在分支论看来，生物由非生物构成，人也是如此。生物和无机物、人和生物并无本质性的区别，可以用物理学的方法研究生物学。因此，自主论者认为，分支论的做法类似于“种族主义”“法西斯主义”或“帝国主义”，它们总想把自己的意志强加于别的学科。自主论者迈尔曾说：“在学科领域之间，甚至在像生物学这样的领域内，常常存在一种引起反感的沙文主义。例如，这种沙文主义表现为：哈特曼在他的巨著《普通生物学》中把 98 %的篇幅分配给生理生物学，只给进化生物学以 2%的篇幅。这种沙文主义表现在，历史学家把进化论综合的产生完全归结为遗传学的发现，完全忽略了系统学、古生物学以及进化生物学其他分支的贡献。”自主论者不仅认为分支论的观点是学科沙文主义表现，而且进一步认为分支论者把人归结为动物会降低人的尊严和价值。迈尔说：“把人仅仅当做生物学的产物，认为人不过是动物同样是头脑简单和有危险的。人，由于他的许多独一无二的特性，有能力发展文化，并且把得到的信息以及价值体系和行为规范传播给下一代。因此如果对于人的评价完全用研究低于人类的动物的成果为依据，就会得出关于人的非常片面的和肯定是错误的观念。”

分支论的动机则正好相反。分支论者看到了分子生物学的革命性发展以及它在解决传统生物学问题上的成功，因此他们就强调分子生物学的重要性，同时轻视传统的宏观生物学研究，甚至把传统生物学研究看作类似“收集邮票的工作”，主张“只有一门生物学，那就是分子生物学”。面对自主论者说他们是“沙文主义”的指责，他们反驳说，反对物理学家的世界图画是中世纪式的蒙昧主义。历史上曾有许多人把生命设想为有某种物理学方法所不能解释的东西，但后来证明都能用物理化学方法研究。所以，分支论者认为人为地设置一些障碍说存在物理科学不能研究的生物领域，这是一种愚昧的表现。

之所以区分自主论和分支论各自的“动机”和“理由”，目的是后面我们将把注意力集中在讨论他们争论的认识论“理由”，而不是带有主观性的心理“动机”上。

5.2.4 生命科学哲学当前争论的主要问题

根据李建会在他的《生命科学哲学》一书中的概括，围绕“生物学和物理学是否不同和怎样不同这个基本问题”，生命科学哲学中的自主论者和分支论者展开了一系列的争论。从争论问题的普遍性程度看，主要有以下几个不同层次的问题。

1. 生物学和物理学研究的目标或战略异同问题

自主论认为，在生物学和物理学的基本研究战略中存在如下一个明显的差别：物理科学的解释框架是机械论的，而生物学的解释框架则是有目的的、目的论的或功能的。这里所说的机械论广义地说是指这样一种观点：一个系统的行为是通过它的组成部分的运动状态——位置和动量（或它们的其他替代量）决定的，一个机械（力学）系统的行为是该系统组成部分的位置和动量数值的数学函数。物理科学对其需要解释的现象都是通过扩展这些力学概念及建立这种数学函数解释的。生物学的解释框架则与此不同，主要是目的论的。这里所说的目的是指通过寻求系统的目标、功能、需要来解释系统的行为。生物学在解释生物现象时，并不是完全通过寻求构成生命系统的力学行为来完成，而是通过发现整个系统以及它的组成部分服务的目标、功能或需要来解释。这就是说，生物学解释主要依靠的是对生物系统服务目标的正确辨别，而在物理科学中，没有目标、目的、功能、需要等概念的位置和空间。因此，生物学和物理科学研究的总体目标就不相同：一个通过把现象分解成它的组成部分的力学行为来解释，另一个则通过在一个给定的现象中辨别出一个功能网络来解释。在这种情况下，两个领域的基本研究战略就必然不同，至多，生物学家和物理学家需要关心他们关于自然的理论是否逻辑上彼此一致。当然，自主论者承认部分生物学分支，比如分子生物学，与物理科学中的化学分支类似，它们的解释都是机械论的。但作为对两个领域结构的一般描述，把一个命名为机械论，另一个命名为目的论，是完全恰当的。分支论者也承认物理科学与生物科学在解释方式上存在这种差别，但与自主论者相反，他们认为这种差别是表面的，是可以排除的。

2. 生物学和物理科学中理论的本性、数目和关系问题

物理科学的研究对象可区分出不同的层次，对不同层次对象的研究可形成不同的理论，发展出不同的学科分支。这些不同的学科分支和理论可能是独立研究、独立建立的，然而，在物理科学中已达到这样一种水平，不同层次的理论可以逻辑地、数学地整合在一起。力学、光学、热学、电磁学、量子力学、相对论以及化学键理论、化学动力学理论、平衡常数理论等，都如此紧紧地连接在一起，以至于我们可以把这些理论从更基本的到派生的加以分类，然后用基本的解释派生的，并且可以根据一个领域的理论新进展预测另一个领域理论发展的情况。相比之下，生命科学中的各种理论间的联系就没有这么紧密。进化论、遗传学、生态学、古生物学、胚胎学、发育学、生理学等学科都有基于自身的理论，但这些理论之间的联系，并不像物理科学那样可以形成演绎关系，可以数学地整合在一起。举例来说，进化论对生物学的地位，就像牛顿力学对物理学的地位一样重要，然而，它们的理论结构却大不一样。牛顿力学本身的定律可用数学公式

表示，其定律之间可形成严密的推理关系，其理论体系可用公理化方法建立，而进化论的理论内容只能定性描述而不能数学化，尽管有人试图对进化论也作公理化处理。通过牛顿力学可以推演出物理科学其他领域的一系列理论，而通过自然选择理论却推不出比如分类学、古生物学、形态学、胚胎学、生态学、遗传学中的有关理论，尽管有人说自然选择理论统一了这些学科。面对生物科学与物理科学理论本性、数目和关系的这些差别，自主论认为，这反映了生物科学自身的独特特点，说明生物学是一门自主的科学。而分支论则认为这种差别是暂时性的，这表明生物学在目前还不是一门特别完善的科学，随着生物学的发展，这种差别将最终消失。

3. 生物学中是否存在规律以及规律的形式问题

一般说来，物理科学的理论是由一系列规律或定律经整合或演绎构成的。因此，传统科学哲学都把规律或定律看作是科学理论的核心，认为任何一门科学都应有自己独特的规律或定律。生命科学理论范式的形成，使一些人对此产生了怀疑。生命科学的理论是由规律或定律构成的吗？在当前的争论中，一些自主论者提出了否定意见，认为在生命科学中并不存在规律。他们认为规律或定律的观念是传统科学哲学的偏见，新哲学应摒弃这种偏见。生物学若没有规律，生物学如何存在和发展呢？这些人认为在生物科学的理论结构中，概念起着中心作用，生物学的发展表现在概念含义的扩展和新概念的提出。不过，也有一些自主论者像分支论者一样承认生物学中存在规律，但他们同时又认为，这种规律是独特的，与物理科学的规律相比，不仅在内容上而且在形式上都是不同的。这些自主论者认为，物理科学的规律反映的是推挽式的（push-pull）因果机制——一个在先的原因产生一个或多个结果，而生物学的规律描述的却是生物目标、目的或功能与实现这些目标的生物系统之间的关系。目标和它解释的行为之间的关系不是物理意义上的因果关系，因为在物理科学中，在后的目标不能解释产生在先的事件，但在生物学中，在先事件是由在后的目标解释的。因此，物理科学中的规律是因果性的，而生物科学中的规律则是功能性的或目的论的。反对这一点的分支论者长期以来一直试图分析自主论者所说的规律的意义，以便它们也能在非目的论的概括下被表达。分支论者认为生命现象不过是物理现象的一个复杂的种类，所以对生物学现象的描述与对物理现象的描述就没有什么种类上或本质上的区别。对他们来说，目的论描述或者是物理规律的方便省略，或者是通向另外的用物理规律对生命现象作更精确的描述的权宜描述。

4. 生物学的一些具体理论成果中的哲学意义的争论

（1）生命的本质和人工生命问题。

生命的本质问题由于人工生命科学研究的兴起再度成为生命科学哲学探索的

一个热点。人工生命是计算机和生物学交叉的新学科，它对生命的本质提出了一些新见解，不同的人对此有不同的看法。

（2）基因决定论和非决定论的关系。

伴随着基因科技的突破性发展，基因决定论有可能在公众中产生越来越大的影响。因此，基因对性状的决定性和非决定性的关系，人类的天性和教养的关系等问题就成为生物学哲学研究的重要问题。

（3）基因研究中伦理、法律和社会问题研究。

研究这些问题，对人类基因组计划的健康发展，对于与医学有关的公共政策的制定以及公众正确理解人类基因组计划等，都有非常重要的意义。

（4）克隆研究中的哲学和伦理问题。

反对者认为，生命是神圣的，克隆人会产生难以想象的负面结果；支持者则认为，应当宽容地对待克隆人研究，伦理学应当与时俱进。

（5）自然选择的单位问题。

生物是通过自然选择进化的，但自然选择的单位是什么？是个体还是群体？威廉姆斯、威尔逊和道金斯等人又提出，自然选择的单位不是个体，也不是群体，而是基因，这使本来就很难解释清楚的自然选择的单位问题更加难以回答。

（6）物种的本体论地位问题。

“物种”概念对于生物学就像时间和空间概念对于物理科学一样重要和基本，它不仅是分类学的基本单位，而且也是进化论的基础概念。然而什么是物种？物种是不是客观存在的？对于这样的问题迄今一直没有一致的看法。关于物种本性的争论最后上升到了生物学是否存在规律的争论。

（7）进化论统计特性的根源问题。

进化论的统计特性的根源是什么？这能说明进化过程本身是非决定论的吗？围绕这一问题，国外科学哲学的几大刊物连续发表文章进行讨论。

（8）人的生物性和社会性的关系问题。

自然主义的社会学家认为，通过生物学的方法从动物界获得的关于利他主义等社会学结论可以应用于人类社会，而一些反自然主义的社会学家完全否认这种研究的科学性。这就涉及人的生物性和社会性的关系问题以及对这两种研究纲领的评价问题。

（9）其他一些生物学学科或理论前沿的哲学问题。

如发育生物学、神经生物学、生物信息学等前沿中存在的哲学问题。

总之，围绕生物学哲学的基本问题，哲学家们在从生命科学的整体研究纲领、理论建立方式、规律的形式直到具体生命科学成果的哲学问题四个不同层面的具体问题展开讨论。这些问题既互相区别，又互相联系，使生物学哲学从总体上既表现出内容上的多样性，又表现出统一性。

5.3 生命科学哲学在中国[①]

5.3.1 生物学哲学思想在我国传播的开端

1859年，在半殖民地半封建的旧中国力图变法强国的思想背景下，严复翻译了赫胥黎的《天演论》(原名《进化论与伦理学》)。该书是达尔文的进化论思想在我国传播的开始。作为一种与中国传统的封建旧礼教相异质的科学文化，它的传入使得当时的中国文化思想界耳目一新，它的意义立即越出了生物哲学领域进而成为当时国人追求科学与民主、国强民富的思想武器。达尔文的生物进化论是马克思主义哲学自然观创立的三大自然科学来源之一。五四新文化运动以后，伴随着马克思主义在我国的传播，瞿秋白在《社会哲学概论》的讲义（1923—1924年）中系统介绍了包括“生命的发展”、“细胞—生命之历程”在内的马克思主义自然观。20世纪30年代，《劳动在从猿到人转变过程中的作用》、《反杜林论》、《自然辩证法》等名著的翻译出版，开始了马克思主义的自然观（生物科学观）在我国的系统传播。我国第一代马克思主义哲学家撰写了《进化论与真凭实据》和《自然科学讲话》等研究著作。

5.3.2 建国以后生物学哲学思想的研究

1. 起步阶段

1953年5月，我国著名实验胚胎学家童第周发表了《生物科学与哲学的关系》一文，这可能是我国第一篇生物哲学的研究论文。在这一时期，我国生物哲学的研究领域主要聚焦在有关进化论与遗传学的哲学问题上。当时由于受原苏联李森科主义的影响，生物学界把孟德尔-摩尔根遗传学批判为“唯心主义的”伪科学，这就使得我国的生物哲学研究受到严重的干扰。

1956年，毛泽东提出“百花齐放，百家争鸣”的方针，接着召开了具有历史意义的青岛遗传学座谈会，我国生物哲学研究从此摆脱了李森科主义的精神枷锁，进入了一个新的发展时期。在这一时期里，我国生物哲学研究的进展主要表现在两个方面：一是翻译出版了国外（主要是前苏联）的一些生物哲学著作，如诺文斯基主编的《现代生物学中的哲学问题》、杜布罗赫瓦洛夫的《米丘林学说的哲学和自然科学基础》等；二是就生物哲学的若干理论问题,如生物突变的偶然性与必然性、生命的本质特征、人类起源的动力机制等问题,进行了专题探讨。

---

① 本节的编写参考和引用：张青棋．1996．自然辩证法研究，07．建国以来我国生物哲学研究的历史与现状．李建会．2006．生命科学哲学．北京：北京师范大学出版社

文革十年动乱期间，由于极左思想路线干扰使得政治问题与科学问题和哲学问题的界被限混淆，我国生物哲学研究了偏离科学轨道，再次遭遇挫折。在这一时期发表的生物哲学论文中，对凡是出自西方国家的生物科学理论和生物哲学观点，一概采取拒斥和全盘否定的态度。例如，把摩尔根基因学说说成是“彻头彻尾的预成论的翻版”；甚至达尔文进化论也被批判为“适合资产阶级需要的意识形态”。这个时期，我国生物哲学研究非但没有向前发展，反而向后倒退了。

2. 新的历史起点

1978年以来，随着真理标准问题的大讨论的开展，我国思想理论界摆脱了左倾思想的束缚。基因学说等以前被扭曲了的理论得到正名；生物科学理论的地位和作用得到承认；生物哲学研究又重新步入了健康发展的轨道。许多过去未能进行的研究，在这个时期也都相继开展起来了。1981年10月，中国自然辩证法研究会正式成立。研究会下设14个专业委员会，其中有生物学哲学专业委员会。1981年“学位条例”实施后，国内的一些比较著名的大学开始授予科学技术哲学方面的硕士学位和博士学位，其中部分研究生的研究方向即为生物学哲学。中国自然辩证法研究会生物哲学专业委员会的成立，使我国生物学哲学的研究得到了来自学术组织机制方面的支撑，生物学哲学专业委员会自成立以来，召开过4次全国性学术讨论会和几次专题座谈会。1986年、1990年两次生物哲学学术讨论会的召开，标志着我国的生物学哲学研究进入了一个全新的发展阶段。在20多年的时间里，是我国生物学哲学领域中发表论著最多，研究领域最广，论文质量较高，各项研究收获颇丰的时期。这一阶段的生物学哲学研究一个重大特点是，克服了代替论的影响，广泛介绍西方生物学哲学的成就，并结合科学最新成就展开深入研究，发表了一些有学术价值的生物学哲学论文和著作。比较有影响的著作有：胡文耕的《分子生物学中的哲学问题》（1982）和《生物学哲学》（2002），于书亭的《现代生物学对哲学的挑战》（1989），傅世侠、张昀主编的《生命科学与人类文明》（1994），张昀的《生物进化》（1998），郭华庆的《大自然的智慧：现代目的论》（1998），董国安的《生物学哲学》（1999），桂起权等的《生物科学的哲学》（2003），李建会的《生命科学哲学》（2006）等。

5.3.3 我国生命科学哲学研究的理论领域

在我国的自然科学哲学研究领域中，生命科学哲学研究起步较早。经过几代学者的不懈努力，取得了长足的进步，基本奠定了具有我国理论风格和理论特色的生命科学哲学研究体系。

1. 进化论哲学

生物进化论的哲学问题一直是我国生物哲学研究的热门与重点。我国学者的研究主要集中在以下几个问题上：①关于生物进化的机制与动力问题；②关于生物进化的偶然性与必然性问题；③关于中性学说与达尔文进化论的关系问题；④关于突变在生物进化中的地位与作用问题。

生物进化过程是渐变的还是突然发生的争论已有100多年的历史，20世纪60年代以来发现了寒武纪生物大爆炸，由此争论再次尖锐化。1972年，艾德里奇和古尔德（N. Eeldredge and S. J. Gould）提出了关于生物进化的“间断平衡说”，根据是古生物学研究中发现的现象，即在物种形成时表现型进化加速，过后则是长时间的相对稳定期。因此，他们认为生物进化是相对稳定与爆炸式进化相间进行的，物种只以跳跃式快速形成，新种一旦形成便进入进化的停滞期，表型不再变化，进化是跳跃和停滞相间进行，不存在均匀的渐变式进化。

这一学说介绍到我国后，有人反对，有人支持，也有人主张综合。反对者的意见认为，间断平衡说的主要错误在于用地质时间代替生命时间（或称人类时间）。地质上的瞬间对生命来说可能是几百万、上千万年，而生物进化是按生命时间进行的。用地质时间描述物种的形成，就会使长时间缩为一瞬间，使渐变成了单纯的爆发。另外，只依据古生物学的现在已知的事实，不问遗传学、发生学和分子生物学等方面的事实是不科学的。总观进化的各个已知侧面，所谓生物大爆炸是在地质时间尺度上看到的生物整体进化走向的一种宏观现象。这种多门类的多个物种的“同时”爆发是以小进化（物种起源）为基础的，是多重微观进化累积压缩的表现。目前，国内的学者一般都以渐变与质变（突现）的辩证关系来说明进化的过程，很少有人不加分析地接受突变论或渐变论。

2. 生命哲学

当代学者力图在分子生物学和耗散结构等理论的基础上探究生命的本质，在此基础上，西方学者为生命下过不少定义：如认为生命是一种高度复杂的自动的化学机器；生命是开放的有序系统，它借助系统自身的条件在交换成分中保持自身；生命是由化学不稳定性呈现出的一种耗散结构的开放系统；生命是原子的种种电子状态的相互作用的自我实现等。我国学者在恩格斯定义的基础上进一步提出：①生命是以核酸和蛋白质为中心的多分子体系，有人进一步提出，生命是细胞的存在形式。他们不但注意到生命的化学组成的特殊性，更强调它是特殊的有序的组织结构，两方面缺一不可；②生命的本质特征是不断与外界进行物质、能量和信息交换的自我完成运动方式；③生命的本质特征在于它具有自我更新、自我复制、自我调节和对体内外环境有选择性的反应；④生命本质上是一个把低熵状态的物质和能量转化为高熵状态的物质和能量并排出体外的循环反馈系统；

⑤在对生命的本质属性的认识上，不仅认识到化学成分的不断的自我更新，还根据现代达尔文主义和遗传学的成就，强调了自我繁殖的重要意义，把它看作是生命得以持续存在和进化发展的基础；⑥强调信息在理解生命的本质上的意义。这些论述既继承了恩格斯的生命科学思想，同时又根据现代科学技术成就有所创新与发展。

3. 细胞学哲学

20 世纪 80 年代后，我国学者代表性的工作主要是：①汪德耀探讨了细胞分裂的辩证法，说明了细胞分裂本质上是既有量变又有质变的细胞核分裂过程；②关于细胞重建的哲学思考。80 年代初贝时璋领导的研究小组提出这个问题后，胡文耕从哲学上探讨了细胞重建工作的可能性问题。

4. 遗传学哲学

遗传学哲学问题内容丰富，涉及面广。但我国学者研究比较透彻且富有成效的是遗传物质认识论问题。胡文耕阐述了从孟德尔因子到 DNA 双螺旋结构模型的建立这一时期遗传物质的认识史。吴乃虎进一步探讨了 DNA 双螺旋结构模型建立后，人们对遗传物质——基因认识的新进展。胡、吴的研究珠璧联合，勾画出一幅人类认识遗传物质的历史画图，说明了人类对遗传物质的认识是一个不断深化的辩证发展过程。

5. 脑科学哲学

20 世纪 50 年代后，脑科学的迅速发展，我国学者从中提出了一系列哲学问题。朱长超根据现代脑科学的研究成果，阐发了大脑中的定（位）与变（化）、分（工）与（整）合、大与小的辩证法。傅世侠对爱克尔斯的脑意识相互作用论进行了辩证分析。晓新探讨了脑区定位与整合功能的辩证关系。胡恩厚提出了半脑人的发现向裂脑人的“双势理论”的挑战问题，认为必须进一步探索人脑的机能与意识的关系。

6. 生态哲学

我国学者集中探讨的生态哲学问题主要有：①关于生态环境意识问题，强调人与自然关系协调发展的必要性和紧迫性；②关于生态伦理问题，即将人类的伦理道德推广到整个自然界；③关于生态价值问题，即主张生态价值是由真善美组成的。目前，我国生态哲学研究正处于发展迅猛的时期。生态学是当今生命科学研究的前沿之一，其中有许多哲学问题，最核心的是人与自然的关系。在我国主要有两种观点：一种是反人类中心主义，认为人和自然界平权，人与自然界要协调发展，共同进化，它们之间是相互作用、相互依存的有机整体；另一种是人类中心主义的观点，认为人是以自己为中心去认识、索取和改造自然界的。这种观点认为，人类的生态和发展总是以某些动植物的牺牲为前提的，甚至要求绝灭一些物种。人类不可能置自身利益于不顾进行实践活动，当然在实践中要处理好眼前利益和长远利益的关系，两者兼顾，而以长远利益为重。人类的利益高于生物种群的利益。

7. 生物学方法论

我国学者主要探讨了以下 3 个类型的方法论问题。①关于生物学研究方法概论。叶峻分析了近现代生物学研究采用的诸种方法，说明了生物学研究方法的创新必然导致生物学的发展与突破；②关于生物学家研究方法的探索。李难对孟德尔杂交实验方法、吴晓江对摩尔根创立基因论的方法论模式、张春美对德弗里斯重新发现孟德尔遗传定律的溯因推理方法、郑经炜对沃森-克里克发现 DNA 双螺旋结构模型方法，都给予了深入的分析与探讨；③关于生物数学方法的研究，主要有生物统计和生物数学模型两个方面。我国学者重点探讨了生物数学模型的类别及其方法论意义。

8. 生物全息律与唯物辩证法

1980 年，我国学者张颖清首次提出生物全息律之后，即受到国内外学术界的注目。有学者评价它是继孟德尔遗传学、达尔文进化论和细胞学说之后，生物学又一重大发现。肖效武认为，生物全息律从一个多细胞体的结构与功能方面论证了唯物辩证法。卢继传、叶永在认为，生物全息律从新的角度揭示了部分与整体的辩证关系，应予肯定。但张颖清以此为根据而建立的“全息胚学说”遇到质疑和批评。目前，对生物全息律哲学问题争议较大，仍在进一步探索之中。

9. 生物学还原论与自主论

20 世纪 50 年代分子生物学诞生后，还原论问题又重新被人提起，并成为生物哲学研究的一个热门话题。①主张生物学无自己特有的规律，它本质上可还原为物理学；②主张生物学与物理学在研究对象、实验方法、解释方式及研究战略方面都有极大的差异，因此，人们没有理由把生物学还原为物理学；③主张把本体论的还原论与方法论的还原论区别开来，认为还原方法是可取的，但绝对的还原论是错误的。

10. 人类起源理论新探索

19 世纪 70 年代，恩格斯提出：“在某种意义上必须说：劳动创造了人类本身。”1981 年，我国有学者对恩格斯的这一思想提出质疑，认为不是劳动创造了人类，而是劳动选择了人类。但也有学者认为，选择的过程就是创造的过程，这是现代达尔文主义早已证明了的。因此，劳动选择了人与劳动创造了人的思想本质上是一致的。恩格斯从劳动是人类生存的第一个基本条件出发提出的劳动在某种意义上创造了人类的思想，开创了人类起源研究的新纪元，把人类起源研究奠定在科学的基础上。100 多年来的有关发掘和研究证实和发展了恩格斯的上述思想。大量的化石发现使得“人、狩猎者”的思想得到共识，而狩猎作为动因推动了人类的起源与发展。后来在此基础上，又有进一步的发展。我国有学者指出，行为的改变是生物进化主要动因之一，这也说明了“劳动创造了人类本身”的论断是正确的。人类的起源是一系列特征协同进化的结果，而这一系列特征是相继有序地产生的。从描述上看，它大体同恩格斯的推断相同，直立行走先行，随后是手的进一步灵巧，再后是语言器官、语言的产生和脑的不断发达。

11. 生物学家评传

生物学家评传历来是学术界关注的一个重要问题，也是生物哲学研究的一个重要途径。20 世纪 80 年代后，我国学术界加大了生物学家评传研究工作的力度，编辑出版了多部古今中外著名生物学家传记，其中以卢良恕主编的《世界著名生物学家传记》和谈家桢主编的《中国近现代生物学家传记》见长。这些评传不仅介绍了著名生物学家的生平、“冠军”记录和科学业绩，而且还十分注重阐发他们的科学思想、科学研究方法和哲学观点，对后辈学者从事生物学研究具有启迪作用。

12. 关于生物学规律

生物学中有没有规律的问题是近几十年来西方科学哲学中争论的一个问题，20 世纪 80 年代传入我国。主要有两种观点：一种是否定论的观点，一种是肯定论的观点。否定论认为生物学中没有像物理学那样的普遍性规律。理由是在生物学中，历史过程性突出，不具有决定论的预见性，总有例外，不精确。肯定论则认为生物界中有它自己特有的规律，属于不同于力学决定论的或然性规律。

生物界中的发展变化有两种，一种是决定论的过程，即已编码的程控过程，另一种是非决定论的进化过程。两者有所区别又密不可分，两者同时发生在繁殖和发育之中。生物作为自然界中最广泛存在的复杂系统，它的进化方向正如复杂性科学中的分支点理论所描述的那样具有多重性，它的每一次具体演化方向都是或然性的。但是，这种或然性并不是完全随机的。分叉的多少和有怎样的分叉，在总体上是由事件的内在状况决定了的。所以，随机性是在一定范围内的随机性。生物演化的大趋势和基本途径是规律性的，如生物体必然同环境相适应，纵向上由低级到高级的分化进化和横向的复化进化并存，以及突变加选择的进化机制等。由随机性产生的分叉，本质上是生物自身多重可能性的现实选择。

关于规律的预言性，有人认为，预言的性质取决于规律的性质，规律有决定论的、统计性的和或然性的三类，预言也就有三种不同形式的预言：严格决定论的预言、统计性的预言和或然性的预言。生物学则集三种规律于一身，所以，在生物学中有三种预言。比如，一种结构基因决定一条多肽链具有决定论的形式，孟德尔遗传规律可做出统计性预言，而在进化论中则是或然性预言。预言是在已知规律的前提下做出的，现在我们对进化规律的认识还只是模糊的整体，在分子水平上，发生学和进化论尚未取得突破性进展，所以，现在对任何具体进化过程都难以作出预言。

13. 关于对目的论的评价

20世纪以来，由于生理学的发展和"三论"（系统论、控制论和信息论）的提出，人们对目的论有了新的认识。大体上有3种观点：第一种观点认为，目的论是"唯心主义的一个哲学学说"，是"用某种精神实体的自觉目的的存在来解释生物本能的合目的性行为"，所以，目的论是完全错误的。但是，这种观点又承认生物、自控机械和人类行为的合目的性。因此，持这种观点的人为了与传统的目的论思想相区别，提出了一个新的概念"合目的性"来代替"目的论"。第二种观点认为，现实的生命活动是有目的的，但生物进化过程，新程序的编制是盲目的，无目的的。第三种观点认为，在生物界，不但已编码的生理生化和发生发育过程是有目的的调控过程，而且，编码过程（进化过程）也具有目的性。持这种观点的人认为，适应峰、最佳适应值就是自然选择的目标值，就是进化的目的。他们还依据控制论中所明确指出的"目的就是过程趋达的目标"的思想，认为有意识的自觉性不是"目的"的必要属性，"目的论"按其本意是关于目的的性质、来源和作用等的学说，它可以是唯心主义的，也可以是唯物主义的，它可以具有意识的属性，也可以是无意识的。稳定性理论中的"吸引子"、混沌学中的"奇异吸引子"等概念，都是对自然行为目的性的反映。

14. 关于还原论的评价问题

还原论一直受到批判和否定，"文革"结束后，这种情况发生了极大的变化。有人认为，分子生物学的诞生与发展是还原论的胜利。追溯历史，从古代解剖学诞生以来，近现代的生理学、生物化学的发展，基因论和分子生物学的诞生，都可以说是从整体向下还原分析的结果。它使得人们对生命的认识步步深入。没有这种下向的还原分析，我们至今对生命的本质认识可能还是模糊一团。生命是一个复杂的巨系统，它是由众多子系统有序地组织起来的。生命的属性是子系统的功能及子系统彼此之间相互作用的综合表现。因此，还原论具有天然的合理性，它在本体论、认识论和方法论上都有适用的一面。

同时，也有人认为，生物整体除了可还原性之外，还有系统综合，除了组成部分之外，还有各层次的部分之间的相互作用，除了子系统的属性之外，还有在整体上突现的一系列新型关系和新的功能。从生物大分子等的特殊性，从基因工程成功率较低的种种事实，人们意识到生命有不同于物理、化学的特殊性。因此，这些人认为，生物学有自己特有的规律，不可能完全还原为物理学、化学。

5.3.4 我国生命科学哲学研究的理论特色

生命科学哲学是介于生物学与哲学之间的一门交叉学科，单一的知识结构是无法进行这方面研究的。我国生命科学哲学学术界的研究机制是通过建立生命科学家与哲学家之间的桥梁和纽带，逐步形成一支由生命科学家、生物学史工作者和哲学家及自然辩证法工作者相结合的研究队伍，突出体现了我国生物哲学研究的基本特色。

1. 著名科学家率先垂范，积极参与生物哲学的研究

我国的生命科学哲学的研究得到生命科学界的重视。一些老一辈的著名生命科学家率先垂范，撰写了一大批具有较高理论价值的学术专著。在老一辈科学家中，童第周是最早进行生物哲学研究的杰出代表。他运用唯物辩证法的基本观点探讨了实验胚胎学中细胞分化与胚胎发育的核质关系，提出了细胞质在动物胚胎发育中控制细胞核的崭新见解，引起国内外学术界的高度重视。这一成果不仅具有重要的学术价值，而且也为唯物辩证法提供了科学依据。遗传学家方宗熙对进化论哲学颇有研究，发表过不少研究论著。其中《生命发展的辩证法》一书全面系统地论述了生命的本质、生命的起源与演化的辩证法，是 20 世纪 70 年代我国生物哲学研究的代表作。原生动物学家张作人也长期悉心研究生物哲学问题。他积几十年教学与科研的心得体会，广采博引古今中外的生物学史料和当代生物学的新成就，写成了《生物哲学》一书，对一些生物学基本概念和基本理论进行了哲学考察。植物分类学家陈世骧以进化论和分类学哲学问题研究见长。他根据现代生物学的研究成果，从哲学的大视野对物种概念进行了新概括，提出了“又变又不变”的物种新概念，把林奈的“物种不变论”和达尔文的“物种可变论”统一了起来。这个观点提出后，受到学术界的高度评价。遗传学家谈家桢、生物物理学家邹承鲁、沈淑敏、生态学家马世骏等，对有关生物哲学问题进行了认真探索，发表了一系列很有学术价值的研究论文，使得我国生物哲学研究表现出较高的理论水平。在这里还需要特别指出的是，除了生物学家以外，还有一些物理学家、化学家也对生物哲学表示了极大的兴趣，并直接参与到这一研究中来。著名物理学家彭桓武、丁达夫专门探讨了生物学的自主论与还原论问题。他们认为，与已知的物理学规律相比较，生物规律处于更高级的层次。所以绝对的还原论是不可能的。这是物理学家对生物学还原论问题的精彩论述，使得我国生物哲学研究大为增色。

2. 哲学家和自然辩证法工作者是我国生物哲学研究的主力军

我国生物哲学研究人员主要来自社科研究机构和高等院校，他们大都具有较高的哲学素质和较扎实的生物学功底，所以许多重大理论问题主要是由哲学家和自然辩证法工作者研究并完成的。我国生物哲学研究的第一部理论专著《达尔文学说与哲学》就是由哲学家舒炜光撰写的。这部著作运用马克思主义的基本观点，对达尔文学说的基本概念和理论做了全面分析与探索，是20世纪50年代我国生物哲学研究的代表作之一。哲学家胡文耕是我国生物哲学研究的主要学术带头人。他在不同时期发表过多部（篇）生物哲学论著，可视作我国生物哲学研究发展史的一个缩影。他的《信息、脑与意识》一书对心身问题、脑与意识的复杂关系，进行科学的分析与讨论，阐发了自己独到的见解，是我国生物哲学研究不可多得的学术著作。哲学家邱仁宗主要致力于生命伦理与道德的研究，他的《生命伦理学》一书论述了有关生殖技术的伦理及安乐死问题，填补了我国生物哲学研究的一项空白。哲学家余谋昌在生态哲学研究方面颇有建树，他是我国生态哲学研究的开拓者之一。他撰写的《生态学哲学》一书对当代全球生态危机及其解决途径进行了哲学反思，发人深省。值得一提的是，青年哲学家王志康在进化论哲学研究方独树一帜。他在《突变与进化》一书中专门探讨了突变概念的演变及其在生物进化中的地位与作用问题，是90年代我国生物哲学研究的又一部力作。

3. 生物学史是生物哲学研究的一个重要支撑点

一方面，生物学史工作者十分关注和投身于生物哲学的研究，他们在生物学史研究的基础上，常常深入探索某个案例而阐发其中的哲学问题，这样他们既是相关方面的生物学史行家，又较好地解决了所探讨的生物哲学问题。例如，李佩珊对遗传学史及其哲学问题，潘承湘对细胞学说史及其哲学问题，张秉伦对人类进化史及其哲学问题的研究，都属此例。另一方面，我们许多生物哲学研究者也都是生物学史研究的活跃分子，他们把生物学史与生物哲学研究结合起来，通过生物学史个案研究来拓展、深化生物哲学的研究。例如，卢继传、傅杰青都是这样的“两栖”学者，他们的研究相互补充，相得益彰。

本章小结

生命科学哲学是生命科学理论的纯粹形态，或者说是在生命科学理论中具有普遍性与指导性的观念形态，因此在生命科学史上的不同时期有着不同的表现。生物学的基本问题，主要包括生物和非生物的区别，生命和细胞的起源，物种的形成、遗传与变异，个体的发生等，主要集中在发育、遗传和进化三个方面。机械论（mechanism）和生机论（vitalism）、预成论（preformatism）和新生论（epigenesis），是多个世纪以来争执最尖锐的相反学派。此外，机体论（organismic theory）和记忆论（mnemic theory）则以其他不同观点解释生命的基本现象。

研究生命科学哲学的基本途径是追溯生物学理论思想发展的历史。

生命科学哲学在当代兴起的根源在于：生命科学研究对象的特异性、生命科学的突破性进展与传统科学哲学的危机。生命科学哲学在我国历史上的各个重要时期都发挥了积极的作用，我国生命科学哲学学术界的研究机制是通过建立生命科学家与哲学家之间的桥梁和纽带，逐步形成一支由生命科学家、生物学史工作者和哲学家及自然辩证法工作者相结合的研究队伍，突出体现了我国生物哲学研究的基本特色。

思 考 题

1. 简述生命科学史上几种有代表性的哲学形态的内容。
2. 生命科学哲学在当代兴起的根源有哪些?
3. 生命科学哲学在我国历史上发挥了哪些积极的作用?

第6章 生命科学哲学的代表性理论形态①

本章主要介绍当代著名生命科学哲学家恩斯特·迈尔和大卫·赫尔的学术生涯与理论贡献。恩斯特·迈尔是杰出的进化生物学家、系统分类学家、鸟类学家、科学史家和科学哲学家。大卫·赫尔是当代著名的生命科学哲学家，也是当代生物学哲学的开创者之一。赫尔对生物学哲学的巨大贡献，使他在科学哲学界获得很高的尊重。他们的贡献基本代表了当代生命科学哲学的最高水平。

6.1 迈尔的生物学哲学

6.1.1 迈尔简介

6.1.1.1 迈尔的学术成就

恩斯特·迈尔（Ernst Mayr，1904— ）是美国科学院院士，哈佛大学 Alexander Agassiz 讲座教授（1953—1975），并兼任美国多所大学客座教授。1975 年退休后被授予哈佛大学终生名誉教授。他不仅是国际学术界公认的进化生物学权威，而且还是综合进化论（现代达尔文主义）的积极倡导者之一。他曾任世界进化生物学会主席，创办并主编世界著名的《进化》杂志。恩斯特·迈尔曾在有关学术杂志上发表论文 500 余篇，重要著作有《系统学与物种起源》(1942),《系统学动物学的原理与方法》(1953),《物种问题》(1957),《动物种与进化》(1963),《系统学动物学原理》(1969),《种群、物种与进化》(1970),《进化与生命的多样性》(1976),《综合进化论》(1980 年主编),《进化生物学》(1981),《生物学思想发展的历史》(1982),《生物学的新哲学》(1988)。恩斯特·迈尔是杰出的进化生物学家、系统分类学家、鸟类学家、科学史家和科学哲学家。

6.1.1.2 迈尔的学术生涯

1904 年 7 月 15 日，迈尔出生于德国巴伐利亚州肯普顿的一个医学世家。他自小聪明伶俐，勤奋好学，而且对大自然有着浓厚的兴趣，经常随爱好生物学的

① 本章的编写参考和引用：[美] E. 迈尔. 1992. 生物学哲学. 涂长晟等译. 沈阳：辽宁教育出版社；[美] E. 迈尔. 1990. 生物学思想发展的历史. 涂长晟等译. 成都：四川教育出版社

父亲到野外去观察动植物的形态结构与行为并采集标本。在各种各样的野生动植物中，迈尔特别喜欢观察和研究鸟类。在十几岁的时候，他就已经通晓了当地所有的鸟类的名字，而且仅凭鸟叫声就可以把当地鸟的种类识别出来。在乐于观察自然的同时，迈尔还热衷于阅读博物学和鸟类学的书籍。1923 年 9 月，迈尔进入名为格雷夫斯沃尔德的大学开始学医。尽管在两年的学习期间，大多数的医学课程迈尔都取得了优异的成绩，可是他真正的兴趣还是在鸟类的研究上。1923 年，在医学院完成基础医学学业的同时，一次偶然的机会，结识了当时德国首屈一指的鸟类学家斯特雷斯曼（E. Stresemann）。虽然迈尔的家人希望他能成为一名医生，但在斯特雷斯曼的劝说下，他跨入了生物学的研究行列。1925 年，他放弃了医学，来到柏林大学学习动物学，侧重于研究鸟类学。由于迈尔曾经受过严格、系统的训练，其中包括 9 年的拉丁文和 7 年的希腊文训练，也由于他广泛的兴趣、扎实的学术功底以及卓越的天赋、敏锐的思维能力和过人的毅力，迈尔圆满完成了申请博士资格所必需的课程学习，1926 年 5 月，迈尔的鸟类学论文获得通过，年仅 21 岁的迈尔荣获柏林大学动物学博士学位，并进入柏林大学动物学博物馆做了助理馆员。像达尔文一样，迈尔在年轻时代就喜欢从事野外博物学的实践，他曾先后两次带领考察队分别到新几内亚群岛北海岸山区和惠特尼南海和所罗门群岛做鸟类考察，采集过大量的鸟类标本。他也与许多科学家合作，对多种生物进行过有关研究，包括果蝇、显花植物、蜗牛和人。近三年的实地考察使迈尔受益匪浅，无论在理论水平上还是在实践经验上迈尔都得到了极大的提高与丰富。

1931 年，迈尔离开了德国，来到美国自然博物馆担任鸟类部的主任。这个岗位广阔的学术自由空间使他获得到了充分发挥自己的实力的平台，迈尔的学术成就开始为国际学术界瞩目。以后的 20 多年中，迈尔的精力集中于鸟类分类以及综合进化的研究。直到 1953 年，迈尔离开了工作多年的美国自然博物馆来到了哈佛大学的比较动物学博物馆。在这里，迈尔除了为本科生及研究生开设进化生物学的课程外，他还主要从事进化生物学的研究。1961 年，迈尔成为比较动物学博物馆的馆长并一直工作到退休。退休后的迈尔以更大的热情投入生物学史学和生物学哲学方面的研究中，他 90 岁后还在撰写论文和专著。曾有报道说，当他成为百岁老人时仍在关注着全世界生物学和生物学哲学前沿动态。他对科学的这份执著与真诚的确为每一个投身于生命科学研究的后来人树立了楷模。

6.1.2 迈尔在生物学领域中的成就

6.1.2.1 澄清物种概念的模糊混乱

自亚里士多德以来，从经院哲学家、林奈一直到达尔文以后很长的一段时间里，在博物学形态生物学中处于核心地位的“物种”概念一直是在提法上多种多样而又彼此矛盾和含混不清、未能形成一个统一的共识。物种概念以及物种形成模型的问题，在生物学领域中一直是非常令人棘手的。生物学史上的物种概念大致有如下三种：模式物种概念、唯名论者的物种概念和进化的物种概念。迈尔对上述几种物种概念一一作了分析研究，并深刻剖析了其中各种弊端，在此基础上，他提出了一个简练、准确、明晰的生物学物种定义："种是能够（或可能）相互配育的自然种群的类群，这些类群与其他这样的类群在生殖上是互相隔离的。"迈尔的概念澄清了生物学史上物种概念上的混乱，为物种的科学界定给出了一种明确的衡量尺度，利用这个尺度可以澄清许多有争议的问题。更重要的是，从生物学哲学的角度来看，迈尔的物种概念具有很大的启发意义：①它指出了关于真实世界中真实生物的许多有关进化的、生物地理学的和系统学的值得注意的问题；②物种概念几乎是一切生物学学科中的基础范畴，对物种的研究是生物科学的基本问题。然而，所有的研究都必须以正确的物种概念为基础才具有建设性意义。物种概念澄清的重大意义由此可见。迈尔不仅在本体论方面对物种进行了研究，他还从认识论的角度对物种的研究过程进行了探讨，深入地分析了物种的形成过程及原因。首先，迈尔指出并纠正了自达尔文以来的许多进化论者（包括达尔文在内）都未能避免的一个错误——混淆了"谱系进化"与"物种形成"这是两个不同的事物。在此基础上，迈尔又明确提出了物种的形成模式：异域的物种形成是更常见的自然现象，即地理隔离是物种形成的重要条件，而且物种产生歧化更易发生在物种种群分布区的边缘地带。迈尔的这个模型，加上后来的间断平衡学说，就能较好地解释了自达尔文以来一直困扰人们的一个进化之谜：为什么地质记录中谱系之间存在那么多缺失的环节。迈尔对物种概念的澄清，不仅对生物科学的发展是一个重大的贡献，而且也是他的生物学哲学思想成功运用的典型范例。

6.1.2.2 对鸟类学与分类学的贡献

在迈尔从事鸟类学研究长达 60 多年的学术生涯中，他不仅收集了南太平洋地区几乎所有鸟类的标本，而且对这些标本进行了系统的整理、分类和描述。迈尔也因此成为世界级的南太平洋地区鸟类学权威。他在美国自然博物馆工作的 20 多年期间，通过对美国自然博物馆丰富的馆藏的研究整理与实地考察，他对北美和欧洲鸟类的种类、分布、习性等许多方面的研究取得了丰硕的成果。迈尔先后命名和描述了 26 个鸟种，此外，还有三百多个亚种的命名与描述都是在迈尔与其他学者的合作下共同完成的。这样的成绩，在 20 世纪是没有任何一个其他的鸟类学家可以与之相比的。1953—1986 年期间，迈尔主持并完成了彼特斯世界鸟录 68—75 卷的写作，这 8 卷书囊括了当前一半还多的鸟种。这项工作对于推动世界鸟类学研究的发展具有极其重大而深远的学术价值和生物多样性保护的现实意义。由于迈尔长期从事的鸟类学研究与分类有着密切的联系，因此他在鸟类学方面的研究成果与精深的造诣又为他的生物分类学研究提供了坚实的基础与广阔的平台。迈尔是当代系统分类学三大流派之一的进化分类学派的创始人和主要代表（其他两派分别是数值分类学派和支序分类学派）。他主张应从生物进化的角度来解释生物的种类形成和分布，因为分类学已经不是单纯的鉴别分类生物的科学；分类学的任务也不仅只是材料的收集和划分，其本身就应当包含生物进化理论的探讨。迈尔认为，分类的基本概念与分类系统的建立必须要以反映出生物进化的图景为原则，对于分类元的界定，如亚种和属等，更应从进化生物学的角度，而不单是从分类的角度去考虑。类元之间的相互关系应该是一种进化的关系，而不单单是形态类似的分类关系。正是由于迈尔的努力，分类学开始了一个生气勃勃的新时代。

6.1.3　迈尔对进化生物学的贡献①

迈尔对进化生物学的贡献集中在下列两个方面。

（1）作为一名达尔文主义者，凭借他深厚的生物学、哲学和历史学的功底，对达尔文学说作了权威性的概括和评述。迈尔指出，达尔文的学说主要有三大领域，即进化理论、生物哲学以及社会思想伦理观念。他成功地论述了形成达尔文学说的证据和推论，同时也揭示了达尔文非凡洞察力之下的不足。迈尔说："在（1959 年）以后的岁月里。我一直致力于研究达尔文的工作，这项努力的结果，是在 1982 年发表了《生物学思想的发展：多样性、进化和遗传》一书。"该书从生物多样性、进化、遗传和变异三个部分，梳理出从古代到拉马克和达尔文再到 20 世纪 80 年代的生物进化思想的发展脉络。这部巨著内容之丰富、条例之严密、论证之清晰令人叹为观止。

迈尔在达尔文五项理论的基础上，构建了达尔文创建的一门新的哲学分支——生物哲学。迈尔指出进化生物学与物理学、化学不同，他是通过概念和论证而不是定律和实验研究问题的。例如，对于恐龙在白垩纪末期突然灭绝的事件，研究人员提出三种不同的假设：毁灭性的流行病、气候突变以及小行星的撞击（称为 Alavarez 理论）。前两种说法均与事实不符，最终选择了小行星的撞击论。迈尔的这一论述在进化科学方法论上是一项突出的贡献。又如，自然选择学说是在变异的基础上淘汰低劣个体的过程。迈尔指出，其中第一步受偶然性的支配，第二步受必然性的支配。世上的变化都是上述两个方面共同作用的结果。达尔文学说就这样解决了哲学家数千年来争论不休的偶然与必然关系的难题。迈尔关于生物学历史和哲学的论文，汇集在一部名为《走向新的生物学哲学：一名进化论者的观察》的书中。

---

① 本节引自：李难．2005．进化生物学基础．北京：高等教育出版社

关于达尔文学说在思想层面上的意义，迈尔认为首先表现在达尔文学说是一场社会意识形态上的革命。它猛烈冲击了以往时代的精神支柱，改变了人们对世界的看法。就好比路德和加尔文唤起了宗教改革，莱布尼茨、伏尔泰和卢梭推进了启蒙运动一样。不仅如此，达尔文对世界的影响更加广泛、更为久远。同时，迈尔还认为，达尔文学说引起的是一场知识革命。与以往的知识革命相比，它触及到改变人们世界观的深度。

（2）作为一名综合进化论的创导者，他在科学研究中的重要发现使该学说的研究进入到一个新的领域。迈尔是一位综合进化论的积极倡导者，他对杜布赞斯基等的成就有很高的评价。迈尔也按照这一学派的传统进行工作。更加可贵的是它在周边物种形成和基因型内聚力上的发现，突破了综合进化论的框架，促进了不同学说之间的综合研究。

1954 年，迈尔提出周边物种形成（peripatric speciation）的概念，即边缘创始者种群中急剧成种的学说。该学说的要点是：在一个种分布区的边缘，由于地理隔离周边种群与主种群之间的遗传交流中断；由于周边种群数量有限，因而遗传漂变极其活跃；也由于物种进入新的生态区，选择压力增加，因而周边种群与主种群之间遗传性质的差异急剧上升，最终周边种群演变为新的物种。他与主种群之间，即使地理隔离解除也无法进行交配。周边物种形成学说揭示的遗传剧变、迅速成种的机制，有别于渐变、缓慢的进化模式。有学者（如 LeVintion，1983）说："迈尔的边缘隔离种群和遗传剧变的假说毫无疑问必然是间断平衡学说的核心。"迈尔也成为将物种形成、进化速度和宏观进化联系在一起并将之构成一个详尽模型的第一个学者。

迈尔关于基因型的内聚力（cohesin）的研究成果是他的另一个重要贡献。迈尔认为，基因型内聚力是大进化的一种机制。在达尔文看来，从小进化向大进化的过渡是自然的过程，综合进化论所关注的是小进化。迈尔则强调应重视对大进化的研究。此外，迈尔在生物学种、大进化与小进化的关系、对中性学说的评价等方面也都有精辟而独到的见解。综上所述，我们可以看到：全面地思考和综合地研究是迈尔的学术风格。这不仅符合进化科学的特点，也只有这样才能客观地揭示事物的真相。

6.1.4 迈尔的《生物学思想发展的历史》[①]

6.1.4.1 生物学世界观的意义

迈尔写道，西方世界的显著变化之一是在过去四百年中科学的稳步兴起。这

① 本节内容节选自：［美］E. 迈尔. 1990. 生物学思想发展的历史. 涂长晟等译. 成都：四川教育出版社

对人们的世界观以及——在实际运用方面——对医学与技术都具有深远的影响。起初，由伽利略、笛卡儿、牛顿开始，这种对世界的思维方式是由逻辑学、数学和物理学支配着，象征着所谓的“科学革命”。但是，由 1859 年出版的《物种起源》迎来的达尔文革命证明了物理学家的世界观不够完善。达尔文的进化思想迫使我们对人在生命世界中的地位采取一种现实主义观念。此外，它还促使我们在哲学思想上容纳物理学家的哲学所轻视或缺少的一些概念，诸如变异，多元论、机遇、不确定性、目的性程序、历史信息以及其他。新的生物学世界观为控制事态过程（包括人类历史）各种力量的相互作用提供了一幅全新的画面。

6.1.4.2 研究生物学史的方法

迈尔写道，就科学史来说，聚焦点是问题而不是思想……科学史家努力于追溯问题的起源，并从开端起跟踪其演变、分化直到问题解决，或者是延续至今。本书的主要目的是在生物学的各个部门、各个时期中去发现：未解决的问题是什么，提出了哪些设想去解决它们；占支配地位的概念的实质、它们的演变，这些概念被修正以及新概念产生的原因是什么；最后，当时流行的概念或新产生的概念对延滞或加速当时未决问题的解决有哪些影响。这种处理方式在最理想的情况下将能刻画出生物学中每个问题的全部生命史。

6.1.4.3 生物科学的进展主要在于科学概念的进步

迈尔写道，在一般人的心中发现就是科学的标志……然而把科学仅仅看作是搜集事实则是很大的误解。在生物科学中，绝大多数的重要进展是由引入新概念或改善现存的概念而取得的；这一点可能对进化生物学较之对功能生物学来说更为真切。通过概念改善比经由新事实的发现更有效地推进我们对世界的了解，虽然这两者并不是互相排斥的。

6.1.4.4 生物科学的自主性根源于它的特殊性

迈尔写道，科学史，自亚里士多德开始，就是力求表述生物学自主的历史，是试图抵制机械——定量式解释的历史。

1. 生物学定律的几率性

定律在物理科学中具有重要的解释作用。一件特定的事态只有当它能被证明是由符合于一般定律的特定原因引起的时候才被认为是得到了解释。在生物学的各个学科的现代教科书中却可能一次也遇不到“定律”这个词。这并不是说生物学中不存在规律性，而只是指这些规律性是如此显而易见或如此平凡，不值一提……当分子生物学家称蛋白质不能将（遗传信息）重新转译入核酸时，他们认为这是事实而不是定律。生物学中的概括几乎是完全几率性的。有人曾做出这样的妙语：生物学中只有一条普遍定律，那就是一切生物学定律都有例外。这种几率性的概念化与在科学革命早期认为自然界事物的原因都可以用数学形式表达的定律支配的看法相去甚远。

2. 生物学概念的灵活性与启发性

生物学家通常并不建立定律而是将他们的概括组织成概念结构（体系）。定律不具备概念的灵活性与启发性。生物科学的进展大多是这些概念或原则发展的结果。系统学进展的标志是分类、种、类目、分类单位（分类群）等这样一些概念的提炼和完善；进化生物学的进展则是由于世系、选择以及适合度等概念的发展与完善。生物学的每个部门都可以列出一些类似的主要（或核心）概念。生物学中一些特别重要的概念如：种群思想和目的论。

种群思想：种群思想家强调生物界每一事物的特殊性。对他们来说重要的是个体而不是模式。他们强调有性繁殖物种中的每一个个体和一切其他个体都不相同，即使单亲生殖的个体同样也具有特异性。没有模式的或“典型的”个体，平均值只是抽象概念。过去在生物学中所指的“纲”（classes）大多数是有独特的个体所组成的不同种群。

目的论：现在已经弄清楚自然界中那些外观上有目的的进程和严格的物理化学解释丝毫也没有冲突。和科学史上经常发生的那样，问题的解决是由于把一个复杂的问题分解成了它的几个部分而完成的。已经分析清楚“目的性”这个术语过去曾用于四个不同的概念或过程。

第一，程序目的性活动（teleonomic activities）。遗传程序的发现为一类目的性的现象提供了机械论解释。某一生理过程或行为之所以有目的性是由于某种程序的运行而引起的就可以称之为程序目的性活动。个体发育的全部过程以及个体外观上有目的的行为都属于这一类范畴。

第二，规律目的性过程（teleonomic processes）。任何过程，特别是与无生命体有关的过程，其目的或结局是严格按照物理定律而活动的结果。亚里士多德早就觉察到这一类过程独立存在，并将之归因于“必然”。

第三，业已适应的系统（adapted systems）。自然神学家对于与生理功能直接有关的一切结构的设计特别注意：心脏是造来把血液抽送到全身，肾是造来排除蛋白质代谢的副产物，胃肠道执行消化功能使营养物质能够被身体利用等。达尔文最具有决定性意义的贡献之一就是指明这些器官的起源与逐步完善可以通过自然选择来解释。

第四，宇宙目的论（cosmic teleology）。虽然亚里士多德是在研究个体发育的基础上提出并发展了他的目的论概念（这是完全合理的），后来他却将之运用到作为一个整体的宇宙。

3. 生物有机体的特殊性

复杂性和组织性（complexity and organization）：生物系统一律具有精巧的反馈机制，其精确性和复杂性是在任何非生物系统中都未见到的。这些反馈机制对外界刺激有反应能力，能调节代谢作用（能量的聚集与释放），并具有控制生长和发育的能力。生物系统的复杂性并不是混乱无章而是高度组织化的。

化学上的独特性：生物有机体是由具有极其特殊性质的高分子组成。例如这些高分子中的核酸能够被转译成多肽；酶是代谢过程中的催化剂；磷酸化合物传递能量；脂质则是膜的成分。很多这样的高分子是如此特殊并只能独特地执行一种特别的功能（如光感受过程中的视紫红质），每当需要这种特别功能时它们就在动物界和植物界出现。

性质（quality）：物理世界是数量（牛顿运动和力）和质量作用的世界。对比之下，生命世界可以看作是（性）质的世界。个体差异、联络系统、储存信息、高分子的特性、生态系统的相互作用以及生物有机体的许多其他方面都是性质占优势。

独特性和变异性：在生物学中很少讨论由完全相同的物体组成的门类，几乎总是研究独特个体组成的种群。

具有遗传程序：一切生物有机体都具有历史地形成的遗传程序，这程序编码在合子的 DNA 中（某些病毒则编码在 RNA 中）。在非生物世界没有类似的程序存在（人造的计算机除外）。遗传程序的出现赋予有机体一种特殊的两重性，即表现性与遗传型。

自然选择：自然选择就是在适应优势上有特殊差异的生物个体的差别繁殖，在非生物界的变化过程中根本没有类似的现象。

不确定性：预测在物理科学中的作用比在生物学中更重要。生物学中，特别是在进化生物学中，解释一般与历史性叙述有关。早在 1909 年，Baldwin 就提出了两点理由，说明为什么生物学事态往往总是不能预测的：首先是由于生物系统的高度复杂性，其次是在等级结构中较高的层次常常冒出一些未曾料到的新奇事物。

6.1.4.5 生物学的新哲学的理论框架

现在已经很清楚，生物学需要一种新的哲学。它应当包括并且综合功能生物学的控制论—功能—组织结构的观点，以及进化生物学的种群—历史程序—独特性—适应的概念。

作为生物学哲学的基础应当包括哪些原则或概念？这很不容易详尽说出，但是根据前面的讨论可以很明显地指出：①为了充分了解生物有机体不能单靠物理学和化学的学说；②必须充分考虑生物有机体的历史性本质，特别是它们具有从历史上获得的遗传程序；③在大多数等级（结构）层次（从细胞开始）的个体都是独特的并形成种群；个体变异是其主要特征；④有两类生物学，功能生物学提出近期原因的问题，进化生物学提出终极原因的问题；⑤生物学的历史由概念（的建立）来支配，并且为概念的完善化、修正和偶尔的废弃所左右；⑥生物有机体的构型复杂性（patterned complexity）等级痕迹结构组成，等级结构较高层次具有突现特征；⑦观察和比较是生物学的研究方法，和实验（方法）具有同等的科学性和启发性；⑧坚持生物学的独立性并不意味着支持活力论、定向遗传论或者其他与化学或物理定律相矛盾的学说。

生物学的哲学必须包括一切主要的生物学特有的概念，不仅是分子生物学，生理学和发育（发生学）的概念，还包括进化生物学的概念（如自然选择，总适合度，适应，发育，世系），系统学概念（如种，阶元，分类），行为生物学及生态学概念（如竞争、资源利用，生态系统）。

6.1.5 E. 迈尔的生物学哲学理念

6.1.5.1 主张适当强调基于世界多样性的科学多元性，改变以物理科学作为统一的科学标准范式的科学哲学传统信念

由于自然科学各门学科的发展具有不平衡性。在近代科学革命之后，当以经典力学为代表的物理学科学首先发展成熟的时候，生物科学尚处于孕育阶段。直到19世纪中期，生物科学才得到较大的发展。因此，来自硕果辉煌的物理科学的思想和方法自然成了一切科学的评判标准，大多数哲学家理所当然地把物理科学看成是科学的范式，认为一旦理解了物理学，就能理解其他任何科学。这种传统的影响一直延续到今天。因此，迈尔指出，必须建立一种新哲学（生物学哲学），这种新哲学的前提就是物理科学和生物科学并不是一模一样的科学。

在科学史上，生物学的博物学传统就与物理学的牛顿传统无关。

6.1.5.2 论述了还原论不能完全说明生命现象的问题

还原论是物理主义的科学统一信念的理论基础。迈尔论述了还原论不能完全说明生命现象的原因。由于生物阶层系统的不同层次都有新的突生属性出现。尽管阶层系统的较高层次与较低层次都由原子、分子组成，但高层次的过程常常不完全依赖于低层次的过程。迈尔因此指出，在生物阶层的不同水平上有不同的问题，所以，在不同的水平上就要提出不同的理论。这样，在从大分子系列一直到细胞器、细胞、组织、器官及其他，每一层次都导致独立的生物学分支产生：分子水平是分子生物学，细胞水平是细胞学，组织水平是组织学等。所以，要充分解释生命现象，就必须研究每一层次。

6.1.5.3 在生物科学中，“历史的叙述比定律解释更重要”

根据传统的科学哲学，科学解释的基本形式就是把被解释的事件归并到一定的规律或定律之下。从认识论上讲，科学定律就是一些包含普遍限定词、具有经验内容并得到确证、从属于一个更大的理论的陈述。物理主义认为，任何一门科学要想成为真正的科学就必须有一系列这样的定律。根据这样的要求，不少人认为只有物理科学才有普遍定律，生物学中不存在这样的定律。著名哲学家卡尔·波普尔也认为生物学中没有定律。波普尔认为，由于地球上的生命进化或者人类社会的进化只是一个单独的历史过程，因此对进化的描述就不是定律，而只是一个单称的历史陈述。波普尔说，探索进化的“不变秩序”和“定律”是不可能的。也有人以此为依据对进化论的科学性提出了怀疑。

迈尔也认为生物学中不存在定律，但他并没有因此否定进化论的科学性，相反他认为人们应当改变的是对科学定律的传统信念。迈尔认为，人们平常所说的生物学定律，都不是普遍的，因为它们大多都有例外。迈尔认为，生物学概括具有或然性，其原因在于：任何生命都是与生物进化历史有关的，都具有独特性。生物学所描述的都是具体的、历史性和特异性的事件。因此，对生命现象而言，重要的是历史的叙述，而不是千篇一律的定律。迈尔把定律观念看作是本质主义错误观点的必然结果，不变性和不连续性是本质主义特别强调的论点。本质主义是由柏拉图发展起来并一直支配西方思想界的哲学思潮。在本质主义看来，世界上真实和重要的东西就是本质；而可变化的现象世界只不过是固定不变的本质的外在表现。现实世界的变异只是内在本质不完美的表现。因此，迈尔认为，这种思想必须为新的群体思想所代替。群体思想认为，重要的东西不是本质而是个体。许多生命现象，特别是种群现象都是以高度的变化为特征的。在物理世界中的实体具有不变的特性，而在生物世界中的实体却以变化性为特征。生物实体的这种特异性要求在生物学的研究中必须采取一种与研究无内部层次结构的、完全均一的物理实体完全不同的科学策略和哲学范式。这种新哲学范式的特点就是强调生命体的独特性和生物进化的历史。迈尔说：“规律的观念远远没有历史叙述的观念那样有助于进化生物学。”著名生物学家冈奇（T. A. Gondge）曾经说过：“在讨论生命历史上具有重大意义的单个事件的时候，叙述性的解释进入了进化生物学。叙述性解释的建构一点也没有提到一般规律。进化过程中的事件不是某种事件的例子，而是单独发生的事，是某种只发生一次、不能（以同一方式）再发生的事情，这时就要求叙述性解释。历史性解释构成进化理论的基本部分。”迈尔对此很赞同。他说，历史叙述具有解释价值，是因为在历史序列中，早先的事件通常对于后来的事件起到一定的作用，因此历史叙述的目标之一就是发现后继事件的原因。然而，“那些由基本逻辑公理系统训练出来的哲学家，看来是很难理解特异性和事件历史序列的特殊性质的，他们想要否认历史叙述的重要性，并想要用结构性的法则把它们公理化，但他们的想法并没有说服人”。所以迈尔说：“所谓的生物学学说并不是经典物理学中的普遍而通用的定律，而只不过是高层次的概括……有一些科学并没有运用无可争辩地被称为定律的表达方式也运行得非常顺利。”

6.1.5.4 指出在生物学中“解释”和“预言”理论功能的不对称性

在物理科学中，解释和预言的理论功能是对称的。根据“演绎定律论”，如果某个已知事件能够从一些前提条件和一些规律性的陈述中推导出来那么它就得到了解释。这就意味着如果一个科学理论具有较强的预言功能，那么它的解释价值就高；反之，如果它的解释价值高，它就能做出很好的预言。迈尔认为，这种观念并不适合生物学。他说：“自然选择学说能够相当准确地描述和解释自然现象，却不能做出可靠的预测，除非是像‘适合度高的个体平均来说有较多后代’这种无关紧要或毫无意义的循环或推理的说法。”又说：“进化学说对哲学做出的最重要的贡献之一是论证了解释和预测彼此独立，并没有任何联系。”当然，解释和预言的不对称性并不排斥在生物学中也有预测，生物学家在解释现象时如果同时做出了较为精确的预测当然会十分高兴。生物学中预言或预测有很多种，比如分类学中的预测，分子水平的预测，生态相互作用结果的预测，进化事态的预测等。但是所有这些预测几乎都是统计性的。其原因是：①生物事态具有随机性，突变、重组、配子选择、配偶选择、合子的早期存活率等都是不确定的；②生物实体具有独特性，对独特现象的描述就不可能有普遍定律；③生物实体具有极端复杂性，这种极端的复杂性导致完全的描述是不可能的；④在生物阶层系统不同层次突现了与其他层次不同的新性质，这些新性质不可能从低层系统中推导出来，因此，对这种新性质的预言也就是不可能的。

因此，在物理科学中理论的预测功能是检验其理论解释正确与否的依据，然而它却不是一个完善的生物学学说的必备条件。

6.1.5.5 指出科学概念的澄清和适当概念的引入对于生物科学发展的关键性作用

迈尔认为，生物学家在采用历史叙述解释现象时，常把他们的概括总结为概念框架。虽然新事实的发现也是生物科学进步的重要标志，但是概念的改进要比新事实的发现更能有效地促进在生物学对生命世界的理解。例如，孟德尔以前的植物育种专家曾经多次发现过3∶1这个比例，达尔文在他的植物育种工作中也曾好几次得到这个比例，然而对于推动生物学的发展来说，这一切并没有实际意义。一直到孟德尔引进了合适的概念和魏斯曼引进了补充的概念后，孟德尔的分离定律才得到了遗传学上的真正意义。在进化生物学或者系统学中更是如此。迈尔指出，这里人们几乎可以举出任何一种进步来说明科学进步对于发现的依赖程度还不如对于引进改进概念的依赖程度大。比如，只有在引进了种群思想、地理变异概念和隔离机制的概念以后，人们才充分地认识到，在物种形成过程中获得生殖隔离是一个决定性因素。同时，只有把地理屏障也算作是隔离机制才能理解隔离机制的真正作用。所以，迈尔说："新概念和概念的多少带有根本性质的变化，和事实及对事实的发现比较起来，常常具有同等的，甚至是更重要的意义。"迈尔认为，概念的改进及新概念的提出之所以能引起生物学的进步，原因就在于这些概念可以帮助澄清从前生物学的混乱局面，导致新理论的形成和一系列的新研究。迈尔认为，"生物科学中的进步并不是以个别的发现（不管这项发现多么重要），也不以新理论的提出为特征，而是以新概念的逐渐的、但是决定性的发展和那些从前占统治地位的概念的抛弃为特征"。

6.1.5.6 生物学中的因果性与目的论

迈尔认为，生物学研究可划分为近因的研究和远因的或进化的原因的研究。前者是功能生物学的课题，后都是进化生物学的课题。他认为，功能生物学关心的是从分子到器官到整个个体的结构元素的活动和相互作用。功能生物学家们反复要问的问题是"怎么样?"某种结构的成分如何运行? 如何行使其功能? 进化生物学所关心的基本问题是"为什么?"它的首要任务是探寻现有机体的特征特别是适应的原因。

很显然，功能生物学和进化生物学研究的因果关系是不同的。功能生物学家关心的是"近因"，而进化生物学家关心的是"远因"或"进化的原因"。近因关系到有机体及各个部分的功能和发展，而远因、进化的原因或历史的原因试图说明为什么有机体就是那个样子。有机体之所以具有近期的或远期的这两种不同的原因，是因为有机体有遗传程序。近因所涉及的就是去解码一个个体的遗传程序，远因所涉及的是在时间进程中遗传程序的改变以及这些改变的原因。

迈尔认为，物理科学中只有近因的研究，因为用"为了什么?"这样的问题去对于无生命的客体进行追问是没有意义的。当我们问："水为什么是热的?"这样的问题时，该问题的意义只是指"这种状况是怎样发生的?"与此相反，在生命世界中，"为了什么?"的问题具有很大的方法论价值。例如，正是"为什么心脏的两个在结构上相似的心室——右心室和左心室，在功能上会有如此大的差异?"这个问题推进了哈维血液循环的发现。迈尔认为，针对生物过程的意义，可以通过两种方式来提出问题：首先，可以问生物过程所赖以出现的生物结构的功能；其次，可以问导致生物过程的起源和进步的原因。这样，进化生物学家要想分析生物进化的原因，就必须经常提出"为什么?"的问题。

既然在生物学中经常要问"为什么"的问题，因此，迈尔认为对目的论问题就需重新认识。亚里士多德是系统提出目的论思想的第一个人，他把目的因看作是事物发展变化的一个重要原因。近代科学开始时，伽利略、培根、笛卡儿等猛烈地批评了亚里士多德的目的论思想。然而，正当伽利略声称科学主要研究的目的是解决“怎么样”的问题，而不是“为什么”的问题的时候，哈维由于追问心脏的活动“为了什么”而提出了科学的血液循环理论。此后，在生物科学发展的历史上始终伴随着机械论和活力论纠缠的争论：似乎不反对“目的论”就是赞成“活力论”。随着生物学的发展，越来越多的生物学家发现，非宇宙目的论的解释在生物学中广泛存在。迈尔从哲学的高度对目的论的不同形式与含义进行了辨析，为生命现象中非宇宙目的论解释存在的合理性作了有力的辩护。他首先分析了传统上人们对亚里士多德的误解，即仅仅把亚里士多德视为单一的宇宙目的论者。迈尔指出，亚里士多德实际上是第一个、也是第一流的生物学家，“正是由于他对生物现象的关注支配了他对原因的考虑，从而促使他在质料的、形式的、动力的三种原因之外又加上了最终原因”。目的因或最终因的本质是什么？德尔布吕克（Delbruck）曾说，若用现在的术语“遗传程序”来解释亚里士多德所使用的古希腊字 eidos，那就会非常贴切地理解亚里士多德的本意。迈尔认为这种看法完全正确。因为，亚里士多德的 eidos 和柏拉图的 eidos 完全不是一回事。“亚里士多德非常清醒地认识到仅仅按物质的观点来描述生物无异于用一堆砖头和泥浆来表示一幢房屋那样毫无意义。正像施工者的蓝图决定房屋的式样那样，eidos 赋予发育中的生物以形态，而且 eidos 反映了成长后的生物个体的最终目的（telos）”。当然亚里士多德不可能真正知道 eidos 是什么，现代科学则揭示了它是“遗传程序”。

迈尔认为，生物界所有的目的性过程，实际上都是程序性过程。关于目的论的程序性本质，迈尔做了大量的论述，最后，迈尔得出结论：“生物学家运用所谓的目的性语言是正当合理的”；“程序目的性行为只在生物（和人造机器）中发生，并构成生物和非生物在复杂性层次上的明显差别”；“目的论的提问的启发（探索）意义使它成为生物学分析的强有力工具。”当然，迈尔并不否认亚里士多德目的论中所包含的错误的东西，但他认为，亚里士多德的错误不在于他在生物学中运用了目的论语言，而在于他把目的论语言扩大到了非生物界。

6.1.5.7　生物学哲学的理论特征

迈尔的新哲学（生物学哲学）的理论目标实际上就是强调生物科学在与物理科学关系上的自主性。在当代生物学哲学争论的两大派别中，迈尔毫不犹豫地站在了自主论的一边。作为一位以宏观生物领域的问题作为研究对象生物科学家，迈尔深刻地揭示了生物科学中，特别是进化生物学中所具有的区别于物理科学传统的、独特的研究传统和概念框架。所以他特别反对沿袭物理主义、本质主义和还原论的哲学观念体系来研究生命科学。在总结生物学的特点和思维方法的过程中，迈尔从新哲学（生物学哲学）的高度提出了许多有独到见解的宝贵思想。迈尔在生物学哲学上的贡献是巨大的，他也不愧为 20 世纪最伟大的生物学思想家之一。但我们应看到迈尔的一些思想也只能是一家之言，他的理论中也存在着值得商榷之处。

6.2 赫尔的生物学哲学①

6.2.1 赫 尔 简 介

6.2.1.1 赫尔的学术成就

大卫·赫尔（David L. Hull，1935— ）是当代著名的生命科学哲学家，也是当代生物学哲学的开创者之一。他1974年出版的《生命科学的哲学》被视为生命科学哲学领域的奠基之作，他的论著涉及这个领域几乎全部的重大问题。包括对还原论的评价、生物学中的目的论解释、进化论的结构、生物学规律、物种概念、进化认识论和社会生物学的哲学问题等。他在美国享有很高的学术声望，曾担任美国科学哲学联合会会长，系统动物学学会理事长等职，以及美国科学哲学杂志的编委，生物学与哲学杂志的副主编。赫尔对生物学哲学的巨大贡献，使他在科学哲学界获得很高的尊重。没有赫尔的工作，生物学哲学的繁荣就会推迟到来，而没有生命科学哲学，科学哲学就只能是物理学哲学。

6.2.1.2 赫尔的学术生涯

D. 赫尔曾就读于伊利诺伊卫斯理大学和印第安纳大学，1964年获哲学博士学位。1964年至1984年，赫尔在威斯康星密尔沃基大学任教，1984年后又供职于西北大学。1968年，赫尔发表了“生物学不是什么”，开始了他为生物科学和生物科学哲学开辟、奠定学术空间的工作。

在他从1984年到1987年所发表论文50篇论文中只有6—7篇不是直接讨论生物学哲学问题的。在此期间，D. 赫尔发表了《达尔文及其批评者》(1973)、《生物学哲学》(1974) 和《科学作为一个过程》(1988)、《进化论的形而上学》(1989)、《进化论与选择》(2001) 五部专著。《科学作为一个过程》虽然是对科学普遍性质的研究，然而，这部著作的指导思想和许多内容也与生物学哲学有关。《生物学哲学》一书确立了他在生物学哲学中开拓者之一的地位。1998年他与著名的生物学哲学家M. 鲁斯合作主编的《生物学哲学》一书被奉为生物学哲学领域中的经典读物。赫尔认为，生物科学有着不同于物理科学的独特的方法论基础，但是生物学哲学却很少得到科学哲学家的关注。也许正是由于这样原因，促使赫尔为生物学哲学的发展倾注了全部的时间和精力。也正是由于他在科

---

① 本节的编写参考和引用：柳鸣，董国安. 2000. “大卫·赫尔的生物学哲学”. 自然辩证法研究，16 (3)；桂起权等. 2003. 生物科学的哲学. 成都：四川教育出版社

学史与科学哲学方面的重大贡献，把生物学哲学从科学哲学的边缘地带带入了中心位置。

6.2.2 赫尔对生物学哲学的理论贡献

6.2.2.1 对生命系统中目的性功能的控制论解释

亚里士多德认为，要认识事物首先要认识事物的原因。他提出的“四因说”(质料因、形式因、动力因和目的因（终极因)，是西方最早的系统思想。一种特殊价值的哲学思想和命题的历史性贡献，往往就在于人们能够在由它所引起经久不衰的争议中不断地得到新的思想启示。

对亚里士多德的“形式因”和“目的因”理论的理解，特别是对“目的论”问题的哲学和科学解读，不仅是哲学史上宗教与科学长期争议的重大领域；而且也是科学史上物理科学与生物科学这两大自然科学体系中由于基本研究纲领的差异而引起争议的关键领域，同时还是生命科学哲学领域中对现代物理科学与系统科学新领域和新成果的不同态度之间争议的焦点。

1. 生命系统中目的性功能的事实背景

随着19世纪末以后生物科学的发展，揭示出生命系统中有大量目的性功能的存在这是不可回避的事实。生物体是由各种具有特定功能的组织、器官和系统构成的整体，生物体的各部分相互作用、统一协作，保证了生物体的正常生命活动。生命客体本身所具有的目的性行为，是生物体在其长期进化过程中形成的能保证其与外界环境相适应的遗传编码程序的合目的性的表现。它意味着，生命过程是根据它在整个有机体中的功能而被做出理论解释的，而这种功能往往是出于某种目的的功能，并且这种目的依次又与某种更大的目的相联系，直到整个有机体为止。为了便于读者对“目的论”的生命科学背景的理解，编者在此给大家补充一个生物免疫系统与免疫功能的例子。一般来说，免疫（immunity）是指身体对抗病原体引起疾病的能力。人体对抗病原体的侵袭有三道防线：第一道防线是体表的屏障；第二道防线是体内的非特异性反应；第三道防线是特异性反应，即免疫应答。这些功能（目的）都是为了维护生命机体的健康。

第一道防线：体表物理屏障和化学防御。通常病原体不能穿过皮肤表面的一层死细胞（角质细胞）和消化、呼吸、泌尿、生殖等管道的黏膜，它们的代谢产物（眼泪、唾液、胃液、肠液中含有溶菌酶可以破坏细菌保护身体）使环境不适合病原体生存。

第二道防线：①局灶性炎症反应（inflammatory response）功能。疼痛、发红、肿胀、发热。释放组织胺、血管舒缓激肽、蛋白质和液体溢出、局部体温升高、加强白细胞吞噬作用，在克服感染的过程中，白细胞、坏死组织、坏死细胞、死细菌与活的白细胞结合在一起形成脓液，脓液的出现表示身体正在克服感染；②补体系统（complement protein）功能。在人的血液中有一个复杂的具有酶活性的血浆蛋白系统，大约20种蛋白质，简称补体。嵌入病原体的细胞膜，使胞外的离子和水通过孔道进入病原体细胞，使细胞膨胀，破裂而死亡，吸引巨噬细胞来吞噬异物，附着在细菌表面增加细菌被吞噬的概率；③干扰素（interferon）功能：受病毒感染的细胞所产生的能够抵抗病毒感染的一组蛋白质。干扰素并不直接杀死病毒，而是刺激自身和周围的细胞产生另一种能够抑制病毒复制的蛋白质从而抵抗感染。

第三道防线是特异性反应，即免疫应答（immune response）功能。当病原体进入体内后，由于它们含有特异性的化学物质（蛋白质、大分子多糖、黏多糖等）引起体内产生针对这些特异性化学物质的特异性免疫应答（细胞介导的免疫应答——细胞免疫；抗体介导的免疫应答——体液免疫）。值得一提的是：在病毒、细菌的表面带有表明它们特殊身份的分子标志，这种“非我”的标志能够被人体的白细胞识别。此后，B淋巴细胞和T淋巴细胞受到刺激，开始复制分裂，形成巨大的数量，同时一部分分化为效应细胞与入侵者作战，并消灭之，另一部分分化为记忆细胞，进入静止期，留待以后对同一病原体的再次入侵做出快速而猛烈的反应。

生命世界中目的性行为可以分为四个层次：

第一，生命系统内各组织在特定条件下相互作用的功能性行为。如：呼吸、排泄等整体对于部分或过程的依赖。

第二，生命系统内各系统之间由固定程序调控的综合调节性行为。如恒温、恒糖、恒体液等各种自稳态机制。

第三，指向特定目标的躯体动作的本能性行为。如动物游戏、捕食、迁徙等，需要神经中枢反应调控的心理、生理行为。

第四，人的目的性行为，主要是文化进化的产物。

2. “目的论”演化的理论历史背景

第一，以物理科学为代表的近代自然科学对目的论的全面拒斥。

在哲学史上，亚里士多德的宇宙目的论（Cosmic teleology）在中世纪经过托马斯·阿奎那的诠释成为宗教神学的基础性理念。近代科学兴起后，目的论在整体上受到弗朗西斯·培根、笛卡儿以及伽利略和孔德的批判和拒斥。他们认为不但不存在终极原因，而且一切目的论的语言都必须根除。达尔文的理论也说明了生物的进化可以用机遇与选择相结合的自然原因方式来解释。

第二，生物科学家对目的论含义的澄清和重新诠释。

法国著名生理学家，现代实验生理学的奠基者贝尔纳（Claude Bernarde，

1813—1878）有一句名言：“内环境的恒定是自由和独立的生命赖以维持的条件。”贝尔纳认为，生物体是由各种具有特定生理功能的组织、器官和系统构成的整体，生物体虽然高低不等、形式各异但是它们都有一个共同的生理目的，这就是维持机体内环境的恒定。他认为，对于体内稳态和稳定过程的研究，可以得到这样的认识：生物体整体趋向于维持某种预定程序（predetermined programme）而不改变。这句话中最重要的词组是“预定程序”。它使我们再次面对亚里士多德的目的论概念……Claude Bernarde 甚至这样说，每个生物体和器官是事先这样设计好的：每种现象本身取决于自然界的一般的力，但当它与其他东西相结合时，就好像在前进的道路中有某种无形的向导在指引方向①。分子生物学家雅克·莫诺（J. Monod）也把目的性视为生命的三大属性之一（其他两大属性分别是自主的形态发生和繁殖的不变性）②。对于生命客体中的目的性问题，曾经使生物学家处于一种既不能无视又不敢明言的尴尬境地。

杜里舒（Driesch）就曾经因为机械论对目的性的无法解释而求助于超物质的活力论。正是基于这个原因，我们在前一节介绍过 E. 迈尔对“目的性”这个术语过去曾被用于四个不同的概念或过程（程序目的性活动、规律目的性过程、业已适应的系统和宇宙目的论）的区分和澄清。事实上，现代生物学家德尔布吕克也发现，亚里士多德的程序目的性思想是他的目的论中最有价值的成分。迈尔将程序目的性定义为：程序目的性过程或行为是由于某种程序的运行而按目标定向的，程序目的性这词就意味着目标指向。一切程序目的性行为的特点是包含有两个因素：一个因素是它由某个程序指导；另一个因素是这类行为取决于支配该行为的程序所预定的某个终点。在亚里士多德的动物学中，目标的存在的最重要的实例是，雄性精液提供的形式因包含了胚胎各个部分的设计蓝图，并控制着各个部分的生长发育。而现代分子遗传学所揭示的 DNA 遗传程序的功能正是起到了亚里士多德所谓的“目的论”的作用。因此，德尔布吕克和迈尔都认为，“目的论”实质上就是程序目的性原则，相当于遗传程序。

第三，科学哲学领域中与生命科学领域围绕着生命系统中功能的“目的论”解释问题的争议。

①生命科学与物理科学解释框架的不同。

随着 19 世纪末以后生物科学的发展，对生命系统中目的性功能解释的合理性问题重新成为科学哲学讨论的核心议题。主张生命科学是具有区别于物理科学的自主性科学（自主论）的观点认为：物理科学的解释框架是机械论或因果论的——正像伽利略所认为的那样：科学研究回答的问题应当是“怎么样”的问题

---

① ［英］P. 卡洛. 1982. 生物机器——研究生命的控制论途径. 汪云九等译. 北京：科学出版社

② ［法］雅克·莫诺. 1977. 偶然性和必然性——略论现代生物学的自然哲学. 上海外国自然科学哲学著作编译组译. 上海：上海人民出版社

而不应当是“为什么”的问题。可是生命系统中有大量目的性功能的存在却是不可回避的事实，因而生命科学的解释框架就必须回答“为什么”(目的性)的问题。

②生命科学哲学领域中迈尔与赫尔的不同。

迈尔虽然吸取了信息学派的成果，用DNA遗传程序解释了亚氏的形式因，从而肯定了亚氏的内在目的性的合理性，但是他未能以开放的心态接受一般系统论和超循环等理论的新思想，以至于反对目的论系统的用法，并拒绝承认无机界的自组织现象。与E. 迈尔不同，赫尔充分理解了维纳的控制论思想，并成功地做出了生物目的性的控制论解释。

3. 赫尔对生物目的性功能的控制论解释

赫尔的思想主要表现在他所运用的两个物理模型、目的论系统的判据和对内稳态流概念的再分析和运用上。

(1) 两个物理模型的运用和对内稳态流概念的再分析。

从控制论观点看，目的论系统的物理模型主要有温度自动控制图式和鱼雷图式两种。温控图式是目的论系统中功能自稳定机制的模型，在这种图式中，系统的单一变量的变化范围保持在所规定的限度之内。空调器就是温控图式的很好的实例，它是通过负反馈调节来实现的，例如能将温度控制在某一目标状态（如在摄氏25度左右）来回摆动。鱼雷图式是目的论系统中的目的行为模型，它也是通过负反馈机制来进行调节的，它与温控图式的不同在于：要控制的对象是目标客体（如标靶）而不是目标状态。赫尔认为温控图式不仅仅适用于非生命的技术系统，也适用于生命系统。他以生命遗传机制中的基因型与表现型关系作为自稳定系统（特别是动态自稳定系统）的实例。赫尔认为，在生物的动态自稳定系统中，给定的基因型能够在各式各样的环境中产生大致相同的表现型。即使原有的稳定状态经常受到环境变化和新基因之引入种群的破坏，但是作为种群仍然必须（而且一般说来也能够）在动态过程中保持与环境相适应。赫尔将种群的这种调节能力称为遗传的自稳定作用。显然，这也是负反馈调节机制的一个特例。有一个移居多风海岛的养蜂人所经历的故事可以帮助对这一机制的理解。该养蜂人所饲养的蜜蜂种群具有一定杂种性：一种是翅膀健全的；另一种是天生残翅的。原先在陆地上居住时，种群中全翅型的蜜蜂在适应性功能上相对于残翅型的蜜蜂占有绝对优势。这是因为，在陆地上，翅膀健全的蜜蜂可以自由自在地飞翔并采集蜂蜜，而天生残翅的蜜蜂则行动多有不便。移居多风海岛之后，在新的环境下情况发生反转，残翅型的蜜蜂在多风的条件下借风力之助反而变得比较适应，而全翅膀蜜蜂则容易被吹落海中。几代之后，种群中竟是残翅型蜜蜂逐渐占了绝对优势。从控制论制观点看，这是在环境变化的选择压力下种群通过负反馈调节趋近稳定态的一种动态自稳定系统。赫尔认为，对于生物自稳定系统，当环境和系统本身都在变化时，无论是整个系统（如种群）的状态还是单个变量（如决定蜜蜂翅膀是全翅或残翅的等位基因）的状态，其变化都保持在某个限度之内，并都趋近于优先状态（如与当时环境相适应的最佳的目标状态）。更为重要的，赫尔对自稳定系统做了进一步的推广，将其拓展到内稳态流的控制系统。这种目的论系统并不要求维持单一的优先状态，而是通过一系列严格规定的途径逐步地达到优先状态。或者说，这种目的论系统是按规则在时态上有序地变化的。例如，生物体既要经历胚胎发育的各个阶段，又要经历个体发育的一系列阶段。在生物体生命周期的任何一个阶段，都存在着大量自稳定机制维持着的组织，每一个阶段都标志着暂时的相对稳定的目标状态。自稳态流的概念的再分析有助于我们用系统的和整体的观点去把握生命界广泛存在的自稳态现象的本质。

（2）对目的论系统的判别与界定。

赫尔首先对系统科学文献中常用的优先的目标状态和负反馈概念作了细致考察。优先状态判别标准，是指根据某一系统趋近达到或者保持某种优先的目标状态的频率（指重复次数）而决定该系统是否为目的论系统的标准。按照这种判别法，成为指向目标的系统的一个必要条件是，这种系统中存在着一种特定的状态目标状态，它能以足够高的频率相对于其他可能状态重复出现。例如，对于前述空调器的例子，如果室内温度始终围绕着选定的 25℃重复出现，所体现的就是这样的优先的目标状态。所谓负反馈判别标准，则是根据系统是否存在能产生因果反馈的环状机制。存在因果反馈回路的系统就是目的论系统，否则就不是。赫尔认为，在单独的情况下，上述两个判据都不能十分恰当地界定目的论系统。因为，这两种判定标准都存在着过强和过弱的方面。例如，一个心脏有先天性缺陷，不能进行正常血液循环的婴儿从直觉上会被排除于目的性系统之外，但这与其他的存在目标差的系统一样都仍然是属于目的性系统。这就会显出定义过窄。反之，如果是一台在平衡位置处于静止状态的复摆，虽然它保持了目标状态，却不能算作真正的目的论系统，这就会显出定义过宽。此外，“目标状态”与“反馈回路”的概念本身也存在着一定的模糊性。赫尔通过对迈尔的程序定义的思路的考察，肯定了迈尔用程序目的性来取代目的论的系统有一定的合理性，但是像双金属片恒温器等这样的人工制品有时也可以采用程序的解释，这样仍会造成对目的论系统的模糊认识。赫尔评述了威姆赛特（W. Wimsatt）的目的论系统的历史定义。威姆塞特相信选择理论，他认为目的论系统的必要条件是：它是直接或间接地通过选择过程产生的；在这一过程中存在一种能对系统的不同性质进行区分的选择机制能够按照目的性的要求在保留一些项目的同时淘汰一些项目。按照现代综合进化论的解释，生物种群正是这样的目的论系统。变化着的环境所起的自然选择作用，是以基因突变和基因重组为基本材料，选择的结果是系统内基因库的频率发生变化，对生存有利的基因型得到保存和发展，而对生存不利的基因型则受到限制甚至淘汰。但是，赫尔指出威姆赛特的历史判据也有局限性，因为它与其他三个判据一样都过分依赖选择理论。赫尔认为目的论系统的显著性特征，并不在于选择理论本身而在于系统内存在一系列的定律，这些定律能通过筛选来逐步限制与确定系统的优先状态。根据将迈尔的“近因说”与“远因说”相结合的思路，赫尔认为目的论系统的界定方法应汲取各派定义、判据之所长，也就是说要综合考虑生物系统的“功能－结构－程序－历史”四大特征要素，将四者互补而成一个完整的定义。这样，赫尔所谓目的论系统就应该是这样一种系统：在其中必定存在着意义重大而且可以严格定义的目标状态；这种目标状态是由因果反馈机制（尤其是负反馈机制）造成的；在这种机制背后，又由某种程序直接或间接地支配着。更重要的是，赫尔认为存在一个限定系统可能状态的定律的等级系统，这些定律则以选择理论为主要基础。这些定律同时也是指在目的论系统中存在着如迈尔所定义的最近和最终的原因系列。最近的原因定律只给出初步的限制，最终原因定律则给出可能状态的最大约束力并能够决定系统最终的目标状态。

6.2.2.2 对“物种作为个体”命题的阐述和发挥

1. 赫尔提出“物种作为个体”命题的理论背景

（1）生物学史上“物种”概念的演化及其哲学意义。

在生命科学史上，“物种”概念既是博物学、古生物学、分类学、形态学、进化生物学、遗传学和生态学中的理论逻辑起点与基础性概念，又是各门分支学科之间交叉连接的桥梁与相互渗透的纽带。在哲学史上，围绕着“物种”概念的争议涉及唯名论与唯实论、本质主义与反本质主义的争议。正是由于“物种”概念在服务目的上的多学科性，导致了它在界定中的分歧与混乱；也正是由于“物种”概念在生命科学领域中所具有的理论逻辑起点与基础性概念规范作用，赋予了它在生命科学哲学中具有范式性（或研究纲领性）的地位与作用。根据E. 迈尔的观点，林奈以来的物种概念可以归结为：模式论物种概念、唯名论物种概念、生物学的物种概念和进化的物种概念。

a. 模式论物种（typological）概念。

物种最简单的概念就是自然的种类（kind），模式物种是一个实体，它依据一定的鉴别性状与其他物种相区别。模式论物种概念（或本质论的物种概念）起源于柏拉图本质主义的“形式因”理念。亚里士多德则进一步以“形态类似”作为共同本质的模式标准来进行分类。但是这种哲学性质的模式物种概念根本无法满足生物学实践的需要，因为哲学上指的本质是抽象、单一和稳定的，而现实的生物世界则是具体、多样和多变的，各种实际反常现象的存在是无法与本质主义的模式物种概念相对应的。17世纪，博物学家雷（J. Ray）认为，通过种子进行繁殖产生相同后代的植物应被归为一个种。他首次把物种（species）作为动物和植物分类的实体性单位，把物种的确定方法由哲学的抽象发展为以繁殖实验为依据。林奈于1750年完善了雷的物种定义：物种是由形态相似的个体组成，同种个体可以自由交配，并能产生可育后代，而异种间则杂交不育。林奈进一步把模式物种的确定方法由“繁殖实验为依据”，具体规定为以“个体间交配后代的可育性”作为物种的共同本质，不但提高了理论上的科学具体规定性；而且增强实践上用物种作为分类标准的可操作性。林奈以后的分类学家大都采取模式物种概念，这一概念具有四个特征：物种由具有共同本质的个体组成，每个物种按照明显的不连续性与其他物种分开，每一物种自始至终是恒定不变的，任何物种对可能发生的变异都有严格的限制。

b. 唯名论物种（nominalism）概念。

在哲学史上，唯名论是经院哲学中进步的思想派别。在围绕一般与个别的关系所进行的争论中，唯名论与唯实论相反，认为只有个别事物才是真实存在的，一般是不存在的。唯名论肯定个别事物的客观实在性，认为对个别事物的感性认识是真理的来源，这些思想带有唯物主义的倾向，但是唯名论否认一般的真实存在这便是否认了概念的客观内容，因而又具有唯心主义的因素。根据唯名论的观点，在自然界中只有个别物体存在。由于这样的一些生物（或是物体）只是由某个概念归并在一起，所以唯名论物种概念是根据分类者的主观意图来确定哪些生物应该合并成为一个物种，也就是说物种不过是头脑的主观构想而并不是自然界中的真实存在。近代也有一些哲学家认为，物种只是一种约定，在自然界中并不真实存在。

c. 生物学的物种概念。

迈尔在《生物学哲学》中写道，直到达尔文革命以后人们才试图在生物学中引进能反映生物学种群的独特性质的物种新概念。“差异程度”（外部形态）的标准被“不能互相培育”（杂种不能繁殖）这一新标准取代。另外，物种被看作是进化中的种群而不是永远不变的。生物学物种概念是根据地区性博物学家的观察结果提出的，即在某个地区彼此不能相互培育的不同种群同时存在。在生物学物种概念中是这样表述的：“物种是互相培育的自然种群，这自然种群在生殖上是相互隔离的。”在生物学物种概念的发展过程中，迈尔后来又将物种概念修改为：“物种是居群（我国著名分类学家陈世骧于1973年建议将“population”译为居群——物种内一个居住点的群体，以突出物种的空间存在）所总称的生殖单元（与其他单元在生殖上是隔离的），在自然界占有一定的生境，在宗谱线上代表一定的分支。”这个定义综合了遗传学、生态学和进化论的要素，分别从居群组成、生殖隔离、生境地位和宗谱分支四个方面的综合来定义生物学物种。1987年，我国著名分类学家陈世骧在他的著作《进化论与分类学》[①] 一书中，运用辩证唯物主义的哲学思想深刻分析了生物学物种“又变又不变”和“又连续又间断”的

① 陈世骧．1987．进化论与分类学．北京：科学出版社

真实进化状态，他将生物学物种定义为："物种是生殖单元，由又连续又间断的居群所组成；物种是进化单元，是生物系统线上的基本环节，是分类的单元。"

d. 进化的物种概念。

迈尔在《生物学哲学》中写道，对多因次的种群复合群运用生物学物种概念往往遇到困难。研究物种在时间因次中的分布的古生物学家长期以来一直寻求某种特别适合于分辨化石物种的物种概念。在进化的物种概念中，比较有代表性的是辛普森的定义和惠利（Wiley，1981）将辛普森的定义略加修正后的定义："进化物种是祖先—后裔种群的单个谱系，它保持着与其他类似谱系相区别的本身个性并具有它自己的进化趋向和历史命运。"

（2）不同"物种"概念的生命科学价值及其哲学比较与分析。

由于"物种"概念在生命科学领域中具有理论逻辑起点与基础性概念规范作用，赋予了它在生命科学哲学中具有范式性（或研究纲领性）和启发性的地位与作用。模式论物种概念肯定了物种性状的客观实在性，在分类实践上具有可操作性；然而固定和僵化了物种的不连续性和恒定不变性。唯名论物种概念完全否认了生物学研究对象的客观实在性，否认了对物种差异的比较和分析是生物学中一切研究工作的前提，因此完全没有可操作性。生物学物种概念是一种科学的衡量尺度，利用它可以澄清许多有争议的，甚至是含糊不清的问题。迈尔在《生物学哲学》一书中写道，在分析北美有关鸟类物种地位的 80 个左右有争议的事例中，迈尔和肖特（Mayr and Short，1970）运用生物学物种概念这一衡量尺度除一例外澄清了其他所有的争议。迈尔和伍德（Mayr and Wood，未发表）在分析北美的一个植物区系时也同样表明采用生物学物种概念能够毫不含糊地解决大部分（不下几百个）有争议的问题。夏皮诺（Shapiro，1982）也曾指出，在澄清蝴蝶的分类学问题上生物学物种概念是多么有用。尤其是他十分正确地强调了这一概念的启发意义。"生物学物种概念的主要价值，以及它能继续存在的理由（尽管有许多诋毁它的非难），在于它能提出关于真实世界中真实生物的许多有关进化的，生物地理学的，和系统学的值得注意的问题。"迈尔在《生物学哲学》一书中指出了进化的物种概念存在的问题：这样的定义放弃了生物学物种概念的明确标准（生殖隔离）而用"保持其本身个性"（该提法对地理隔离的作用不置可否）、"进化取向"、"历史命运"等这样一些未下定义的含糊不清的词来代替。自然界中的种群有哪一些可以按它的"历史命运"来分类呢？（很明显，这种提法不具有可操作性！）除此以外，进化的物种概念还遇到三个主要难题：它只能运用于单型种，限制词本身并不能区别真正的隔离种群；它有助于划分计时种（chronospecies）的希望并未实现。综上所述，生命科学史上不同的物种概念，都无不根源于各自的哲学背景；不同的哲学思维模式不但影响着生命科学中关键性范畴（如物种概念）具体形成时的逻辑起点、发展方向、思维空间与理论归宿；而且也影响着生命科学中的范畴在具体运用中的实践价值与发展局限。

2. 赫尔对物种作为个体命题的扩展和论述

(1)“物种作为个体”命题的重要性。

赫尔对系统学有着深入的研究，并且是从对生物系统学问题的思考而开始其生物学哲学研究生涯的。对“物种作为个体”命题的扩展和论述，就是他在生物系统学中具有代表性的理论成就。由于赫尔在这方面的贡献，引起了进化生物学观念从本质论到群体论的重大转折。所谓“物种作为个体”，是说物种单元不应当被看成是由众多成员集合而成的自然类（natural kinds），而应当被理解为由各个部分构成的个体（individual）。这一思想最早是由吉色林（M. T. Ghselin）于1966年和1974年提出来的，但是当时并未引起生物学界的注意。赫尔的阐释使得这个命题的重要性为生物学家和哲学家所关注，并成为生物学哲学领域中基础性的热点命题之一。生命科学领域中，“物种作为个体”这一命题的阐释关涉到很多重要问题解决的前提。以“物种是进化的单位”这一命题为例：由于进化是通过自然选择发生的，因此，对物种的不同理解，必然影响到对选择单位的不同理解。如果“物种是个体”，那么自然选择的单位就是应该是“个体”；反之，如果物种是“类”，那么自然选择的单位就应该是“类”或“群体”。此外，“物种作为个体”这一命题还关涉到科学哲学中关于规律的定义问题——生命科学各分支学科对于物种的概括能否够格被视为科学规律的问题。如果“物种是类”，那么生命科学关于物种的概括就可以叫做科学规律，因为它是普遍性的概括；反之，如果“物种是个体”，那么关于物种的概括就不可能是普遍性的，根据科学哲学中关于规律的定义它就不能看作是规律。由此可见，“物种是个体”这一命题的哲学背景还可以进一步上溯到哲学上的本质主义或群体思想。

(2) 赫尔对“物种作为个体”命题论证的前提。

第一，理论实体的本体论规定必须是与特定理论相关的，因为只有参照具体的科学理论才能确定理论实体的意义。物种作为一个理论实体是进化生物学的核心概念，因而应按照进化论的要求来定义它。赫尔认为，现行的进化论要求把突变选择和进化的单位都作为个体来处理，而物种正是进化的单位。

第二，理论实体有个体和类（class）两种，“物种作为个体”完全符合时空连续性和统一性的特点。这个特点也可以被叫做时空的限定性，即在时间上有明确的开始和结束，在空间上有明确的边界。与此相反，“类”在时空上没有限定性，其成员共有某些特性。

第三，自然定律没有时空限制，但是，定律未必是科学解释的唯一途径。赫尔说：我不认为求助于科学定律是解释一个事件的唯一方式。然而，这必将引起关于科学定律性质的争论。因为进化论经常被作为反对科学定律无时空限制观点的证据，但是应当说，构成进化论的定律和其他定律一样没有时空限制性。物种在进化、语言在演变，我们经验的世界也在演进，然而，自然定律却是不灭和不变的。如果物种被看成是随时间而发展的个体，那就不提出定律问题。

(3) 赫尔对“物种作为个体”命题的过程论证。

赫尔依据“进化是一个两步过程”的思想，进一步明确地区分了三个彼此相联系的过程：复制、相互作用和进化。他把这个过程的实体分别叫做“复制者”、“作用者”和“谱系”，用以取代“基因”、“生物体”和“物种”这类具体的生物学术语。于是：凡是在连续的复制中能完整地保持自身结构的实体（不仅仅是基因）都是复制者；凡是以独立整体形式与环境相互作用且引起复制差异的实体（不仅仅是生物个体）都是作用者；凡是在作为复制结果的同一或变化状态中随时间进行不确定变化的实体（不仅是物种）都是谱系。复制者和作用者都是在进化过程中起作用的实体，因为选择就是作用者的繁衍与灭亡导致复制者保留程度不同的过程。谱系是进化过程的结果，谱系的进化是复制者和作用者相互作用的结果。赫尔还断言：复制只能集中在生物阶层的低层；相互作用的层次必定在复制的层次之上，但不会在群体水平之上。这就意味着：赫尔排除了种群以下层次成为进化单位的可能性；与此同时，种以上高等分类单元不具有进化单位必备的连续性和一致性，因此也不能成为进化单位。结论：物种作为进化单位是唯一合理的。赫尔关于“物种作为个体”思想的论证不仅对进化论的发展有重要意义，而且在生命科学哲学中发展了一种不同于传统哲学的新理念。自柏拉图以来，哲学家大都按照本质论来理解自然界，即把多样性的自然事物按其共有本质的多少区分为不同的自然类别；在这些自然类别中既没有时空限定性而且其内部各成员间也没有具体的联系。当生物学家使用这样的种类概念来讨论生物学的物种问题时，势必会越来越感到困惑。这种情形终于在20世纪的70年代发生了变化，随着普特南和克里普克等的本质主义实在论不断遭遇批评，哲学界有关自然类别的讨论也活跃起来。赫尔的“物种作为个体”思想恰好为这一哲学论战提供了新内容。在讨论物种概念时，赫尔还对关于生物界层次划分的传统作法提出了质疑。按传统观点，生物界可区分为基因、细胞、生物个体、种群、物种和生态系统。赫尔在区分“复制者”和“作用者”这两个概念时已经表明，这些层次之间绝非简单的包容关系，而是部分与整体的关系。

6.2.2.3 对经典遗传学向分子遗传学还原的逻辑经验主义的批判

在赫尔于1974年出版的《生物学哲学》一书中，他与其他生物学哲学家一样，以反还原论作为阐述自己的生物学哲学的逻辑起点。

1. 澄清还原论的不同含义

还原（reduction）这个术语中所包含的多重含义，使得科学史上的“还原论”与“反还原论”之争经常不能得其要领。正是由于赫尔和阿亚拉（F. J. Ayala）等的分析，才使这一争论的焦点逐渐清晰和明确起来。赫尔认为，可以明确区分出三种意义的还原：认识论还原、物理还原和理论还原。认识论还原，涉及科学理论与我们的知识对象之间的恰当关系；物理还原 关注的是不同科学理论所假定的基本实体之间的关系；理论还原，则着眼各种理论之间的关系。在做出了这种区分之后，赫尔把反对还原论的目标集中在“理论还原”上，而对“物理还原”问题关注甚少。赫尔所反对的理论还原，其实指的就是耐格尔（E. Nagel）和斯盖夫耐尔的理论还原。依照耐格尔的定义，理论还原就是某一学科领域的理论或经验定律必须由另外（更为基础的）学科的理论来解释；或者，某一学科的理论是由另外（更为基础的）学科的理论逻辑地推导出来的。奈格尔相信，生物学有可能被还原为物理—化学。斯盖夫耐尔则认为，这种还原已经是事实：孟德尔遗传学与分子遗传学之间的形式还原关系已经被他的一般还原替代模型所揭示，而且这还只是把生物学理论还原为物理学理论的第一步。

2. 赫尔对耐格尔和斯盖夫耐尔“理论还原”的反驳

（1）赫尔进行反驳的策略有两个显著特点。

第一，更多地具体分析孟德尔遗传学与分子遗传学的关系，而较少从从一般哲学角度反驳还原论及其形而上学前提。

第二，对形式还原的否定是彻底的，而对非形式还原的批评则是有保留的。

（2）鲁斯对赫尔反驳还原论过程的概括。

生物学哲学家迈克尔·鲁斯将反驳过程概括为三个层次：

第一，赫尔否认在传递遗传学和分子遗传学之间的演绎已经完成，同时他也不先验地认为可以做到从分子遗传学推导出传递遗传学。

第二，赫尔认为，即使这种推导已经做出，可是在推导出的传递遗传学与未被修正的孟德尔遗传学之间还是没有强类似的关系。

第三，赫尔指出，对还原的整个要求都令人困惑，并使人们的导向远离科学的真实性质。

（3）赫尔反驳还原论的总结。

赫尔在详细地比较和分析了孟德尔遗传学和分子遗传学的理论性质及组成之后，宣称还原论对这两种遗传学的比较是不对称的：前者限于分析遗传物质的传递及基因的比率，而后者则把分析扩展到从 DNA 到蛋白质的分子机制。赫尔指出，我们可以比较孟德尔基因和分子基因，但如此必将遗漏掉孟德尔遗传学和分子遗传学的大部分内容。赫尔还认为，在孟德尔遗传学中，同一个属性术语可以对应着几种不同的分子机制，而同一种分子机制又可以产生由多种孟德尔属性术语所描述的现象。因此，在孟德尔遗传学和分子遗传学这两个具有上述复杂的、多对多关系的遗传学科之间，是不可能实现理论还原的。斯盖夫耐尔也注意到了把孟德尔遗传学直接还原为分子遗传学的困难。为此，他又对其还原的理论做出了概念的修正：被还原的（修正）理论与原初理论之间有强类似关系，或两种理论共有一种方法论及解释模式。斯盖夫耐尔认为，由于传递遗传学保持了孟德尔遗传学的解释模式和方法，因而可以把它看成是孟德尔遗传学的修正理论。只要在传递遗传学与分子遗传学之间实现了还原，也就等于实现了从孟德尔遗传学到分子遗传学还原。赫尔针对这一点指出，传递遗传学并不能等同于孟德尔遗传学，它需要在生物学的基础上分析孟德尔性状的不同机制。因此，从经典孟德尔遗传学到现代传递遗传学的发展不能离开分子遗传学的突破。赫尔认为，奈格尔和斯盖夫耐尔所追求的还原只是一种抽象的形式关系，他们所针对的只是一种科学史上并不存在的、由哲学家来进行的科学理论的理性重组。维姆沙特（W. Wimsatt）曾把一个理论连续发展的不同阶段之间的关系定义为相继的还原，这也就是所谓非形式的还原。对此，赫尔在某种程度上是接受的。但是，他不同意仅仅根据实质内容来区分不同的理论，因为，科学的实质内容变化得太快和太零碎了。早期的孟德尔遗传学家几乎放弃了所有的孟德尔遗传学的基本原则，但他们仍然是把孟德尔理论推向前进的孟德尔遗传学家。赫尔有限度地接受非形式还原，其目的是要把科学理论视为一种随时间连续变化的历史实体；所以他在否定理论还原的同时，也承认某些被称为还原的方法在科学史中的作用。赫尔虽然否定了从分子遗传学理论逻辑地导出孟德尔理论的可能性，但仍他相信有使两种遗传学建立非形式还原关系的途径。赫尔对于还原论的这种谨小慎微做法，也被他带进了关于进化论结构的分析。

（4）赫尔对逻辑经验主义还原观的批评与改造。

按照逻辑经验主义的观点，两个科学理论的不同是因为它们有着不同的实质性内容。据此，人们倾向于将遗传学理论划归为两大类，一类是分子生物学理论，另一类是孟德尔学说。如果要对后者进行修正，那么要在多大程度上修正呢？理论构造是一个逐渐形成的过程，而理论修正则是一个与理论构造具有相像关系（即相继的还原）的过程。一个理论的早期文本可以相像于其后的一个，而后者又相像于更后的一个，但最早的文本与最晚的文本之间可能完全不相像。因此，出于还原的目的，对经典遗传学理论一再地修正，会不会歪曲其原意而使之面目全非呢？赫尔认为，如果要进行理论还原，那么两方的理论都需要修正。为此，赫尔讥讽道，如果有足够的机谋（而缺乏直正的心智），一旦经过充分的修饰和更正，燃素说就可能会还原到统计力学。赫尔认为，逻辑经验主义者对理论和理论还原的分析在哲学上已成为有害的了。他们不但没有告诉我们多少当前科学的实际，却反而阻碍了我们对于遗传学真正情境的理解。在理解经典遗传学和分子生物学的现状和关系问题上，赫尔否定了逻辑经验主义的还原论，但他赞同鲁斯的替代观点。鲁斯通过三点论证提出经典遗传学和分子生物学之间存在着一种强替代关系：①对前者能理解的现象，后者也能理解；②对前者某些不能理解的，后者能够解释；③两者在有些地方相抵触时，唯有分子生物学的理论才是正确的。赫尔指出，在科学发展过程中的“还原”与“替代”之分，在科学哲学中是与库恩对常规科学时期和革命科学时期的划分是相关的。科学发展并不是完全积累性的。在科学革命时期，人们会认为一个科学理论替代了另一个；而在常规科学时期，科学的变化就不那么明显。科学家们有时尽可能地扩大原理论的内涵，有时可以通过归并前理论中独立的定律；或者连结另一个较小内涵的理论来实现扩展的。与还原和替代关系一样，常规时期与革命时期的区分也是相对的。

6.2.2.4　对生物学中科学定律和理论的说明

生物学中是否存在定律以及定律在生物学中的地位问题，既是回答生物学与物理学、化学为什么不同和怎么不同的关键，也是生命科学哲学与物理科学哲学之间联系与区别以及生命科学是否具有自主性的关键。一般把对这个问题的回答分为“无”派和“有”派。“无”派的代表人物主要是斯玛特（J. J. C. Smart）、波普（Popper）、迈尔（E. Mayer），“有”派的代表人物主要是鲁斯与赫尔。

1. 逻辑经验主义的科学哲学对生命科学的发难

哲学家斯玛特在按照逻辑经验主义的标准审视了生物学理论之后断言，生物学没有定律因而也没有理论。他说，没有一种生物学理论与物理学理论有相似性，甚至没有任何生物学规律。对于孟德尔遗传学、分子遗传学、遗传进化论和综合进化论中普遍性陈述，斯玛特认为它们不是真正的生物科学理论；它们是真正的生物学，但它们不是真正的科学理论。斯玛特认为生物学理论的严密性不能与物理学相比，生物学未能提供过程定律（给出任一时刻相关变量的值，可由之推出全部过去和将来的状态），而给出的多半是对某种类型的概括。斯玛特的观点显然是以物理科学的模式作为科学的唯一标准，并以此来否认生命科学的科学性。与斯玛特相反，辛普森（G. G. Simpson）则走上了另一个极端。他认为，有关无机界的那些理化定律和解释原则仅能说明部分生命现象，而唯有生物学才包括了科学的全部原则，所以物理、化学应该统一于生物学。

2. 赫尔对生物学中四种定律的分析

赫尔认为，由于研究对象的复杂性程度不同，生命科学理论的严密性与物理科学之间不能相比。但是，生命科学是科学理论并且包含了大量的科学定律。生命科学中虽然不存在具有严格决定论意义上的定律，但是，存在着一定范围内适用的具有普遍性的弱定律。

赫尔分析了生物学中可能的四种定律。

（1）个体发育中的发展定律。

“个体发育中的发展定律”是生物学中具有普遍性的一种因果定律。生命科学中的这条因果定律不是严格决定论的定律，而是按原因、结果和类似的术语所作的概括。就一般而言，过程定律具有时间对称性（在物理科学中存在时间反演，而在生命现象中时光不可能倒流。)，因果定律则有时间方向性（在生命科学中往往是从结果来推测原因)；过程定律所论述的是封闭的系统（生命过程则是远离平衡态的开放系统)；因果定律则根据有因果联系的开放网络中选出的线索加以阐述。在单一因果陈述中，一类事件被说成是另一类事件的原因，而在发展定律中，可以详细指明一系列前后相继事件，A 发生，然后 B，C，D 依次发生。当每一类这类事件的现象对别的现象充分必要时，发展定律就变为过程定律。在生命科学中，胚胎学是论述从受精卵到成熟生物体最初的发展；生理学是论述生物个体的继续维持的机制；而古生物学则是论述物种系统发育的发展。赫尔认为，生物学文献给人以纯描述性经验陈述的印象。例如，在果蝇红色眼黄素的合成中，通常给出色氨酸⟶犬尿氨酸⟶羟眼黄素⟶眼黄素的描述，无论何时何地，只要有适当的温度、酸碱度、催化剂等总能产生这种转变。而这种转变的每一步至少在原则上都可以用量子化学和量子力学来推演，但同时又存在实际的复杂性（赫尔的这种观点体现了物理—化学定律和生物学定律的对立又互补的关系）因此，从原则上说，生物合成的途径、步骤的全称概括都可以看作是科学定律。那么，作为生物的一个整体发展序列的全称概括是不是科学定律呢？赫尔认为，只要能认识可推出该类定律的系统，这也是科学定律。如对基因型及其控制合成途径的功能的认识就是这样的定律。

（2）系统发育的横断面定律。

对于系统发育来说，并不直接存在类似于控制个体表现型的基因型，因此系统发育与个体发育有所不同，系统发育常被人与进化论相混淆，从逻辑上讲，特定的系统发育序列（历时性）的出现须借助进化定律而推演出来，但对系统发育序列横向联系（共时性）的描述并不等同于进化定律。斯马特认为，没有物种进化定义的关于表现型性状相关性的陈述，只是偶然相关的经验概括，没有资格称作定律。鲁斯则认为，关于表现型性状相互关联的陈述，仅当扩展到包括遗传组成、生化反应时，才可以算作低层次的经验定律。按照赫尔的看法，无论是表明纵向联系或是横向联系的都应看作定律。如果说，发展定律能表明纵向的历时性的因果联系，那末关于表现型性状相互关系的陈述，则能表明横向的共时性的因果联系，那也是一种普遍性的概括，也应当看作定律。系统发育既应当有横断面定律，又应当有发展定律。

（3）系统发育中的发展定律。

这是从古生物学提供的材料中概括出来的有关进化的定律，只能说明物种以上层次的一般情况，而不针对具体物种（如按照物种的种类—群体—适应值等来构述定律，但这往往又会有难以避免的例外事件，从而破坏了定律的一致性）。赫尔举出了有关进化的几个定律，如科卜（E. D. Cope）的两个进化定律。第一定律：未特化的物种比特化的物种倾向于更长久地免于灭绝。第二定律：在一个群体进化期间内，躯体倾向于增加。达克（Dacque）的定律：生活在同一地区的现存物种倾向于按照大致相同的方式变化。威廉斯通（Williston）的定律：在那些拥有大量基本上执行相同功能的部分的形态上，当这些形态进化时，结构数量将日益减少而剩下部分将变得更加特化。多洛（Dollo）定律：进化是不可逆的，进化的群体不能将其进化发展阶段折返到较早阶段去。赫尔认为，这类定律的表述形式不是“天鹅皆白”，而是“凡 Y 类型的物种皆 X”。

（4）历史定律。

这是生物学中占优势的定律。它包括两类概括：仅仅允许对过去做出推理的定律和在历史定律中关于过去的知识对预言将来是必须的，但光有现在的知识是不充分的。例如，“同合子”——指两个等位基因已知为来自同一祖先的纯合子；“杂合子”——指一个或几个位点上的基因呈杂合状态的二倍体或多倍体生物，这些性状会在子代发生分离而呈现出与亲本的差异性；“同源器官”——指进化来源相同而功能不同的器官，如哺乳动物的耳咽管与鲨鱼喷水孔为同源器官，都从鳃裂进化而来等。莱旺廷也认为一个群体的一般遗传结构不仅依赖于环境的静态概率分布而且与历史序列有关。德尔布吕克强调在每一细胞中都包含了亿万年的进化记录。迈尔曾经说过活着的生物体是历史的产物。赫尔则进一步认为生物学中存在历史定律，所以生物学的合理使命是重构系统发育序列。总之，赫尔从个体与系统、存在与演化、横向联系或纵向联系等不同视角对生物学定律的特有性质与类型作了深刻的分析，既揭示了生物界的因果性具有不同于严格决定论的独特复杂性质，又表明它保留了自然界因果联系的共性方面，从而为生物学定律具有科学定律的资格做了合理辩护。

6.2.3 赫尔生物学哲学的特点

1. 生物学哲学的宗旨是必须对生命科学的发展有所助益

赫尔致力于生物学哲学确实有助于生物学本身的发展，从而让生物学家感到生物学哲学是有用的。他说，科学哲学的作用并不简单地是报告科学的惯例，像每一个人一样，科学家也会犯错误，如果哲学家对他探究的科学有专业程度的理解，那他就能进入其中并提供推动力量。他的贡献应是大大地增进理论的一致性，而不是提供新经验材料，但这种贡献却是有价值的。这实际上是主张，哲学家要首先成为专业的生物学家，然后再来讨论生物学的理论问题。赫尔自己就是这样做的，他虽然是个哲学家，但一直参与系统学的学术活动，甚至担任了美国系统动物学学会的理事长，他的许多重要论文也发表在系统动物学的专业期刊上。依据上述宗旨，赫尔主张生物学哲学必须是哲学与科学的完美结合。他认为，在生物学哲学中，要得到有价值的理论不能离开生命科学的具体内容的科学抽象而去搞单纯而空洞的语言学分析，他主张就事论事，在解决每一个具体问题的基础上自然而然地回答那些一般问题。因此，生物学哲学家必须首先是内行的生物学家，因为如果离开了对所讨论哲学问题内容的生物学背景的准确把握，就不可能做出上升生物学哲学层面的正确概括。因此，赫尔的哲学主张与他对具体问题的解决有着不可分割的内在统一。

2. 以互补原则作为建构生命科学哲学的方法论纲领

赫尔的生命科学哲学有一个明显的特点，就是在非此即彼的理论争端中看到双方的优缺点，不是明显地倾向于某一派的观点。赫尔力图使他的生物学哲学显示出某种公正性即——要具体地分析各种哲学观点的优缺点和适用范围，而不是为了追求思想的一贯性就完全肯定或否定一种哲学观点。因此，针对“究竟是主张还原论还是机体论”的问题，赫尔的回答是：“两者都是，两者都不是”这似乎在表面上给人一种保持不偏不倚的公允立场的感觉，但实质上赫尔是采取了互补原则作为方法论纲领。对于用极端的物理主义、还原论、机械论、逻辑实证主义和本质主义来看待生命科学中的哲学观点，他与迈尔等大多数生物学哲学不同的态度就是在反对极端和片面观点的同时根据实际情况肯定其中的合理成分。例如，他拒斥柏克耐尔的实证方法，但却坚持理论结构的句法观；他在系统考察了著名科学哲学家波普对达尔文进化论做“同语反复”的责难所引起的不利影响的同时，对波普思想在其他方面的合理性也给予了肯定。

本 章 小 结

恩斯特·迈尔对生命科学哲学的贡献是以他在进化生物学、系统分类学、鸟类学等领域中的成就为基础的，也是以他对生命科学的发展史是做哲学的梳理和反思为依据的，迈尔的理论贡献主要集中于以达尔文进化论为核心的进化生物学中的哲学问题，他的理论贡献奠定了当代生命科学哲学的理论构架和基本命题，凸现了生命科学的特殊性和生命科学哲学方法的特殊性。大卫· 赫尔的贡献更加具有科学哲学的理论特色，由于他的工作，使得生命科学哲学的地位从科学哲学的边缘进入了中心。没有赫尔的工作，生物学哲学的繁荣就会推迟到来，而没有生命科学哲学，科学哲学就只能是物理学哲学。

思 考 题

1. 恩斯特·迈尔对生命科学哲学的贡献表现在哪些方面？
2. 大卫· 赫尔对生命科学哲学的贡献表现在哪些方面？
3. 试比较恩斯特·迈尔与大卫·赫尔的生物学哲学思想的异同。

下篇　生命意识形态论

生命意识形态论是生命科学哲学理论对象的第三逻辑模块，是生命科学哲学理论在科学、哲学与社会领域的深化与延伸。本篇由“生命意识的科学形态与哲学思维方式”、“生物世界与人类社会关系的伦理学”以及“科学理性与人文精神在当代的结合：关注人类生命的价值”共三章组成。“生命意识的科学形态”主要考察了物理科学、生命科学和系统科学思维模式下的生命特征及其方法论特征。“生命意识的哲学思维方式”主要凸现关于生命认识上的科学知识论定义和哲学观念论定义的区别，并且提出了一些关于生命特征的哲学观念。“生物世界与人类社会关系的伦理学”，主要阐述不同的生命形式在自然界系统发生上的密切联系，反对在伦理关系上把他们割裂开来和对立起来。“科学理性与人文精神在当代的结合：关注人类生命的价值”，主要介绍了当代生命科学哲学的重要理论形态——生命伦理学的核心理论内容和当代社会普遍关注的争议焦点，以及体现人类生命的价值的两个端点：正视死亡与珍惜生命之间的辩证关系；人类超越生物体生命形式局限性的艺术化方式与科学技术化方式；最后归宿于人的社会价值与人格尊严。本篇通过对生命意识三种形态的逐级深入考察，意在体现全书的宗旨：在关注人类生命的价值这个人类终极目标的平台上，实现科学理性与人文精神在当代的结合与统一。

第7章 生命意识的科学形态与哲学思维方式

本章讨论了物理科学的生命观、生命科学的生命观、信息科学的生命观、系统科学的生命观。以及生命的科学知识论定义与哲学方法论定义之间的区别，在此基础上提出了一些关于生命的哲学观念。

7.1 物理科学思维模式下的生命特征

在自然科学中，物理科学是最早在现象与规律的描述、解释和预见三个层次上达到常规科学规范形态的、同时也是最早对人类思想观念产生最深刻影响的科学。物理科学曾获得的巨大成功，曾使人们对任何物理化的思想观念都深信不疑。以至于在历史上有很长一段时间，当人们说“科学”一词时，所指的往往就是物理学。物理学思维模式下的生命特征，一方面随着物理学自身的进步在不断演化，另一方面它在经验性（或可感知性）与实证性（或可操作性）的特征的基础上具有追求均一性（力求贯通一切领域与层次）以及精确性（追求规律的可预言性）和演绎性（追求过程的可推导和演算）的浓厚色彩。

7.1.1 机械论的生命观——“动物是机器”与“人是机器”

著名法国哲学家勒内·笛卡儿（Decacartes，Rene，1596—1650）指出了力所做的功（即现代人所说的能量）的重要性，认为“机械的”一词原意是“力学的”，并且是“可以用机械模型加以模仿的”，因此物理学可以归结为机械学。笛卡儿提出了“动物是机器”的学说，在他的《方法谈》一书中还给出了机械论自然观的基本观点。笛卡儿认为宇宙中到处充满着广延物质和运动，并且将运动定义为位移运动，提出了运动守恒原理，使宇宙处在永恒不止的机械运动之中。他认为不仅无生命界服从物理学定律，而且所有的生命有机体也都服从物理学定律，并且人造的机器与自然界中的物体之间除了可见程度不同之外并没有本质的区别。因此，他把动物理解为一种非常复杂的机器，它的活动也受机械学定律支配。1748年，茹利安·拉·美特利（1709—1751）提出“人是机器”的学说。哈维（Havey，1578—1657）于1628年发现血液循环标志着近代生理学的开始。笛卡儿接受了哈维关于血液在动脉静脉里循环的理论，虽然他并不相信血液是在心脏收缩的推动下循环、而是认为人体机器的工作原因是由于自然过程在心脏里产的热所致，但在当时的争论中他还是为血液循环说辩护。笛卡儿还创立了由医生和生理学家组成的在科学史上闻名遐迩的医学力学学派，试图根据力学的原理来解释肌肉和骨骼的功能以及血液的运动等生命现象。在生命科学哲学中，机械论思想包含着两种对生命科学的发展最具启发性的重要含义：其一，“机械论”是与“活力论”相对立的概念。“活力论”由汉斯·杜里舒（Hans Driesch）提出。杜里舒是发育力学的创始人之一。作为生物学分支的发育力学，主要对胚胎发育进行试验研究。传统的试验使杜里舒拒绝有关生命的物理-化学理论。它认为在生物中只是那些存在于无生命界的力和定律在起着复杂的作用；其二，是生命的机器理论，它从结构和条件方面解释细胞和有机体中发生的全部过程特有的活动程序。在笛卡儿提出的纲领中，蕴含着对人类的科学思想产生深远影响的胚胎和萌芽。它不仅是后世生物科学发展的哲学思想的起点之一，此后声、光、电、热、动能、等物理学科的方法和手段越来多地在生命现象研究中得到运用，从生物化学又发展出生物物理学。而且，它也是现代控制论科学（Cybernetic machines）（发端于人—机之间的控制行为的目的类比）乃至于机器人科学（发端于人—机之间的控制行为的程序类比）发展的哲学思想的起点之一。

同时，在生命科学哲学中，机械论思想也包含着四种对生命科学的发展最具阻碍性的重要含义：其一，生命现象是极为复杂的物质运动形式组合，它包含着机械性，但又不能仅仅归结为机械性。然而，机械论观点却往往把生命活动归结为机械性的活动；其二，生命现象是一个不可分割的基本事实，而机械论思想却往往力图把它还原到机械力学的层次，并认为这是最基本的层次，这在实际的研究中往往会抹杀生命与非生命的界限；其三，生命现象的演化发展是没有固定模式的，而机械论思想却往往容易接受“物种不变”的观念，难以理解和接受生物进化的思想。其四，生命的起源和生物的进化是渐变与突变的多样性统一，用机械论的观点看待生物的起源和进化时，就往往只承认“渐变”而否认“突变”（或“涌现”）。

7.1.2 生命的“负熵”特征

著名诺贝尔奖获得者德国科学家、量子力学的创始人薛定鄂（E. Schrodinger，1887—1961）认为，生命物质被免了向平衡衰退。他在《生命是什么?》[1]一书中写道：“生命的特征是什么？一块物质什么时候可以被认为是活的呢？答案是当它继续在‘做某些事情’、运动和环境交换物质等等的时候，而且期望它比一块无生命物质在类似情况下‘保持下去’的时间要长得多。”“一个有机体避

---

① ［奥］埃尔温·薛定鄂. 2003. 生命是什么?. 罗来鸥，罗辽复译. 长沙：湖南科学技术出版社. 68－69

免了很快地衰退为惰性的平衡状态，因而显出活力。”（《生命是什么?》，第69页）“生命有机体怎样避免腐败呢？显然的回答是：通过吃、喝、呼吸以及（植物的）同化。专门的术语叫做新陈代谢。”

7.1.3 艾根（M. Eigen）论生命的标准

著名德国科学家、诺贝尔奖获得者艾根，在《超循环论》[①] 一书中写道，生命是什么？30年前薛定鄂在他的著名文章中卓有胆识地冒险回答了这个问题。在生命的分子密码已被揭示的今天，生物学家似乎更谨慎了，用克里克的话来说：“众所周知，难以定义生命这个词。”物理学家们经常碰到这种困难，特别是在涉及十分基本的术语方面。牛顿在其《原理》中对“时间是什么”这个问题给出了一个非常明确的回答。但是费曼在他的《物理学讲义》中竟然给出另一个定义：“无论如何，真正的问题不在于我们如何定义时间，而在于我们如何测量时间。”我们能够测量生命现象吗？或者最好这样提问：我们能够规定生命特有的标准并通过试管实验证实这些标准的有效性吗？我们必须认识到，生命有许多层次——它最终可以归结到我理学家关于“自然”的概念。[②] 艾根给出的三条“经典的”生命标准是：

(1) 自我复制——以保存生物信息，尽管有平稳的破坏。

(2) 变异性和选择——以扩大信息量，为某种价值标准造成某种倾向。

(3) 代谢作用＝自由能流——以补偿平稳的熵产生，这与同时满足标准 (1) 和 (2) 相联系，而且由此阻止了总观平衡。利用某些特殊的分子性质，并保持一定的物理条件，就可以满足这些标准。它们是生命的必要前提。它们导致物质系统的自组织。

7.1.4 罗辽复先生[③]论生命

我国著名的物理学家罗辽复先生多年来活跃在生命科学研究的前沿，他在《物理学家看生命》[④] 一书的开场白中写道：什么是生命？正像古罗马哲学家圣奥古斯汀在回答什么是“时间”时说：“如果没有人问我，我知道；如果我想向提问的人解释，我不知道。”像“时间”一样，生命也是一个难以定义的概念。让我们来看看生命究竟具有哪些不同于无生命的特点吧。

---

① ［德］M. 艾根，P. 舒斯尔特. 1990. 超循环论. 曾国屏等译. 上海：上海译文出版社

② M. 艾根，P. 舒斯特. 1990. 超循环论. 曾国屏，沈小峰译. 上海：上海译文出版社. 377

③ 罗辽复，男，物理学教授，内蒙古大学博士生导师

④ 罗辽复. 1994. 物理学家看生命. 长沙：湖南教育出版社. 3-9

第一种论点：生命是由某种特殊的活性物质所构成

早在近代自然科学诞生的时代，生命就一直是很多科学家和哲学家关心的问题。作为对经典力学的挑战，法国百科全书派的狄德罗就曾强调指出，它（经典力学）无法解释生命。狄德罗生动地描绘说："这个问题物理学家醒着时是无法考虑，只有梦中才能讨论的。"他主张化学和医学中的问题必须用能够自组织产生生物的活性物质去取代牛顿的惯性质量。活力论者认为生物具有特殊的能，因而反对用物理化学规律去解释生命现象。但是，伴随着医学、生物学、化学的发展，活力论的观点已一步步地被近代科学所拒绝。1828 年德国维勒合成尿素是对活力论的一大打击。尿素本来是动物体的产物，因而也可以看作是生命力的产物。但人工合成尿素说明不需要生命力，抛开活力论就可以解释生命现象。现代分子生物学家和生物化学家已经证明，在一定的温度、湿度、玉力等物理化学环境中，简单的生物分子（氨基酸）可通过无机原子的自组织产生。并且 RNA、DNA 等生命物质也都能用酶催化反应合成。细胞中并没有找到生命状态特有的原子，也没有什么生命细胞特有的化学。分子生物学的迅速发展已有可能用统一的自然力去解释生命，而不再寻求此外的活力。生命和无生命的绝对界限正在泯灭。

第二种论点：生命是有组织的整体

这种论点认为生命之区别于无生命是在于其自组织的整体性。有生命的活体的各个部分之间具有相互协调、相互配合的自组织特性，保证了生命作为一个整体的活动。这个整体已不是组成它的部件的简单迭加。因此尽管有一部分生命现象可用机械论解释，但不能用局部代替整体。这个学说称为"全体说"。但是仔细考虑一下便会发现，无生命的自然界一样可以有良好的自组织行为。可以在物理学和化学中找到很多自组织系统的例子。例如，在上下两块平行板间放置液体，让下板的温度比上板略高一点，平行板间就可能出现液体的对流运动，并且具有漂亮的花纹。这叫作贝纳德对流。贝纳德对流是一种流体的自组织。类似的和更复杂的自组织行为在化学中也经常出现。从统一的数学观点看，所谓整体性，关键在于非线性。1＋1＝2 对于线性系统是成立的，但是对于非线性系统就不对了。当输入信号强度增加 1 倍，输出信号就不是原来的 2 倍，可能是 10 倍、20 倍，也可能是零。这叫作非线性系统。因此整体性是一般非线性系统共有的特性，把它作为区别于无生命的生命特征，显然是不够的。讲到整体性，传统的东方文化比较重视从整体的观点看问题，而在近代力学自然科学的节节胜利声中，产生了强调分析事物每一部分的方法。明显的例子是中医和西医的对比。有趣的是在语言和思维习惯中也显露出这种区别的蛛丝马迹。例如，就地名而言，在中文中是先国名，后省市，最后街道房号；而在西文中则反过来。一个是先整体，一个是先部分。实际上，任何事物都应从两方面看，整体性应是对局部分析的重要补充，但这不是生命独具的特点。

第三种论点：生命运动的目的性

物理学家喜欢问“为何”（why），寻找原因；生物学家喜欢问“为了什么”（what for），寻找目的。生命的运动总是受着某种目的性的支配。也就是说，现在的运动方向总是为将来的某种目的所规定。而物理运动则是受着初始条件制约的。所以，“生物是赋有目的或计划的客体，（莫诺）。意思是眼睛是为了获取映像的目的而生长的，耳朵是为了听到声音而生长的。生命是为了实现某种目的而运转的机器，它的每一部分的运转都是为了实现一定功能的整体目的。什么是目的性？古代自然哲学用目的论的概念来解释一切。例如，用自然害怕真空来解释气体扩散，用趋向大地的目的来解释自由落体，等等。但是，这些目的论的说法早已被科学的发展所摒弃。现代物理学用分子动力论来解释气体扩散，用万有引力来解释落体运动，用因果关系的阐明来代替一切目的论的臆断。目的性已从物理学中驱赶出去，那么生命科学中情况怎样呢？眼睛和耳朵真是为了造物主的目的而生长的吗？不，它们仍然可以在物理原理基础上，用自组织系统的因果关系，以及自组织系统在环境中的选择和进化来阐明。今天地球上具有眼睛耳朵的生命，无非是漫长进化史中无数不具有完善感官的生物被自然淘汰的结果。每当因果关系的更深一层的揭示，生命的目的论也就更进一步的被抛弃。需要补充说明的是：如果不把目的性看作运动发展的基本动因，而简单地把它看成整体行为的一种描述，这样的目的性概念我们还是乐于接受的。例如，在力学中把力学规律改写为某些物理量（称为拉格朗日作用量）取极值的一个推论，而趋向极值则可看成一种目的。这里的目的性恐怕就只具有理论形式的意义了。

第四种论点：生命有复制、遗传和进化的特征

一个细胞分裂为两个完全相同的细胞，按照自己的模样，复制出相同的“产品”，把自己的特性遗传给下一代。这是生命的特点。个体的形态发育是精确的、严密的，外界因素或条件能够阻碍生物结构的发育，但不能支配它或指导它，也不能预先给出这个生命的组织图式，这叫作形态发育的自主性和自发性。并且生命还具有把自身结构的大量信息原封不动地传递给下一代的能力，这叫做遗传不变性。当然，这种不变性并非绝对。从世代交替的长期历史来看，生命是进化的，从简单的原始生命发展到现代地球上几百万种不同形式的生命。发育、遗传和进化是生命的特征。但是，无生命的自然界也有类似现象；并且，尽管这些特征的解释是困难的，但也还没有超出现代物理学规律范围的迹象。例如，发育可以用自组织系统的演化来解释。遗传归根到底是 DNA 的复制，而 DNA 分子的复制和溶液中晶体的生长相比，尽管复杂程度差异很大，但并没有原则上的不同。再看进化，物理学用熵的概念来描绘无序的程度，混乱的程度。例如，摩擦

生热过程中，分子的混乱程度增加了，也就是熵增加了。蒸汽机是将热转变成机械功的机器，蒸汽机之所以能做功，是因为系统的一部分很冷，而另一部分很热。伴随着热的流动，系统的总熵也就不断增加了。依据热机的研究，克劳修斯总结出了一条定律——热力学第二定律：宇宙的熵是不断增加的。这条定律规定了物理过程的方向。玻尔兹曼进一步研究了这个问题，写出了熵的数学表达式：$S=K\log W$，W 是一个宏观态对应的微观态数，S 代表熵。为了纪念他在气体动力论方面的功绩，人们把这个公式刻在维也纳他的墓碑上。如果进化的方向是熵的增加，是系统愈来愈混乱，是微观态数愈来愈多，那么对于生命呢？生命进化的总方向是从简单到复杂，从混乱的高熵状态转变到有序的低熵状态，似乎违背了热力学第二定律。然而仔细考虑一下便会发现这里没有矛盾。热力学第二定律是用于孤立系统的，一个非孤立的和环境有相互影响、相互作用的系统，除了考虑系统内部的熵的产生（按热力学第二定律，这是一定有的）外，还须考虑和环境的熵交换。如果内部产生的熵不断流出，那么算总账以后，系统的熵还是可以减少的。也就是说，生命吃进去的是低熵的食品，排泄出来的是高熵的废物，总熵是流出去的。如果排泄出去的熵能抵消掉生物体内生物、化学、物理过程产生的熵，那么生命就可以维持在低熵的有序状态。由此可见，生命维持在低熵的有序状态是靠和外界的熵交换的结果，是靠排出熵的结果。薛定谔在其名作《生命是什么》中把这称为“靠负熵为生”。以上谈的是生命个体，对于生命的进化来说，情况也是类似。如果进化中生物的熵有所减少，这并不违背热力学第二定律。事实上正好相反，熵减少可能是一个进化的开放系的普遍特征。这样，生命的进化仍然可以在物理定律的基础上予以阐明。

总而言之，生命与无生命的界限似乎愈来愈不清楚了。过去人们认识中的那种绝对的界限将随着科学的发展而逐步地消失。“自然界中没有绝对的界限，运动着的物质会从一种状态转化为在我们看来似乎是和它不可调和的另一种状态。”回顾自然科学史，近代自然科学是从哥白尼的天体运行和牛顿的经典力学开始的。他们把地球看作众多星体中的一员，并把天体的运动和地面上物体的运动统一起来，这是天与地的综合，是人类认识史中一次伟大的事件。经过 300 年的发展，在此综合基础上建立起来的近代物理学和技术科学，已经构成了人类文明的主干部分。现在我们又开始一次新的综合——把无生命的自然界和生命运动综合起来。人类已经能够从无机物合成简单的生命物质，已经能够设计制造具有一定功能的蛋白质，已经能够通过分子克隆技术改造生命。我们正处在人类认识史上生命和无生命综合的阶段，生命和无生命之间的界限正在不断地修改和打破。人或生命是一个小宇宙。天、地与人是中国古代哲学中的三元素。继天与地之综合以后，将生命与无生命综合起来，它的意义及对人类文明的影响自然是难以估量的。

7.1.5 生命的信息定义

李建会教授在他的《生命的本质》[①] 一文中，着重论述了生命的信息定义。信息定义强调生命在生长和繁殖过程中信息的传递作用。一个实体如果具有冯·诺伊曼式的自我复制或繁殖的能力，那么这个实体就是有生命的。自我繁殖是指实体可以自己从 1 个变为 2 个，2 个变为 4 个，4 个变为 8 个……以此类推。冯·诺伊曼已经证明，自我繁殖系统是一个信息系统，这个系统所包含的自我繁殖信息一方面可以起到类似计算机程序的作用，在繁殖下一代的过程中它的表达产生出与自己基本相同的新个体；另一方面它还起到被动数据的作用，在繁殖下一代时可以基本不变地传递给下一代。

20 世纪 50 年代，DNA 双螺旋结构的发现及其随后对其作用机理的了解，使人们对生命的信息本质的认识更加深入。人们认识到，生命的诸多现象都与 DNA 分子的双螺旋结构有关。DNA 恰好具有两种作用：作为生物信息的载体，它包含有关于生命结构的基本描述，它的表达产生出生物体的各种性状；作为基因复制的模板，它可以产生出一份与自己完全相同的拷贝，传递给下一代。

过去人们谈论生命的本质的时候往往只关注于生命“活动性”的根源，所以往往强调生命体的物质和能量变化，因为是这种物质和能量的变化导致了生命的活性的表现。然而，如果没有信息的指导，生命的代谢很快就会停止。比如不同的生物体可能都在进行着物质代谢和能量代谢，但每种生物都能有序地产生着自己独特的生命物质。牛吃青草产的是牛奶，羊吃青草产的是羊奶，绝不会发生牛产羊奶或羊产牛奶的事情，除非人们对牛或羊作遗传工程上的处理。为什么会发生这样的事情呢？遗传密码的发现使人们认识到这是由于不同的生物所含的遗传信息不同所造成的。

遗传信息的载体核酸和生物性状的基本组成部分蛋白质在结构上存在着对应关系。这种对应关系表现在每三个核酸的结构单元核苷酸能相应地确定一个蛋白质的结构单元氨基酸。这种核苷酸的三联体结构被称为遗传密码，或简称密码子。生物界共有 64 种密码子。它们或者是起始密码子和终止密码子，或者决定着构成蛋白质的 20 种氨基酸中的一种。生物在发育和遗传的过程中，亲代自行复制 DNA，并完整地传给子代；子代则以与亲代相同的 DNA 为模板，合成蛋白质，从而使性状与亲代保持一致。子代并没有直接从亲代获得性状，而只是获得了控制发育的信号，亦即遗传信息。

不仅生物遗传信息指导着新陈代谢，而且生命中的许多过程，现在发现本质

---

① 李建会. 2004. 生命的本质. 载：吴彤等. 科学技术的哲学反思. 北京：清华大学出版社. 227-229

上都是信息过程。比如，生物的生长发育过程，生物的免疫反应，生物对外界刺激的反应，神经信号的传导，生物的变异和进化，等等，虽然外部表现是物质或能量的变化，但本质都是在信息指导下的过程。

以生物进化来说，进化实际上就是生物遗传信息的变化。生物发生进化有3个基本的条件：遗传、变异和自然选择。遗传是指在繁殖过程中，亲代的信息被传递给子代。变异是指在遗传过程中，遗传信息发生了一些偶然和必然的变化，使后代和亲代在性状上出现差异。人们早就发现生物界存在着过度繁殖的现象，即每种生物如果不加控制的话，它们的繁殖效率都非常高。每种生物又都需要从环境中获得自身所需要的各种资源。自然界的资源本质上是有限的。当大量繁殖的生物出现在同一个地理区域时，由于自然资源的有限，这些生物必然为了自身的生存而发生生存竞争。由于在遗传的过程中存在着变异现象（可遗传的变异），因此，在生存竞争中，每种生物生存下去的机会是不相同的。那种在竞争中占优势的生物体将被自然选择保留下来，而处于劣势的生物则被自然选择淘汰。这样的过程在自然界中不断地进行，导致生物向着不断增加的更好的适应和较高整合水平的方向发展，于是，出现进化。生物的进化如果没有可遗传的变异，是根本不可能发生的。可遗传的变异本质上就是一种信息过程，所以进化的本质实际上就是生物遗传信息在自然选择作用下的变化。

比多在论证他的生命定义的优点时，一个重要的论据是他的定义可以给生命现象的多元性特征一个统一的解释，但为了这种统一性，结果不惜把个体生命看作是从属的，把群体适应系统看作是基本的。正如前面已经分析的那样，这种反直觉的定义使得人们可以把很多系统，甚至人们构造出来的艺术作品看作第一位的生命，因为我们完全可以把这种作品，如小说，构造成一个灵活适应的系统。所以，比多的定义最终归于荒谬。然而生命的信息定义同样可以统一解释生命的多元性质特征，同时也还可以给出生命的多元特点以更自然的解释。

7.2 生命科学思维模式下的生命特征

7.2.1 生命的属性和特征

现行生物学教材中对生命主要属性的概括。①

在日常生活中，我们不难区分“活”的或有生命的生物和“死”的或无生命的非生物，但是要给“生命”下一个科学的定义却是十分困难的。古今中外很多科学家和哲学家都曾为此问题而困惑、思索，但至今还没有一个为大多数科学家所接受的关于生命的定义。

---

① 引自：吴相钰．2005．普通生物学．北京：高等教育出版社．2-3

生物种类非常多，数量非常大，生命现象十分错综复杂，给生命下一定义无疑是困难的；但是从错综复杂的生命现象中提出生物的一些共性，即生命的属性，则是可能的。

1. 化学成分的同一性

从元素成分来看，构成形形色色生物体的元素都是普遍存在于无机界的C、H、O、N、P、S、Ca等元素，并不存在特殊的生命所特有的元素。从分子成分来看，各种生物体除含有多种无机化合物外，还含有蛋白质、核酸、脂、糖、维生素等多种有机分子。这些有机分子，在自然界都是生命过程的产物。其中，有些有机分子在各种生物中都是一样的或基本一样的，如葡萄糖、ATP等；有些有机分子如蛋白质、核酸等大分子，虽然在不同的生物中有不同的组成，但构成这些大分子的单体却是一样的。例如，构成各种生物蛋白质的单体不外20种氨基酸，各种生物核酸的单体主要也不过是8种核苷酸。这些单体在不同生物中以相同的连接方式组成不同的蛋白质和核酸大分子。脱氧核糖核酸（有时是核糖核酸）是一切已知生物的遗传物质，由脱氧核糖核酸组成的遗传密码在生物界一般是通用的。各种生物用这一统一的遗传密码编制自己的基因程序，并按照这一基因程序来实现生长、发育、生殖、遗传等生命活动。各种生物都有催化各种代谢过程的酶分子，而酶是有催化作用的蛋白质。各种生物都是以高能化合物三磷酸腺苷，即ATP为贮能分子。这些说明了生物在化学成分上存在着高度的同一性。

2. 严整有序的结构

生物体的各种化学成分在体内不是随机堆砌在一起，而是严整有序的。生命的基本单位是细胞（cell），细胞内的各结构单元（细胞器）都有特定的结构和功能。线粒体有双层的外膜，有脊，脊上的大分子（酶）的排列是有序的。生物大分子，无论如何复杂，还不是生命，只有当大分子组成一定的结构，或形成细胞这样一个有序的系统，才能表现出生命。失去有序性，如将细胞打成匀浆，生命也就完结了。生物界是一个多层次的有序结构。在细胞这一层次之上还有组织、器官、系统、个体、种群、群落、生态系统等层次。每一个层次中的各个结构单元，如器官系统中的各器官、各器官中的各种组织，都有它们各自特定的功能和结构，它们的协调活动构成了复杂的生命系统。

3. 新陈代谢

生物是开放系统，生物和周围环境不断进行着物质的交换和能的流动。一些物质被生物吸收后，在生物体内发生一系列变化，最后成为代谢过程的最终产物而被排出体外，这就是新陈代谢。新陈代谢包括两个相反相成的过程：一个是组成作用（anabolism），即从外界摄取物质和能，将它们转化为生命本身的物质和贮存在化学键中的化学能；一个是和组成作用相反的分解作用（catalolism），即分解生命物质，将能释放出来，供生命活动之用。正如生物体在空间结构上严整有序一样，生物体的新陈代谢也是严整有序的过程，是由一系列酶促化学反应所组成的反应网络。如果代谢过程的有序性被破坏，如某些代谢环节被阻断了，全部代谢过程就可能被打乱，生命就会受到威胁，严重的甚至可致生命的终结。

在代谢过程中，生物体内的能总是不断地转化。热力学第二定律告诉我们，能的每一次转化，总要失去一些可用的自由能，总要导致熵的增加，而熵的增加则意味着有序性的降低。所以生物必须从外界摄取自由能来保持甚至加强它的有序状态。具体地说，生物从外界摄取以食物形式存在的低熵状态的物质和能，通过新陈代谢，把它们转化为高熵状态后，排出体外。这种不对等的交换消除了生物代谢作用产生的熵，从而使生物系统的总熵不致增加。由此可见，生物体是通过增加环境中的熵值，使环境的无序性增加来创造并维持自身的有序性的。生物的这种有序结构称为耗散结构（dissipative structure）。

还应指出，各种生物的基本代谢过程一般也都是同一类型的。无论是动物还是植物的细胞呼吸，都是要经过不需氧的糖酵解和需氧的三羧酸循环过程的。

4. 应激性和运动

生物能接受外界刺激而发生合目的的反应，反应的结果使生物“趋吉避凶”。在一滴草履虫液中滴一小滴醋酸，草履虫就纷纷走开。一块腐肉可招来苍蝇。植物茎尖向光生长（向光性）。这些都是应激性（irritability）。应激性是生物的普遍特性。动物的感觉器官和神经系统是应激性高度发展的产物。

5. 稳态

一个世纪前，法国贝尔纳（C. Bernard）发现，尽管外界环境波动很大，哺乳动物总有某些机制使内环境的性质维持不变。后来美国坎农（W. B. Cannon）将它称之为内稳态或稳态（homeostasis）。稳态的概念现在已超出了贝尔纳当时所讲的个体范围。细胞、群落和生态系统在没有激烈的外界因素的影响下，也都是稳定的，它们各有自己特定的机制来保证身体动态的稳定。

6. 生长发育

生物都能通过代谢而生长发育。一粒种子可以成为大树，一只蝌蚪可以成为一只蛙。环境条件对生物的生长发育无疑是有影响的。同一品种的小麦在水肥条件很好的田里长得高大粗壮，而在干旱贫瘠的田里长得瘦小。但是，正如生物体内环境总是保持相对稳定一样，生物的生长发育也总是按照一定的尺寸范围、一定的模式和一定的程序进行的。换言之，生长发育是一个遗传决定的稳定的过程。

7. 繁殖和遗传

生物能繁殖，就是说，能复制出新的一代。任何一个生物体都是不能长存的，它们通过繁殖后代而使生命得以延续下去。生物在繁殖过程中，把它们的特性传给后代，“种瓜得瓜，种豆得豆”，这就是“遗传”。遗传虽然是生物的共同特性，种瓜虽然得瓜，但同一个蔓上的瓜，彼此总有点不同；种豆虽然得豆，但所得的豆也不会完全一样。它们不但彼此不一样，它们和亲代也不会完全一样。这种不同就是“变异”。生物的遗传是由基因所决定的，基因就是前述的脱氧核糖核酸片段。基因或基因的组合发生了变化，生物的性状就要出现变异，这种变异是可遗传的变异。没有这种可遗传的变异，生物就不可能进化。

8. 适应

适应一般有两方面的含义：①生物的结构都适合于一定的功能，如鸟翅构造适合于飞翔，人眼的构造适合于感受物像等；②生物的结构和功能适合于该生物在一定环境条件下的生存和延续，如鱼的体形和用鳃呼吸适于在水中生活，被子植物的花及传粉过程适于在陆地环境中进行有性繁殖等。适应是生物界普遍存在的现象。

7.2.2 张昀先生的定义

北京大学生命科学学院张昀教授是从事生命起源和进化论研究的资深学者。在他为北大生命科学学院的大学本科生和研究生编写的教材《生物进化》中，对生命的定义做了非常深刻和全面的概括[①]。

张昀先生认为，对于“什么是生命”这个问题的回答也是人类对生命本质的认识过程，与生物学及其他相关科学的发展水平相关联。

学者们从不同角度来认识生命。你可以从构成生命的物质结构着眼，把生命看作是一类特殊的物质结构或有特殊结构的物质。你也可以从生命的基本特征着眼，把生命看作是一种特殊的现象。如果从物质结构来定义生命，就要考虑最简单的生命形式是什么的问题：一条完整的编码基因或一个有酶活性的蛋白质分子是不是生命？病毒、类病毒是否可以作为原始生命的模型？一个最简单而又具有生命基本特征的细胞是怎样的？像支原体（mycoplasma）这样的细胞生命，是否能作为原始细胞生命的模型呢？

如果从生命的基本特征来定义生命，如生命的最重要特征是能够自身复制，生命是一个能记载和表达信息、积累信息、保持和传递信息的信息系统；生命能

① 引自：张昀. 1998. 生物进化. 北京：北京大学出版社. 58-61

够不断地与外界进行物质交换，进行新陈代谢（用现代科学语言来说，生命是一个靠外界能量输入而保持其有序性的耗散结构）。但问题是生命的最重要的特征并不一定在每一个生物个体表现出来，也不一定在个体生活史的每一个阶段表现出来。例如，自身复制或繁殖后代：老年个体和某些不育个体就不具备这个特征。又如新陈代谢，处于休眠状态的孢子几乎停止了代谢。如果问：不育的工蜂是不是生命？骡子是不是生命？回答当然是肯定的。

不同学者从不同的认识角度提出了不同的生命定义，归纳起来不外乎两类。

第一类定义强调生命的特殊结构，与这种结构相关联的功能特征则被认为是附属于特殊结构的。这类定义可称之为“结构定义”（structural definition）。第二类定义则相反，它从生命的动态功能着眼，而把与功能相关的特殊结构看作是实现这种特殊功能所要求的条件。有人称这一类生命的定义为“运作定义”（operational deftnition）（Fleischaker，1990）。

1. 结构定义

从物质结构的角度来定义生命，首先要弄清楚什么是最简单的生命结构？换句话说，能体现生命的最基本特征和进行生命活动的最简单物质结构是什么？

在关于生命起源的研究中曾经出现过两种不同的结构定义。

其一，将生命定义为某类特殊的大分子，生命现象源于这类大分子的特殊结构，生命特征就是这类大分子的物理化学特征；最简单的生命是某种生物大分子。

其二，把生命看作一种特殊的形态结构，一种细胞形式或“准细胞”形式的结构，生命的特征就是通过这种结构的膜与外界进行的物质交换（代谢）。最简单、最原始的生命是最简单的细胞。

19 世纪的唯物主义者认为生命现象是原生质（protoplasm）的特征，原生质被认为是一种复杂的蛋白质。因此，恩格斯是这样定义生命的：“生命是蛋白体的存在方式，这个存在方式的基本因素在于它和周围外部自然界的不断的新陈代谢。”（《自然辩证法》，人民出版社，1971 年）这里所谓的蛋白体就是构成原生质的复杂蛋白质。根据这个定义，生命起源问题就可还原为蛋白质的起源问题。但是，当时对蛋白质的化学结构所知甚少。20 世纪生物化学的研究进展，特别是由于酶研究的成果，使得学者们坚信生命的分子基础就是蛋白质。

20 世纪 50 年代以后，核酸分子结构和遗传功能的研究进展改变了生物学家的看法，人们注意力转向核酸，认为生命的分子基础是具有自我复制和负载遗传信息功能的核酸，于是生命的定义由强调蛋白质及其代谢功能，改变为强调核酸及其遗传载体的功能。生命起源问题被还原为能进行自我复制的低聚和多聚核苷酸的起源问题。

如果生命可以定义为某种生物大分子，那么由此而产生的两个问题是：

（1）是否存在非细胞形式的生命？或者说，是否存在能实现生命基本过程和体现生命基本特征的分子状态的生命?

(2) 在化学进化过程中是先有蛋白质分子还是先有核酸分子?

在现今的生命世界中确实存在非细胞形式的生命。就现在所知，有三种类型。第一种非细胞形式的生命就是1983年才发现的叫做原体（prions）的病原微生物。原体仅由蛋白质分子组成，但这种蛋白质含有自身复制的密码子。换句话说，这种蛋白质本身也是遗传信息载体。但目前对这种极为特殊的蛋白质生命了解甚少。最初是从患蹭皮病（scrapie）的绵羊身上分离出来的，有人认为人类的阿尔海默病（Alzheimer's desease，即老年脑萎缩症）的病原体可能也是一种原体。第二类非细胞生命是病毒，是包装在蛋白质外壳中的DNA或RNA分子。第三类非细胞生命是类病毒（viroids），是没有蛋白质外壳的（全裸）RNA分子。这三种类型的非细胞生命都具有生命最重要的特征，即在一定条件下能进行自身复制。但它们不能独立地实现其自身复制，要靠感染或寄生于一个活细胞，并藉助于活细胞的酶系统及其他条件才能进行复制。因此，从这一点来说，上述三种非细胞的生命不能说是完整的生命，不能作为原始生命的模型。

由此而引出的另一个问题是：在细胞生命出现之前的化学进化阶段，是否可能产生过单由蛋白质分子或单由核酸分子组成的生命形式呢？虽然原体、病毒和类病毒都不能算是完整的生命形式，但这并不能排除在地球早期化学进化阶段有过非细胞的“大分子状态”的生命形式的可能性，因为早期地球上可能存在大量的非生物合成的有机分子，作为大分子自身复制的外在条件。

如果在细胞生命出现之前的化学进化阶段确实有过由蛋白质分子或核酸分子组成的生命形式，那么接着引出的另一个问题是：在进化过程中先有蛋白质呢，还是先有核酸？这个问题曾有过激烈争论。早在20世纪20年代，遗传学家缪勒（H. S. Muller）就提出“裸基因说”（naked gene theory）。现时也有一些证据支持这个假说。例如，20世纪80年代初，有人发现在一定条件下RNA具有酶的功能：在RNA分子剪切过程中起催化作用的是RNA自己，被称为核酶（ribozymes）。因而有生命起源的“RNA世界”说。原体的发现也提出了另一方面的证据，即蛋白质分子本身也有携带遗传信息和控制自身复制的能力。清华大学赵玉芬的研究小组发现α氨基酸在N-磷酸化以后变得活泼了，可以自身聚合成肽、成酯及进行其他多种反应（赵玉芬等，1993）。这样看来，在前生命的化学进化阶段究竟先有核酸还是先有肽或蛋白质分子的争论并不特别重要了。完整生命结构的分子基础是核酸与蛋白质之间的相互作用和相互控制的复杂关系，因而重要的问题是核酸与蛋白质之间的这种关系在进化中是如何确立的。也许早期前细胞的原始生命形式既不是RNA分子，也不是蛋白质分子，而是由核酸和蛋白质（或许还有类脂）组成的大分子系统。在这个大分子系统内，氨基酸与核苷酸之间的关系通过相互作用和随机固定而逐步确立（这涉及另一个问题：遗传密码起源）。另一种观点认为，不存在分子状态的生命形式，蛋白质与核酸一旦产生，必须包含在类脂形成的膜结构之内才能形成独立的生命形式。换句话说，生物大分子必须有自身存在的膜边界，与外界环境分隔，并且内部也有分隔，才能构成完整的生命。病毒、类病毒和原体都缺少膜分隔，因此都不能在宿主细胞之外进行各种生化反应。因此，如果要从结构上定义生命，那么生命不能定义在分子上，只能定义在形态结构上。

关于生命的另一种结构定义是基于形态学特征。最早的形态学的生命定义是俄国学者奥巴林于1924年提出的。他认为，最早的、最原始的生命就是一个最简单、最原始的细胞，即原细胞（protocell）。这种原细胞具有膜界，使之与外界半隔离。原细胞通过膜界与周围环境进行物质交换（代谢），并因此而能生长、增殖。因此，生命起源问题就变成原细胞的起源问题。奥巴林以明胶（一种蛋白质）和阿拉伯胶（多糖）混合后形成的所谓“团聚体”（coacelvates）作为这种原细胞的模型①。20世纪60年代，美国的福克斯（S. W. Fox）等用干燥氨基酸粉末混合物加热后在水中形成的“类蛋白微球体”（proteinoid microspheres）作为另一种原细胞模型。这两种在实验室模拟出来的原细胞都有膜边界（但不是类脂膜），能与外界溶液进行物质交换，能增大体积（生长），并能繁殖（出芽、分裂），具有简单的生命特征。

2. 运作定义

上述两个结构定义基于两个结构层次，即分子层次和细胞层次。但两个定义都没有涉及“从分子如何过渡到细胞”这个生命起源的实质问题，两个定义也没有给我们一个判断生命的标准。例如，一条有遗传编码的DNA链是不是生命？一个有膜界并能与外界交换物质的胶体结构（如微球体）算不算生命？

运作定义是考虑到结构定义的缺陷而提出的。运作定义强调生命的动态的功能特征，而把有关的结构看作是实现生命重要功能的条件。运作定义吸取并应用了现代物理学、化学的新理论原理。例如，系统理论、耗散结构理论和自组织理论。下面是运作定义的一个例子。

20世纪70年代，两个智利生物学家Maturana和Varela把生命定义为“自我生产系统。（autopoiesis或autopotetic systern)。后来另一学者Fleischaker（1990）把这个新定义加以发展和具体化。他是这样叙述和解释生命的定义的：生命需要从外环境输入和转换能量以驱动和维持其自身生产过程，并保持其自身远离平衡的状态。生命系统的特点在于它把网络中各个能量转换和物质相互作用过程耦联并组织成为一个完整的“过程网’(network of processes)，其结果是系统中所有组成部分，包括边界膜结构本身都能自动地、连续地再生产出来。

从上述描述中可以看出，个体生命就是一个生产组织，这个组织在空间上是

---

① 奥巴林. 1960. 地球上生命的起源. 北京：科学出版社

整体的、不可分的，在时间上又是连续运作的。一个活生命就是一个能连续地自我生产其本身结构的组织系统。我们把 Fleischaker 的生命运作定义概括为以下几个要点：

（1）生命的基本构成因素是各个相关的生物化学过程。

（2）各个相关的生物化学过程通过耦联而组织成为一个网络系统。

（3）网状耦联的生化过程在空间上要求一个紧凑的结构，即被束缚于一边界膜结构之内，并在内部有选择地分隔，这样才能具有整体性和个性，并能延续自身。

（4）在边界膜结构之内，生化过程网通过能量的利用、转换和内外物质交换而实现其自身再生产。

自我生产系统中的"自我"就是指生化过程网系统，也就是系统的整体而不是局部。自我生产的实现靠整体运作。换言之，自我生产就是在其自身制造的边界内实现其自身特征的表达，这特征又是由系统内各组成部分之间动态关系所决定的。

简言之，按生命的功能定义，我们可以把生命看作是无数相关的生物化学反应循环通过耦联而组成的有序的、紧凑的、高度组织化的网系统（或者说是一个超循环系统）。由于杂乱的生化反应需要有空间的分隔与组合才能实现有序化，所以膜结构与分隔化（cornpartmentation）成为生命功能实现的必要条件。因此形态结构是生命功能实现的基础，没有结构，生命的基本特征不能表现。生命的定义中应当包含功能与结构两个方面。让我们把功能的定义与结构的定义结合起来，作一个概括：生命是高度组织化的物质结构，核酸、蛋白质等相互作用的物大分子构成其分子基础，通过生物膜结构实现其内、外之间和内部的分隔化，其内部的无数相关的生物化学反应循环通过耦联，并借助分隔化的结构而组成高度有序的、紧凑的生物化学反应网系统，这个系统靠外界能量输入和内、外物质交换而保持其低熵水平的远离热力学平衡态的有序状态，同时实现其自身复制（再生产）。

我们将上述的各类生命定义总结如下表。这些生命的定义是从不同角度回答"什么是生命"的问题。第一种回答是：生命是某种具有特殊结构的物质或特殊的物质结构。第二种回答是：生命是实现某些特殊功能的反应系统。前者强调生命的结构特征，后者强调生命的功能特征。我们则试图把两者结合起来。

- 生命的定义
  - 结构定义
    - 分子的定义（生命被定义为特殊的大分子）
      - 蛋白质分子
      - 核酸分子
      - 蛋白—核酸分子系统
    - 形态的定义（生命被定义为特殊的形态结构）　原细胞
      - 团聚体
      - 类蛋白微球体
  - 运作定义
    - 生命是自组织、自复制的开放系统
    - 生命是自我生产系统

7.2.3 雅克·莫诺和弗朗西斯·克里克对生命特征的定义

诺贝尔奖获得者莫诺定义生命的三个特性是：目的性、自主的形态发生和繁殖的不变性①。诺贝尔奖获得者克里克根据下列几个特征定义生命：自我繁殖、遗传、进化和新陈代谢。一般的生物学教科书列举的性质更多一些，如新陈代谢、生长、发育、遗传、进化、应激性、自稳态、自组织等②。

7.2.4 迈尔主张的生命性质列表③

国际学术界公认的进化生物学权威，综合进化论的（现代达尔文主义）的积极倡导者之一，美国哈佛大学终生名誉教授 E. 迈尔将生命的性质归纳如下：

（1）所有层次的生命系统都有非常复杂和适应的组织。

（2）生命有机体由化学上独特的一组高分子构成。

（3）生命系统中的重要现象主要是质的，而不是量的。

（4）所有层次的生命系统由高度可变的独特个体的群体组成。

（5）所有的有机体拥有历史上进化来的遗传程序，它使有机体能够参与目的性的过程和活动。

（6）生命有机体的类别是由共同谱系的历史连接定义的。

（7）有机体是自然选择的产物。

（8）生命过程特别难以预料。

7.2.5 几种“根本性质”定义④

1. “新陈代谢说”

“新陈代谢说”是物理化学在生物学上应用的产物。19 世纪，由于物理学、化学和生理学的发展，人们开始把生命看作是能够通过物理化学方式与外界环境进行物质和能量交换的新陈代谢活动，即生命系统中看不见的组成成分的持续的同化和分解过程。新陈代谢现在可以被定义为生命系统以酶为媒质的化学的和能量的转换网络的总和。新陈代谢包括物质代谢和能量代谢两个方面。物质代谢是

---

① ［法］雅克·莫诺. 1977. 偶然性和必然——略论现代生物学的自然哲学. 上海外国自然科学哲学著作编组译. 上海：上海人民出版社. 8

② Boden M. A. 1996. The Philosophy of Artificial Life. London：Oxford University Press. 21，331－335

③ Mayr E. 1982. The Growth of Biological Thought. Cambridge：Harvard University Press. 53

④ 李建会. 2006. 生命科学哲学. 北京：北京师范大学出版社. 120-127

指生物体内物质的变化，包括同化作用和异化作用两个方面。同化作用是生物把从外界吸收来的物质合成为自身的物质的过程；异化作用则是生物把自身的物质分解，排出体外或重新利用的过程。能量代谢包括储存能量和释放能量两个方面。物质代谢和能量代谢实际上是一种过程的两种不同表现。有机体在同化作用的过程中储藏能量，而在异化作用的过程中释放能量。有机体物质的更新、生理机能的发生和有序结构的维持，都有赖于能量代谢。活的生命的一个基本的表现就是其体内一直在进行着物质代谢和能量代谢。这种活动一旦停止，生命也就不复存在。所以，很多人把新陈代谢看作是生命的本质。

20 世纪 40 年代，薛定鄂把这种新陈代谢观点做了进一步发展，提出了“负熵说”生命定义，认为生命是一种依靠新陈代谢持续面对热力学第二定律的系统。下列段落概述了他的观点：什么是生命的独特特征？什么时候一块物质可以被说成是活着的？……正是通过避免迅速腐败进入惰性的“平衡”状态使有机体看上去如此不可思议。……生命有机体怎样避免腐败呢？显然的回答是：通过吃、喝、呼吸和（在植物的情况下）同化。专门的术语叫新陈代谢……新陈代谢的本质就是有机体成功地在活着的同时使它自己从它必然产生的熵中摆脱出来。随着现代物理学、化学、生物学以及系统科学的发展，到 70 年代，这种负熵说被人们发展成为“自创生说”。

2. “自创生说”

自创生说是由哈姆伯图·马图拉纳（Hamberto Maturana）和弗兰西斯科·瓦里拉（Francisco Varela）等人于 1974 年提出的关于生命的定义。这种定义是新陈代谢定义和物理科学中的自组织理论相结合的产物。弗雷施克尔（Gail Raney Fleischaker）1990 年进一步把这个定义加以发展和具体化。“自创生”（autopoiesis）由希腊语“auto”（即“自我”）和“poiesis”（即“制造”）构成。自创生系统具有三个特点：一是自我设界，即生命系统自己为自己设置边界，从而使自己与环境或其他生物区分开；二是自我产生，即生命的所有组成部分，包括它的内部物质和边界都是由系统自己转化产生的；三是自我维持，即生命内部的活动在时间中是持续不间断的。马图拉纳和瓦里拉创造“自创生”这个词就是为了说明生命的那种动态的自我维持和自我创造的特性。根据马图拉纳、瓦里拉和弗雷施克尔，生命需要从外环境输入和转换能量以驱动和维持其自身生产过程，并保持其自身远离平衡的状态。生命系统的特点在于它能够把内部各个能量转换和物质相互作用的过程相互耦联，并组织成为一个完整的过程网。在这个过程网络中，系统的各种组成部分包括边界膜结构本身都能自动地、连续地再生产出来。具体地说，自创生生命定义的要点如下：

（1）生命的基本构成因素是各个相关的生物化学过程。

（2）各个相关的生物化学过程通过耦联而组织成为一个网系统。

(3) 网状耦联的生化过程在空间上要求一个紧凑的结构，即被束缚于一边界膜结构之内，并在内部有选择地分隔，这样才能具有整体性和个性，并能延续自身。

(4) 在边界膜结构之内，生化过程网通过能量的利用、转换和内外物质交换而实现其自身的再生产。自我生产系统中的"自我"就是指生化过程网系统，也就是系统的整体而不是局部。自我生产的实现靠整体运作。自创生系统可以进行生物学意义上的新陈代谢，而非自创生系统不可以。蛋白质、病毒、细胞质和基因都是生命物质的组成部分。当它们处在动物、植物或其他细胞内时，它们可能被用来维持细胞或组织的自创生行为；但是，蛋白质、病毒、细胞质和基因本身并不能进行新陈代谢，它们在孤立状态下永远不能自创生。新陈代谢包括无机物和有机物的交换（比如说呼吸、进食、排泄）以及相伴随的能量转化，这是自创生的可看到的表现。自创生决定着生理过程，因此，它对于所有的生命物质来说是必要的。自创生实体——也就是我们说的生命——都必须进行新陈代谢。这些物质交换是自创生系统必须的条件，不论这一系统是什么。总之，自创生理论认为，生命就是一个自我维持和自我创造的生产组织，这个组织在空间上是整体的、不可分的，在时间上又是连续运作的。一个活的生命就是一个能连续地自我生产其本身结构的自组织系统。弗雷施克尔认为，自创生在原则上并不依赖于任何特殊的材料。生命可能不一定必须由水构成，也不一定由含有碳、氮和氢的蛋白质构成，更不用说由氨基酸或者任何其他某种特殊的化合物构成。但是，由于现在生活在地球上的所有生命都来自共同的祖先，因此所有的生命都是水-蛋白质-核酸化学体系的一部分，这种状况一直持续了 30 多亿年。这样，地球生命的自创生的化学知识为我们评价生命研究，尤其是生命起源和进化的研究提供了一个框架。

3. 灵活适应说

灵活适应的生命概念是由美国里德学院的哲学教授马克·比多（Mark Bedau）提出来的。比多认为，过去我们定义生命都是试图给我们日常的生命观念一个一致的解释，但这不仅非常困难，而且是注定要失败的。因为生命的真实本质恰恰在很多方面是与我们的直觉相反的。所以，比多认为，在定义生命的问题上，我们的思维应当来一个一百八十度的大转变。

首先，从目标上看，生命的定义应当能够包含并统一现有生命的多种多样的性质，并且能够解决在定义生命时困扰人们的各种各样的难题。生命有多种多样的性质，一个好的生命定义应当能够给这些性质一个统一的解释。其次，在定义生命时人们还提出好多困难的问题，生命定义必须能够解决这些难题。这些难题主要有四个方面：一是边界案例问题，如病毒是不是生命？前化学汤中是不是存在非细胞形态的生命？二是生命的层次性问题，生命概念最高可以应用到哪些层次？细胞、组织、器官、有机体，我们都可以无疑问地称之为生命，但是，像生态系统、生物圈是不是也是生命呢？三是生命的本质是形式还是物质的问题。一方面，地球上所有的生命都与含碳的有机分子有关；另一方面，生命的本质又好像主要在于过程和性质而不在物质。那么到底谁最根本呢？四是生命和心灵或智能的关系问题。现实世界中，不同的动物，它们的智力水平和它们的复杂程度有着一定的对应关系。生命和智能是什么关系？智能必须建立在生命的基础上吗？比多认为，一个好的生命定义应当能够解决这样的问题。从视角上看，比多认为，定义生命的重点应当放到生命的现象上，而不是我们直觉的生命概念上；应当关注生命现象的过程，而不是单个的生命有机体个体。生命现象发生的过程是主要的，结果则是从属的。过程提供生命现象的统一的解释。基于这样的考虑，比多认为，与其我们把定义生命的注意力集中在个体有机体的性质上，不如把注意力集中在有机体的群体上。也就是说，我们定义生命的出发点不应当从个体的生命性质开始，而应当把有机体的系统作为定义生命的根本出发点。从群体系统的角度出发，比多认为，“解释生命的多样性统一的特征的根本原则似乎是适应过程中的那种灵活性——即它对生存、繁殖，或更一般地说，繁盛问题中遇到的难以预料的变化能够产生新奇的解决办法的恒久能力”。也就是说，生命的本质特征在进化的过程中得到揭示。比多说，这种观点其实在他之前已经有人倡导，只是这些人并没有明确说这就是一个新的生命定义。比如，著名进化生物学家梅纳德·斯密斯（J. Maynard Smith）就曾说过：我们应该把任何具有繁殖、遗传和变异属性的实体群体当作是活的。对于这个定义的辩护如下：任何具有这些属性的群体将通过自然选择进化，以至变得更好地适应它的环境。给定时间，任何程度的适应复杂性都可以通过自然选择产生。凯思-史密斯（A. G. Cairns-Smith）也曾强调适应在进化中的作用。他说，自然选择是进化的唯一组成机制。任何为了解释生物多样性和复杂性理论必须也考虑由变化着的环境设置的变化着的挑战。自然，作为饲育者和表演裁判，不断地改变她关于哪一类型应该给予第一奖励的思想：改变选择压力一直是她的创造才能的关键部分。然而，自然选择一直是关键组成的必要条件。没有它，生物甚至不能支撑适应了的给定环境的总合，更不用说变成适应新的环境。没有自然选择，所有的冒险永远不会成功地开始。那类内置的我们称为“生命”的精巧设计很容易放置于进化的背景中：生命是进化的产物。比多在这些人的基础上，明确地把生物群体的这种无限度的不断适应新的环境的特性看作是生命的本质。作为群体的生命总是能对新类型的环境挑战做出新的适应反应。进化的军备竞赛就是一种简单的灵活适应。但如果一种适应是固定的适应，那么这种适应就不是灵活适应，因为它只能对旧的环境产生适应性变化，在遇到新的前所未有的环境时，它就不能产生适应变化。灵活适应所面对的适应性挑战往往是开放的、不曾预料的和新奇的。比多认为，有两种类型的生命形式：一种是基本的生命形式，它们就是灵活适应系统本身；另一种是派生的或从属的生命形式，它们之所以是生命，主要是由于它们与第一种生命形式具有适当的关系。所以，比多又把他的生命定义如下。

X是生命，当且仅当：① X是灵活适应系统；②X以恰当的方式与灵活适应系统相联系。

根据这个定义，基本的生命形式是一个进化的生物群体，或者是全部进化的生态系统的许多群体，或者归根结底是全部进化的、由许多相互作用的生态系统构成的生物圈，它们是基本的灵活适应系统。而个体生命、器官、细胞等之所以被看作是生命，完全是因为它们以恰当的方式与灵活适应系统有关。它们都是由灵活适应系统产生和支持的从属的生命形式。比多认为，他的这个定义有多个优点。首先，这个定义能对生命的多样性特点做出一个统一的解释。比如，因为生命是灵活适应系统，所以在历史发展过程中，它们产生了非常复杂的适应组织，即历史上相互关联的具有遗传程序的有机体。灵活适应中的随机变化解释了为什么生物学过程特别难以预料，也解释了为什么生命系统由非常易变的独特个体群组成。此外，生命的应激性等特点也可以用灵活适应来解释。其次，比多认为，他的生命定义可以解决过去在生命概念问题上遇到的各种问题。比如，对于生命和非生命之间的连续性问题，以往的定义都要我们在生命和非生命之间做出非此即彼的选择。而灵活适应说可以避免这一点。因为灵活适应有程度的不同，所以，比多认为，生命和非生命之间并没有一个截然分明的界限。不同的系统可以呈现不同的灵活适应，同一系统的灵活适应水平也可以随着时间的变化而变动。由于系统的灵活适应水平是可以测量的，所以可以根据灵活适应水平的高低判断一个系统是不是有生命的以及它的生命的程度如何。病毒、冰冻的精子、休眠的种子等可以看作是生命和非生命的边界情况。当它们处在孤立的情况时，它们失去了与灵活适应系统的联系，因而属于非生命；但当它们与灵活适应系统的联系重新建立起来时，它们又回到了生命的“王国”。对于生命的层次性问题，比多根据基本的生命形式和派生的生命形式的划分，认为这是必然的，即是说，生命可以在不同层次上出现，不同层次包含不同的但却是有关联的生命形式。生态系统、经济系统等都可以看作是生命。关于生命是物质还是形式的问题，比多选择的是后者。因为灵活适应是可以多重实现的，即是说，同一种适应可以在不同的物质基础中实现出来。因此，对生命来说，重要的是形式。对于生命和心灵的关系，比多认为，灵活适应的生命概念从更深刻的意义上揭示了它们之间的统一。所有的生命形式必须想方设法应付复杂动态的不可预测的外界环境，心灵也同样如此。所以，生命和心灵的本质都是灵活适应，只不过后者比前者的程度要高许多。

比多的生命定义提出来之后，成为一个非常有影响的生命定义。但李建会教授认为，比多的定义是有缺陷的。首先，比多的生命定义有着很明显的反直觉色彩。比多要人们转变观念，把群体看作是基本的生命形式，把个体当作从属的生命形式。这一点在很多人看来是根本不能接受的。一般在人们看来，个体生命才是基本的生命，群体生命是建立在个体生命基础上的。虽然我们可以说社会系统、经济系统具有“生命活力”，但这都是在比喻意义上说的。我们不能因此就把这些系统本身当作是生命，更不能把它们当作是更根本的生命。即使比多说的是正确的，群体生命是基本的生命形式，然而群体有大有小，到底哪一种群体才是最基本的生命形式呢？比多并没有回答，他只是含糊地说灵活适应的群体系统是基本的生命形式，但并没有明确地说，我们从哪个层次来确定最基本的生命形式是什么。泛泛地说灵活适应系统是基本的生命形式，对我们来说是不够的。其次，比多说，个体生命获得生命的形式是因为它们与灵活适应系统具有某种适当的关系。怎样的关系是"适当关系"？比多并没有回答。他只是泛泛地说有某种与灵活适应系统的"适当关系"，但这种关系是什么样的，他并没有给我们明确的说明。在说明一些具体的问题时，比多的回答也很随意。个体的生命，比如骡子的生命，来自于它们与灵活适应的群体——马和驴的交配的关系。很显然，这种关系是一种繁殖关系，尽管骡子本身以后不会繁殖。处于顶级状态的生态系统，按照比多的定义，它不再是一种灵活适应系统，但比多认为，我们不能说它是非生命的；因为它们是从灵活适应系统演化来的，所以它们是有生命的。这里，本来应当作为基本生命形式的生态系统又成了派生的生命形式。由于我们不能明确地确定什么样的关系是"适当的"，比多的定义就变得很任意。不同的人可能说出不同的关系故事，来说明某物是不是有生命的。

7.2.6 生命科学定义的困难

李建会教授[①]认为，首先，我们每个人都有着关于生命的常识经验，而定义生命需要概括所有生命的共有特性，其中包括大量常人不熟悉的和处于极限状态下的生命特性。这样定义出的生命概念可能和常识观念相差甚远，甚至完全相反。我们常识的生命观念一般都与动物和植物的一般特征有关，这些特征包括生长、繁殖、自我维持、对外界刺激做出反应等。但当我们定义生命时，我们需要考虑所有类型的生命的特征，包括细菌等微小的生物，甚至还要考虑病毒、类病毒、蛋白感染素等。这些生物的特征和我们的常识观念具有非常大的差别。

其次，不同学科的人在定义生命时，往往从本学科出发，把生命的某一方面加以强调，把某一方面作为生命的本质。比如，生理学往往把能够完成诸如消化、新陈代谢、排泄、呼吸、运动、生长、发育和对外界刺激做出反应的功能的系统定义为生命系统。生物化学和分子生物学又往往把生命有机体看作是可传递编码在DNA和RNA中的遗传信息的系统，这些信息可以控制蛋白质的合成，而蛋白质决定着生物的主要性状！进化论往往把一个能够通过自然选择进化的系统看作是生命系统。热力学则又把生命看作是一个与它的环境交换物质和能量的开放系统。开放系统能够"吃进"负熵，使系统从无序创造出秩序，利用这些负熵保持和重

---

① 李建会. 2006. 生命科学哲学. 北京：北京师范大学出版社. 109-110

建它自己的组织。不同学科的视角的不同也使人们感到生命难有统一的概念。

最后，生命现象与非生命现象存在着连续性，它们之间并没有一条截然分明的界限；而我们定义生命的目的又是要把它们明确地区分开来，这必然使我们关于生命的定义要么太宽，把一些非生命的现象也包括在内；要么又太窄，一些生命现象也被排除在生命之外。比如，上面不同学科关于生命的定义尽管是有意义的，但实际上，它们在逻辑上都是不能令人满意的。它们或者把生物学家认为是有生命的系统当作是没有生命的，或者把非生命的系统也当作是有生命的。比如，生理学定义就会把休眠的种子、病毒、类病毒等排除在生命系统之外，因为它们并不进行新陈代谢，又把汽车等非生命的系统当作是有生命的，因为汽车也能进行新陈代谢。生物化学和分子生物学的定义会把蛋白感染素（导致瘙痒病的似蛋白感染粒子）排除在生命之外。

由于这些困难，有些生物学家往往把生命的定义问题当作一个回答与不回答对生物学的发展并没有多大影响的问题。1960 年的诺贝尔奖获得者、免疫学家梅达沃（P. B. Medawar）曾经不耐烦地说，生命是什么的讨论使人感到生物学对话的低水平。生物学家往往认为我们关于生命的直觉的概念对我们研究生物学现象已经足够；没有清晰明白的生命概念，并不会对生物的结构、功能、进化过程等方面的研究产生任何不良影响。一些哲学家也因此认为对生命概念作精确的定义对生物学研究并无必要。哲学家塞尔（John Searle）就说过："生物学家当然不需要持续不断地思考生命是什么，并且确实，大多数生物学的著作甚至不需要使用生命这个概念。然而，没有人在他健全的思想里会否认他研究的生物学现象是生命的形式。"斯蒂尔尼（Kim Sterelny）和格里菲斯（Paul Griffiths）在他们 1999 年出版的一本生物学哲学的著作中也曾说道，生物学家并不需要一个生命定义来帮助他们识别他们所思考的东西是什么。

然而，并不是所有的生物学家和哲学家都赞同这样的观点。1958 年诺贝尔奖获得者、遗传学家约书亚·莱德伯格（Joshua Lederbetg）曾写道："理论生物学的一个重要目标是给出一个生命的抽象定义。"除理论生物学家对生命概念感兴趣以外，研究生命起源的生物学家，研究地外生命的生物学家等，也都认为生命的定义问题非常重要。因为对生命的不同定义直接关系到他们工作的内容、范围和研究方向。20 世纪 80 年代末兴起的人工生命学科更是把生命的概念问题作为首先要回答的问题。

7.3 系统科学思维模式下的生命本质

7.3.1 路德维希·冯·贝塔朗菲论生命与非生命的区别

现代著名的理论生物学家、一般系统论的创始人路德维希·冯·贝塔朗菲在其名著《生命问题——现代生物学思想评价》一书中对生命的本质问题做了精湛的论述。

（1）根据贝塔朗菲的观点，生命问题是组织问题，生命概念是结构之间的关系。所谓的“生命物质”并不存在，因为构成生命的微观组分并不具有活性，无生命物体中发生的化学反应与活机体中的个别反应也无根本区别。然而，所谓生命现象，如新陈代谢，应激性，繁殖，发育等是处于活机体（一个系统）中，由共同相互作用状态中的诸要素所构成的复合体的性质。因此生命现象不能完全分解为它的基本单位，因为每一个别部分与每一个别性质不仅取决于其自身的内在条件，而且不同程度地取决于整体的内在条件以及取决于该整体作为一个部分所从属的更高级单位的内在条件，因此孤立部分的行为通常不同于它在整体联系中的行为。生命过程是由整个系统中各种条件的相互作用决定的，由动态的有序决定的。

（2）根据贝塔朗菲的观点，新陈代谢是所有活机体的特征，新陈代谢的结果，表现为活机体的组分从某一瞬间到另一瞬间是不相同的。活的形态不是存在，而是发生。在生物组织的所有层次上都有这种连续的变化。细胞内构成它的换血成分不断发生破坏，在这过程中，细胞仍作为一个整体而持续存在。在多细胞的有机体内，细胞不断地死亡，又被新的细胞所替代，但有机体仍然作为一个整体而持续存在。从物理学的观点看，活机体的特征状态表明就其环境而言，它不是一个封闭系统，而是一个开放系统。这个开放系统不停地将物质排出给外界，又从外界吸取物质，但是它在这种连续地交换中以稳态的方式维持自身，使活机体趋于一种动态的化学平衡。开放系统理论既揭开了物理学的新篇章，同时也揭开了生物学的新篇章。它是真正揭开生命之谜的钥匙。

7.3.2 贝塔朗菲给有机体提出的定义

活机体是一个开放系统的等级秩序，它依靠该系统的条件在诸组分的交换过程中保持自身的存在[①]。

7.3.3 法默(J. Doyne Farmer)和白林(Aletta d'A Belin)曾经列举了下列一组性质作为生命共有的典型特征[②]

（1）生命是时空中的一种模式（pattern），而不是特殊的物质客体。对生

---

① 路德维希·冯·贝塔朗菲. 1999. 生命问题——现代生物学思想评价. 吴晓江译. 北京：商务印书馆. 133-134

② Farmer D F, Belin d'A. 1991. Artificial life: the coming evolution. In: C. G. Langtong, C. Taylor, J. D. Farmer, S. Rasmussen, ed. Artificial Life. SFI Studies in the Science of Complexity, Proc. Vol. X. Redwood City, CA: Addison－Wesley. 815-840

命来说，重要的是模式和各种关系的集合，而不是特殊的原子实体。

（2）生命具有自我繁殖的能力，或者至少是通过繁殖产生的。比如骡子虽然不育，但也是通过繁殖过程产生的。

（3）生命存储有自我表征的信息。比如自然界的有机体在 DNA 分子中都存储有关于它们自己的描述，这种描述可以被生物自己翻译成蛋白质。

（4）生命具有新陈代谢的能力，可以不停地与环境进行物质和能量的转换。

（5）生命可以与环境在功能上发生相互作用，即是说，有机体可以有选择地对外界刺激做出反应，能够适应环境，同时它们也能够创造和控制它们相应的环境。

（6）生命的组成部分之间相互依赖。这种相互依赖维持了生物体的统一性。

法默认为，这个列表远远不是完善的。有些有机体，比如病毒，在很多方面处于生命和非生命之间的状态。

7.3.4 协同学角度提出的生命定义

①在物质基础上，生命是以蛋白一核酸分子系统为主体的各个相关的生物化学过程的协同，并由于协同发生的频率、距离和密切程度的固定化而形成一个过程网系统；②在这个过程网系统中各个相关的生物化学过程的有序化上，生命是通过生物膜来实现其内、外之间和内部的分隔化，同时又通过（神经一体液、酶等）各个水平上的自稳态机制调控信号的耦联，并由这两个方面的协同来实现其反应过程在时空上的同步化；③这个过程网络系统依靠外界能量和信息的输入和系统内、外物质交换的协同，来保持其低熵水平的远离热力学平衡态的有序状态，同时实现其自身的复制。根据“协同进化与整合”法则，我们可以认定：①生命的本质就在于各个相关的生物化学过程的有序协同的整合；②各个相关的生物化学过程协同的距离和密切程度通过整合而固定化为一个网络系统，这也是下一个“协同作用的中心”——社会结构产生的模式；③网状耦联的生化过程在空间上要求一个紧凑的结构，即被整合在一个膜结构之内，并且在内部又能有选择地分隔，以在实现生命运动的整体性与个性的辩证统一中延续自身。从协同学的角度来看，这是客观的目标关联维度和自组织有序度的体现；④在边界膜结构之内，生化过程网通过内部的物质、能量、信息的利用、转换以及和环境之间的内外交换而维持生命过程及其再生产①。

7.4 生命的哲学观

哲学是具有启发性的思维方式，哲学思维的功能不是发现新知识，而是发展

① 曾健，张一方. 2000. 社会协同学. 北京：科学出版社. 60

新观念。正如叔本华所说，因此，任务并不在于更多地观察人们尚未见到的东西，而是去思索人人可见却无人深思过的东西。

生命的哲学观是对生命的科学观的概括与总结，是对生命科学思维方式的追问和反思，是对生命科学疑难的探索性回应。生命的哲学观是关于生命的一般观念与寻求这种观念的思想方法的内在统一，方法论问题是哲学观的核心。

7.4.1 把握生命特征的哲学方法

生命科学是生命科学哲学的基础，如果把生命科学的任务理解为发现生命的经验规律和并且为这些经验规律做出理论说明的话，那么生命科学哲学的任务就是从反映生命现象特征的概念多样性中抽取出生命本质观念的单一性。因此，所谓生命的哲学观念就是把握生命特征的哲学方法与通过这种哲学方法形成的哲学观念的统一。到目前为止，下定义的方法仍然是抽象思维中最常用的方法，可是这种方法却在把握生命本质的过程遇到了很多困难。最大的困难就是由于生命现象的极度复杂性和完型性，在加上大多数生命科学学科的描述性，必然导致任何一个关于生命的范畴或定义都不足以反映思维实在的丰富性。这也许就是为什么亚里士多德认为有必要采用“四因说”了。

7.4.2 生命的科学定义与哲学定义的区别

1. 路德维希·冯·贝塔朗菲论有机体的定义方法

路德维希·冯·贝塔朗菲（Ludwig von Bertalanffy）是现代著名理论生物学家、一般系统论的创始人。他说，许多人都试图给“生命”下定义。首先，我们发现了一些伪定义。它们的特点是：被下定义的词以隐蔽的形式引用到定义中去，因而暗含一种恶性循环。例如，生命被定义为“抵抗死亡的力的体现”，“死亡”概念只是作为“生命”的对立面而言才具有意义。另一些定义，试图通过列举活机体的最重要的现象特征，给活机体下定义。一个例子是罗克斯（Roux）的定义（1915 年），它列举了有机体的“auto-ergasies”或自我活动，如自动变态、分泌、修复、生长、运动、分化、遗传，所有这些功能都通过自我调节得以控制。这作为生命系统区别于非生命系统的描述性特征，也许是完全正确的；但这不是严格的定义。一个严格的定义则要求：①它不得包括被定义对象的特征；②它容许将它与其他现象明确区别开来；③以它为据能演绎出特殊现象及其规律的理论提供要求[①]。

---

① 路德维希·冯·贝塔朗菲. 1999. 生命问题——现代生物学思想评价. 吴晓江译. 北京：商务印书馆. 133-134

2. 生命的科学定义是关于生命特征的知识论定义

本章列举的各种科学定义以及引用的“新陈代谢说”、“自创生说”和“灵活适应说”等三种“根本性”定义，在本质上都属于生命的科学定义，尽管这些定义提供的关于生命特征具有相当程度的概括性与代表性。它们之间虽然有一定的内在联系，但基本上是关于生命某一大类特征的知识性总结，彼此之间没有能够相互推演的普遍与特殊的关系。从知识论的角度来说，“新陈代谢说”概括了生命的物理化学本质；“自创生说”概括了生命的产生与存在方式，而“灵活适应说”则概括了生命的运行机制。这些定义彼此之间具有一定的相对独立性，但是那一种定义都不够圆满，都不能单独概括出生命最本质的特征，都需要相互补充。总之，知识论的生命定义特点，就是随着生命科学的不断发展而不断增加的。回顾第 7 章中所列举的生命属性，我们就不难看出这种趋势，例如，生命的人工形式和生命的信息本质就是随着生命科学与其他自然科学的交叉渗透而新增加进去的生命属性。

3. 生命的哲学定义是关于如何把握生命特征的方法论定义

生命的外在现象与内在本质之间并不是直接同一的，如果生命的表现形式与生命的本质会直接合而为一，生命科学与生命科学哲学就没有存在的必要了。从生命的知识特征上升到生命的抽象本质，并不是简单的、直接的、叠加的反映，而要经过一系列的抽象过程。这既是一个由现象到本质，由不甚深刻的本质到更深刻的本质的不断深化的过程；又是一个由感性的具体（一系列的具体生命现象）到思维的抽象（一系列的生命科学概念和理论），再到思维的具体（概念与理论之间的多种规定性的统一）的螺旋型上升的过程。本书编著者认为，对于生命下一个完备的哲学本体论定义确实是非常困难的，然而对于生命下一个哲学认识论或方法论的定义却是值得努力的。哲学方法论定义的功能就是揭示如何把握生命本质的方法。例如，辩证唯物主义的物质定义，它告诉我们应该从思维与存在的对立中去把握物质的根本属性——客观实在性；应该从与唯心主义、形而上学、不可知论论以及自然科学概念的对立与区别中去把握物质。再如，什么是人的本质？应该从人与自然的关系和人与社会的关系中去把握，尤其是用社会关系的总合这个纲领性方法去把握。正像微观粒子具有波粒二象性、人的本质是具体的和历史的一样，生命的本质是矛盾的和多变的。

7.5 生命是存在与非存在的矛盾集合体

7.5.1 矛盾运动的生命观

J. Lovlock 说：“在存活的意义上的生命理念是我们最熟悉而且是我们所遇

到的最难以理解的概念。”J. B. S. Haldane也说：“哲学家试图定义它（生命），但是没有任何定义可以涵盖它无限的、自相矛盾的多样性。”[①] 确实，随着科学的无限发展，科学从不同层面和形式的角度对生命做出的本体论或知识论定义必然是无限的和多样的。但是，作为思维最高抽象形式的哲学，当它面对“生命的本质究竟是什么?”这个所谓“思维（生命的最高机能）能否自我意识与自我描述?”的最大悖论时，本书编著者认为：哲学所能提供的关于生命本质的理解只能是方法论的，即从生命运动形式与其他物质运动形式相区别的特殊性以及生命运动形式所包含的矛盾多样性的统一中来把握生命的本质。本书编著者试图提供的生命定义是：“生命是非平衡自稳态开放系统中存在与非存在多样性统一的一种具体形式。”非平衡自稳态开放系统是生命存在的必要前提与充分条件，存在（生——“规定此物是它自身”，亦即肯定和维持生命存在的因素、方面与趋势）与非存在（死——“促使此物灭亡转化为它物”，亦即否定和促使生命凋亡的因素、方面与趋势）在非平衡自稳态开放系统条件下的矛盾集合体（同一性与斗争性及其相互关系）就是哲学理解与把握生命本质的基本方法论原则。

7.5.2 生命是多层次的矛盾集合体

（1）在生命结构的分子水平上，一方面，核酸－蛋白质体系中整体结构与微观结构的化学组成部分都在时时刻刻不断地自我更新。另一方面，核酸－蛋白质体系中的物质结构和信息结构之间时时刻刻都在发生着非常复杂的相互作用。各种代谢与相互作用的集合，体现出生命在每一瞬间都“既与自身同一，又与自身区别”这一存在与非存在生命的基本矛盾。

（2）在生命结构的基因水平上，编码区与非编码区之间、调节基因、结构基因和操纵基因之间，都有非常复杂的相互作用。这些相互作用的集合体现出生命过程中确定性与偏离性的矛盾，影响着机体水平上的基因型与表现型的矛盾。

（3）在生命结构的细胞水平上，细胞核内部的相互作用（包括染色体的变化）、细胞膜上复杂的生化过程、细胞质（各种细胞器）与细胞核（核仁、核膜）之间的相互作用、细胞与细胞之间的相互作用……细胞是生命的结构单位、功能单位和遗传单位，细胞内部与外部矛盾的集合，影响着生命在发生、发育、繁殖、凋亡过程中的同化作用与异化作用、遗传性与变异性等基本矛盾。

（4）在生命结构的组织－器官－系统－机体水平上，肌肉、神经、体液、循环、呼吸、消化、排泄、生殖、内分泌等结构和功能，既是彼此独立的又是相互联系的，通过中枢神经系统和大脑皮层的整合作用以及神经－体液系统的调节，构成了生命机体中整体与局部的矛盾。

---

① Boden M A. 1996. The Artificial Life. Oxford：Oxford University Press. 21，331-335

(5) 在生命结构的物种和种群水平上，由于生物与环境之间的矛盾，体现出生命物种中的“又变又不变”、“既渐变又突变”、“既连续又间断”、“共同起源与分支发展”、“个体变异与群体变异”、“祖先特征与新生特征”、“进化与退化”等一系列矛盾。

(6) 在生命结构的生态系统水平上，生命表现为生物多样性的不同水平内部与不同水平之间的复杂矛盾。

总之，生命就是多层次的矛盾集合体，所谓生命的哲学观就是用唯物辩证法的矛盾观点看生命。

7.5.3 循环与转化的生命观：万物生生不息

早在19世纪70年代，恩格斯就提出了宇宙演化的永恒循环思想。他指出，宇宙演化是“物质赖以运动的一个永恒的循环”。“在这个循环中，物质的每一有限的存在方式，不论是太阳或星云，个别动物或动物种属，化学的化合与分解，都同样是暂时的，而且除了永恒变化着的物质及其运动和变化的规律以外，再没有什么永恒的东西了。”① 马里奥·邦格认为：“这些属性属性正是运动的不灭性，或一般地说，是事物转化的永恒性。”② 生命是物质运动中的一种形式，物质运动的普遍规律必然在生命运动中有特殊的表现形式。

1. 循环的生命观念

生命周而复始，类似宗教轮回的观念，永生不灭。循环是各门自然科学普遍关心的问题，化学中的元素周期、化学振荡，生物学中的生化循环、生物节律、血液循环，天文学中的日食、月蚀、脉动变星，大自然中的元素循环、水循环，乃至自然灾害与农作物丰收与欠收的周期等，从总体上来说，天然自然的演化形成了一个在永恒的流动中循环的和谐系统。天然自然的循环有四种方式：交换、引导、自我引导和超循环。它们分别发生在四种系统中：平衡、自我更新、自我复制和自我选择。最低层次的循环发生在平衡系统中，表现为置换的简单性循环。第二层次的循环发生在为了维持系统的稳定性而进行简单的自我更新的系统中，表现为把“食物”变为“废物”的开放性新陈代谢更新循环。第三层次的循环发生在为了实现系统的增长而进行的自我复制系统中，表现为在消耗与生成之间的不平衡循环。第四层次的循环发生在自我选择的自组织系统中，表现为生命的起源和演化的向更高组织复杂性发展的过程中。

---

① 中央编译局. 1995. 马克思恩格斯全集. 第4卷. 北京：人民出版社. 278-279

② M. 邦格. 1989. 科学的唯物主义. 上海：上海译文出版社. 5

2. 转化的生命观念

转化是辩证唯物主义哲学体系中的重要范畴，也是揭秘生命本质的重要观念。

首先，世界是物质运动形式多样性的统一，而转化是多样性统一的桥梁、纽带和机制。转化包括物质运动在水平方向上的形式组合转化与组织化和物质运动在有序化程度高、低层次之间的进化与退化。早在19世纪，恩格斯就依据能量守恒与转化定律，指出了物理世界中物质运动形式之间的统一性（通过转化而实现的联结）："物体的机械运动可以转化为热，转化为电，转化为磁；热和电都可以转化为化学分解；化学化合又可以反过来产生热和电，而由电做媒介再产生磁；最后，热和电又可以产生物体的机械运动。"① 恩格斯同样也指出了物理世界与生命世界之间通过转化而实现的联结："生命的起源必然是通过化学的途径实现的。"（恩格斯：《反杜林论》），在当前关于生命起源的四种主要假说中，生命进化起源说因为有比较充分的根据和实验证明，所以为多数科学家认可。自我复制是生命的本质特征之一。艾根指出，自我复制环之间的偶联必然形成一个更高层次的超循环（更高程度的自我复制），它是形成物质组织化有序化层次新阶段的机制，它推动着物理运动向生命运动的转化。正如系统哲学家E. 拉兹洛所言："因为超循环的形成允许两个或两个以上的系统联合起来创造出一个（新）层次上的上层系统，在那里新结构的可能性又为进一步进化开创了新天地。"②

其次，在辩证唯物主义哲学体系中，转化是物质运动形式暂驻性的相对性和变动性的绝对性的内在根据：由于每一种运动形式内部都是肯定方面与否定方面的对立统一，一切产生出来的物质系统、一切现存的物质系统都是暂驻性的，都不可能永恒不变，唯一永恒的是物质运动形式之间的相互转化。生命与所有的物质形式一样，无时不处于运动变化的过程之中。生命的本质特征之一就在于：通过旧分子与新分子之间、旧细胞与新细胞之间、旧组织与新组织之间、老个体与新个体之间、旧物种与新物种之间的转化来实现生命与死亡之间的转化。对于生命来说，"方生方死，方死方生"，无死则无生，无生则无死，生死相依，相互转化。没有生命与死亡之间的相互对立、渗透、过渡和转化，世界必然是"万古如斯"式的机械画面，我们就看不到多样性精彩纷呈的生命世界。

3. 自组织的演化生命观：创造与涌现——生命永无止境

20世纪初的物理学革命并没有解决近代科学关于宇宙图景中存在与演化（进化与退化）的矛盾：即"达尔文"进化方向与"克劳胥斯"退化方向的矛盾。以20世纪70年代的前后为界，自然科学研究的重心由对自然存在的关注向对自

① 中央编译局. 1971. 马克思恩格斯全集. 第20卷. 北京：人民出版社. 417

② E. 拉兹洛. 1988. 进化——广义综合理论. 北京：社会科学文献出版社. 42

然演化的关注转移。当代科学前沿涌现出一大批研究演化的科学理论，如“耗散结构理论”（普里戈金）、“协同学”（哈肯）、“超循环理论”（艾根）、“突变理论”（托姆）、“混沌理论”（洛伦兹等）、“分形理论”（芒德布罗）。通过这些理论的卓越研究，使得“我们的自然观……在过去几十年这相对说来较短的时间间隔里就发生了如此根本的转变”[①]。“经典科学不承认演化和自然界的多样性”，而现代科学正发生“向非永恒性、向多样性过渡的根本性转变。”[②] 上述研究成果极大地推动和丰富了辩证唯物主义的系统自然观：自然界是物质系统演化的过程集合体，它不仅存在着，而且生长着，还消逝着。自然界的系统演化，既有有序和进化，又有无序和退化。有序性就是对称性的破缺。进化是指复杂性与多样性的增长。自然界的系统进化，大体上由宇宙的起源、地球的起源、生命的起源、人类的起源构成，是微观系统与宏观系统的共济进化。自然界的演化图景（包括生命的演化图景），既不是单调地走向有序和进化，也不是单调地走向无序和退化，而是有序和无序的不断转化，进化与退化的不断交替。生命，正是在宇宙和自然界永恒的物质循环的大背景之下，通过自组织机制在整体涌现中为自己创造新形式，开辟新道路。

（1）“自组织”（self-organization）机制。近代最重要的哲学家康德首先在哲学上提出了“自组织”的概念，他认为，自组织的自然事物具有这样一些特征：它的各部分既是由其他部分的作用而存在，又是为了其他部分，为了整体而存在的；各部分交互作用，彼此产生，并由于它们之间的因果联结而产生整体。康德举例说，钟表是有组织的却不是自组织的系统，因为它的部分不能自产生、自繁殖、自修复，而要依赖于外界的钟表匠。“协同学”创始人哈肯第一次（1976 年）在科学意义上提出了“自组织”概念：“如果一个体系在获得空间的、时间的或功能的结构过程中，没有外界的特定干涉，我们便说该体系是自组织的。”他同时清晰地比较了“自组织”概念与“组织”概念二者之间的区别在于这种结构和功能是否是由外界强加给体系的。“耗散结构论”创始人普里戈金运用该概念描述了那些自发出现或形成有序结构的过程，准确地抓住了“贝纳尔流”、“B-Z 化学波”和化学振荡反应以及生物演化周期等自发出现的有序结构的本质。从而在“存在”和“演化”两种物理学之间架起了桥梁。自组织是生命系统自行有序化、组织化和系统化的过程。一个远离平衡态的开放系统通过其与环境进行物质能量和信息的交换，能够形成有序的结构，或从低序向高序的方向演化。开放性、远离平衡态、非线性相互作用和涨落，是自然界物质系统演化的自组织机制。如果系统的组织化不是它自身的自发、自主过程，而是被外部动力驱动的组织过程或结果则可以认为是“被组织”。自组织是自然界在长期演化中

① 普里戈金，斯唐热．1987．从混沌到有序．上海：上海译文出版社．349

② 普里戈金，斯唐热．1987．从混沌到有序．上海：上海译文出版社．364-365

选择和形成的非常优化的进化方式，在自然界各个子系统的演化过程中已经形成了一套高效率利用自然资源、物质－能量－信息的自组织方式。自组织概念对于我们认识自然系统演化具有非常重要的方法意义：首先，通过“组织”与“非组织”的概念和方法，我们可以把握生命系统的“进化”与“退化”的演化方向与性质和规律；其次，通过“自组织”与“被组织”的概念和方法，我们可以把握生命系统的“进化”采取何种方式进行。

（2）涌现性（emergent property）。“在客观世界的各个领域，特别是生命、社会、思维领域，普遍存在这样一类现象：诸多部分一旦按照某种方式形成系统，就会产生出系统整体具有而部分或部分总和所不具有的属性、特征、行为、功能等，一旦把整体还原为互不相干的各部分，这些属性、特征、行为、功能等便不复存在。系统科学把这种整体具有而部分不具有的东西称为涌现性。”[①] 对于哲学的生命观来说，涌现性是揭秘生命与意识起源的本质，彻底回答“还原论”、“活力论”与“目的论”的最佳理念。以分子生物学为开端的基因组学、蛋白质组学、生物信息学等当代生命科学前沿学科虽然正在不断揭示生命（系统整体）起源的微观机制，但是事实证明：如果孤立地理解这些机制（或者把生命还原为这些彼此独立的机制），仍然无法揭开生命起源的奥秘。也许生命的奥秘需要从相反的方向——即生命系统整体性质涌现的方向去寻找。正如兰顿所说：“生命是一种形式性质，而非物质性质，是物质组织的结果，而非物质自身固有的某种东西。无论核苷酸、氨基酸或碳链分子都不是活的，但是，只要以正确的方式把它们聚集起来，由它们的相互作用涌现出来的动力学行为就是被我们称为生命的东西。”对于生命科学来说，兰顿的看法是非常具有哲学启发性的：首先，我们应该考虑生命是一种在系统整体上通过整合作用而涌现的关系性质，而不仅仅是一种物质性质（实体），这是我们研究生命起源的理念框架。其次，研究的突破口——非生命向生命转化的途径是找到“把它们（要素）聚集起来的正确方式”。同样，意识和思维的起源也不能仅仅依靠对脑神经元的微观研究，而必须在涌现论的基础上寻找答案。所谓生命的“活力”只能是生物分子按照细胞和大脑组织等各级子系统的结构模式进行组织所带来的涌现性。所谓的“目的论”也不过是系统通过反馈控制来趋向于特定的涌现性模式。从还原论到涌现论的发展不仅标志着科学方法论中的根本转向，也为哲学的生命观提供了新的研究纲领和核心范畴[②]。

本章小结

生命意识的科学形态，是指在科学的思维模式之下、生命的观念在自然科学不同学科领

---

① 苗东升．2001．系统科学是关于整体涌现的科学．载：许国志．系统科学与工程研究．第2版．上海：上海科技教育出版社．170－175

② Langton C G．1988．Artificial life（1）．New Mexico：Addison－Wesley Publishing Company．41

域里的各种表现形式的总和。从不同的生命定义中，我们既可以看到科学思维模式共同的经验性（或可感知性）与实证性（可操作性）的特征，也可以看到不同学科在考察和定义生命现象时，往往不可避免地具有来自于该学科思维定势（或习惯性思维）的视角与方法的特异性。寻求科学不同领域在生命观念上的内在一致性，将促进生命的科学意识形态整体跃上一个新的台阶。这是生命科学哲学的理想目标之一。生命的哲学定义是关于如何把握生命特征的方法论定义哲学方法论定义的功能就是揭示如何把握生命本质的方法。例如，辩证唯物主义的物质定义，它告诉我们应该从思维与存在的对立中去把握物质的根本属性——客观实在性，应该从与唯心主义、形而上学、不可知论论以及自然科学概念的对立与区别中去把握物质。又如，什么是人的本质？应该从人与自然的关系和人与社会的关系中去把握，尤其是用社会关系的总合这个纲领性方法去把握。正像微观粒子具有波粒二象性、人的本质是具体的和历史的一样，生命的本质是矛盾的和多变的。

思考题

1. 怎样理解生命意识的科学形态与哲学思维方式之间的区别？
2. 怎样在哲学思维方式上把握生命的本质？
3. 怎样理解自组织的演化生命观？

第 8 章　生物世界与人类社会关系的伦理学

本章从生物世界与人类社会在自然系统发生上的连续性过渡到生物进化与人类道德的由来，意在提示人类社会在生物界中的位置，反对在伦理关系上把二者割裂开来和对立起来。敬畏生命的伦理学思想与当代生态伦理学思想的介绍，意在回应当代人与自然关系中的争议，并力图为整个生命世界中伦理原则的统一性或一致性构建一个继续研究探索的理论平台。

8.1　从生物界到人类社会

8.1.1　生物界中的竞争与协同

1. 动物社会性行为的自组织

（1）群集协同关系。“物以类聚，人以群分。”这是一条最基本的自然法则。在任何一种有运动能力的动物群中，从原生动物到脊椎动物都会出现群集行为，这些行为一般都是在生物竞争中由协同来提供相互保护和掩护的功能。

（2）性关系。从蠓虫和类似昆虫临时繁殖性群游的行为到某些鸟类和哺乳动物的长期持续的配偶结合，都是通过性关系的协同而形成特定群体的内部凝聚、保持个体数量，以在不同类群的生物竞争中实现世代延续的功能。

（3）首领和随从的关系（统制和服从的关系）。在高等动物类群，例如在羊群和鹿群中，羊羔在生活的早期就形成了跟随母亲的习惯，直到它自己生了羔羊后还仍旧跟随着母亲。因此，在自然形成的羊群中，存在着最老的母羊就是首领的倾向。统制和服从的关系，在所有维系紧密并且展现社会性格斗的动物（如小鸡、猩猩和狼）中，都可以看到由格斗或强力决定的这种关系。对内它通过首领的威慑力在统制中协调全群的行为，对外实现在生存竞争中的统一行为。

（4）照料和依赖的关系。即在维持全群繁衍中育饲的（给予照料的）个体与待育饲的（被予照料的）个体之间的协同。在社会性昆虫（蚂蚁、蜜蜂）以及鸟类和哺育类动物中，类似的关系是高度发展的。相互照料，例如在猴群和猿群中都有类似于相互理毛等行为。交哺，这种关系在社会性昆虫中是高度发展的，当一只蚂蚁碰见另一只蚂蚁时，它们首先用触角互相审查。然后，如果一只蚂蚁刚刚吃过东西，它就会吐出一滴蜜质给另一只蚂蚁。领地占有和保卫，这是一种更高级的社会性现象，在鸟类中有明显的表现。

(5) 成群觅食、成群迁徙和以及领地占有和保卫关系。海鸟成群觅食时，鸟群延伸到很长的范围，大雁按季节的变化而长途成群迁徙，海鸥和企鹅往往在繁殖群落内作为有领地的配偶来繁殖。狼这种成群狩猎的、合作的社会组织类群对领地更具有强烈的占有和依恋性。灵长类动物如恒河猴往往生活在更大的群体里，分布在森林和半开阔的区域。领地占有和保卫，这是一种更高级的社会性现象，在鸟类和哺乳类中都有明显的表现。

2. 动物世界的社会性关系

在每一个动物社会里，都有大量行为模式的协同作用来最大程度的维系和延续该社会的存在和演化。“只要若干个体处在一起并相互反应，那么它们的行为就不再是独立的，而是变成有组织的了。一个个体的行为同其他个体行为就有关系了。关系的概念对社会性组织来是一个基本的概念，而社会性关系可定义为两个或更多个体彼此按有规则的和可以预测的方式进行反应的行为。”只有通过协同，两个以上的动物个体之间的行为才能形成社会性组织，而所谓规则就是在长期协同中积淀基础上形成的有序化的固定模式，因而可以预测。

8.1.2 人类社会中的“分工与协同”

人类，一开始就是一个由猿群进化为人群的集合体，虽然对这个过程中某些过渡性的中间缺环尚需作进一步的考证，但是有一点可以肯定：如果离开了人类群体内部在生产、生活、行为和思维过程中形成的社会协同，那么不仅任何进化都不可能完成，而且这支起源于动物哺乳纲灵长目中的猿类也不可能顺利渡过四次冰川期而进化为人类的祖先。就如同个体生命的产生和发育离不开由体内液床组成的“内环境”的保护、缓冲与调节作用一样，人类群体内部各种相互作用之间的社会协同，就是人类群体在适应自然界变化中生存和进化的“内环境”；因而人类社会圈的形成的关键也就在于能否形成这样一个自身能够赖以生存和发展的“内环境”！这实质上就是一个由生物群体内部相互作用之间的自然协同向人类群体内部社会协同的过渡过程。劳动是人类社会圈与生物圈的分界点，人类的劳动是作为社会协同胚胎细胞的起源：通过外部选择压力，在人与自然的关系中，人类只有通过协同形成群体才能面对自然，获取生产和生活资料，生产力从一开始就是社会协同的一种组织形式，在劳动中统一行动的号子使我们想起社会领域中的将无序转化为有序的“激光生成模式”：它将很多个体的力量协调在一起实现整齐划一。原始舞蹈则是集体协调的一种演练。早期人类通过劳动创造了人区别于生物圈内其他动物的两个最主要的器官：一是进行体力劳动的双手；二是进行抽象思维和精神活动的大脑。

在劳动中，人类社会形成了自己的圈层结构的支撑系统：①群居；②群体采集和渔猎。人类祖先依靠群体采集和渔猎而获得了新的生存条件；③群体内分工与合作。人群的谋生方式初期是按不同的性别和年龄进行分工与合作，个体之间由此建立了相互依赖的社会协同关系；④群体语言和符号文字。人类群体在共同的生产、生活、行为和交往中，由于相互协同需要通过交流信息统一行动，因而产生了语言，并逐渐发展出了音、形、意相互协同的有形符号文字；⑤社会组织。人类的社会组织具有物质生产功能、种族繁衍功能、群内保护和协调功能、群外生存竞争功能、群内信息储存和传递功能。

8.1.3　由动物群体向人类社会过渡和转化过程中的关键性相变

1. 人类在群居过程中的进化

人类继承了自己动物祖先的群居习性，人类社会的第一个自稳态结构就是建立在“以血缘关系为中心和纽带”的母系氏族关系上。原始人类在群居过程中，逐步将“动物社会的群集协同关系法则”通过以“血缘关系为纽带的生物性协同关系”的过渡，转变为以“经济、地缘关系为纽带的社会性协同关系法则”。火的发明是人类社会进化的第一个“有序源”：在旧石器时代的早期，人发明了取火技术，它把人类从只能利用自身极为有限的能量的状态下解放出来，人类从此由对自然界的被动适应变为主动改造。在生产方式上，人类从此开始了对以劳动工具为代表的“人工自然物”的创造，并为今后的冶炼技术的产生、陶器和金属工具的开发和使用创造了条件。在生活方式上，火的使用扩大食物的范围，使得大量过去不能吃的块根植物种子成为熟食，从而扩大了食物的来源范围，克服了生物圈中食物链的局限；同时熟食也更有利于食物中的蛋白质和核酸类物在人体内的转化和吸收，有利于人类体质的改善和人脑构造的进化。再者，火的使用也使人的居住环境的照明条件得到改善，并帮助人类渡过严寒的季节。同时，火还能驱赶野兽，扩大人类社会圈居住地的新范围，并且大大地扩大了人类的空间分布，使社会圈的范围遍布全球。

2. 由群体中性关系上意识规范的形成导致群体结构的变化

动物界两性之间的关系仅靠生理本能支配，其性行为没有群体规范的约束。到了猿人阶段仍是毫无限制的性交关系，这种杂交的原始群是从猿到人的过渡群体。早期智人阶段人们在生产活动已出现按不同的年龄进行自然分工，同时群体内部的婚姻也按辈分来划分，称为辈行婚。人类社会形成过程中由“无序”到“有序”的关键性“相变”点之一，就是通过“群婚”阶段逐步转化为有相对固定性伙伴的“对偶婚”，以逐渐形成“家庭”这一社会的“细胞”！社会群体内的每一代人都互为兄弟姐妹，可互为婚姻，但不同辈分的男女之间禁止通婚，以此形成为血缘家庭，兄妹为婚的传说几乎世界各民族都有。根据19世纪美国学者摩尔根的推论，人类社会的第一个社会组织形式应该是婚姻按班辈划分的血缘家族。母系氏族社会是人类历史上有考古材料为根据的原始社会组织，它是一个以族内近亲通婚为禁忌的稳定的血族集团，其氏族的成员必须与另一个氏族的异性通婚（社会产生的又一条社会协同的原则：人类有了明确的性行为规范，而动物的性行为则没有规范的约束）。因此，伴随着母系氏族的出现，产生了族外群婚，互相通婚的氏族就形成了早期的部落。族外婚进而向对偶婚演化，当农业生产发展到犁耕农业和较大规模的畜牧业阶段的时，男子凭借其强壮的体力在生产中占据了主导地位，母系氏族开始过渡到父系氏族，最后再发展为以地域和经济为纽带的民族。

3. 人类社会生产方式的形成

人猿相揖别，由起始于动物群体中自然组合的"成群觅食的采集方式"，上升为由自觉的分工与协同组合而成的"群猎"的生产方式。人类一开始就形成了一个合作的、公有的社会。人类社会协同的紧密程度与作用方式与使用工具的状况相伴而行：在一定的程度上，工具威力越小则要求社会协司的紧密程度越高，工具威力越大则个体独立性越强，同时社会协同的方式也发生变化。在渔猎社会，人类在原始工具杀伤力较小的情况下利用集体围猎的方式，战胜了在体格和力量上都比自己强大得多的食肉动物，现代我们还可以从一些留传下来的原始部落的模拟舞蹈中体会到这种情境。语言和符号的发展也与这个过程并行。旧石器时代晚期，石器工具的打制技巧已经发展到了相当完善的地步，不仅种类增多、器形更加规整，而且还出现了骨器和捕鱼的工具，投矛器的发明为以后弓箭的发明准备了条件；食物来源上由采集为主向狩猎为主过渡，狩猎方面已能捕捉较多的大动物，开始采用陷阱、围栏、捕兽器等规模更大的工具。捕鱼业的出现，又为人类获取生活资料开辟了一度新的空间。生产的发展带动了生活条件的改善，人类从山洞穴居发展到建造木棚、茅屋、土室等人工住所，并开始缝制衣服。原始农业和畜牧业的协同出现是人类社会圈的第一次质的飞跃。原始农业是人类在长期从事采集中发现谷物可以种植而出现的，在某些地区，是有了原始的畜牧业后，从观察牧草中才发现谷物是可以栽培的。原始农业一般是把荒地上的树木杂草砍伐烧掉，然后以石锄挖地下种，再等待谷物自然成熟收获。原始的农业和畜牧业的出现及其协同，标志着作为人类社会圈支撑系统的形成，从向自然索取食物转变到依靠劳动来增加天然食物的产量，以满足人类生存和发展的长期的稳定的需要，正是由于有了这种新的生产方式，人类的生活方式才能由采集和狩猎生产方式下的迁徙模式转变为定居的模式，这样才有作为社会圈标志的人类自然村落的出现。人们为储藏粮食、饮水汲水、煮熟食物而开始用火烧制陶器，而这又为以后冶炼的发展和金属工具的出现奠定了基础。原始的畜牧业来源于在长期狩猎中观察和积累的动物知识，以及在饲养捕捉到的动物和它们产下的幼畜中所得到的经验。人类开始驯养了狗、猪、牛、马、羊等家畜。由农、牧业带来的食物来源的增加，由基本定居生活带来的生活条件的改善，促进了人口的繁衍，提高了人类在自然界中的自由度。

4. 人类社会生活方式的形成

在生活方式上，从动物群体内部由饥饿法则支配的对食物的争夺，转变为每一个人类群体中的每一个狩猎者所带回的猎物必须与整个群体共同分享。这是人类社会与动物群体相比较从本能支配到社会意识控制方面质的飞跃。后来又进一步发展为生产和生活资料在人群中引入简单的分配。

5. 人类社会组织结构方式的形成

在人类群体的组成结构上，从动物界首领和随从的关系（统制和服从的关系）法则上升为群体意志法则。在氏族社会中，作为决定社会协同序参量的是全氏族成员大会的决议，男女都可以参加发言，老年妇女的意见尤受尊重。在这里可以看出，社会圈的独立形成并彻底脱离生物界的又一个里程碑，就是在社会意识的指导作用下，社会圈的发展逐渐由盲目的无序性向自觉的有序性过渡。

6. 人类社会文化进化的开始

初期人类社会与动物群体最大的区别，就在于产生了以自制工具为特征的物质生产功能和以有形符号文字为特征的信息储存和传递功能。这样，人类社会就为从生物圈中的分化并形成自己独立的圈层结构，开辟了“人工自然物进化源”和“文化进化源”。没有社会协同就没有社会组织，而没有社会组织，就不可能将个人的经验变为群体的文化财富而积累、扩散、传播和世代传递下去。纵然人类有发达的大脑和灵巧的双手，如果没有以社会协同为基础而形成的人类群体，是决不可能进化成为今天创造文化的人类的。脱离了社会协同的人就失去了智慧，失去了创造文化的能力。人类复杂的社会组织是人类创造物质的人工自然和精神文化的基本条件。使用符号语言的力是人与猿的重要的区分的主要特征：在生物圈中，只有人能使用符号语言，猿和所有其动物只有信号语言。信号语言含义明显、简单，无需做深入的学习和社会普遍认同，每个个体在遗传本能和个体经验的基础上很容易掌握。例如，恐怖的叫声作为危险信号很容易被所有个体了解。人类所使用抽象的符号语言，这种语言需学习，需要社会认同。符号语言借助一定的语法规则将不同词汇（概念）组合成复杂句，表达复杂的意思。语言与社会协同有不可分割的关系，随社会协同的发展而不断变化。不同的地区、不同的劳动对象和劳动复杂程度都与一定的语言相匹配。对语言能力的掌握需要靠训练和教育，这都必须依靠社会组织。即使是人，如果从小脱离人类社会失去学习、教育、交流和表达的机会，也会失去语言能力。如果脱离社会组织，脱离文化系统，人在智力上、心理上、精神上都要退化。人类大脑的智力发达，一方面取决于熟食（这依赖于火的发明），另一方面取决于在社会协同中所接受的信息刺激和反馈。人类的认识能力的提高是随着社会实践的发展而发展的，在社会实践中，人类通过学习掌握和创造了语言符号（语音的和实物的），因而能够储存、积累和传递文化信息。人类灵巧的、彻底从行走功能中摆脱出来的双手与发达的智力相结合，才使得人类能够使用和制造较为复杂的工具。

8.2 生物进化与人类道德的由来

1859 年，达尔文的《物种起源》问世，使人类从超自然归回到自然界。1863 年，赫胥黎（T. H. Hexley）的《人在自然界中的地位》（Man' s Place in Nature）和达尔文的《人类由来》（The Descent of Man）进一步阐述了人与动物不但起源于共同的祖先，而且都经历了漫长的生物进化过程。既然人类必需遵循自然界的生命大法则，那么人类的道德法则的起源和演化也必须在人类与生物界的相互关系中去寻找。

19 世纪中叶至 20 世纪前期在英国和俄国兴起的进化论伦理学思想体系，就是试图从整个宇宙的进化过程中寻找社会进化的有机关系，以及人类道德情感、道德意识和道德行为生成和发展的原因。这个体系从达尔文开始，经过赫胥黎、斯宾塞、海克尔，直到克鲁泡特金逐渐形成，最终成为西方伦理学中由传统经验主义向现代科学主义转折的纽带。

8.2.1 达尔文的进化伦理观

达尔文发表于 1871 年的《人类的由来》是一部人类学的巨著。在书中，达尔文的思想由进化论扩展到伦理学，创建了进化论伦理学说，揭示了道德产生的自然前提，揭示了人类在自然进化过程中自身道德形态不断完善的总趋势。

1. 人类道德起源的自然基础

达尔文进化论伦理学说的首要任务是确立人类道德的自然基础和研究人类道德进化的科学方法。根据生物进化论，包括人类在内的一切生物都是自然界自身进化的产物。人类的理智能力和道德感情等并非与生俱来，而是都是通过生物进化而逐渐发展起来的。达尔文认为，人与动物之间并没有一条不可逾越的鸿沟，而是通行着一些相类似的形成法则。正如人体结构的起源一样，人类的智力、社会道德和感情等精神特性的雏形都可以追溯到比较低等的动物阶段。因此，人的道德形态的基础应该到动物社会性的一些本能中去寻找。高等动物的心理能力与人类相比只有程度上的差别，并无根本性质的不同。人文主义的思想家都认为，在人的一切属性中，道德感是最为高贵的。它是人类诚实、正义、怜悯、救死扶伤等高尚行为的原动力，甚至能驱使人在经过深思熟虑之后，在正义或道义的感召下为某种伟大的事业而不惜献出宝贵的生命。但是，在达尔文进化论伦理学说之前，人们普遍认为道德感不但是人类与非人类生命物种（包括高等动物）之间最重要的差别，而且是来自人类自身的本性天赋固有的。英国哲学家弥尔（J. S. Mill，1806—1873）则认为，一些道德的感觉不是天赋而固有的，而是后天获得的，是从动物那里进化而来的。他根据动物进化的考察指出：不论任何动物，只要在天赋上有一些显著的社会性本能和一些必要的理智能力，包括亲慈子爱的感情在内，而同时，又只要一些理智的能力有了足够的发展，或接近于足够的发展，就不可避免地会取得一种道德感，也就是良心，人也是同样。总之，人的社会性本能是道德感产生的自然基础。

达尔文认为，动物也具有一定的社会性本能。它们同样具有社会性或合群力、互相性、性爱与亲子之情、同情心、自制力、模仿性、好奇心、爱美心、荣誉心等一些基本的感情。这种社会性本能使一个动物在它的群体中会感到舒服，产生乐群的感觉；会对同类产生一定的同情心，并进而愿意为它们提供服务。在达尔文看来，动物的社会性也就是一种合群力。这种合群力中有着情感的纽带，并随之产生一些相关的品质。如合群的高等动物在失群的情况下会表现出苦恼情感，而在相会时又会表现出强烈的情谊。这种情感也会使动物之间产生互助行为，如互相提供危险的警示，彼此进行必要的服务和保卫等。由此，达尔文认为凡属社会性动物都具有一些与其社会性本能相联系的品质，如彼此之间的恩爱、同情和互助能力，必要的自制能力，某种程度的忠诚相见，对领导的一定程度的服从，并能遵守群居的纪律，等等。生物所具有这些社会本能，对有关的物种有着很大的好处，因而能被高等动物通过自然选择而遗传下来。人既然是社会的动物，可以肯定必会遗传这种倾向，一方面对自己的同伴表示同情，一方面对社群的领导表示服从。就具有社会性的动物来说，这些品质是共同的。只是这些品质在一般动物身上不叫做道德，而在人身上才配得上“道德的”这个形容词。

2. 人类道德形成的机制

达尔文认为，这种社会性本能的形成所遵循的就是自然选择的规律：一种本能的冲动比起与它有些抵触的其他本能冲动来，只要在任何方面对有关物种有更多的好处，物种就会通过自然选择而变为两个之中更为强劲有力的一个。其原因在于，在这种本能上越是发达的个体就越有机会存活下来，而在数量上也会越来越占优势。他用类比的方式举例说，野蛮人对行为的判断，哪些行为是善，哪些行为是恶，完全要看它们是不是影响到部落的福利，而不是整个人种的福利，也不是部落中个别成员的福利。由此证明，所谓道德感原本是从一些社会性本能中派生发展而来的。

但是，人类的道德感虽然植根于动物社会性本能的土壤里，但却是在人类社会生活中形成的。动物的这种心理能力一旦发达之后，过去的动机和意向就会不断地在个体的头脑里浮现出来，形成比较稳定的社会性情感。当这种情感被其他本能战胜时，一意识到这种屈从就会感到难过，从而产生悔过的心理。这就是良心的倾向。达尔文指出，在人类社会中，如果某人的行为是为着他人的利益，这个人就会赢得同伴们的称赞，并且会得到那些生活在一起的人们的喜爱；能得到这种喜爱无疑是世界上最大的愉快。如果某人的行为是遵从感觉上的情欲，而不遵从那些更高级的冲动，他就会渐渐感到难过；而当这种冲动变得习以为常时，就可以把它们称为本能了。就社群生活的人来说，一旦群体的意愿和对公众有利的意愿得到群体的公认后，就会成为制约每个成员应该如何行动的道德规范。在这种社会性意愿的指引下，个体成员的社会性本能和同情心，会通过行为习惯而得到加强，以至于最终顺从社群的共同意愿和原则。一旦这些行为习惯（行为规范），成为行为所遵循的“内心最高指针，即良心时”，人的道德感也就确立了。

3. 人类道德的进化

人的道德产生后要经过不断的进化。在进化过程中，人的社会本能，而不是自然本能，仍起着重要作用。达尔文认为，人的一些社会性本能的来源虽然可以追溯到和猿猴难以分辨的远祖时代，但是直到今天它还在对人类的一些最好的行为提供内驱力。道德的进化表现在道德标准的提高和具有优良道德品质的人数的增加这两个方面。达尔文把道德标准分为高级准则和低级准则，其中，比较低级的一些准则，“主要是关涉到个人的那些”；而高级的准则，“不是别的，正是建立在一些社会性本能之上，而能照顾到旁人的福利的那些”，是“受到旁人所赞许和理性所支持的那些”。道德准则是从低级逐渐向高级进化的。达尔文说，当人类进化得越来越文明、小部落结合成更大的社群的时候，每个人都会明白应该把社会本能和同情心扩充到社群或民族的全体成员，甚至对自己从不认识的人也是一样。在人类历史上，这种人道感情虽然经历了漫长的道路，但总的趋势是向更高级的阶段不断进化，以至于后来出现超越人类世界之外的同情心，把人类的道德标准推广到其他低于人类的动物。达尔文认为，“人道的观念是一个新鲜的东西。这是人类所被赋予的最为崇高的美德之一，看来是在我们的同情心变得越来越细腻柔和、越来越广泛渗透的过程中偶然兴起的，而其发展的结果，终于被推广到一切有知觉的生物”。在这样一个道德准则的不断发展中，人的社会性本能的作用在日益减弱。人类越走向文明，后天的社会文化因素如社会生活、教育、习惯等所起的推动作用就会越来越大。达尔文相信，通过教诲和示范的作用，老一代所具有人类美德就一定会很快传播到年轻一代，最终成为公众道德信念的一个组成部分，最终使人类的道德文化达到最高阶段——自觉地控制自己的思想，从内心深处完全消除罪孽的“习惯思想”。达尔文理想中的人类最高道德境界，是一种自由、自律的境界。达尔文关于人类道德理想境界的设想，是他追随康德道德理想的表现。不过他们的逻辑起点和理论模式各不相同。康德是从人类善的意志出发，而达尔文是从人的社会性本能出发；康德的模式是纯粹理性，而达尔文的模式是经验理性。达尔文还进一步列举了人类文明时期影响“道德进化”的六种重要原因：“旁人的赞誉－同情心通过习惯而得到的加强－榜样与模仿－推理的能力－经验教训乃至单纯的个人私利－幼年所受的教诲和宗教感情”，并认为：“当人类进入文明社会以后，正是这些原因，而不是自然选择，就越来越见得关系重大了。”可见，达尔文虽然认为基本的社会本能最初是通过自然选择而获得的，而人类道德与动物的社会本能行为又有着不可分割的联系，但他并未把这两者等同起来，没有将道德只归结为来自自然选择，而认为它主要与后天的社会生活、教育、习惯等有关。对于文明民族来说，就道德的先进标准以及优秀人士的数量增加而言，自然选择所起的作用显然是不大的。

达尔文的“真正的人道概念”，是同他对道德由来和发展问题的回答相联系的。从对道德起源的探究到“真正的人道概念”的得出，达尔文关于人类的道德形态的思想完成了其内在的逻辑周圆过程。他认为，人类的道德来自于人和动物共同具有的社会本能，这种社会本能的“基石”——同情心和爱，也是人和动物所共有的。人类的同情心，爱，是所有低于人类动物的母与子之爱的延伸。而当人们把这种同情心加以强化、习性化并遗传下来，达到高级程度时，就必然扩大、广施到动物身上，普及到“一切有感觉的生物”。这就是在更高的层次上回归到了他的逻辑起点。达尔文的生命伦理思想表明，他的“人道”概念虽然不是充分实证的，具有臆想的理想色彩，是抽象的、宽但毕竟是文艺复兴以来人文主义时代精神的体现，是现代生命伦理学珍贵的思想源泉。

达尔文在确立生物进化和社会进化对人类道德形态进化的重要作用的同时，也充分肯定了人类道德对于社会发展的推动作用。他肯定勇敢、服从、忠诚、献身、人道、仁爱、爱国、爱真理、敢怀疑等美德对社会进步的重大作用，认为“在人的一切属性之中，它是最为高贵的，它导致人毫不踌躇地为他的同类去冒生命的危险，或者在经过深思熟虑之后，在正义或道义的单纯而深刻的感受的驱策之下，使他为某一种伟大的事业而献出生命”。达尔文认为，一个文明的民族国家勃然兴起与迅速发展的主要原因，是“由于总的实际人口数量有了增加，由于拥有足够数量的赋有高度理智与道德能力的人，同时也由于他们对所谓美好的标准有了提高”。若那些“冒失、淫恶或在其他方面品性低劣的社会成员”，在数量方面一直在“比品性比较良好的那一类成员用更快的速率增加着，那么，有关的民族与国家就要衰退，而这在世界史上已经是屡见不鲜的事，并且可以说是见得太多了的事”。达尔文的道德决定论的思想虽然有失偏颇，但他重视道德作用的观点，是有其合理因素的。

8.2.2 赫胥黎宇宙进化论中的伦理思想

达尔文进化伦理思想的问世犹如石破天惊，在人类传统意识中引起了巨大的反响。“英国最热烈捍卫生物进化原理的主将”——生物学家赫胥黎，随即用通俗演讲、科普文章和参与论战等形式，为进化论的传播做出了杰出的贡献。赫胥黎于 1893 年发表了《进化论与伦理学》，在书中提出并阐释了他的宇宙进化论的伦理思想。

1. 宇宙过程与伦理过程

赫胥黎旗帜鲜明地坚持达尔文的进化论，但不局限于达尔文从进化的一般原理揭示道德由来的自然主义理论背景。达尔文以及斯宾塞等许多进化论伦理学家都认为，人的道德由自然生物的进化行为产生，社会进化是自然进化的延伸，两者并无质的区别。赫胥黎则认为，自然进化与社会进化是两个本质不同的过程。自然进化是自发的、以“自然选择”和“生存竞争”为基本特征的自然运动过程；而社会进化则是一种人为的、有目的的“理想选择”和“享乐选择”，是对自然过程的超越，是一种文明化的发展过程。这样，赫胥黎就把自然进化和社会进化区别开来甚至对立起来，从而赋予社会文明过程以超越自然进化过程的特殊意义。这是赫胥黎的宇宙进化论的伦理思想的理论基础。根据“社会进化”与“自然进化”相对立的思想，赫胥黎把“伦理过程”视为“宇宙过程”的对抗力量，并通过“宇宙过程”与“伦理过程”的分析和对比来揭示人类的伦理过程和道德现象。

赫胥黎赞成达尔文的进化论观点，但他是在宇宙进化的大背景下来考察生物的进化。赫胥黎认为宇宙是不断变化的过程，而各种生命的结合形式不过是宇宙进化总过程中的暂时表现。宇宙进化过程在生物界集中表现为生存竞争。生存竞争的机制是自然选择选择，即适者生存。因此，生物界的物种的生存竞争过程，是宇宙自然进化中的客观规律的体现。宇宙进化作为自然过程，具有像种子发育成为一棵树或从卵发育成一只家禽那样的性质。其每个阶段（无论是潜在的阶段或显现的阶段）都是依据一定规律而起作用的原因而造成的结果。因此，宇宙进化过程的动力就是生存斗争，在其中既排除了超自然力量的干涉，也排除了偶然性。宇宙进化的形式既可以用来说明一般的物质、生命现象，也可以用来说明社会的兴衰存亡。

2. 社会伦理过程的作用

人类为了在与自然力量的对抗中生存，并且处理社会内部的纷争，人类希望推选出强有力的群体领导，建立起理想的社会制度。但是，人类有一种贪图享乐和逃避痛苦的生理欲望，只愿做自己喜欢的工作，自行其是，而不去考虑社会的共同福祉。人类的这种自然本性来源于生物世界生存竞争中的取胜原则，如果听任其在人类内部自由发展，就会成为破坏社会的必然因素。因此，人类为了生存和发展，就必须要靠人类自身长期遗传延续下来的相互之爱和同情心来制止这种"自行其是"状态。正是人类这种互爱以及同情的本能和共同倾向，使得人类社会中有道德舆论的存在。赫胥黎认为，在一个社会里，制约反社会倾向最大的力量不是来自对法律的畏惧，而是来自对同伴的道德舆论谴责的畏惧，正是人类传统的"道德荣誉感"或"羞耻之心"能够约束着人们的行为。赫胥黎的上述观点明显地受到亚当·斯密的"情感共鸣论"的影响。他认为，在社会生活中，人们之间由于长期用同情心去判断别人和自己的行为，表示赞许或者表示非难，就会形成彼此不可分割的道德网络。人类的任何行为都不可能游离于社会道德评判的赞许或非难之外。人类越是从无政府状态进到有社会组织的状态，随着文明价值的提高，那种粗暴、凶猛的生存斗争就越会成为缺陷，或越来越不起作用。这个过程在赫胥黎看来，就是人类社会原始结合的情感进化成良心的过程，是有组织的和人格化了的同情心的进化过程。在这个过程中，人们在天然的人格之上又形成了一种人为的人格，即"内在人"，也就是亚当·斯密所说的"良心"。赫胥黎说：这种良心就是"社会的看守人，负责把自然人的反社会倾向约束在社会福利所要求的限度之内"。赫胥黎把人类从原始情感进化到良心的过程叫做伦理过程。

赫胥黎认为，伦理本性作为宇宙本性的产物并且无疑受着宇宙过程支配；但伦理过程又是以社会人为主体的，因此它必然与产生它的宇宙过程有相对抗的一面。伦理过程的作用是：促进人类社会的每一个阶段更有效地同自然状态进行生存斗争，同时化解人类社会内部的无序纷争。由于人类伦理道德是对社会组织中人们之间生存斗争的约束，而宇宙过程是驱动生命形式之间的生存竞争，因此，伦理过程与宇宙过程的作用是相反相成的。赫胥黎以人工建设的植物园不同于自然状态的植被为例，说明两种过程在宇宙秩序中的区别和对立。人为状态虽然也是宇宙过程的组成部分，但它是通过人的能力和智力活动作用的结果，它与自然状态始终处于对抗之中。

赫胥黎将这两个过程作区分和对立的目的，并不是想说明人和社会是超宇宙的存在，而是想阐明这样一种观点：人类社会的文明进化程度越低，宇宙过程对社会进化的影响就越大；反之，人类社会的文明进化程度越高，人类伦理过程对社会的影响就越大、越深刻。赫胥黎指出："社会进展意味着对宇宙过程之每一步的抑制，并代之以另一种可称为伦理的过程。"他相信，随着人类文明的进步，有组织的和高度发展的科学艺术，将会赋予人类对宇宙过程更大的支配权。在人类的内部蕴藏着丰富的能量，只要勤奋地运用，就能在一定程度上影响和改变宇宙中的自然过程。但是人类对宇宙过程的理解还只是曙光乍现。因此，人类社会的科学还必须努力。不过，赫胥黎申明，进化论并不鼓励对千年盛世的预测；他告诫人们，如果幻想几个世纪就能使宇宙过程的主宰势力屈从于伦理目的，那是愚蠢的。“只要世界存在下去，伦理本性就应该能够预计到必须对付一个顽强而强有力的敌人。但是，另一方面，智慧和意志倘若能以正确的研究原理作指导，并且在共同努力下组织起来，那将能够改变生存的环境使之持续比现在历史所经历的更长远的时期。”

3. 从“自行其是”到“自我约束”

赫胥黎认为，伦理过程与宇宙过程对立的化解过程，其实质是自然性的宇宙过程的社会伦理化，或者说是以“自我约束”的伦理行为来代替“自行其是”的自然竞争。

所谓“自行其是”，指的是一种仅仅为了求生存而个人奋斗，独断专行，甚至可能走向损人利己的反社会倾向。“自行其是”的生物学根源，就是凡人都具有贪图享乐和逃避生活上的痛苦等天生的生理欲望。人的本性就是为所欲为的“自由”者。这种天赋欲望或本能的“自行其是”的力量，既是人的祖先在生存斗争中取得胜利的条件，又是今天为追求享乐而贪得无厌的原因。“自行其是”是人的天然人格，“它构成生存斗争的本质”，“表明不择手段攫取一切所能抓到的东西和顽强地把持着一切所能保持的东西等特性”。这种“自行其是”如果任其发展下去，就必然恶化成为破坏社会的重要因素。因此，人类又需要对这种“自行其是”进行自我约束。如果说“伦理过程”是“从利己到献身的过程”，那么，“自我约束”就是实现从利己到献身的途径、手段。所以“自我约束”既是“伦理过程的要素”，又是人类社会得以存在的基本条件。因此，社会的存在和发展，必然意味着“伦理过程”对“宇宙过程”的制约，意味着“内在人”对“自然人格”的制约，意味着“自我约束”对“自行其是”的制约。适合社会发展的理想人格，在赫胥黎眼里就是“自我约束”的“内在人”。因而在他所谓的争取享受的竞争中，在社会进展中，只有“那些伦理上最优秀的人才应该得以继续生存”。伦理过程的本质，是以“自我约束”为前提，并以此消除人类社会无情的自然竞争，实现大多数人的共同生存和发展。那么，人又为何能够做到用“自我约束”来制约“自行其是”呢？赫胥黎认为，“每一个降生到世界上的人都有天赋需要，就是去发现一种‘自行其是’和‘自我约束’之间与他的气质和环境条件的中庸之道，这种需要就是人生这个戏剧中的动因。”赫胥黎认为，“自行其是”必将使人类社会堕落为动物世界；而自我约束作为伦理过程的要素，虽然是社会存在的基本条件，但也不能过分，不然也会破坏社会存在，阻碍伦理过程，泯灭人的天赋需要。应该寻找不偏不倚的中道。寻找这种“中道”的参照物就是每一个人的不同的“气质”和所处的环境。换句话说，环境和气质决定人们在“自行其是”和“自我约束”之间把握自己的行为。

据此，赫胥黎对人的行为提出了几条道德要求：①要用自我约束来代替自行其是；②每个人都应该尊重并且要帮助他的伙伴，以此来代替践踏竞争对手；③个人的努力不仅在于使适者生存，而且在于使更多的人适于生存；④要否定格斗的生存理论；⑤每个享受社会利益的人都不要忘记它的创立者所给予的恩惠；⑥注意自己的行为不致削弱自己生活于其中的组织。在这里，赫胥黎批判了个人主义。按照赫胥黎的理论，由于个人主义者看到的只是个人在与自然关系中的作用，只是一味地用宇宙自然的关系代替人类社会关系。因此，他们只知道个人的自行其是，而忽视个人对社会、国家的义务。

在赫胥黎的伦理学思想中具有明显的情感利他主义的倾向。他秉承并发展了达尔文的进化论伦理学，虽然在一定程度上阐释了了人类道德文化发展中的内在矛盾，但具有空泛和臆想的道德感情色彩。

8.2.3　克鲁泡特金的互助论伦理思想

克鲁泡特金（1842—1921）在政治上是俄国无政府主义思想的主要代表人物之一，在哲学上属于斯宾塞和孔德的实证主义，在进化论伦理学上属于该理论发展的后期，他提出了“互助论”的伦理思想（《互助论》，1902）。

1. 动物的社会性和互助

进化论认为生物进化的内在动力是自然选择，适者生存。虽然克鲁泡特金在基本观点和方法上与达尔文主义者一样，都是引用生物进化的观点来解释生物世界，可是在生物进化的动因和机制问题上，他不同意达尔文主义者把“生存竞争”看作是进化的主要因素的观点。他提出了相反的论点，认为“互助”才是一切生物进化的真正因素。他的《互助论》全书贯穿着一个重要的伦理思想：“互助”才是生物的本能，“互助法则”是包括人类在内的一切生物的进化法则。

按照“生存竞争”的观点，动物界必定是弱肉强食的世界。克鲁泡特金则不同。他认为，一切动物都不是营个体生活，而是营群居生活的；动物求得生存的机制不是靠互相竞争，而是靠互相帮扶。他甚至断言，在同一动物群体之内，各单个动物之间只有互助，而没有竞争。他发现，无论不同的物种之间的斗争是多么厉害，也无论在战争时有着什么样的暴行，但群体内部的互助、已成习惯的自我献身和经常为了共同福利而自我牺牲，都已经成为自然法则。克鲁泡特金曾对动物的群居生活做过细致的观察，认为很多现象证明动物具有重要的社会性是合群互助。例如，在一个庞大的蚁巢中，每一种工作（如生育子孙、寻找食物、建筑巢穴和饲养幼虫等）都是按照自愿互助的原则进行的。如果其中有一个蚂蚁渴了或者饿了，它就会立即向另一个嗉囊中很饱满的蚂蚁索取食物。而嗉囊饱满的蚂蚁从来不会拒绝。为了养活饥饿的同伴和幼虫，它们经常地相互求助。不仅仅是蚂蚁和蜜蜂，甚至更高级的动物也是如此，哪怕是最凶残的动物，它们在群内的联合方面也会表现出温和的情感。在动物的世界里，同猎同食，以强扶弱，以大卫小，以健全者救护微弱者是非常普遍的现象。

克鲁泡特金并不完全否认动物之间存在竞争，但他只承认在不同的种群之间才有生存竞争，而竞争的抉择也不是取决于什么“适”与“不适”，而是取决于该群体内部互助性程度的强弱。他认为，动物合群生活的本性，是广义的生存竞争中的最有力的武器，它在个体安全、生活享受和智力发达方面都起着重要的作用。克鲁泡特金认为：“合群生活使最弱的动物个体得以抵抗最可怕的猛禽和猛兽，保护自己不受伤害。合群生活能使动物长寿；使动物能消耗最少的精力来养育后代，并且能在生殖率很低的情况下保持它们的数目；它使合群的动物能迁移到其他地方去寻找新居。”因此，生命的扩延，种族的保存不在于竞争而在于互助。任何一种动物越能患难相扶，对其中的弱者越能加以保护，这个种族繁衍能力就越强。换句话说，互助性强的生物群体就能生存延续下来，而互助性弱的生物群就要被淘汰。经过世代相传今天存续下来的生物，都是互助性很强的生物。

但是，动物的合群生活并不是简单的联合。在动物的合群生活中，存在着丰富的“合群感情”和某种“集体正义感”。如果所有的生物个体都经常滥用自己的个体优势而没有别的个体出来替受害者“伸张正义”，那么，整个群体的合群生活就没有可能。因此，所有的合群动物或多或少都养成了“正义感”。他举例说，不论燕子或鹤是从多么远的地方飞来的，它们每一个都将回到它去年建筑和修补的窠中。如果一只懒惰的鸟企图占据同伴所筑的巢，或甚至企图从巢中偷几根草，那么，集体都将干涉这个懒家伙。显然，如果没有这种成为群内法则的干涉作用，那么，它们的联合营巢也就不可能存在了。克鲁泡特金认为，正是这种合群性制约了自相残杀的竞争，使得更好的道德感情有了发展的余地。

克鲁泡特金关于动物互助的理论中的“生存竞争”，与达尔文、斯宾塞等所主张的“生存竞争”在含义的层次显然是有差别的，作为一名进化论伦理学者，克鲁泡特金是在广义上肯定生存竞争的观点。他说：“没有一个博物学家怀疑在整个有机的自然界中进行着生存竞争这一观点是19世纪所归纳的最伟大的概念。生活就是竞争；而在这场竞争中只有最适者才能生存。”但是在更深层次的机制问题上，也就是在“这场竞争主要是用什么武器来进行”和“在竞争中谁是最适者”这两个问题上，克鲁泡特金与达尔文的观点产生了分歧。他虽然承认生存竞争的存在，但是，他认为，不论是在动物界还是在人类中，竞争都不是规律。竞争在动物中只限于个别的时期才有，而自然选择也不需要它而另有更好的用武之地。以互助和互援的办法来消除竞争，便能创造更好的环境。在生存的大竞争中，自然选择正是在不断地寻找能尽量避免竞争的道路，这就是合群互助，动物通过种内的合群互助避免了竞争，实现了“花费最少的精力以取得生命的最大程度的充实和强度”，从而在大竞争中成为“最适者”而获得生存。克鲁泡特金相信，竞争永远是有害于物种的，自然的倾向就是要找到许多避免竞争的办法，那就是团结互助。所以克鲁泡特金总结说："团结起来——实行互助吧！这是给个体和全体以最大的安全，给他们以生存、体力、智力、道德和进步的最有保证的最可靠办法。"

2. 人类的互助性

克鲁泡特金和所有的进化论伦理学家一样，都坚持从生物进化论到社会进化论的自然主义原则；都认为人类社会并无独立于宇宙自然之外的特殊生存和发展过程；都认为人类社会是自然进化的高级阶段，正如人类本身是动物高级进化的产物一样。因此，当他的考察从动物界进入到人类的时候，克鲁泡特金认为，霍布斯把原始人视作互相吞食的野狼的主张是"大错特错"的，因为，即使在狼与狼之间也存在着群内互助。如果人类脱离了合群和互助，生存与发展的可能性将会更小。因此，团结互助对于人类社会来说就更为重要。因此，克鲁泡特金认定，"互助法则"是一切生物包括人类在内的进化法则。他对人类社会的不同历史时期的考察就是为了证明这一论点。

"互助本能"是克鲁泡特金关于人类互助行为理论的核心。他宣称，在蒙昧人、野蛮人、中世纪及近现代人中都存在着一种天生的、不变的、共同的人性——互助本能，即人与人之互助互卫、患难相扶的本能。在他看来，互助作为人的一种本能，不是静止不变的，而是随着人类社会的进化而发展的。当人类还处在早期阶段的时候，社会性的互助本能就已经深深植根于他们的天性之中了。基于这种本能，在原始社会就已经有了十分和谐的和理想的社会形态与伦理形态。蒙昧人能够生活在群体之中，并且能够在与他个人愿望不断的冲突中服从群体规则。他们共同生活在一起，共同劳动，互帮互助，患难与共。这些产生于原始部落里的风俗习惯是人类后来各种制度的胚胎，并且成为社会不断进步的主导力量。从蒙昧人的部落中，产生了野蛮人的村落公社，随着人类不断地向前发展，一系列更新的、范围更广泛的社会风俗习惯和制度，按照进化论的原则依次出现，城市—地域单位—行会等社会组织结构也依次出现。在克鲁泡特金看来，这些事物的产生和发展都是人类群体中互助和互卫原则的体现。正是因为互助的倾向是深深植根于人性之中的，所以它才能贯穿于整个人类社会的发展史。

克鲁泡特金进一步指出，人类的互助本能是人类的道德的起点。他认为，道德是适应着人类的知识与生活方式而不断向前发展的，虽然道德观念在各个时代和各部族中是不同的，但基于同样的互助本能，它们的道德原理却是一致的。原始人的伦理在大体上可以区分为两大类：一类是义务的；另一类是可愿望的。所谓义务的，就是指对于社会生活最重要的道德，所以带有义务的性质。例如，在部族内部的共同劳动和互相援助，给予一个需要帮助的人以最大的帮助，甚至不惜牺牲自己的财产和生命。所谓可愿望的，则是指在日常生活中随着个人的自由意志而行的。在克鲁泡特金看来，第一类道德要优于第二类道德。这两者都是从人类的社会本能，即互助的原理中衍生出来的。而且，人们的生活方式和认识水平虽然互不相同，不同历史发展时期的道德概念也各有异，但是这种道德的原则却是同一的，它们都是本着互助的原理树立起来的，保存着有利于社会生活的种种行为习惯，这一点对于所有时期和所有地区的人类来说，都是共通的。显然，克鲁泡特金的这一观点和达尔文“社会本能是一切道德所从出的共同的源泉”的思想，是一脉相承的。

3. 正义和利他主义

克鲁泡特金认为，互助是道德的第一原理。互助的根本之义就是承认人皆有生存之权利，而要保证人人都有生存权利，就意味着人在最初必定要平等，即人人彼此一样，而无天生高下之别。因此，在这种平等观念的基础之上就引发出正义的概念。这表现出克鲁泡特金与斯宾塞思想的不同之处。斯宾塞主张，只要正义，不必平等；而克鲁泡特金认为必须以平等为基础，才能有正义，换言之，正义是建立在平等的基础上的，没有平等，就谈不上正义。所以，在克鲁泡特金的思想体系中，互助为第一原则（所谓互助，是以平等的生存权为基础的），正义为第二原则，由正义而演绎出的宽容大量和自我牺牲为第三原则。克鲁泡特金认为，自古希腊以来的道德思想虽然涉及了行为正当性问题，但未真正认识到关于正义观念的起源和发展。他认为，道德观念的进化与物种组织的进化是相辅相成的。在人类的蒙昧阶段，就产生了最原始的正义（公正）观念，即“血债必须要用血来还”，“杀人者偿命”就是正义观念的一种典型表现。在原始人的公正观念中，这种同态报复原则是没有例外的。他们把每个人的行为都看作是部落的事情，以眼还眼、以牙还牙、以血偿血的报复行为是他们对自己部落应尽的道德义务。克鲁泡特金说，“在部落时期养成的正义观念——对损害进行适当的报复——现在像一根红线似地贯穿于以后所有制度的历史中，并且比军事和经济的原因更重要的多，它变成了国王和封建主的权威基础。”

8.2.4　进化论的伦理学小结

达尔文的《物种起源》使人类从超自然归回到自然界，奠定了进化论伦理学思想体系的科学方法论基础，这就是：如果要追寻人类道德情感、道德意识和道德行为的起源，就必须从分析人类从生物界进化而来的过程中出现的生物体与生物体之间的关系，以及生物群体与生物群体之间的关系入手。达尔文发现的生物界内“生存竞争”——“自然选择”和“适者生存”的关系，揭示了人类伦理道德起源的基础理论线索，但尚未充分揭示生物界内还同时存在着“生存竞争”的对立面——“生存协同”。赫胥黎的《进化论与伦理学》进一步描绘了进化论伦理学思想体系的理论背景，不但试图从整个宇宙的进化过程中寻找与社会进化以及人类伦理之间的有机联系，而且指出了宇宙过程与伦理过程之间的区别与对立，揭示了伦理过程在社会发展中的作用，提出了从“自行其是”到“自我约束”是自然性的宇宙过程的社会伦理化，或者说是以“自我约束”的伦理行为来代替“自行其是”的自然竞争的建设性观点，发展了进化论伦理学的思想体系。但是赫胥黎在“宇宙过程”、“生物界”与“人类社会”之间作无条件性的简单类比推理，这就混淆了三者之间质的区别。克鲁泡特金的《互助论》从生物进化现象中找到了不同于“生存竞争”的另一种进化因素——互助性，这在一定意义上弥补了达尔文主义伦理学的不足。克鲁泡特金曾从互助本能的观点出发，批判资本主义社会道德堕落的现象是有积极意义的，但是他进一步得出了自由的无政府主义的结论则是错误和消极的。克鲁泡特金用“互助本能”作为人类的共同本性来解释人类社会生活，在科学上显然是站不住脚的，这也使得他的理论长期成为人们批判的焦点。英国科学哲学家波普认为，不能被批判的理论是不能存在的，任何理论都只是通向新理论的阶梯。通过以上的叙述，我们可以看到关于生命哲学中的一种伦理学形态的大致发展过程。

8.3 敬畏生命的伦理学思想[①]

8.3.1 阿尔伯特·施韦泽

《敬畏生命：五十年来的基本论述》一书的译者陈泽环先生写道，在20世纪西方的伦理学家中，阿尔伯特·施韦泽（Albert Schweiter，1875—1965）是一个很值得重视的人物：他不仅是一个行动的人道主义者，而且是一个独特的思想家。作为举世闻名的伟人，施韦泽体现了古希腊个人全面发展的理想和基督教博爱精神的完美结合。作为印度思想和中国思想的研究者，他又是综合东西方文化的杰出代表。伟大的科学家阿尔伯特·爱因斯坦说过，在20世纪西方世界，施韦泽是唯一能与甘地相比的具有国际性道德影响的人物。施韦泽生于1875年，于1899年获得哲学博士，1900年获得神学博士，在欧洲有着比较好的生活条件和远大的事业前景。但是，为了实现自己直接为人类服务的志愿，施韦泽从30岁开始学医。在获得医学博士学位（1913）之后，前往非洲加蓬地区（当时为法国殖民地刚果）建立了自己的丛林诊所，义务为当地居民治病达半个世纪之久，直至逝世，赢得了世界性的声誉。

---

① 本节的编写主要参考和引用：［法］汉斯·瓦尔特·贝尔. 2003. 敬畏生命：五十年来的基本论述. 陈泽环译. 上海：上海社会科学院出版社

8.3.2 敬畏生命伦理学的产生和发展

陈泽环先生写道，两次世界大战给人类带来的浩劫，特别是核武器的使用，使施韦泽把他的道德活动和思考的重点从个人行善转到有关当代人类命运的最重大问题：战争与和平。在《当今世界的和平问题》（1954）等论文中，施韦泽指出，掌握了核武器的现代人类已经成为超人，但由于非人道的思想，人类作为超人却成为非人，面临着毁灭的危险。因此，不能放弃反对战争的任何尝试，尤其是以伦理为根据的尝试，这是争取和开创一个没有战争的时代的关键。施韦泽坚信，个人或民族的信念，决定着战争的有无、核武器的存毁。从而，人道信念在当代具有世界史的意义。人道信念存在于所有人的心中，敬畏生命则是点燃它的火种。正是基于敬畏生命伦理学的内在必然性，施韦泽晚年成为保卫世界和平、反对核战争的斗士，获得了包括诺贝尔和平奖在内的许多荣誉。总之，以同情心和责任感为主要内容的道德敏感，对近代西方物质主义文化的批判，反对核武器对生命的威胁，这三种因素是理解施韦泽伦理学产生的关键，同时也表明了它的基本内容。

8.3.3 敬畏生命伦理学的理论内涵

施韦泽认为，哲学的最终使命是成为普遍性真理的引导者和监护者。哲学应该研究关于个人、社会、民族、人类和文化等基本问题，提供乐观主义和伦理的文化信念，而不应该只成为关于科学和自身知识的堆积。他采取了笛卡儿式的反思自我意识的方法：“忍得一时的根本状态是：‘我是要求生存的生命，我在要求生存的生命之中。’有思想的人体验到必须像敬畏自己的生命意志一样敬畏所有的生命意志。他在自己的生命中体验到其他生命。”从而，施韦泽把“敬畏生命”作为其伦理学的核心范畴，其中“生命”一词与通常“生物”的含义相同，指包括人、动物和植物在内的一切生命现象。“敬畏”一词在德语中具有“崇敬”和“畏惧”的双重含义，表达对生命的一种虔敬态度。因此，敬畏生命作为一种心理特征和行为方式，是施韦泽最基本和最深刻的道德要求。施韦泽创立了伦理学的生命本体论，既把生命当作一种自然现象，又把生命当作一种道德现象，从生命的道德意义出发考察包括人在内的一切生命及其相互关系，并由此提出其伦理学的基本原则。施韦泽认为，自然作为一个自发过程不懂得敬畏生命，它最有意义地产生着生命，又毫无意义地毁灭着它们。但是，自然作为生命在人那里达到了自觉。人一方面受制于利己主义的生存竞争，另一方面则能对生命施加各种影响。人所有德性的根据在于：“只有人能够认识到敬畏生命，能够认识到休戚与共，能够摆脱其余生物苦陷于其中的无知。”敬畏生命的人能够在力所能及的范围内，帮助、拯救其他生命，把这种奉献给生命的行为当作自己最大的幸福。

对施韦泽具有特别重要意义的是：敬畏生命不仅要求敬畏人的生命，而且要求敬畏动物和植物的生命，他强调要“把爱的原则扩展到一切动物”，“敬畏生命的伦理否认高级和低级的、富有价值的和缺少价值的生命之间的区分。”施韦泽提出敬畏生命伦理学的两个基本原则是：肯定世界和人生、肯定伦理。所谓肯定世界和人生，是一种对待社会和生活的乐观主义态度，类似中国儒家传统的积极“入世”精神。它要求个人承担起对一切生命的责任，为实现人的最高价值而努力。所谓伦理是一种客观的、普遍的道德准则，它要求敬畏我自身和我之外的生命。这里的关键在于，生命是伦理的基础，伦理比无私更高；无论为己为人，都不能成为伤害和毁灭生命的理由。至于这两个原则之间的关系，其中伦理更重要；因为“伦理就其全部本质而言是无限的，它使我们承担起无限的责任和义务”，因此，“只有当人认为所有的生命，包括人的生命和一切生物的生命都是神圣的时候，他才是伦理的”。通过敬畏生命，这两个原则成为一个整体，成为实现伦理文化理想的动力。

8.3.4　所有生命平等的伦理学论证

施韦泽认为，只涉及人对人行为的伦理学是不完整的……正如我的生存意志渴望更长久的生命，渴望被称作快乐的那种意志的神秘狂喜，并且惧怕面对毁灭和被称作痛苦的对生存意志的伤害；我周围的所有生存意志也都是如此，无论它是能够表达自己的意志以便让我理解，还是缄默无声。因此，伦理正在于，我体验到了必须实践对所有生存意志的生命之尊重，就像对我自己的生存意志的尊重一样。我由此而拥有了所需要的道德基本原则。维护并珍惜生命就是善；毁坏并约束生命则是恶。一个人只有遵从对自己的约束，去帮助他所能救济的所有生命，并尽力避免伤害任何生命，才是真正有道德的人。他不问这个或那个生命作为自身有价值的主体值得多大的同情，也不问它有多大的感知能力。对于他来讲，这样的生命本身就是神圣的（《实践伦理学》第 273、274 页）。

8.3.5　所有生物在苦乐感受力上平等

是否允许把人的生命与非人动物的生命进行价值上的比较（特别是等同），这是当代生命伦理观争议的焦点问题之一。人是至高无上的，人的生命的独一无二性禁止把人的生命与动物的生命进行比较，这是人类根深蒂固的信念。《动物解放论》的作者、澳大利亚和美国著名哲学家彼得·辛格（Peter Singer）在他的《实践伦理学》一书中指出，不允许跨物种比较，在哲学上是经不起辩护的。如果不突破这个禁忌，就不可能克服我们对非人动物的错误方式，就会进一步强化我们对待环境的的态度——我们与其他物种共享的星球环境之所以遭到了无法挽回的破坏，正是因为这样一种态度[①]。辛格认为，作为一切人之间平等之根基的根本性的平等原则不应当仅局限于人类。在把平等原则当作处理我们与自己物种内部其他成员的关系的合理道德基础之后，我们也应该把它当作处理我们与其他物种（即非人类物种）的关系的合理道德基础。辛格认为，我们对于他人的关心不应该取决于他人是什么样的，或者他人具有什么样的能力。正是基于如此，我们才能够说，不能因为一些人不属于我们的种族，我们就有资格剥削他们。类似地，不能因为一些人不如另一些人聪明，他们的利益就可以被忽略。但该原则也意味着，因为有些生命不属于我们的物种，我们就有资格剥削他们；类似地，不能因其他动物不如我们聪明，他们的利益就可以被忽略。很多哲学家都在以不同形式倡导利益的平等考虑，把它当作一个基本的道德原则。但只有很少几位哲学家意识到，该原则有超越我们物种的意义，其中之一就是现代功利主义的奠基人边沁（Jeremy Benzham）。当人们在英国统治区就像我们今天对待非人动物那样对待非洲奴隶时，边沁写下了这样一段前瞻性的文字：总有一天，其他动物也会获得只有暴君才会剥夺的那些权利。法国人已经认识到，一个人不能因为皮肤黑就要遭受任意的折磨而得不到救助。总有一天，人们会认识到，腿的数量、皮肤绒毛的形式、骶骨的形状都不足以作为让一个有感知力的生命遭受类似厄运的理由。还有什么其他东西能够追踪不可超越的界限吗？是理性能力，还是交流能力？可是，一匹成熟的马或一条狗与只有一天、一周甚至一月大的婴儿相比，显然是更具理智和交流能力的动物。但假定这些都不能成立，那还有别的衡量方式吗？问题不在于“它们能推理吗？”也不在于“它们能说话吗？”而在于“它们能感受痛苦吗？”从这段文字可以看出，边沁把对于痛苦的感知力作为有资格享有平等考虑的根本特征。他认为苦乐感受力是生物拥有利益的先决条件（《实践伦理学》第 56－57 页）。

8.3.6 每种生命都有同样的价值

当人们说生命是神圣的，他们心目中特指的是人的生命。有知觉却没有自我意识的生物，其生命是否有某些价值？如果对此做肯定的回答，那我们是否也能够比较具有不同层次的知觉或自我意识的不同生命的价值？一些人说，把不同生命的价值按照高低排序是人类中心主义的甚至是物种主义的观念。如果这样做，我们必然会把自己置于序列的顶端，然后，按其他生物与我们的相似程度来确定它们所处的位置。然而，我们却应该承认，从不同生命的自身立场看，每种生命都有同样的价值。

---

① 彼得·辛格. 2005. 实践伦理学. 刘莘译. 台湾：东方出版社. 3

8.4 当代生态伦理学的困惑与出路探索

8.4.1 环境问题和生态问题走进伦理学研究的视野

伦理学界对待环境问题和生态问题的态度，一般划分为非人类中心主义和现代人类中心主义两大阵营，前者包括动物解放/权利论、生命中心主义、生态中心主义；后者包括现代人类中心主义、弱式人类中心主义、开明人类中心主义。

1. 动物解放论

以澳大利亚哲学家彼特·辛格（P. Singer）为代表的动物解放论者认为人或动物是否具有道德地位的标准不是理性、语言的能力，而是感受快乐和痛苦的能力，要求建立在功利主义感觉论基础上的物种平等主义及种际正义原则。

2. 动物权利论

美国哲学家汤姆·雷根（T. Regan）等从康德的道义论伦理学中寻找思想资源，认为天赋价值是同等属于生命的体验主体的，动物和人一样都是平等的生命的体验主体，从而它们也就应该享有平等的天赋价值、平等的道德权利，人也就有基本的义务不去伤害它们。

3. 生命中心论

美国哲学家泰勒（Paul W. Taylor）沿着着施韦泽“敬畏生命”和“生命没有等级价值区分”的思路，在借鉴传统伦理学理论成果和当代生态科学成果的基础上，提出了系统性的“生物中心”思想。在他的理论框架中，居于首位的是对待自然的态度问题，即“尊重自然”。其次是以证明“人并非天生就比其他生物优越”命题的信念体系，最后是四项基本伦理原则：不作恶原则、不干涉原则、忠诚原则、补偿正义原则以及一些补充原则。

4. 大地伦理学（land ethic）

美国生态学家和新环境主义保护运动的倡导者奥尔多·利奥波德（Aldo Leopold）提出了“大地伦理学”的思想。这意味着不仅要尊重大地共同体中的其他伙伴，而且要尊重共同体本身，在大地共同体中激发、体验对大自然的认同与热爱。

5. 深层生态学（deep ecology）

深层生态运动的“深层”（deep）的含义意指，“追问的深度”，即追问“为什么”、“怎样才能”等问题。从深层生态学的观点看，我们应当对当今社会能否满足诸如爱、安全和接近自然的权利这样一些人类的基本需求提出疑问，也应当对当今社会的基本职能提出疑问。

6. 自然价值论

美国环境伦理学家霍尔姆斯·罗尔斯顿在《环境伦理学：大自然的价值以及对大自然的义务》① 中认为：“只有当人们不只是提出对自然的审慎利用，而且提出对他的恰当的尊重和义务问题时人们才会接近自然主义意义上的原发型（primary）环境伦理学。”这是他对传统伦理学所认为的“大自然不具有任何内在价值”观点的批判与反思，实际上，正如他在书中副标题所提示的：大自然不仅具有内在价值而且人应当对大自然负有直接的责任和义务。

7. 现代人类中心主义

美国植物学家墨迪（Murdy）面对非人类中心主义的批判，经过反思，发表了题为《一种现代的人类中心主义》② 的论文以阐明他的现代性人类中心思想，既坚持人类中心同时又对“自然的内在价值”问题有所让步，但却又有不同的理解。他说：“人类影响自身之外环境的能力与其他生物影响它们自身之外环境的极其有限的能力相比，是进化中呈现出来的和持续不断的。它使人能够改变环境以适应其需要。这是它能在生物学方面取得巨大成功的同时也能面对生态问题的根本原因。它还使人能够促进其身外的价值增长。”

8. 弱式人类中心主义

美国环境伦理学家诺顿（Norton）针对非人类中心主义的反诘，区分了两种类型的人类中心主义：强人类中心主义和弱人类中心主义，其区别在于是以个体感性意愿（felt preference）还是理性意愿（considered preference）作为价值参照。强式人类中心主义以感性意愿为价值尺度，这种价值尺度往往从可以感觉到或体验到的欲望和需要出发，满足于人的眼前、局部利益和需要，而且毫不顾忌行为的后果；弱式人类中心主义以理性意愿为价值尺度，这种价值尺度虽然也是以某种体验到或感觉到的需求出发，但却经过了慎重的理智思考，并使思考的结果能够得到科学的解释，以达到理性意愿与理性世界观、理性行动的统一。

9. 开明人类中心主义

以澳大利亚哲学家帕斯莫尔（Passmore）为代表的开明人类中心主义指出，

---

① 罗尔斯顿．2000．环境伦理学［M］．杨通进译．北京：中国社会科学出版社

② 墨迪．1999．一种现代的人类中心主义．哲学译丛．（2）

把生态环境问题归罪于人类中心主义是有失偏颇的。帕斯莫尔指出环境危机实质是人的一种文化危机，是由于我们的知识超过了我们运用的智慧，对自然采取的是一种人类专制沙文主义，正是这样的狭隘人类中心主义导致了生态环境危机。

8.4.2 从环境伦理学走向生态伦理学

在目前“环境伦理学”和“生态伦理学”这两个概念基本上是通用的，但二者却存在着些许差别，往往反映的是理论出发点的差异。

“环境”是原初性的概念，在内涵和层次上都低于“生态”概念：因为环境通常是指某一特定系统（生物群体或人类群体）之外的空间，直接或间接影响该系统存在和发展的一切事物的总合。环境总是针对某一特定主体或中心而言的，围绕着某一中心事物有关的周围事物就是它的环境。因此它是一个相对的概念，强调了它与“某中心”之间的二元对立，弱化了它与中心之间的相互联系、相互影响和相互作用。在实际上来说，系统（生物系统和社会系统）与环境之间是不可分割的，我们找不到孤立系统或孤立环境。既然环境是指独立存在于某一主体对象之外的所有客体的总合，既然“伦理”是与人类有关，那么“环境伦理”能否独立存在？其必须在二者之间找到一个联结的支点。“环境伦理”概念也存在一些理论困难：该理论首先是与当前人类与环境的一体化程度越来越高，或者说与自然环境的社会化（人工自然化）程度越来越高相左；其次该理论内部总是不能摆脱“人类中心”与“非人类中心”的之间的二元对立：因为其总有一个“中心”的理论预设。“人类中心”的“环境伦理”本质上就是“人类伦理”，因为人类中心本身就是以人类为出发点和归宿，即“人类伦理”；而“非人类中心”的“环境伦理”，实际上是环境内部要素之间的相互关系，与“伦理”并没有本质上的联系。最终将会以“人类伦理”来比拟环境要素之间的关系。在伦理学理论上“人类中心”和“非人中心”彼此纠缠不清，它们都无助于问题本身的解决。

“生态”概念不仅内在地包含了“环境”的含义，而且着重强调了某一生物群体（系统）与其他生物群体之间以及与环境之间的统一性和相互作用关系。“环境”概念主要强调主体（中心）－客体（环境）之间的区分和对立，而“生态”概念则主要强调主体（中心）－客体（环境）之间的统一。环境概念着眼于客体对主体的效应，而生态概念则着眼于主体与客体之间的双向的和多重的关系。

所以，“生态伦理学”较之于“环境伦理学”是一种进步，更加符合实际。现在国际学术界的主流意识也是“全球生态系统”的观点。“中心”在人类还是非人类并不是问题的关键，关键是从对立效用的角度还是联系共生的角度去看待问题。

8.4.3 人类中心主义与非人类中心主义的不同理论视角

1. 概述

传统伦理学所调整的是人际之间的关系，道德主体与道德客体都是生活在一定社会文化内的人，在处理人与自然的关系时，将人视为自然万物的“道德代理者”，自然只具有对人而言的价值①而没有内在价值。面对这种传统的道德观，西方一些动物保护主义者和生态环境保护主义者对此表现出了深刻的忧虑意识，要对这种“人类中心主义”提出批判或改造。对这些理论，按其道德关怀对象的扩展范围可划分为动物解放/权利论、生物中心论和生态中心论等。动物解放/权利论倾向于在传统伦理道德领域里的扩展，后两者则“是直接以传统伦理学的挑战者身份出现，甚至从元伦理学下手，破立并行”②，立足于古代有机论、现代有机论、系统论特别现代生态学的最新理论来论证道德关怀对象扩展的合理性。

在西方非人类中心主义三大学派中，动物福利论和生命中心论倾向于强调生物个体的价值和权益，如泰勒的“每个生命个体都是生命的目的中心”话语，强调的就是生物个体的优先性，所以这两个学派有时被合称为“个体主义”；生态中心论强调的是生态系统整体的“和谐、稳定和美丽”，如奈斯的“最大化自我实现”、“最大化的多样性和共生性”等话语，强调的是系统整体的“充满创造性的过程”，所以又称之为“整体主义”。个体主义与整体主义虽然理论内部分歧不断，但作为环境生态资源危机背景下的非人类中心主义学说，基本观点也具有某种程度上的一致性，它们都主张把环境伦理学的视野从人扩展到其他生命有机体，都认为一切生命不仅具有外在价值而且还具有内在价值，都强调人类在生态系统中的特殊作用。

进入 20 世纪 70 年代后，随着全球性生态环境危机的进一步加剧，非人类中心生态环境伦理学对传统人类中心主义的怀疑与批判的声音也越来越大，认为危机的根源就在于传统的人类中心主义价值观，甚至将其追溯到启蒙运动、文艺复兴、基督教和苏格拉底传统，这些传统坚持“人是万物的尺度”，高扬人的理性，充当自然的主人，明晰的主客二元划分，在“理性”的大旗下实现着对大自然的掠夺与控制。总之，传统的人类中心主义如果不加以修改或抛弃的话，人类就有可能犯与种族歧视、性别歧视相似的物种歧视错误，况且，人类中心主义引以为傲的“理性”本身也面临着危机重重，它并不能从根本上解决生态环境危机问题。

面对非人类中心的重重批判，西方主流的人类中心主义开始反思这种批判的

---

① 这里的价值不应仅仅看作工具价值，还有审美、生存等价值，传统人类中心主义因为过分注重工具价值而引起种种误解

② 陈剑澜．2003．非人类中心主义环境伦理学批判．哲学门，4（1）

合理性，或者既坚持人类中心又承认自然的内在价值，确立现代人类中心，如墨迪；或者对“人类中心”概念重新界定，确立弱式人类中心主义，如诺顿；或者倡导一种“开明的人类中心主义”，如帕斯莫尔。

2. 人类中心主义的论域

“人类中心主义”一词概括来讲，一般有五种理解：第一种是生物学意义上的，人作为一个生物物种，必须适应生态学规律，以维护本物种的生存与进步为重，遵守物种中心法则，否则人无以生存；第二种是认识论意义上的，人类是认识生态环境资源问题的主体，并且这些问题及其解决方法也应当是人提出的；第三种是实践意义上的，生态环境资源问题是人所造成的，生态/环境伦理道德需要人去践行，并且主要有人来改善；第四种是责任意义上的，人类是生态环境资源问题的制造者，理所当然要有人去承担责任；第五种是价值观意义上的，人是价值的源泉，价值专属人的领域，应以人的利害关系作为价值判断的依据[①]。“人类中心主义”弊端问题是随着生态资源环境危机问题的日趋严峻而在忧患之士的反思过程中凸显出来的，是对传统人类中心主义的批判和反思，并为新的环境伦理道德提供合理性证明。因此，就“人类中心主义”的论域而言，它的意向性含义在其合理性的形式上，并不是从科学的角度断定人类生活于其中的这个实然世界的物理、几何中心，而是对人的一种意义指称和价值维度，属于人的价值导向论域而非科学性问题。

当人与自然和谐共处（如中国的天人合一的思想及实践）或者自然能够无限制地满足人的需要时，是无所谓“中心”在人类还是在非人类的，因为在这种情况下，人与自然相安无事，自然也不会为人的行为不妥而实行报复，“人类中心”问题还没有作为一个“问题”出现在人的视野中。但是人类和自然的历史发展表明，人类的巨大科技、社会等力量已经具有毁灭地球或整个生态系统的能力，另一方面，人类也终于发现：系统层面上的自然界是不允许被伤害的，否则人就失去了安身立命之所，因为人就生活在自然界中，人类对自然做了什么也就是对人类自己做了什么，这也是生态/环境伦理学产生的原因。

3. 人类中心主义和非人类中心主义争论的焦点

人类中心主义和非人类中心主义争论的焦点——道德是否专属人的问题。人类中心主义在这个问题上的看法是：人是唯一具有内在价值的存在物，其他存在物的价值都是对人而言的，不仅仅是工具价值，还有审美价值、娱乐价值、性格塑造价值等；人的利益是道德的重要相关因素，人考虑与自然的关系是因为这个关系折射了人与人之间的关系；只有人才是道德的主体，无论是道德代理人意义

---

① 参见：徐嵩龄．1999．环境伦理学研究论纲．学术研究（广州）．(4)

上的还是道德顾客意义上的。因此人类中心主义可归结为一句话：人只对人负有直接的道德义务，人对其他存在物负有的义务只是对他人的一种间接义务。这个问题还直接牵涉到人类中心主义的第二种实践意义上的道德主体问题，因为如果人对其他存在物的义务只是对他人的间接义务的话，那么道德主体就只能是人，而且是其他存在物的“道德代理人”，而这正是非人类中心主义所反对的，它认为人不但对人负有直接的道德义务，而且人对其他存在物也负有直接的道德义务，其他存在物和人一样都是应该获得平等道德关怀的“道德顾客”。因此，非人类中心主义与人类中心主义的焦点之争其实是表面之争，深层次的分歧其实在于元伦理学理论的分歧，是对“道德专属人的领域”这一元伦理学预设的争论。另外，值得注意的是，焦点之争并非唯一之争，而且它们各自内部也有分歧和争论，这也是生态/环境伦理学派别众多的原因之一。

8.4.4 人类社会生态大系统的内在统一

1. 更新思维模式

人是一种类存在，社会是人类的存在方式，人类社会的发展加速和提高了其生存和发展所依赖的生态大系统的社会化程度，实现了人类社会生态大系统的内在统一，因此“以……为中心”的观点已经失去了现实意义。生态伦理学的出发点和归宿只能是人类社会生态大系统的整体性，从人类中心主义与非人类中心主义的两极对立的思维模式走向两极相通的新境界，即必须扬弃“以……为中心”的主义，而代之以联系和系统模式的新生态伦理。

2. 科学发展观：可持续发展的中国化

1972 年，在周恩来总理的指示下，我国政府组织了专团出席了在斯德哥尔摩召开的联合国人类环境会议。从此开始，我国正式开始了与世界接轨的社会生态环境保护工作，并将“保护环境”作为我国的基本国策之一。1992 年，中国政府参加了在巴西召开的联合国环境与发展大会，接受了当时的“可持续发展”概念的共识：既满足当代人的需要，又不对后代满足其需要的能力构成威胁，将“人类需求”和“环境限度”两个关键性概念结合起来，真正开始从生态环境系统和人类社会系统相联系、统一的角度来解决国内生态资源环境问题。其实，这也是对传统经济社会发展模式的一大突破，我国“环境与发展”关系演进经历了以下历程：经济增长→经济发展→社会发展→可持续发展。

科学发展观是可持续发展观在当代中国的具体化，是中国特色的可持续发展观。科学发展观是对可持续发展观的继承、丰富和发展，前者的内涵要比后者复杂、丰富得多，从可持续发展观主要关注的解决生态环境问题的环境与发展问题，过渡到了科学发展观主要关注的社会制度和制度建设问题和社会进步的“以人为本、和谐社会”问题。

可持续发展只是科学发展观的有机组成之一，科学发展观还包括人本发展、全面发展、协调发展等，以人为本是科学发展观的核心和本质，是人的全面发展，让发展的成果惠及全体人民；全面发展是科学发展观的整体要求，把生态文明建设也纳入其中，就是在以经济建设为中心的同时，“全面推进经济、政治、文化建设，实现经济发展和社会全面进步”①；协调发展是科学发展观的关键性战略，就是要革除过去片面、过分强调政治或经济增长而忽略其他方面所带来的弊端，“就是要统筹城乡发展、统筹区域发展、统筹经济社会发展、统筹人与自然和谐发展、统筹国内发展和对外开放，推进生产力和生产关系、经济基础和上层建筑相协调，推进经济、政治、文化建设的各个环节、各个方面相协调”②；可持续发展是科学发展观的支撑点，就是在全面、协调发展的基础上，在强调经济、社会发展的同时，充分考虑生态、资源、环境的可承载能力，保持人与自然的和谐发展，实现自然资源的永续利用和社会的永续发展，“就是要促进人与自然的和谐，实现经济发展和人口、资源、环境相协调，坚持走生产发展、生活富裕、生态良好的文明发展道路，保证一代接一代地永续发展”；促进经济社会和人的全面发展是科学发展观的最终目的和标准，是衡量发展是否科学的重要标准。

8.4.5 探索新的理论途径——人的主体性与内在价值的升华

1. 概述

现今的非人类中心主义生态/环境伦理学说，基本上都要求对自然尽职责、尽义务，改变人类长久以来人对自然或生态环境甚至动植物的不合理的干涉，而其主要哲学方式又有两种，要么扩展主体的范围或者消解人的主体性，以人的生存论或生态论本质去置换人的生活论本质；要么将内在价值扩展到其他非人存在物，从而将道德主体资格扩展到其他非人存在物。与此相应的人类生态伦理的实现的理论途径也就有了不同的性质。

2. 对人的主体性理论的坚持、升华及对人的类本质的探讨

从中国的词源含义来追溯，“伦”的本意是人之辈分的意思，“理”则是原则、道理的意思。“伦理”一词最早出现在战国秦汉之际的《礼记·乐记》中“乐者，通伦理者也”，即音乐本是和人性相通的，通过“乐”来教化人。可见伦理是专属人的论域的，实际上已经包含着道德理论的含义。在古代希腊，从词源上来看，“道德”和“伦理”这两个词，从荷马史诗《伊利亚特》到亚里士多德的《伦理学》，都是涵盖人自身的问题而不是其他。按照某些道德扩展理论，既

①② 胡锦涛．2004．在中央人口资源环境工作座谈会上的讲话．北京：人民出版社．(2)

然人类能将道德从一个族群扩展到另一个族群、从男人扩展到女人、从白人扩展到黑人甚至将道德扩展到全人类，那么按照同样的逻辑：道德也应当扩展到动植物甚至自然本身。但是，将人的存在与非人存在着赋予同等的道德地位，是否看到了人与非人存在方式的本质区别？“生态”与“伦理”连用本身是否隐含了一种从自然事实推导社会价值的逻辑悖论？人的尊严、责任又在何处？“人类社会”概念与“生态”概念的相互限定也许能避免这样的悖论。

生态资源环境危机的实质是由人造成的，并最终只能依赖于人各方面素质的全面发展来解决，实质也就是“人性”的问题：人应当如何在保证生存的基础上追求更好的善生活的哲学之思；是对人的安身立命之根的追问以及对人自身本性的终极关怀。所以问题的逻辑基石应该是对“人性”问题的终极反思，可以说，离开了人对自身的“反思”，也就不会有哲学之维；而伦理学作为哲学的维度之一，更应该反思“人”自身。能够“反思自我”是人与其他非人存在者的本质区别之一，也是人能获得应得的尊严的所在。进一步讲，在人与自然的关系上，我们应当升华人的主体性而不是消解人的主体性或者通过扩展主体范围的方式来另辟捷径。

不可否认，人是大自然进化到一定程度的产物，但人一旦进化并最终发展成为人，也就在本质上具有了不同于产生它的母体的特质，因为人有独特的生命存在形式。正如现代综合进化论大师杜布赞斯基所说：“人类的进化有两个组成部分……人的进化不能完全理解为一种纯粹生物学的过程，也不能完全描写为一部文化史。它是生物学和文化的相互作用。”[①] 人成为生物与文化的统一体、成为自然属性和社会属性的统一体，成为一种超越自然的社会文化存在。这是与其说“进化”倒不如说“发展”更确切些，因为进化更多的是无待而然的意思而发展则更多的蕴涵了人的一种目的导向性。人之为人，并不在于其生物性结构不同于其他生物的非特化结构与功能，而在于其是一个通过文化引导着的、规范限制着自己的本能活动的自觉能动的生命体，人一方面同自然界其他生物一样为了生存而需要将自然作为自己的生命保障之源，这是人与其他非人生命存在者同一的地方，生命是与其所处的环境同一的，是自在的存在；另一方面，人又有自己特殊的社会本质存在方式，即自为的存在或者生活性的存在，是自觉意识到自己的存在方式的存在，具有如何生活的更好、更有价值、更有意义的反思意识，这是人与其他非人存在者的本质区别，从而能对自身引发的问题进行自觉的探索以求问题的缓和乃至解决。人本质上就是这两方面的内在统一，人既是生存性的存在又是生活性的存在，生存性的存在是人的始基，生活性的存在则是人的价值、意义归宿。生活性存在是对生存性存在的超越也就是对人的“物种本质”的超越从而

① ［德］F. J. 阿亚特. 1979. 纪念杜布赞斯基. 科学与哲学，(3)

导向人的“类本质”，是“人的实现了的自然主义和自然界实现了的人道主义”①，是人、社会、自然的和谐统一。

人来源于自然也脱离不了对自然的依赖，但却可以在一定的程度上在遵循自然规律基础上的改造自然，超越自身本能生命的局限，通过社会的中介达成“人与自然的完成了的本质的统一”②，彰显人的“类本质”，其含义就是“人，按其实践本性来说，就是一种类存在物。人的‘类本性’表明：人的个性化生命，只能存在于同他人生命的内在统一的一体性关系中；人作为人的本性，只能存在于同外部世界即人的对象性存在的内在统一的一体关系之中；而且这种一体性的关系不但构成人的有意识的活动的对象，同时还是人的自为活动所遵行的一个基本原则”③。也就是说，“类”是“人”所特有的生存本性和存在形式，是与“种”的生存根本不同的一种生存状态，是对“种”的一种超越，是通过社会中介的人的“人与自然的完成了的本质的统一”。这里所讲的“类”，也就是人与社会、人与自然、人与自身的内在统一性的一体关系，是人扬弃人自身的过程，对人“类本质”的实现，我们应该从历史发展的过程去理解。现在之所以生态资源环境危机对人的可持续发展带来了重要影响，根本的原因在人还没有完全超越生物式的“种”的思维方式，人、社会、自然三者还没有达到内在一体性关系的统一性，人的“类本质”还在实现的路上。这也是为什么要将自然生态资源环境危机归结为人性的价值危机、文化危机的原因所在。

那么，处于社会和自然联结点的人自身是否会自发实现人的自为性“类本质”呢？首先我们应该明确：人的类本质的实现是一个历史过程，不是主观逻辑所能决定的。马克思主义理论认为，人的类本质的实现要经过三个阶段，即人的依赖关系阶段、物的依赖关系阶段和建立在个人全面发展和他们共同的社会生产能力成为他们的社会财富基础上的自由个性阶段。

在第一阶段，人直接就是自然存在物或者说在很大程度上受制于大自然，人的社会生产能力只能在狭隘的范围内和孤立的地点上发展了，这时的人为了在自然中获得生存，不得不以血缘或地缘为纽带组成具有凝聚力的群体，个人是无所谓主体的发挥的，因为这时群体的生存才是首要的。人类的力量和大自然相比是相当弱小的，面对大自然的崇高与神圣，无论在古代中国、古代印度还是古代西方，人类对大自然都抱有一种敬畏的心理。

但人是历史性的存在，人既是历史发展的前提又是历史发展的过程和结果，进入近代社会以后，人的自身潜能被充分发掘出来，“知识就是力量”，科学思维成为主导一切的思维方式，人实现了对自然的反客为主，通过人的对象性实践活

---

① 中央编译局. 1995. 马克思恩格斯全集. 第42卷. 北京：人民出版社. 122

② 中央编译局. 1995. 马克思恩格斯全集. 第42卷. 北京：人民出版社

③ 高清海. 1998. 人类正在走向自觉的“类存在”. 吉林大学社会科学学报，(1)

动，形成了人对自然力量统治的颠覆，但是从人的依赖关系解放出来的人却反而又将自己置于物质利益的支配之下。本来目的是为人的发展模式却造成了对人的异化，成为生命不堪忍受之重的“遭受”。本应是人本质力量的真正展现，却因人的滥用而成为人的桎梏。人改造利用自然以求生存、生活的更好无可厚非，可一旦越过必要的限度，如果在改造、利用自然的同时没有保护、和谐、同步进化的意识与实践，人就会走向自身的反面，自然就会对人施行“报复”。现在人类终于开始意识到这一点，生态伦理、环境伦理的探讨就是其表征之一。

人类发展到今天，一方面显示了自身巨大的实践能动性，另一方面又陷入了生存困境。人类不得不痛定思痛，反思自身的思想方式、行为方式问题，寻求对人、社会、自然三者和谐关系的总体的本质的、更符合新时代发展精神的理解，也即对人的“真正”类本质的理解。从西方哲学发展的源头至黑格尔的大而全的理性形而上学，对人基本上是一种理论的抽象性的理解，把人与其生活世界割裂开来，或者高扬人的理性或者把人的自然性绝对化，直至马克思主义建立在实践基础上的人性理论的确立才从根本上改变了这种状况，从而“在思辨终止的地方，在现实生活面前”来考虑、解读在实践基础上进行“感性活动”的人。人在实践的基础上达成自然属性和社会属性的内在统一，达成“自然界和人的通过自身的存在”，达成人属自然与属人自然的内在统一。马克思在《1844 年经济学哲学手稿》中有句话说得很经典：“人不仅仅是自然存在物，而且是人的自然存在物。”人来源于自然，需要生物式“种”的生存，自然对人来讲是人属自然，但人一旦成为人，自然就成为属人自然，就不能再以形式逻辑属加种差的方式来定义人。因为人是自为存在着的存在物，是超越本能生命的生活存在物，因而是类存在物。同时，“我从自身所做出的东西，也就是我从自身为社会所做出的，并且意识到我自己是社会存在物”①。现实的人达成了“个人意识”和“社会意识的”内在统一的“类意识”。“类存在”和“类意识”本身也表明人类是社会存在物。也就是说，在人的“类本质”和“类意识”的内在统一中，人实现了自身的否定之否定过程，达成“人与自然、人与社会、人与自身”的和谐，人既摆脱了抽象的实体自我又避免了原子式的虚妄自我，个人是自身同时又是他者。这样，对人自身生活世界的意义问题也就有了基本及归宿，人不再为自然所累同样自然也不再为人所累，因为整个人类的利益在共同生存的基础上达成了最终的一致：自己活着，也要让他人活着。

解决生态资源环境危机问题，根本的方式不是消解人的主体性或者扩展主体的范围，问题解决的出路在于超越人现有的主体性，达成人类整体利益的一致共识并付诸实践，真正实现人的“类本质”和“类意识”。

非人类中心主义的生态伦理学说从功利论、价值论、审美论、荒野体验甚至

---

① 马克思. 2000. 1844 年经济学哲学手稿. 北京：人民出版社. 107

生态学理论出发将道德关怀的对象扩展开去。对于这些理论，如果仅从自然科学的角度出发来考虑，是有相当的说服力的，因为人首先是自然存在物，生活在自然的界限之内。从自然规律或生态规律的视野看，人遵循的是和其他生物物种同样的必然规律，具有自己的“生态位”，人只有在生态平衡中才能实现自己的生存。从这个意义上说，人因为和生态系统其他组成部分一样具有同质的生态位，所以人和万物是平等的。那么反对仅仅将自然当作工具来利用的“人类中心主义”也就是顺理成章的了。但我们不能由此就推出“其他非人存在物具有主体地位以及内在价值”这样的结论，实际上这只是从物种生存论角度或生态规律角度看待问题，在这样的视阈下，因为物种平等，所以不能区分贵贱。

自然是人的存在之家、安身立命之居，没有自然的生态平衡，人这个物种离消失也就不远了。无论是提倡动物保护的动物解放/权利论、主张保护地球上生命多样性的生命中心主义，还是倡导维护生态系统完整性的生态中心主义，他们所遵循的出发点最终都可归结为生态规律性问题，如大地伦理学的倡导者利奥波特所说的“当一个事物有助于维护生态共同体的稳定、和谐和美丽时，它就是正确的；反之，则是错误的”，这与其说是伦理学原则倒不如说是生态规律的异样表述方式。但是，既然依据的是生态位论或生存论的生态学规律，那么理论的重点就会放在大自然自身的和谐调节上，有为人开脱责任甚至将人降低为非人物种的嫌疑，以便让自然本身“无为而无不为”，从而将生态学规律置换成伦理学原则。可这又是违反人的本质的，“只要有人存在，自然史和人类史就是相互制约的”。所以这样的生态“伦理学”有可能会在造成人的“不在场”反而无助于问题的解决。

生态/环境伦理学需要人的在场，因为在人与自然的关系中“人不仅仅是自然存在物，而且是属人的自然存在物，也就是说，是为自身而存在的自然存在物，因而是类存在物”①，人类摆脱了和其他非人存在者一样的自然物种同一性，而成为超越自然的生命类存在，通过人类感性对象性活动实践也即社会的中介，人不再完全依赖其所处的环境，人成为社会和自然内在统一的双重存在，“只有在社会中，人的自然的存在对他来说才是自己的人的存在”② 人在人的内在尺度和外在尺度统一的基础上去为人的活动、生存和发展确定目标，确定人生的理想和意义。人只有通过将自己的智慧生命与自然本性达到本质统一并进而又从自在走向自觉时，人才能完成自己的历史使命，实现人的最终生活价值。

其实，无论是人类中心主义者还非人类中心主义，共同反对的都是传统的片面宣扬人的主体性、过分关注人的社会属性、内在尺度而较少关注人的自然属性、外在尺度以及它们之间的内在统一一体性的享乐哲学，所以超越传统的人类

---

① 中央编译局. 1979. 马克思恩格斯全集. 第42卷. 北京：人民出版社. 169

② 马克思. 2000. 1848年经济学哲学手稿. 北京：人民出版社. 83

中心主义有其合理之处。人类目前更多的是以一种享乐哲学的方式去指导人、自然、社会三者关系的实践，而很少反思这种哲学思维方式的现实历史合理性。享乐哲学更多的是在生存需要基本满足的情况下，延续物种式的对待自然的方式去寻求更多的物质享受，忽略了人类的精神家园，这种人类模式发展的恶果已为人类所品尝。所以我们应当倡导在人性类本质理论指导下的新的生活哲学，也就是从人的“类本质”实现的角度出发来正确的处理人自身、社会、自然三者的关系，追问人的生存、生活意义，确立人类的终极善的价值导向。我们应该倡导生活哲学的人类社会生态中心主义的环境伦理学而批判借鉴生存哲学、享乐哲学的生态/环境伦理学。

所以，无论是立足于生存、生态的非人类中心主义生态伦理学还是立足积极生活论的人类社会生态伦理学都有其合理性，只不过对人性的侧重点有所取舍而已，二者不是非此即彼的矛盾关系，而是互补性借鉴关系，因为二者共同反对的是那种在享乐哲学指导下的传统人类中心主义，殊途同归，它们具有统一的可能性。如果对生存论或生态论的生态/环境伦理学理论进一步追问的话，最终还是要回到人类利益上来。自然本身是无所谓自然危机的，自然是自在的存在。说自然危机，其实说的是人自身感受到的、意识到的人自身的行为所带来的人的生存危机、资源危机和环境危机等，是享受哲学指导下人的“类本质”尚未真正实现的人的文化危机、价值危机。人的危机的解决根本在于从人性的角度出发来寻求既“益于人类生存”又“促进生态平衡”的最佳结合点，这也是本文解构“人类中心主义”而代之以“人类社会生态伦理”的反思所在。只不过“人类社会生态伦理”是从人类的角度寻求二者的统一而“非人类中心主义”是从生态、生存的角度去寻求二者的统一，根本目的还应归结到对人“类本质”的共识上。我们应该在看到二者差异性的基础上将焦点放到二者的统一性关系上来。

综上所述，自然生态资源环境危机等实质上是人自身人性缺乏的危机，是人的类本质尚未实现的危机，我们应到从“非人类中心主义”和“人类中心主义”相统一的角度去构建“人类社会生态中心”环境伦理学，通过提升的人的真正现实历史主体性去探索问题解决之道，而不应片面消解人的主体性或者不切现实地扩展主体的范围。否则“人不在场”的理论不仅无助于问题的解决反而会延迟问题解决的实践，最终陷入乌托邦的幻想、徒具浪漫主义情怀。

3. 建设社会生态文明

至于人类社会生态伦理在实践功能中的实现问题，应当明确这不是伦理学的“特立独行”，还需要社会各个层面的合力，如哲学、经济、政治、法律等。

首先，应当在科学发展观的指导下，发展资源节约型和资源循环型的循环经济，高效利用资源，减少生态破坏和环境污染，实现社会经济系统的高效和谐、物质的良性循环。

其次，在理论上加大社会生态伦理研究的广度和深度，特别是对人性理论的深入探讨，重视社会学理论和人类生态学在社会生态伦理学中的参与作用，将人的“类本质”和“类意识”以及人的“内在价值”元价值作为深层理论依据，将“以人为本”、“和谐自然”和“和谐社会”作为预设的理论目的。

最后，研究社会环境政策可行性与最优化问题，将经济的、社会的、环境的指标具体化、人性化；深入展开社会生态资源环境问题的专业教育和公众教育，加强生态资源环境问题的社会公众忧患意识，增强社会公众的参与意识。

本章小结

人类是生命世界长期进化中出现的高度社会化和智能化的生命物种，人类关于生命的伦理道德形态是对生物世界与人类社会关系的哲学反思。人类关于生命的伦理道德形态的进化，既随着地球村圈层演化中社会圈与生物圈之间的相互关系的进化而不断更新，也随着人类自身的自然进化与文化进化而不断更新。达尔文进化论的伦理思想揭示了生物进化与人类伦理道德起源之间的内在联系。施韦泽敬畏生命的伦理学思想，揭示了人类与生物圈中其他非人类生命物种之间应有的伦理关系。人类社会与自然和谐的思想是超越人类中心主义的根本途径。当前，人类关于生命的伦理道德形态已经不仅是调节社会内部人际关系的思想和行为的规范；而且也应该是调节人类与生物圈中其他非人类生命物种之间关系的思想和行为的规范。人的主体性与内在价值的升华，努力实践科学的发展观，是走出伦理学中各种彼此缠绕的理论怪圈的途径。

思考题

1. 怎样理解生物进化与人类伦理道德起源之间的内在联系？
2. 施韦泽敬畏生命的基本原则是什么？
3. 怎样看待当前生态伦理学领域中的争议？

第9章　科学理性与人文精神在当代的结合：关注人类生命的价值

本章主要介绍了当代生命科学哲学的重要理论形态——生命伦理学的核心理论内容和当代社会普遍关注的几个争议焦点以及体现人类生命的价值的两个端点——正视死亡与珍惜生命之间的辩证关系、人类超越生物体生命形式局限性的艺术化方式与科学技术化方式、最后归宿于人的社会价值与人格尊严。

9.1　当代生命科学哲学的重要理论形态——生命伦理学①

9.1.1　生命伦理学在现代的兴起

1. 生命伦理学的含义

生命伦理学（Bioezhics）一词是由波特（van Passelar Potter）在他的《生命伦理学：通往未来的桥梁》一书中使用的。生命伦理学最初被波特定义为用生命科学来改善生命的质量的“争取生存的科学”，因此它最初是一门应用科学，而不具有调节人类与生命关系的性规范的伦理学含义。生命伦理学在当前的含义是，运用伦理学的理论和方法，在跨学科跨文化的情景中，对生命科学和医疗保健的伦理学方面，包括决定、行动、政策、法律，进行系统研究。

2. 生命伦理学兴起的背景

第二次世界大战末期以及其后出现的三件大事，引起了科学界和社会公众对科学技术研究的正当性、社会后果的严重关注，尤其是对科学技术研究成果的运用对人类生命和生态环境所产生的负面影响的焦虑。

第一件事是1945年原子弹在广岛的爆炸。科学家们向美国政府提出制造原子弹的初衷，本来是想早日结束世界大战给全世界人民带来的巨大灾难，可是没有想到原子弹会有如此巨大的杀伤力，造成了无穷的后患：不仅使数十万人的生命被夺去，许多受害人的家庭也成为突变基因的携带者，而且人类社会从此被蒙上了核

① 本节的编写参考：翟晓梅，邱仁宗．2005．生命伦理学导论．北京：清华大学出版社

战争威胁的阴影。对原子弹爆炸的反思促进了人类反战和平运动的兴起，也促进了人类社会对科学技术研究成果运用的正当性与自身生命未来问题的关注。

第二件事是1945年在德国纽伦堡对纳粹战犯的审判。其中披露的材料使科学界和整个国际社会感到震惊：一些科学家和医生竟然变成了对集中营里的受难者进行各种惨无人道的人体试验、置成千上万无辜的受害者于死地的战犯；在人们心目中，一向被认为只具有以探索自然界奥秘和造福人类崇高宗旨的科学研究，竟然在战争目的的驱使下，使用非人道的残忍手段来进行并祸害人类。这一事件促进了人类社会对科学技术活动的目的与手段进行伦理道德的追问和监控必要性的深层次思考。

第三件事是1962年Rachel Carson的《寂静的春天》一书敲响了环境恶化对全球生态系统和人类生命威胁的警钟。该书揭露了有机氯农药大量使用负面效应的严重后果：通过食物链的转移和富集作用，导致一些物种濒临灭绝和生态系统的破坏，以及人类遭到新疾病的威胁。在其他方面，重金属积累的作用对人类生命的损害更为严重。

3. 生命伦理学的兴起

生命伦理学于20世纪50—60年代起源于美国，最有名的研究机构是华盛顿的乔治敦大学肯尼迪伦理学研究所和纽约的海斯汀中心。标志性的事件是：1975年，《医学哲学杂志》（The Journal of Medicine and Philosophy）的发行，以及1978年，肯尼迪伦理学研究所组织编写的四卷本《生命伦理学百科全书》的出版。此后，生命伦理学在世界各国兴起。我国的生命伦理学起步于20世纪80年代，起点是1979年12月在广州举行的全国性医学哲学学术会议。1988年在上海举行的“全国安乐死社会、伦理和和法律问题会议”，同年在岳阳举行的生殖技术社会伦理和社会问题学术会议，以及前后发生的两起引起全国关注的法律案件（汉中的安乐死案件和上海的人工受精案件），可以作为生命伦理学在中国兴起的标志。

9.1.2 生命伦理学的学科特点和主要内容

1. 生命伦理学的学科特点

生命伦理学是文理兼融的交叉性综合学科。从理论来源上来看，生命伦理学的科学基础主要是生命科学和医学科学；从理论框架上来看，生命伦理学是应用规范伦理学的一个分支学科。伦理学又称道德哲学，是对人类行为的社会规范进行研究的学科。“道德”与“伦理”都是人类行为的社会规范：道德是一种普遍性的社会文化现象，依靠上层建筑的权威性和社会舆论的监督来支撑，体现在社会的教育、习俗、惯例、公约之中。伦理是哲学性的道德意识形态，它依靠学理性的逻辑论证来支撑。传统的道德偏重于讲做人；现代的伦理学更强调做事。

2. 生命伦理学的主要内容

理论层面：在面对生命科学和医疗保健提出的实际问题中，表现为：后果论、道义论、德性论、判例法、关怀论等理论形态的理论功能以及伦理原则和伦理经验之间的相互关系、地位与作用。

临床层面：医务工作者在临床工作中面对的伦理问题，尤其是与生死攸关的问题，如辅助生殖、避孕流产、产前诊断、遗传咨询、临终关怀等问题。

科研层面：从事流行病学调查、临床药理试验、基因普查和分析、干预试验和其他人体研究的科学家都会面临如何尊重和保护受试者以及他们所属的家庭和社会群体的问题，也有如何适当保护试验动物的问题。

公共卫生层面：如何维护和促进人群的健康，如何处理个人权利与群体健康的关系、艾滋病和 SARS 的流行和蔓延突出了这方面的伦理问题。

政策层面：医疗卫生改革、高技术在生物医学中的应用和管理，都涉及政策、管理、法律制定中的伦理问题。

文化层面：任何伦理问题都不能脱离特定的民族和国家的历史文化背景，某一文化条件下的伦理原则在其他历史文化背景下是否适用，伦理学普遍主义（或绝对主义）与伦理学相对主义能否成立及其相互关系的问题，是文化层面上的研究课题。

9.1.3 生命伦理学的基本原则

1. 尊重原则（respect）

人是世界上最宝贵的。尊重人包括尊重他的自主性、自我决定权、贯彻知情同意、保护隐私、保密等内容。尊重人包括尊重个体和人类的生命尊严，尊严基于对人和人类生命的内在价值的认同。尊重人表现在：人不能被无辜杀死、被伤害、被奴役、被剥削、被压迫、被凌辱、被歧视、被打骂、被利用、被当作工具、被买卖、被制造等。

2. 不伤害原则（nonmaleficence）/有利原则（beneficence）

在生物医学中，伤害主要指身体上的伤害，包括疼痛和痛苦、残疾和死亡、精神上的伤害以及其他损害，如经济上的损失。不伤害的义务包括避免有意的伤害和伤害的风险。伦理学原则不仅要求我们不伤害人，而且要求我们促进他们的健康和福利。有利原则比不伤害原则更为广泛，它要求所采取的行动能够预防伤害、消除伤害和确有助益。

3. 公正原则（justice）

公正的基础概念是“应得赏罚”与“赏罚得当”的辩证统一。“应得赏罚”是指公正的基础是已发生的客观过程及其后果的事实，因此赏罚是“应得的”，排除赏罚的主观随意性。“赏罚得当”是指赏罚应该与“应得的”相称，“不偏不倚”，“无过无不及”。公正的形式原则是：在有关的方面，不使用双重标准，“王子犯法与庶民同罪”。相同的人同样对待，不同的人不同对待。例如，应该用对待儿童的要求对待儿童，而不应该用对待成人的要求对待儿童。同时，不应该用对待健康儿童的要求去对待有残疾的儿童。

9.1.4　生命伦理学当前面对的医学和生命科学前沿领域

（1）生殖健康：生殖是人类生命繁衍和生命健康的关键。1995 年在北京举行的联合国世界妇女大会采纳的生殖健康定义是：生殖健康是指在生殖系统及其功能和过程有关身体、心理和社会所有方面的完全健康状态，不仅是没有疾病和衰弱。生殖健康概念的着重点从“控制人口数量”转移到“以人为本”，转移到服务于千千万万男女，尤其是以妇女为中心，增进她们的健康和福利，改善她们的生活质量，尊重她们的尊严和权利。生殖健康中重大的伦理学问题是：调节和控制生育的能力与防治性传播疾病中如何落实妇女的权利，纠正生殖健康中的不公平。生殖健康中的伦理学具体问题涉及：避孕正当性、人工流产在伦理上的地位、胎儿的本体地位与道德地位、胎儿的生存权利、性别选择在伦理学上能否得到辩护等一系列问题。

（2）辅助生殖技术：20 世纪的生命科学技术中，辅助生殖技术是引起争议最大的技术之一。人类的自然生殖过程由性交、输卵管受精、植入子宫、子宫内妊娠等步骤组成，辅助生殖技术则是将性从生殖分离开来，代替上述自然过程的某一步骤或全部步骤的手段。辅助生殖技术主要包括：人工授精、体外受精、胚胎移植、卵精子和胚胎的冷冻保存、配子输卵管移植、代理母亲……无性生殖或人的生殖性克隆等。辅助生殖技术目的是解决不育以及防止出生缺陷的问题。

辅助生殖技术中重大的伦理学问题是：性与生殖的分离是否破坏了“一个孩子应该是父母精神爱和肉体爱的结合”这个人类传统的婚姻意义与价值？第三者介入家庭——那些精子和卵子的提供者是否有资格成为孩子的“父母”？辅助生殖技术是否会引起人、人体以及人体部分商业化的危险？……

（3）遗传学与人类基因组研究：人类基因组计划堪称是继“曼哈顿原子弹计划”和“阿波罗登月计划”后的人类第三大科学行动，它对生命科学和生物产业的发展具有非常重要的意义，也将给人类社会的未来带来不可估量的影响。

第一，获得人类全部基因序列将有助于认识许多遗传疾病及癌症的致病机理，为分子诊断、基因治疗等新方法提供理论依据。医学上的6000多种遗传疾病以及种种恶性肿瘤、心血管疾病等都与基因有关。人类基因组计划将使未来的医学成为“治本的、个性化的和预测的医学”；第二，基因组图谱对揭示人类发展和进化的历史具有重要的意义，使进化的研究脱离假说的性质，为进一步解释生命起源和进化的奥秘以及古今生物的联系提供有说服力的证据；第三，人类基因组计划将带动生物工业和新兴高技术产业的发展。人类基因组计划研究中重大的伦理学问题是：成果是否能为全人类共同享有？能否把可能产生的负面影响减少到最低限度？发展是否会偏离其最初的目的？人类基因组计划研究涉及的具体伦理问题是：是否应该用于“优生”？在遗传资源的收集、存储和使用中的“知情同意”如何界定与执行？在信息的获取与控制中如何保护基因隐私？……

(4) 基因治疗：20世纪60年代以来，重组DNA技术的诞生孕育了“基因治疗”的概念。80年代，Walters根据干预对象的不同将人类基因干预分为体细胞干预和生殖细胞干预；根据目的不同分为用于治疗或预防疾病目的的基因治疗和用于增强人的性状和能力为目的的基因增强。因此人类基因干预有四种方式：体细胞基因治疗、生殖细胞基因治疗、体细胞基因增强和生殖细胞基因增强。1993年美国的FDA把“基因治疗”界定为：“基于修饰活细胞遗传物质而进行的医学干预。细胞可以体外修饰，随后再注入患者体内；或将基因治疗产品直接注入患者体内，使细胞内发生遗传学改变。这种遗传学操纵的目的可能会预防、治疗、治愈、诊断或缓解人类疾病。”基因治疗中的伦理学问题主要是：知情同意问题（信息的告知和理解、同意的能力和自主选择）、选择受试者的伦理要求问题和利益冲突的伦理问题。

(5) 干细胞研究：干细胞（stem cell）是动物和人的一种特殊功能细胞，它们大部分分化成各种特定组织器官，一部分保持干细胞状态。干细胞分化时，有些成为特殊类型的细胞，另一些仍然维持干细胞。这些干细胞本身能够复制，准备代替机体衰老和损伤的细胞，以供机体组织更新的需要。按照生存阶段，干细胞可分为：成体干细胞和胚胎干细胞。胚胎干细胞又可以分为：全能干细胞、多能干细胞和专能干细胞。人类胚胎干细胞（human embryonic stem cell，简称HES cell）是存在于人类胚胎中的干细胞，其最大的特点是具有发育的全能性，能分化出人体全身200多种细胞类型，构建机体所有组织和器官。HES cell的研究有着难以估量的科学价值和运用前景。

生命最大的奥秘就潜藏于细胞的分化和发育过程之中。人类胚胎细胞系以及HES cell的研究，可以有助于在分子和细胞水平上揭示人和动物的从细胞到成体的发育过程与机制。在新药的研究中，HES cell能够在细胞水平上提供药理、药效、毒理等研究的手段，可以大大地减少药检所需的动物实验数量。在治疗手段的开发方面，可用于“细胞疗法”，为细胞提供无免疫原性的材料。如通过注射将其植入肝脏，不仅能产生新的肝细胞，还可以使被肝炎或肝硬化损坏的器官恢复生机。涉及丧失正常细胞的疾病都可以移植由 HES cell 分化而来的特异性组织细胞来治疗。例如，用神经细胞治疗脊椎神经受伤、大脑皮层中风以及患有老年痴呆、帕金森氏病等神经退行性疾病，用胰岛细胞治疗糖尿病，用经过逐步处理的心肌细胞替换因患慢性心脏病而损坏的心肌细胞。

人类干细胞研究中的伦理学问题，是当前生命伦理学中争议最激烈的领域：人类多能干细胞试验分离和培育的成功当前受到了法律和伦理的巨大压力。多能干细胞来自人类胚胎和胎儿组织，根据人类胚胎研究的联邦禁令和胎儿组织研究的联邦规则，多能干细胞的来源在美国引起了法律问题，也引起了对人类胚胎和胎儿组织的尊重是否适当的伦理学争论。人们甚至担心干细胞研究已经走到了克隆人的所谓“道德滑坡”的边沿。干细胞研究最主要的争议是围绕着干细胞的来源问题。因为理想的干细胞（非成人的）来源是人类的胚胎组织，无论是来自体外受精产生胚胎、使用捐献的精子和卵子在体外受精产生胚胎、通过克隆技术或体细胞核移植技术制造的胚胎、还是流产的胎儿，都涉及胚胎本身的伦理学地位，即对胚胎应该有何种程度尊重的问题。一种观点认为应该对其给予与对人的尊重完全同样的待遇，因为胚胎在一般意义是人或潜在的人。另一种认为胚胎并不具备现实生活中人的特征，特别是在胚胎的早期阶段，它不具有意识和自我意识，只不过是没有独立地位的一团细胞。因此不能赋予它成人或孩子所具有的道德地位。人们最担心的是克隆技术的使用可能会导致生殖性克隆。

（6）生命维持技术：生物医学技术进步引起的伦理学问题主要集中在生和死两端。生命维持技术的发展救活了许多本来要死亡的病人，同时也延长了不少临终病人的生命。这样就提出了许多概念和伦理学问题。例如，这种延长是在“延长生命”，还是在“延长死亡过程”？如果是“延长死亡过程”，是否应该？如果不应该又怎么办？生命维持技术的伦理学问题具体是：人的概念问题、死亡的定义和宣布问题、“安乐死”的判定和执行的合理性问题。

9.1.5 生命伦理学前沿性争议一瞥①

9.1.5.1 关于克隆人的争议：赞成与反对的理由一瞥

克隆人就是把人的供体细胞的细胞核与人的去核卵细胞融合，使之发育成人的胚胎或成体。克隆人研究分为治疗性克隆与生殖性克隆。简言之，所谓治疗性克隆，就是通过一系列生物技术手段和过程将取自疾病患者的体细胞培养、诱导和分化成为实现治疗目的所需的细胞、组织或器官，再将其移植到病灶部位或代替病变的细胞、组织或器官，以达到治疗的目的。所谓生殖性克隆，则是把人的体细胞的细胞核植入去除细胞核的卵细胞，再移入妇女的子宫后通过人体的孕育

① 本节的编写参考：李建会. 2006. 生命科学哲学. 北京：北京师范大学出版社

过程最后分娩产出与原供体基因完全相同的人类个体，即“克隆人”。

1. 反对生殖性克隆人的理由

克隆人从一开始就遭到社会舆论的强烈反对。主要理由如下：

第一，克隆人存在极大的技术风险和安全隐患。

在动物克隆实验记录成功率非常低。克隆羊“多莉”从细胞核移植开始到出生的过程，总的成功率是1/434。可以想象：克隆人比克隆羊要复杂得多，其成功率只会更低。通过克隆技术获得的卵细胞即使能够发育，也不能排除死胎、畸形等后果。在克隆动物实验中只有5％左右能生育出活的后代，而其中还有相当的比例带有严重的遗传缺陷。如果在此情况下贸然进行人类的克隆，无疑是违反人道的。

由于技术不成熟，克隆人的安全性问题不是暂时的。如果要证明该技术在人身上的可行性，就需要冒更大的安全性和伦理道德的风险以拥有神圣不可侵犯的生命权利的人作为实验品，没有任何理由能够获得以牺牲他人的生命和健康为代价的实验权利。更何况我们还不能确认在何种情况下能够确保克隆人技术的安全性。

第二，克隆人研究难以避免对卵细胞供应的妇女的身体伤害。

在生殖性克隆中，为要得到足够数量的卵细胞，需要足够多的女性成为供卵者。在取卵过程中向妇女注射的激素等药物可能导致她们过度排卵，并且对她们以后的生育造成严重的影响。如果通过金钱等办法激励一些妇女提供不可缺少的卵子，那么被试的女性身体就会成为牟取暴利的工具。

第三，在克隆的胎儿发育过程中，中途夭折、流产，发育异常、怪胎的概率非常高，因此会对代孕母亲造成伤害。

第四，克隆人代价高昂难以估量。

克隆需要其他妇女提供大量的备用卵子，而卵子是人体中最稀有的细胞。大约每名妇女一生至多排500个卵子。如果计算卵子、代孕母亲和医院的费用，克隆一个婴儿的代价将是天文数字。

第五，克隆人的身心难以避免受到天然的遗传缺陷以及身份的特殊性的伤害。不仅克隆者与被克隆者有着相同的基因构成，而且克隆者总是生活在被克隆者的阴影之下，这种阴影使他对自己的独立性和自我的感觉受到限制。

第六，克隆人可能彻底突破人类社会传统的以两性关系和血亲为基础的家庭人伦关系。由于克隆人打破了自然的男女结合的生育模式和基于血亲纽带的亲子伦理关系，人类世代承袭的家庭模式将难以为继，并且难以完全避免出现父女协作生育父亲或祖孙三代由同一“种子”克隆等颠倒人伦、辈分和世代的事情。如果克隆的是某人的妻子，克隆女儿就跟母亲具有相同的基因和相似的性格、外貌。当克隆的女儿长到青春期时，父女的关系会变得复杂，夫妻和母女的关系随之也将发生变化。

第七，克隆人打破了人类生殖的自然性。这种对生殖自然性的破坏有可能像人对自然的破坏那样，最终导致人类受到大自然的报复。用克隆技术繁殖人，是对作为自然物种之一的人类发展的一种过强的干预，这种干预会影响人的自然构成和自然发展。人类生殖规律是人类在长期进化过程中形成的，这种过程是异常复杂的。虽然科学认识了人类生殖的一些规律，但还有很多奥秘我们没有破译。在有限的知识背景下，贸然进行克隆人，对人类自身的生殖进程会造成什么样的远期后果，我们还不得而知。

2. 赞成治疗性克隆人

虽然当前国际上对治疗性克隆人问题争论还很激烈，但是国内大都支持进行治疗性克隆人实验。其理由是：治疗性克隆可以为病人提供无排异反应的细胞、组织或器官，有利于患者解除病痛。比如，在心脏病这一现今社会死亡率最高的疾病中可以利用病人自身的体细胞核与去核卵细胞融合，然后使之进行发育分裂，在胚胎早期阶段提取干细胞进行培养，以期生产出心肌细胞或者生产出完整的心脏，进行细胞移植或心脏移植。由于这样的细胞和器官与病人的细胞和器官具有相同的遗传物质，因此不会发生异体移植存在的排异问题，有更高的移植成功率。同样的道理，利用这种方法可以医治糖尿病、肝功能衰竭、肾功能衰竭、乳房癌、白血病、脊髓损伤、癌症、老年综合征、唐氏综合征，等等。

虽然治疗性克隆人有一定理由，但是由于它涉及胚胎的生产、使用和破坏，而胚胎是具有一定道德地位的对象，因此，我们需要对治疗性克隆人的程序实施严格的道德监督，以便在不侵犯伦理道德原则并维护所有人类尊严的基础上全力探索治疗性克隆研究的希望和潜力。

首先，要对实验胚胎的发育程度做出严格的限定。国际上当人们说可以对克隆的“胚胎”进行实验研究时，这个“胚胎”指的是不超过胚泡期（blastocyst stage）的胚胎。胚泡期的胚胎是受精卵发育到100～200个细胞时期的胚胎，这个时期的胚胎还没有分化出组织，当然也没有分化出器官。由于它还没有分化，所以可以对它进行研究。如果分化出组织，甚至器官，那么就超出胚泡阶段。虽然对分化出组织和器官的胚胎进行研究可能获得更多的医学的好处，但很多人认为，如果从这个时期的胚胎中提取干细胞或器官，无异于杀死一个完整的生命，所以，这样的研究就应当被禁止。美国总统生命伦理委员会的建议是：“对克隆胚胎的研究严格限制在发育的最初14天，恰好是原条（primitive streak）形成而器官尚未分化的时间点。”这个伦理委员会还认为：“存在一个发育的时间点，超过它，对原初人类生命的研究就是道德上无法容忍的，不管潜在的医学价值有多大。在14天设立一个永久的栅栏，人类生命的尊严将得到充分的保护。”

其次，要防止对卵子供应的妇女的伤害和盘剥。克隆人类胚胎需要大量的卵子，这些卵子需要妇女提供。从妇女卵巢中获取卵子是一件非常麻烦的事情，不仅涉及一系列价值观念，而且会对妇女的身体造成损伤。取卵需要用激素刺激卵巢，这对妇女来说是一件有一定危险并且有痛苦的事情。所以，在取卵时，不仅要尊重妇女，而且要防止对妇女身体的伤害。在这方面，已经有一些研究规范。比如，要防止对参与这种研究的人员进行不适当的经济刺激；严格限制克隆胚胎的使用范围（比如仅让唯一需要这种胚胎的研究者使用）；考虑应用非人类卵子，以便减少对人类卵子捐赠者的需要。

最后，要防止从治疗性克隆滑向生殖性克隆。由于克隆的胚胎如果放到子宫中培养，有可能发育成克隆人，因此，在治疗性克隆中，要严格防止有人通过治疗性克隆进行生殖性克隆。如何防治呢？就是要制定一些研究者遵循的规则，防止治疗性克隆的滥用。这些规则包括：禁止将克隆胚胎植入人、动物或人造的子宫中；禁止克隆的胚胎发育超过 14 天；任何个人或团体进行治疗性克隆研究必须在合适的管理机构注册；对所克隆胚胎的所有科学计划进行前期科学审查，以评价它们的医学或科学的价值的高低，严格控制所有生产出来的克隆胚胎，以便阻止把它们从生产的实验室带走或试图用于生殖性克隆人。

9.1.5.2 关于人类胚胎干细胞研究的争议

关于人类胚胎干细胞研究争议的核心问题，是人类胚胎的伦理地位——“胚胎究竟是不是人?”的问题，这实质上是关于哪一种实体拥有人（person）资格的讨论。在这个讨论中，最重要的进展是把生物学意义上的人（human being）和人格意义上的人（person）区别开来。作为有人格生命的“人”，至少应该具有以下 3 个层面的条件：

（1）生物学层面：拥有人科人属（homo sapiens）所特有的全部遗传物质和信息特性；同时具有个人特点的 23 条染色体及其上面的基因；以及相关的具有特定结构和机能、拥有发展意识经验潜能的大脑；并具备发展与社会互动能力的潜能。人类胚胎虽然已经具备了人的基因组，但尚未具备发育完善的人体和人脑，因此尚未具备人的必要和充分条件。

（2）心理学层面：拥有人所具备的自我意识与环境意识，拥有运用意识经验的能力。这一点，发育中的人类胚胎显然尚未具备。

（3）社会学层面：处于一定的社会关系中拥有一定的社会角色并可以成为道德主体的实体。这一点，发育中的人类胚胎显然也尚未具备。

虽然人类胚胎只是人的生物学生命，还不是人的人格生命，尚不能享有人的伦理地位，但是它毕竟具有发展成为人格生命的潜力，必须对它有相应的尊重，处置它必须遵循一定的程序和要求。应有的尊重和程序包括：人类胚胎只能在体外的条件下用作研究；只能是在胚胎发育期 14 天之前；胚胎不是商品，不能买卖等。

上述问题的另一种提法是：人的生命从何时开始算起？

生命是“生”与“死”两个端点之间的运动过程。因此，诸如在 HES cell 研究等过程中如何尊敬生命、个体人权从何时算起等诸多伦理和法律问题都涉及人的生命从何时开始。目前有如下标准：个体/生物学标准，以怀孕的不同时期和胚胎发育的不同阶段作为生命的开始。承认/授权标准，以胚胎发育到可以离开母体而存活为前提，由父母的承认和社会的承认授予婴儿生命的权力。复合标准，把生物学生命与社会生命统一起来。在不同的国家里，在法律上认可的“人的生命”的开始时限，有所不同。例如，美国 1973 年做出妊娠在三个月前终止为合法的决定。然而，1981 年，反对人工终止妊娠的一些团体，试图以“生命法案”的形式规定：“人的生命从受精的瞬间开始，从这时起的胚胎就具有人权”，要求美国联邦会议审议通过。对此，包括六名诺贝尔奖金获得者在内的哈佛大学、麻省理工学院等高校的 1300 名学者以及美国医学联合会等都致力于反对“生命法案”。

9.1.5.3 关于安乐死的争议

死亡总是以胚胎形式包含在生命之中，是生命的必然结果。生命有机体的死亡是细胞凋亡过程在生命整体水平上的集中反应。随着生命科学特别是医学高新技术不断涌现，旧的死亡（心跳和呼吸停止）概念的适用范围正在不断缩小。当前，医学上将人的死亡划分为临床死亡和脑死亡两个阶段。随着时间的推移，人们越来越倾向将脑死亡作为确定死亡的最新标准和主要依据。脑死亡标准的确立使死亡标准更趋于科学化、使卫生资源的分配更趋于合理化同时使更多的病人获得生存的机会。死亡一般有“瞬间结束”和“由濒死到死亡”这两种状态。所谓“安乐死”，并不是在“生”与“死”之间作选择，而是在两种死亡状态之间作选择。安乐死原意为舒适或无痛苦的死亡。“患不治之症的病人在垂危濒死状态下，由于精神和躯体的极端痛苦，在病人和其亲友的要求下，经过医生的认可，用人为的方法使病人在无痛苦状态下渡过死亡阶段而终结生命的过程。”①

（1）赞成安乐死的观点：命主（生命主体）个人的同意权和允许权居于生命伦理的重要地位，每个人都有主宰自己生命和身体的权利以及不经本人允许不得支配的权力，因此他也同样享有拒绝接受治疗的权利。如果本人觉得继续使用医疗手段人为地延长的是已经毫无意义的生命，并且除了延长他自己的痛苦以及亲人精神上和经济上的负担之外再没有其他价值时，本人与其亲属通过合法的程序提出安乐死的要求并得到的满足是一种符合他们对其生命的价值与尊严认定的高层次的人道主义表现。此外这种做法也符合医疗卫生资源公平合理分配的原则。

（2）反对安乐死的观点：法律保护每一个公民的生命财产不受侵犯，因此任

① 高崇明，张爱琴. 1999. 生物伦理学. 北京：北京大学出版社. 116

何人为地结束他人生命的行为都是非法的。每一个人都应该尊亘自己的生命，选择安乐死无异于借助外力实现自杀，如果社会承认安乐死的合法化则无异于社会承认自杀的合理化。非自然地故意毁灭生命是一种违反自然规律与践踏生命尊严的怯懦行为，因此不应该提倡。再者，安乐死的实行还会引发一些问题：命主个人究竟能否仅凭己愿就有权决定自己的生命在某一时刻终结？这是否意味着一种承认命主可以在某种情况下无视其在生命过程中所应承担的责任与义务的合理化？如何判定申请者的生命状况已经到了可以执行安乐死的程度？在“脑死亡”尚未立法的情况下，如何从法律的角度认定并监督整个安乐死的程序合法并且确保能够排出“谋杀”的可能？主动安乐死由谁来执行？此后医生的职责是否兼治病救人和终结生命于一身？这是否会导致医生放弃尽一切努力挽救患者生命的天职？……

9.2 正视死亡与珍惜生命①

正像死亡是生命不可分割的组成部分一样，死亡学（thanatology）也同样是生命科学哲学不可分割的组成部分。由于人的生命作为一种社会存在已经超越了生物存在的范围，因此人的生死就成了单纯依靠生命科学和医学所不能解决的问题，必须要有生命科学哲学的参与。正视死亡与珍惜生命是对立面的统一：正视死亡是珍惜生命的理论前提，只有正视死亡才能做到真正地珍惜生命；同时也只有了珍惜了生命也才能真正正视死亡。正如鲁迅先生所言：“望崦嵫而勿迫，恐鹈鴂之先鸣。”（注：崦嵫：太阳落山的地方。鹈鴂一鸣生命就要凋谢了。）

9.2.1 正视死亡是珍惜生命的前提

1. 何谓死亡？

人类对死亡最早的认识是呼吸停止，在中国的俚语中“断气”就是死亡的代名词。1628 年哈维《心血运动论》的发表，第一次科学地揭示了心脏在血液循环中的功能和在生命维持中的地位，在医学实践中支持了心死等同于人死的死亡标准。现代医学的大量研究揭示，人脑是人体生命系统最高中枢的所在地，是主宰和协调其他器官活动的唯一器官，是人的生命的主导器官。人脑的死亡就是人的环境意识和自我意识的不可逆转的丧失，就是人的生命本质特征或生命品质的无法复原的消失。当今世界许多国家都重新建立了新的科学的死亡标准，即脑死亡标准。1968 年美国哈佛医学院特设委员会提出了判断脑死亡的四条标准：不可逆的深度昏迷、自主呼吸停止、脑干反射消失、脑电波平直或等位。

---

① 本节的编写参考和引用：吴兴勇．2006．论死生．武汉：湖北人民出版社

2. 人为什么惧怕死亡?[①]

第一，死亡是生命个体新陈代谢的终止，随之而来的是生命机体的器官、组织和细胞的解体、腐烂、发臭，从而造成形体的怪异，这是活人惧怕死亡的初始原因，活人大多不愿意或怕见死人就是出于这个原因。

第二，死亡的本质是个体生物学生命的彻底终结，是个体自我意识的彻底丧失，它意味着个体希望的彻底破灭。人类丧失自我的担心，是惧怕死亡的根本原因。

3. 什么是正视死亡?

正视死亡是基于生命科学的基本原则而采取的对死亡的理性态度。

第一，采取科学的理性与哲学的睿智的态度：不忌讳，不回避。

在社会现实生活层面，死亡问题对于健康人群（特别是中青年群体）而言从来都是属于“不吉利”的忌讳话题，即使是在年迈多病的人群中，人们也往往回避直接讨论这样的话题。因而，对死亡问题的讨论空间往往属于宗教意识的领域，或者是文学上的“爱与死是永恒的主题”。在一些文化不发达的地区死亡问题甚至长期沦为形形色色的封建迷信观念所盘踞。或者，千百年来，人们往往只用如“舍生取义”、“重于泰山”或“轻如鸿毛”等社会政治、文化的标准取代生命个体在即将面对死亡时的心理感受以及亲友的痛苦感受。即使人们不愿去研究个体对死亡的恐惧和忧虑，对这个问题讳莫如深、历来采取回避的态度，可是，死亡教育和性教育毕竟都是同样重要的人生大事。性生活是人生大事，自不待说，而面对死亡，也同样是人生大事。对此两者避讳不谈，都是不正确的科学态度。如果对性不了解，会影响性生活的品质，甚至会导致婚姻破裂。对死亡问题避而不谈，但迟早都会面临，到时就会慌乱，手足无措，失去很多正确而且人道的处理机会。在各大世界性宗教哲学中，缓解人们对死亡的忧虑都是题中之义。例如，懂得“夫物芸芸，复归其根”和“顺其自然”的道理，就不会过分“为生而喜，为死而悲”。一切哲学的思考都离不开死亡问题。苏格拉底认为，研究哲学就是为死亡做准备。柏拉图对苏格拉底之死的思索认为，人的每一认识都旨在认识自己将要死去和必然死去。海德格尔在对人的存在进行详尽分析后，最后归结到死亡这个主题，得出了“向死而在”这一惊世之语，表明了他存在主义哲学基本态度。他认为，只有明白了人是要死的，才是从本体论上领会了人的存在的具体结构。在海德格尔看来回避死亡的最终结局是取消生命的真实性，超越死亡的有效方式似乎就是竭力抓紧眼前可资证明自我存在、显示自我尚有生命力的东西。托尔斯泰认为，永生在于生活本身，在组成生活基础的东西之中，在生命与

---

① 引自：黄刚等．1998．生物医学伦理学．杭州：浙江教育出版社

生物世界的每个特殊关系之中。因此，人正确地面向死亡，不是虚度时光消极地“等死”，而是要积极地生活。死亡并不可怕，可怕的是对死亡的恐惧。“懦夫在未死以前，就已经死过多次，勇士一生只死一次”。“向死而生”，就是不断地和死亡作斗争，不断地克服死亡，因“直面”死亡而更积极地生活：这就是“直面”生活的困难和危机，勇敢地去克服和超越这些困难和危机，“直面”人生中的不完满而不断趋向于人生理想境界中的完满。

第二，明白死亡的生物学法则和哲学意义。

在生物学意义上来说，生命的基本法则是新陈代谢，如同分子层次上的碱基替换、细胞层次上的细胞凋亡一样，死亡是生命在有机体个体层次上的新陈代谢。个体的死亡如同其生存一样，都是人类群体繁衍的组成部分。对于整个生物界和人类群体而言，死亡使群体的延续和演化体现出不同的历史阶段性（连续性与间断性）；对于人类生命个体而言，死亡赋予个体存在的意义，它给每一个人都规定了存活的时间界限，催逼每一个人都必须在其有生之年自身能够掌握的那段时间里，展现出其生命的价值。从哲学的角度来说，生与死，本身就是矛盾统一体中两个相互依存、相互渗透和相互转化的因素、方面和趋势。事物的发展都是向对立面转化的，否定是新旧事物联系和发展的环节，事物的发展都是通过否定实现的。死亡是对生命的否定，但又是新生命产生的前提，没有旧生命的死亡也就不可能有新生命产生与发展的空间。死亡是大自然的生命法则。死亡并不是专属于老年人的。死神的达摩克利斯之剑，始终悬在每个人的头上。因为有死亡的伴随，生存乃是“如临深渊，如履薄冰”，随时可能跌落进去。怎样对待生、老、病、死，是每个人都应当学习、应当深思的。大自然给生命早就规定好了年限，正如其他事物各有年限一样，衰老不过是人生戏剧中的最后的谢幕。不要把死亡当作是一种对人生的威胁，反而要把它当作是一种对人生的挑战，而且是一种人人都必须遭遇的最大挑战。你不可能让它不挑战你，因为每个人一生中都要面对亲人的死亡和自己的死亡。当人生面对这种挑战时，如何做出有尊严地回应？这就是哲学研究生与死的价值所在。俄国作家别尔嘉耶夫说过：“人生在世所以会有意义，就是因为有死亡这件事，假如人间没有死，人生的意义就没有了。”死亡的意义在于提醒生命抓紧今天，不要等到明天才去做你认为更有意义的事。现在就去做吧！因为当你接到最后的通知时，你可能就没有时间与精力了。我们应每天想一想自己会死，这样，我们就会改变目前的无意义的生活方式，抓紧时间做些必须做的事情。我们应想一想你所爱的人会死，想一想你要跟他说些什么，你应该如何跟他共度当前珍贵的时光。费尔巴哈写道，与其要不朽的个人智慧，宁肯要精神和肉体都健美的强有力的人。对新的宗教而言，健康比永生更有价值。海德格尔说，人如果想不到自己有一天会死，也许会得过且过，不思进取，把宝贵的年华白白浪费掉。所以人们用“莫等闲，白了少年头，空悲切”这样的警语来勉励青少年，用“老牛自知夕阳晚，不用扬鞭自奋蹄”这样的词句来勉慰老年人，也就是意在提醒不同年龄段的世人：人生有限，死亡迟早会到来。惟有面向死亡，才能感到人生的紧迫性，才会快马加鞭，与时间赛跑。死亡对人生有一个无形的压力，驱使人们抓紧时间，多做贡献并有所建树。人类今天丰富多彩的世界正是人类一代又一代的贡献和努力的结晶。在文学作品中，生离死别和生死抉择从来都是故事走向高潮和辉煌的篇章，生命、爱情、价值正是由于死亡才显得珍贵。尼采主张死要死得伟大，应重如泰山："在你们的死亡中，你们的精神和美德如夕阳照耀大地，否则你们的死亡便无意义。"人如果能掌握自己的生命，死得其时，就能获得一个圆满的结局。德国注意对青少年开展死亡教育，组织中学生参观殡仪馆，让青年人直观人生的终点。德国出版的《死亡准备的教科书》成为受人们欢迎的关于死亡问题的书籍。法国、荷兰等许多国家的大、中、小学也都开设了死亡教育课，进行了相应的研究。世界发达国家有数以千计的学校将死亡教育列入教学计划，并取得了良好效果。

4. 珍惜生命才能坦然正视死亡

笑对人生——不轻生、不放弃。人最宝贵的是生命，生命属于我们每个人只有一次。无论遇到任何艰难险阻，都应该勇敢地生活下去，不轻生、不放弃。

让生命的每一天都有新的意义。在有价值的生命中，今天不应该是无数个昨天的翻版，生命是一个无限的创造过程，每一天都要揭开新的一页，让生命的每一天都有新的意义。

善待他人，珍惜他人生命。人生最大的善，莫过于对生命的善待和珍惜，人生最大的恶，莫过于对生命的摧残和毁灭。走在人生的单行道上的每一个人，都应该像善待和珍惜自己的生命一样，善待和珍惜他人生命。

行尽生命的自然历程，终其天年。人们的自然寿命各不相同，但是每一个人在一息尚存时都应该努力地生活，行尽生命的自然历程，终其天年。

5. 超越死亡

自古以来，人类都在试图超越生命个体死亡，并且这方面的努力已成为人类文化创造的根本动力之一。古代对"长生不老"之药的寻求；宗教中寻求永生的各种道路，现代科学和技术方面的努力包括生物生命的克隆复制以及人工生命（机器人）的制造。哲学把人的子孙繁衍看作他生物意义上的永生性，将其毕生的劳作看作他社会意义上的永生性，将其艺术性的纪念物（文学创作、雕塑、绘画、戏剧等）看作一种文化的永生形式。

9.2.2 临终关怀

临终关怀（hospice）就是对濒临死亡病人的照顾。其基本的思想和理念包括：帮助临终病人了解死亡，坦然面对和接纳死亡；以同情心对待濒死病人，尊重濒死病人的权利，满足濒死病人的意愿；重视濒死病人的生命品质。维护濒死病人的生命尊严。临终病人的痛苦是双重的。一方面是由于疼痛或其他症状造成肉体上的痛苦；另一方面也因面临死亡的不安和孤独，还担心与亲属的永别以及不能丢下的未竟事业等精神上的痛苦。临终关怀的基本原则有两方面：一是以满腔热诚和理解的态度对待临终病人，给予他们精神上的慰藉、安慰和安抚；二是努力控制病人的症状以减轻其肉体上的痛苦①。

1967 年英国西塞莉・桑德斯（Cicely Saunders）博士在伦敦首创世界第一座养护院（hospice）圣克里斯多弗临终关怀院，标志着现代临终关怀学的建立。自此以后，这种接待临终病人的福利设施在世界范围内迅速扩展，养护院的宗旨就是"维护生命的尊严，提倡病人的权利"。

9.3 人类生命的艺术化方式与科学技术化方式

假如我还算明白的话，我认为，科学和艺术代表了自然之牌的正反两面。一面是用情感来表述事物的永恒规律，而另一面则是用思想来表述。当人们再无爱恨；当苦难再无人怜悯，丰功伟绩再无人激动；当田野里的百合花再不能与至尊的所罗门媲美，雪峰深谷再不能引起惊叹，到那时，科学的确可能占据全世界。但这绝不能怪罪于科学怪兽吞噬了艺术，而应归咎于人性的一个方面已经死去，人类失去了古往今来所拥有的天性的一半②。

9.3.1 人类的艺术化生存方式

在人类生命的延续中，除了自身生物形态的生存方式之外，还外化为艺术化的生存方式与科学技术化的生存方式。所谓科学技术化的生存方式，一方面是指人类在生活受到科学技术观念的影响，按照科学技术知识形态的价值取向和科学技术知识形态的行为模式来安排衣食住行的一切规则；另一方面是指人类的生命信息和科学技术知识形态的结晶通过科学技术化的产物——人工生命（机器人等形式）进入人类的生物进化与文化进化的序列。所谓艺术化生存方式，一方面是指人类在生活中按照自身情感世界的价值取向和行为模式来安排衣食住行的一切规则；另一方面是指人类的生命信息和情感结晶通过艺术形象化的产物——音乐、绘画、诗歌、舞蹈、等艺术产物的形式，进入人类的生物进化与文化进化的

① 黄刚等．1998．生物医学伦理学．杭州：浙江教育出版社

② 托马斯・亨利・赫胥黎．1883 年在伦敦皇家学会年会宴上发表的演说。引自：徐翰林编译．2006．最伟大的演说词．北京：中国对外翻译出版公司．97

序列。人类生命的科学技术化方式与艺术化方式之间的区别在于：科学技术化方式是人类知性思维的化身，而艺术化方式则是人类情感思维的化身。科学技术化方式的价值取向和规则机制是效用性与无矛盾性，而艺术化方式的价值取向和规则机制是愉悦性与矛盾性（如爱与恨交织，痛苦与欢乐并存）。

1. 艺术化生存方式的特征

所谓人类的艺术化生存方式，就是人类对自身的“生命”与大自然的“生命”感悟的艺术化表达。在人类的精神世界中，大自然有着不可思议的、美妙无比的“生命”：从无机界进化到有机界、从有机界进化到最早的生命，一直到出现人类的感觉、情绪和理性。大自然是一切物质性生命形式的源泉，也是一切精神性的艺术感受——“美”的源泉。人类生物学意义上的生命进化是基于遗传物质和遗传信息的传承，以及同步自组织有序化水平的提高；人类文化意义上的生命进化是基于艺术化和技术化的感悟能力与创造能力的传承，以及同步外化为人类艺术世界与技术世界的境界层次的攀升。人类个体的生物学生命在人类群体的繁衍中不断延伸和消逝，而人类个体所创造的艺术化生命形式却在人类文化的历史长河中得到“定格”和“永恒”。自然界气象万千的生息无不体现在人类艺术视野之下的“生命”之中。在宇观层面上，所谓艺术的自然内容，就是宇宙中无尽的生命、丰富的动力，严整的秩序、奇妙的和谐的反映。所以，在人类的艺术化生存方式中，美与美学的特点就是通过特定的形式和结构来再现人类所感悟到的“生命的内核”、“生命内部最深层次的搏动节律”、“生命情调的色彩”，“生命进行的节奏”……中国画的主题“气韵生动”，就是“生命的节奏”或“有节奏的生命。”中国古人“天人合一”的生命观认为宇宙整体是大生命在运行，其本身就是节奏与和谐。人类社会生活里的“礼”和“乐”，不外是天地的节奏与和谐。一切艺术境界都根基于此。

在德国伟大诗人歌德的不朽作品《浮士德》中，呈现出一种浸沉在理性精神与情感世界矛盾之中永恒活跃的生命情绪和生命本体。这是一种与各种机械论、目的论相对立的渴望绝对自由的生命“意志”。基于一种追求无尽的生命（生活）欲望，人生的悲剧在浮士德身上体现得最为明显：浮士德的生活悲剧，他在生命中所感受到的苦痛和罪恶，就是他自己内心的欲望使他对一切不能满足，对一切都负心。由此，文学艺术再现了“人生是个不能息肩的重负，是个不能驻足的前奔”的主题，“人生是由他内在的矛盾，即欲望的无尽与能力的有限，而自趋于毁灭，浮士德也将由生活的罪过趋于灭亡，生活并不是理想而是诅咒。”这是典型的叔本华式的悲观虚无的人生观。歌德的艺术意义就在于将“原本是人生的诅咒，那不停息的追求”转变为“人生最高贵的印记”——“人生之得以解救，浮士德之得以升天，正赖这永恒的努力与追求”。这样，就在人类的艺术化生存方式上，以生命伦理的形式肯定了人生意义和价值就在于人类生命“不停息的追求”。通过艺术典型的创造，将个体有限生命体验中的痛苦、悲观、消极的生命情绪，转化为大自然主动的、积极的、充满价值与意义的人生的创造与进化，并使之得到人类群体艺术化生存境界中的永恒。在中国戏剧《梁山伯与祝英台》中所体现的也正是人类这种对美好理想的永恒追求。

在人类的生物学意义和社会学意义的生命形式中，个体的生命与生活都是有缺憾的。而在人类艺术化的生命存在方式中，生命是真、善、美的统一。生命之真，不但体现了大自然“永恒进化的秩序与定律”，而且体现了个体生命多彩多姿的诗情画意、与音乐性的节奏感。在每年的维也纳新年音乐会上，每一个听众心灵中的生命节拍都在与约翰·斯特劳斯对生命理解的不朽音乐艺术名作中的节拍共鸣。生命之善，不但体现了大自然“内在的和谐”，而且体现了人类个体生命之间的同情、怜悯和关爱，以及人类与整个生命世界物种之间的休戚与共和息息相关。生命之美，不但体现了大自然万千气象的生生不息与无穷造化，而且体现了在人类个体生命形体和精神中蕴藏着的赏心悦目的和谐意境。在中国著名的山水画中，体现的是画家感悟大自然与人世关系的“最深的艺术心灵”；在西洋著名的人物油画中，体现的是画家“最隐微的内心”。作者与作品的生命在人类艺术化的生存方式中合为一，并且超越具体历史的时空的限制而与后世的鉴赏者交融。

画家用自己的生命去深入自然的中心，感悟自然的生命呼吸、理想情绪，感悟自然中的万种形象，千种变化，整个大自然的博大生命凭借着物质，表现出花，表现出光，表现出云树山水，以至于鸢飞鱼跃、人物形象。艺术作品所表现的自然内容，就是一种生命精神的物质表现。艺术创造的过程，是自然物质的精神化和人类精神的物质化；是人类生命中灵魂与肉体中真、善、美的和谐的艺术凝结，或者说是心物一致的艺术凝结。只有在人类的艺术作品中，人类的意识才能真正挣脱了自然和社会中有限性和不完满的枷锁而获得永恒和完满的自由，从不美满的现实世界向着美满的精神境界攀升。

2. 宗白华先生论生命与艺术①

艺术创造不同于科学的发现与技术发明的途径是人类精神生命与物质世界之间的“同情”。这是一种人类精神生命与客观物质世界之间的同呼吸共命运的“情绪感觉”。所谓“同情”不是指人类社会意义上的“怜悯”，而是指人类思维的心灵体会和感悟到自然生命与自身生命之间节律和情绪的共鸣。自然万物是美的源泉，“同情”之“情”就是指人类精神生命感悟到的自然万物所赋予的生命情调。宗白华先生认为，艺术化的生活就是同情的生活，无限的同情对于自然，

---

① 本节的编写参考和引自：萧湛. 2006. 生命·心灵·意境——论宗白华生命美学之体系. 上海：上海三联书店

无限的同情对于人生，无限的同情对于星天云月，鸟语泉鸣，无限的同情对于死生离合，喜笑悲啼，这就是艺术感觉的发生，这也是艺术创造的目的。诗歌，就是产生诗人对于造化中一花一草一禽一虫的浓切的同情，由同情而体会，由体会而感悟。王船山先生论诗云："君子之心，有与天地同情者，有与禽鱼草木同情者，有与女子小人同情者，有与道同情者——悉得其情，而皆有以裁用之，大以体天地之心，微以备禽鱼草木之几。"这是中国艺术中写实精神的真谛。我们读一首诗，如果不能设身处地，直感那诗中的境界，与诗人同感，则不能了解那首诗的美。"由同情而体会，由体会而感悟"，意味着一个过程：直接置身于对象之中，与对象合而为一，随着对象的运动、变化而变化，最终"悉得其情"。"当艺术家靠共感置身于对象之中，并靠直觉的努力排除了空间在他和对象之间设立的障碍的时候，他力图去把握的正是生命的意图。""直觉则通过它在我们和其他生命之间建立的共感传递，通过扩展由它引起的意识，把我们引入互相渗透、创造不息的生命领域。""直觉通过共感直接进入对象内部，紧紧跟随其生命之流流动、体会、感悟，从而获得对对象的完整认识。这种毫无（主体）功利性、个人完全消融于对象中的直觉，是一种'客观的'态度。直觉所把握到的对于对象的整体认识，不能依靠概念性的符号表达，而只能靠'形象表达法'来表达，即通过形象的象征作用来暗示生命精神……"宗先生认为宇宙人生的最深真境"不是普通的语言文字，也不是科学公式所表达的真，这只是艺术的'象征力'所能启示的真实"。生命流动不居，因此这种形象必须是"动象"，才能表现精神、表现生命。……至此，我们可以看出宗先生的"同情"、"共感"概念的渊源关系，以及更深一层的内涵。宗先生将直觉视为客观的态度，也即审美的态度之一："客观的态度或审美的态度，如见一开花之树，即直接看其树之本身色彩、背景，将树与已之关系完全划开，用客观的目光视察之，树之本体与原质乃毕现。此种态度，乃审美条件之一（审美条件尚多），绝无占有的、利害计算的、研究的、解剖的各种观念，必须如此才可审美。"

对于直觉、同情、共感，宗先生用《艺术》这首诗将它们的内涵非常形象、生动地表现了出来：你想要了解"光"？你可曾同那林中透射的斜阳共舞？你可曾同黄昏初现的月光齐颤？你要了解"春"吗？你的心情可有那蝴蝶的翩翩情致？你的呼吸可有那玫瑰粉的一缕温馨？你要了解"花"吗？你曾否临风醉舞？你曾否饮啜春光？

艺术创造的一个前提，是要通过直觉深入万物的生命核心，与之同呼吸、共流动：同"斜阳共舞"、"与冷月齐颤"、与蝴蝶共翩翩，这样才能把握万物的生命与精神。在宗先生看来，生命与精神本身便是美。充满生命与精神的自然，"始终是一切美的源泉，是一切艺术的范本。艺术的最后目的，不外乎将这种瞬息变化，起灭无常的'自然美'的印象，借着图画、雕刻的作用，扣留下来，而美的真泉仍在自然。"艺术的最后目的，就是用动象表现出精神与生命。

另一种态度则是以广博的智慧照瞩宇宙间的复杂关系，以深挚的同情了解人生内部的矛盾冲突。在伟大处发现它的狭小，在渺小里却也看到它的深厚，在圆满里发现它的缺憾，但也在缺憾里找出它的意义。于是以一种拈花微笑的态度同情一切；以一种超越的笑，了解的笑，含泪的笑，惘然的笑，包容一切以超脱一切，使灰色黯淡的人生也罩上一层柔和的金光。觉得人生可爱。可爱处就在它的渺小处、矛盾处，就同我们欣赏小孩子们的天真烂漫的自私一样，使人心花开放，不以为忤。

“我们要坚持纯粹的唯美主义，在一切丑的现象中看出他的美来，在一切无秩序的现象中看出他的秩序来。”这种人生态度以“同情”为基础，因而带上审美的色彩。对自然、人生的无限的同情，也即对自然人生无限的“爱”与“敬”，宗先生概括说：艺术家对于人生对于宇宙有着最虔诚的爱与敬，从情感的体验发现真理与价值，如古代大宗教家，大哲学家一样，而与近代由于应付自然，利用自然，而研究分析自然之科学知识根本不同。一则以庄严敬爱为基础，一则以权力意志为基础。

3. 宗白华先生论艺术人生观①

“这种艺术的人生观就是把人生当作一种艺术看待，使他优美、丰富、有条理、有意义。总之，就是把我们一生的生活，当作一个艺术品似的创造。”“艺术创造的作用，是使他的对象协和，整饬，优美，一致。我们一生的生活，也要能有艺术品那样的协和，整饬，优美，一致。总之，艺术创造的目的是一个优美高尚的艺术品，我们人生的目的是一个优美高尚的艺术品似的人生。”但是，“艺术的人生观”强调生命形式的和谐与节奏，强调生命须充满音乐性，“生命情调”须是“至动而有条理的生命情调”，因此，尽管都强调生命的创化与超越，但“艺术人生观”对生命的和谐的强调大不同于“悲剧人生观”对冲突与悲剧的强调。今天，我们可以下结论说，“艺术的人生观”是宗先生一生著述与实践的重心所在。把生命当作一件艺术品来创造，使生命变得丰富、充实、有条理、有节奏，流动不居的生命寓于圆满谐和的形式之中。这丰富而有秩序、节律的人生，便是“艺术的人生”，充满了音乐性。叔本华“盲目的生存意志，”因为“无音乐性之意境”而被宗先生所扬弃。“音乐性”成为宗先生形上学体系中一个至关重要的概念，“音乐不只是数的形式构造，也同时深深地表现了人类心灵最深最秘处的情调与律动。……音乐是形式的和谐，也是心灵的律动，一面镜的两面是不能分开的，心灵必须表现于形式之中，而形式必须是心灵的节奏，就同大宇宙的秩序定律与生命之流演进不相违背，而同为一体一样”。“所以美与美术的特点是

---

① 本节的编写参考和引用：萧湛．2006．生命・心灵・意境——论宗白华生命美学之体系．上海：上海三联书店

在形式、在节奏，而它所表现的是生命的内核，是生命内部最深的动，是至动而有条理的生命情调。一切的艺术都是趋向音乐的状态。这是派脱（W. Pater）最堪玩味的名言。”“至动而有条理的生命”，便是具备了音乐性的生命，是一切艺术表现的内容与目的。

关于艺术与人生的关系（即艺术对于人生的价值与意义），宗先生有过深入的论述：形式之最后与最深的作用，就是它不只是化实相为空灵，引人精神飞跃，超入美景；而尤在它能进一步引人“由美入真”，深入生命节奏的核心。世界上唯有最生动的艺术形式——如音乐、舞蹈姿态、建筑、书法、中国戏面谱、钟鼎彝器的形态与花纹——乃最能表达人类不可言、不可状之心灵姿态与生命的律动。每一个伟大的时代，伟大的文化，都欲在实用生活之余裕，或在社会的重要典礼，以庄严的建筑、崇高的音乐、宏丽的舞蹈，表达这生命的高潮、一代精神的最深节奏（北平天坛及祈年殿是象征中国古代宇宙观最伟大的建筑）。建筑形体的抽象结构、音乐的节奏与和谐、舞蹈的线纹姿态，乃最能表现吾人身心的情调与律动。所谓的“艺术的人生观”，如宗先生所言：“这种艺术人生观就是把‘人生生活’当作一种‘艺术’看待，使它优美、丰富、有条理、有意义。总之，就是把我们一生生活，当作一个艺术品似的创造。”我们的胸襟像一朵花似地展开，接受宇宙和人生的全景，了解它的意义，体会它的深沉的境地。“美是丰富的生命在和谐的形式中”的命题，创造的流动不居的生命须寓于圆满和谐的形式中，“生命的片面的努力伸张反要使生命受阻碍，所以生命同时要求秩序，定律，轨道。生命要谦虚，克制，收缩，遵循那支配又主持一切的定律，然后才能完成，才能使生命有形式，而形式在生命之中。”这就是歌德人生的最大启示。以永恒的“宇宙旋律”为范本，将生命艺术化，使生命优美、丰富、有条理、有节奏，将流动的生命纳入一个和谐、理性的形式之中。吾人借此返于“失去了的和谐，埋没了的节奏”，重新获得生命的中心，乃得真自由，真生命。美术对于人生的意义与价值在此。

9.3.2 人类的技术化生存方式——人工生命

1. 人工生命的基本范畴

①人工生命是人类在构成现有生命材料（有机生物大分子）之外创造出来的新的生命形式；②人工生命是生物学、计算机科学和哲学等学科交叉的产物；③人工生命体现了生命的生物学本质——自我运作功能；体现了生命的计算机科学本质——信息处理功能（人工生命一方面以计算机为工具，力图以计算机为基础，在现实世界中创造出具有生命信息特征的人工实体；另一方面它又从计算机的视角理解生命，即把生命的本质看作一种特殊的形式规定或算法）；④人工生命体现了生命的哲学本质——生命形式的多样性统一（自然生命与人工生命的统

一，现实生命与虚拟生命的统一)；⑤人工生命研究的最终目标是超越自然生命特定的碳基组成形式，使生命的形式由特殊走向一般，由有限走向无限，在虚拟媒介中创造出“生命”。

2. 人工生命发展的基础

(1) 机器的本质：构成机器的物质基础与机器运行的逻辑形式是彼此独立的，机器的本质是机器运行的逻辑形式。机器运行的逻辑的形式等价物是一种算法，或者说是一种在自动机动力过程之下的逻辑。

(2) 形成人工生命的前提——自我繁殖的逻辑：冯·诺依曼说，任何自我繁殖系统的基因材料，无论是自然的还是人工的，都必须具有两个不同的基本功能：一方面它必须起到计算机程序的作用，是一种在繁殖下一代时能够运行的算法；另一方面，它必须起到被动数据的作用，必须是一个能够复制和传给下一代的描述。1953 年沃森和克里克揭示的 DNA 结构和 DNA 自我复制的机理正好具备冯·诺依曼所指出的两个要求。

(3) 人工生命的实现机制——遗传算法和复杂的适应系统。

a. 遗传算法

在个体基因型表示的基础上，通过诸如交叉、突变等操作进行的一种搜索算法。首先对问题进行编码（这种编码被称为个体），个体的集合被称为群体，每一个个体都表示问题的一个潜在解。然后从随机产生的一群初解开始，使它们发生交叉、突变、复制和选择等操作。

b. 复杂的适应系统

在霍兰德看来，像细胞、细菌、免疫系统、大脑、生态系统、蚁群、政党和社会团体等都可以看作是复杂的适应系统。这些系统的共同特点是：

第一，它们都是由许多平行发生作用的“活动主体”组成的网络。

第二，它们都具有多层次的组织，其中每一个层次的活动主体对更高层次来说都起到建设模块的作用，并且复杂的适应系统能够吸取经验，从而经常改善和重新安排它们的建设模块。

第三，所有的复杂的适应系统都会预期未来，从最小的细菌到所有的生命物体，其中基因中都隐含了预测密码或内在模型。

第四，复杂的适应系统总是处于不断展开、不断转变之中；复杂的适应系统的特点就是永恒的新颖性。

(4) 人工生命的主要思想。

第一，通过综合的方法，在计算机或其他媒质中合成拟生命的过程和行为。

第二，使当前关于地球碳基生命（“生命如吾所识”life-as-we-know-it ）的生物学扩展成为未来关于任何可能形式的（“生命如其所能”life-as-it-could-be）的生物学。人工生命所关心的是在更为广泛的形式下对生命的考察，只有这样才会生命的本质有真正的理解。

第三，生命的本质在于其中控制过程的逻辑形式，生命在本质上与具体的媒质无关。

第四，人工生命的组织机制：自下而上的建构、并行处理、突现（涌现——允许在高层次水平上涌现出新的不可预言的现象，这种现象对于生命系统来说是关键的。

(5) 人工生命的主要形式。

强人工生命是用人工的方法创造出活的人工生命，或者是在计算机虚拟环境中，创造出“活的数字生物”。这些“活的人工生物”不仅能复制自己，而且可以发生变异，甚至可以为某种资源发生生存竞争，从而能使自己的后代变得更高效地利用这些资源。

弱人工生命是对真实生命的模仿，它们本身永远也不可能成为真实的生命，或者在虚拟环境中的数字生命永远都不可能成为真实的生命。

虚拟人工生命（数字版本的人工生命），主要采取软件的形式在计算机中创造人工生命；现实人工生命（机器人版本的人工生命）主要采取硬件的形式在现实世界中创造展示生命特征的人工生命。

9.3.3 数字技术与人的全面发展

数字技术，最初是对通讯和信息网络运用数据符号，即以0和1组合的比特数据，通过计算机自动的符号处理，把信息、文字、图像等作为自己的形式，进行信息交流的概括。虚拟化、话语霸权化、视像化、空间化、同谋化、代码化和非人化是它的典型特性。在21世纪的科学技术领域中，数字技术不仅是全球互联网中处于关键性地位的核心技术，而且在人类走向信息化社会的历史进程中，还与“数字化地球”、“数字化政府”和“人的数字化生存”等等的实现密切相关。一方面，数字技术空前增加了人的自由时间和极大地提高了人的活动能力，为人的全面发展和社会的全面发展开辟了广阔的空间；另一方面，数字技术的发展也进一步造成了人与自然的疏离、压抑了人的主体性、加剧了人的两面性人格的矛盾冲突、带来了“电子公共牧场的悲哀”、导致不同的人面临不同的发展机遇和人的新的异化。而且，数字技术越发展，它的正面作用和负面效应也就越来越大，唯数字论、技术至上论、技术自主论等错误意识的影响也会越来越大。

1. 数字化技术的负面作用

a. 数字技术平台容易造成人与自然的疏离。

一方面，数字多媒体技术集图像、文字、声音于一体，为人的全面发展提供了一个全新的动、感、视、听于一体的信息世界，全面调动了人的各种感觉器官，使人类从读写时代进入视听时代。而且虚拟实践在人与感觉客体之间加入了一个数字技术平台，把人从感觉的直接性中解放出来，使人的感觉可以重复、再现、创造。这种通过虚拟平台形成的人一机新感性，打破了人类用直接的方式去感觉自然的有限性，提高了人的整个身体的开放性和敏感性，最大限度地发掘了人的感觉潜能。但另一方面，在人们沉浸于电子音乐、动画世界造就的动感十足的电子视听世界的同时，数字技术平台却造成了人与自然的疏离，降低了人们对大自然最本真的感受力。

b. 数字技术对人的主体性发展的压抑和障碍。

随着数字技术的发展，浏览信息的数量不断增多，速度不断加快，时间不断增加，使人类变成为置身于信息的汪洋大海之中的孤岛。根据生理—心理学的研究，当外界输入的信息量超过人的正常负荷阈值之后，电子信息就会造成人体精神状态的压力、低迷和紊乱，使人产生紧迫感、压抑感和浮躁感，对信息的理解程度降低，感觉麻木，思维不畅，深层次思考受到妨碍。此时的信息技术或电子文化，就不再是扩大人的视野和提高人的生活质量的工具，反而成了消解和弱化几千年来人类最引以为自豪的理性思维能力和反思批判能力的桎梏。

c. 数字技术对人自由度的限制。

因为数字技术的扩散和统一本身意味着一个标准化的过程，标准化限制了人们的选择。人类知识的急剧发展使人们已经不太可能通晓各个领域，也没有足够的精力关注各个领域。数字技术进步的过程，就是人类分工和专业化的过程。越专业化，人们对“可能的生活”选择范围就越小，自由就受到某些限制。当数字技术完全支配了人类行为时，人类中的个体除了接受数字技术的支配以外别无选择。如果这个局面不能受到控制，最后的情况将是数字技术推着人们奔跑，而不是人们驾驭着数字技术前行。

d. 数字技术使人格中的两面性凸现。

在网络上，人可以充分地展示自我，不必顾虑现实中的各种现实利益的限制，即时交流充分调动起人的自主性、主宰性、创造性；可是在网下，人的物质需求和精神需求最终还得通过现实社会的各种具体条件才能得以满足。因此信息世界的虚拟的无限性性与现实世界的真实的有限性之间的矛盾，加剧了人格中的两面性凸现，这种两面性人格的激烈矛盾冲突不利于人身心的健康发展。因此，从某种角度上来说，现代人正在沦为电脑、知识、信息和数字技术的奴隶；而人对自身存在意义崇高理想的追求、高尚道德的修养等人文因素的发展却无暇顾及。如此看来，“人是目的”“一切为了人自身”的口号，恰恰是数字化时代人的主体性被压抑后的呼唤。

e. 数字技术带来了“电子公共牧场的悲哀”。

数字化时代文化和信息的网络传播实现了信息的开放性、多元性、共享性和平等性。而且网络的异步传输与交互式沟通使得个人能够更加从容地选择和吸纳信息，特别是多媒体技术和超文本技术的沉浸性、交互性赋予个人巨大的主动性，能以极大的自主性选择个人需要的信息，促进了交流的平等。但是，电子信息自由流动的同时，信息泛滥也使人类生活面临“电子公共牧场的悲哀”。这个典故源于 19 世纪的英国，当时每个村庄都有自己的“公共牧场”，当地村民可以在里面自由放牧，结果个人为了得到更多利益过度放牧使牧场被破坏，也使集体利益受到损害，所以人类生物学家盖瑞·哈定（Garret Hardin）把人们对待网络公共资源的不明智态度称为“电子公共牧场的悲哀”。

f. 数字技术还可能导致人的新的异化。

这种异化首先表现为符号异化。随着数字化编码在人们生产生活各个方面的渗透，各种各样的卡号、密码等数字代码成为人各种身份的表征，人由此对数码产生极强的依赖性，人的鲜活的个性也都被淹没在数码的海洋里。异化的第二种表现是机器对人的统治。数字化时代人工智能使人对技术的依赖达到了空前的高度，人越来越面对着“机器是人”的挑战，人对高度发达的虚拟世界会出现失控的现象。异化的第三种表现是人自身的异化。数字化技术的进一步发展使人一机互动变为人一机共生，生物芯片的成功发明已经从技术上预示着人与机器的联姻将成为现实，人的肉体和数字化技术装置会连为一体，人原来生物意义上和社会意义上的存在将受到极大的挑战。

21 世纪人类社会所面临的不仅是资源危机、生态危机，还面临更深刻的危机：随着科学技术的高速发展，物的进化可能会抑制人自身的进化，甚至导致人的异化。鉴于上述危机都是人的发展的危机，因此也是生命科学哲学必须认真探索的问题。

2. 用数字化技术促进人的全面发展

第一，数字化技术极大地延长了人的大脑，从而放大了人的思维能力、认识能力和活动自由度。人的自由时间的空前增加和人的活动能力的极大提高。数字技术使人类实践拥有了两个平台——现实平台和虚拟平台，同时打破了时间的不可逆性，人们可以重现过去，预见未来。使人可以逐步摆脱自身的局限性，不断超越和完善自我，最终走向人类自身的解放。时间是人的发展空间，自由时间的增加为人的全面发展和解放提供了最大的可能性空间。特别是由于人工智能技术可以模拟人的行为，原本由人从事的大量活动就可以由电脑和机器人代替，这就极大地提高了运算速度、工作效率和准确性。这无疑增强了人的活动能力。

第二，数字化技术全面丰富与扩展了人的社会关系。数字化时代出现了一种新的交往关系——“网缘关系”，它使人的交往摆脱了物理时空和交往主体身份的限制，打破了长期以来的主—客两极交往模式，交往主体之间的关系呈现出多极主体性、多维度和非中心化的状态。新时代的时空结构把自然科学、技术科学和人文科学的知识结合起来，把人的智慧和才能与各种类型的信息资源及信息化功能有机地结合起来，使人能够跨越时间、打破空间来解决开放的、复杂的、艰巨的、综合的和非系统性的问题，从而增强了人的开放性和社会性，形成了更加自由的人际交往关系和更加全面、丰富的社会关系。

第三，数字化技术促进了人的个性的充分张扬和主体意识的提升。在数字技术环境中，信息具有开放性、多元性、共享性和平等性，为人参与社会生活提供了更广阔的空间，丰富了人的精神生活，增强了人的民主意识。在数字虚拟空间中，个人不再被淹没于普遍性中，其自我意识、自由意志的表达获得了前所未有的条件，这为丰富的人性提供了充分的释放空间。人们可以抛开现实社会的影响自由发表自己的意见和看法，展现自己的真情和本性。人的个性和发展潜能得以尽可能地展示，这有利于人的自我价值的实现。同时网络的开放性适应人的精神积极灵活与多样性的特点，使人能够摆脱单纯的生物需要，成为真正自由的创造性主体。在数字网络交往中，打破了国家权威对话语权力的垄断，政治趋向公开化和透明化，民众参与政治生活和社会事务管理的机会明显增多。这使得人们的自主意识、平等意识、权利意识和自由民主精神明显增强，人的个性和能动性得到充分的发挥。

第四，在数字化技术中弘扬数字文明的人文精神。由于现代数字技术的不断发展中日益体现出数字技术的人化特征，所以在数字技术的运用中必须弘扬数字文明的人文精神。人文精神的核心是尊重人的价值和全面发展，关注人的生存意义和生活质量，强调依靠人的主导作用来推动社会进步；同时也是对传承人类文明传统的认同和对人类未来命运走势的认真探索。自然科学基本上是关于天然物的文化，技术科学则是关于人造物的文化。人造物是人的智力的延伸和外化，人与人造物是统一的。人的力量是自身力量与自然界物质力量的统一，人文文化与科学文化也应当在实现人的目的性上相互统一。数字技术不是独立于人的存在物而是实现人的基本价值的手段，因此，数字技术的发展必须以人文精神为导向，去整合数字技术中的工具理性和价值理性，在信息的价值上来体现人的存在方式和意义，这就是数字技术主体责无旁贷的重要责任。

第五，从数字化技术的发展与人的全面发展的关系。传统技术的重要使命是使人从自然人变成社会人，从野蛮人变成文明人，从古代人变成现代人；而信息技术的使命是通过“去肉体化”和信息化，使人从“实体人”扩展为“虚拟人”，从“生物人”延伸为“信息人”，使人整体性地进入信息界，成为一种信息存在。可以认为，只有“信息人”才标志着人获得真正意义上的解放，成为脱离载体对信息限制的“自由”的人。目前以数字化技术为核心的信息技术就承载着这一使命，这也是“信息化”的扩展含义和最高价值。

数字技术是实现人的自我意识在超时空层面上获得自由的工具。目前，人们虽然还不能将数字技术作为永生的手段，但它至少可以改变人对死亡的看法。通常，死是自我意识的消亡。由于数字技术使自我意识可以通过其他载体来传承，此时的死亡就不再是生理和心理机能的同时终止，而仅仅意味生着理机能的终止。于是，只要宇宙中合适的载体不毁灭，人就可以不再有真正意义的死亡，由此实现“自我”对有限人生的时空超越、对肉体的超越。精神虽然从总体上不能摆脱物质的限制（信息总要以物质为载体），但可以不断突破具体物质形态的限制，例如自我意识就可以突破有限的人体碳基结构的限制。被数字化了的自我意识可以在导线或各种信息通道中自由传递，在不同的载体中安家落户，组合成千变万化的生命“身心统一体”。

对于人的全面发展和社会的全面发展来说，数字技术的价值不仅远远超出媒体手段的范围，它是人类自然生命和文化生命的一种全新的存在方式，与之相对应的将是一种崭新的社会文化形态。

随着数字技术的发展，必然要求人的素质的提高，对人的自我完善的关心，必然要求用崇高的理想和情感去提炼人的灵魂，正确处理智慧和道德的关系，达到物的进化与人的完善相协调。

9.3.4 生物技术及其安全性争议

1. 生物技术的出现是“社会圈”人工自然化进程中的重要里程碑

“地球村”的演化是一个在“大气圈—水圈—岩石圈—生物圈—社会圈”的圈层分化与圈层协同的共同作用下，子系统的独立性与大系统的复杂性都同时增加的非线性过程。“地球村”的每一个圈层都有自己特定的演化与存在方式同时又与其他圈层密切相关，共同决定着“地球村”的未来。从与人类社会实践的相关性来看，“地球村”的自然进化过程是：纯自然→人化自然→人工自然。社会圈的进化就是人工自然化程度的提高，例如城市化程度的提高。在农业技术系统中演化发展的过程是：火农业（刀耕火种）→水农业（灌溉）→机械农业→化肥农业→生态农业→生物技术农业（转基因技术、生物质能技术、克隆技术）。“生物技术是以现代生命科学理论为基础，利用生物体及其细胞的、亚细胞的和分子的组成部分，结合工程学、信息学等手段开展研究及制造产品，或改造动物、植物微生物等，并使其具有所期望的品质、特性，从而为社会提供商品和服务的综合性技术体系。”① 广义的生物技术包括基因工程、细胞工程、发酵工程和酶工程，但技术的核心是基因工程技术。20世纪70年代以来，生物技术的飞速发展为世界各国医疗业、制药业、农业、环保业等行业开辟了广阔的发展前景。生物技术产业是继信息产业之后的一种对全社会最为重要、并可能改变未来工业和经济格局的技术，正在日益受到世界各国的普遍关注。

---

① 刘谦，朱鑫泉. 2002. 生物安全. 北京：科学出版社. 4

2. 生物技术安全性争议的层面评析——以转基因食品为例

正当生物技术因其巨大的社会和经济利益而备受举世关注的同时，也因其对人类社会传统的生存和发展模式产生的巨大冲击而引发了对其安全性问题的空前争议。人类社会对安全性的传统理解是经验主义和自然主义的：即安全的范围，是人类几千年的实践经验验证的正常状态；安全的内容，是基于自然界亿万年演化中生物属性的自然发生、物种进化的相互关联并经过自然选择规定的。对于食品来说，自然的就是安全的，在人类长期食用后身体所产生的适应性已通过物种遗传固定下来的就是安全的。由于生物技术的产品是自然与人工的复合物（人工自然物），并且未经过人类长期的实践经验的验证，因此社会对其安全性产生质疑，是非常正常的，是社会意识中安全机制的一种保护性反应。处于争议风暴的中心的首先是转基因食品的安全性问题，它主要涉及人体健康安全、生态环境安全、生物多样性安全、跨物种感染威胁等方面。

当前转基因食品安全性的层面分析。社会舆论和理论界对转基因食品安全性的争议目前可以说是众说纷纭、莫衷一是。究其认识论上的根源，是在对生物技术安全性的理解上存在着"经验—技术—自然科学—社会科学—哲学"等不同的层次之间的差异和对立。

第一，经验层面。主要依据媒体对食用转基因食品后的个体感觉正常或异常记录的报道。有报道称"十几年来无不良记录"、有报道称"食用转基因大豆的豆浆有不良反应"。由于个体经验是有限的甚至是相互对立的，并且有限的经验并不能证明未来无限的发展过程，因此不能解决争议。

第二，技术层面。食品安全主要依据技术检测：毒性分析、过敏性分析、抗性标记基因分析、营养含量、重组微生物的基因转移、致病性、致癌性等。由于基因转入的方法具有非常规性（隐性、显性）、多向效应和不可预测性，因此不能仅靠某一(或某些)常规技术(如食品的最终化学成分分析)就来判定转基因食品与传统食品之间是否真的具有"实质等同"①。著名的 Pusztiai 实验和"大斑蝶实验"相互对立的结论更使得转基因技术安全的争论陷入了不断否定的循环怪圈。

第三，自然科学层面。目前还没有能够充分论证或反驳生物技术（转基因食品）安全性的科学理论。一些相互对立的理论推导都具有猜测的性质，并不能等同于对转基因技术所引起的生命现象过程的充分检验和理论证明。生物技术安全性的科学理论涉及从分子生物学、人体科学直到生态系统科学的整个生命科学领域。它必须具备对生物技术安全性的解释和预测机制，能够说明生物技术产品在人体内的积累状况、变化趋势和安全阈限。

---

① 参见：OECD. 1993. Safety evaluation of foods produced by modern biotechnology：concept and principle. Paris

第四，社会科学层面。经济学（生物技术安全与经济安全）：目前非常需要一门类似于《生态经济学》的《生物技术经济学》，它应该能够解释不同利益群体在生物技术经济中的经济行为；预测和权衡生物技术（转基因食品）所需要的投资成本、所可能带来的短期、中期和长期经济效益、生态效益和社会效益；以及它所可能带来的短期、中期和长期对经济、生态和社会等方面的负面影响和社会风险成本向经济转移中的成本支付、代价形式。

社会学（生物技术安全与社会安全）：生物技术作为新的社会内生变量，必然对传统社会的生产方式、生活方式、消费结构、消费意识产生连锁冲击，并且可能在一定的范围和程度引起传统结构的失衡和失序。目前非常需要一门新的经济学分支理论，研究在当代高新技术革命（生物技术和信息技术）条件下的社会平衡和社会安全、各种社会利益群体之间关系的平衡以及社会在各种不同背景的技术对公共资源配置竞争状况下的平衡。

政治学（生物技术安全与国家政治安全）：当前我国政治领域的核心是牢固树立和全面落实以人为本的科学发展观和构建社会主义和谐社会。我国现有人口超过 12 亿，并且数量仍在增加；社会经济的高持续增长率也不断对科技贡献力提出新的需求。中国的农业近年来有了很大进步，但是耕地却在逐年减少，不但农作物单位面积产量、产品质量和环境效益都很难再有大幅度提高；而且资源和生态环境所承载的压力却越来越大。同时，我国人民的生活质量和健康水平，医疗卫生领域里对各种重大危害性疾病的预防和治疗技术水平等都亟待发展和提高。上述两大挑战既决定了我国社会发展对生命科学与生物技术的特殊需求，也凸现了生物技术的安全性问题与当前我国的粮食安全、社会稳定以及人民的健康状况及生活质量的提高有着直接的关系。以人为本的核心是关注人的生命和价值，“饥饿的威胁大于安全”的观点，容易忽视或掩盖生物技术的安全性问题对社会政治稳定的影响因而是不可取的。

法学（生物技术安全与科技法制的健全）：生物技术的诞生及其社会运行，必须要有新的科技法制的建立和健全与之相适应：a. 完善度：由单项法规或专项的检测法规、商业法规到建立完善的法理和法规体系。b. 匹配度：国内的生物技术法规体系与国际接轨，国内与此相关的各种法规之间的相互匹配。c. 可执行程度：量化法规微观界限，将抽象程度高和普适范围广的法学理念转化为可执行操作的具体法规。

管理学（生物技术安全与管理的科学化现代化）：传统社会经验型的管理模式已不能适应对生物技术这样的高技术管理，必须在管理的理念、模式、管理者的素质、管理设施、管理效果的评价等诸多环节中引入数字化和信息化的因素。

伦理学（生物技术安全与生命伦理学和责任伦理学）：建立和健全生物技术安全的社会监督和批评机制，强化决策透明度和社会知情度。生物技术安全的社会评判仲裁机构应该不受行政机构的支配、具有实践上的专业权威性与超越生物技术利益对立群体的社会公正性。生物技术的从业人员和生物技术安全的监督人员必须受到自律与他律的约束，具有道德责任感、熟练掌握有关政策法规，还必须具懂得生命伦理学和责任伦理学的相关知识。

哲学（生物技术安全的哲学思维范式）：a. 关于生物技术的安全的思维方式之争：形而上学的观点认为，生物技术的“安全”与“不安全”是没有相通之处的、不可转化的绝对对立。辩证的安全观认为，“安全”与“不安全”在特定层面上的对立面之间具有相互渗透性和“两极相通”，能够在一定的条件下相互转化。b. 生物技术安全性的哲学思维范式是：可以通过一系列对立转化与对立同一的认识环节来寻求多种规定性之间的内在统一。c. 不可控制的系统是无效系统，可以控制的安全才是真正的安全。确保生物技术安全的关键性作用取决于生物机体内危险因素的对抗性因素和生物与环境相互作用中危险因素的对抗性因素。能否找到并引入生物技术产品不安全因素的对抗性因素，才是使生物技术安全性的争议由经验的、愿望的、武断的、推测的、空谈的安全性；转化为科学的、实践的、真实的、可操作的安全性的关键所在！生物技术安全性的根本保障在于通过自主创新体系，建立可控制的人工自然系统。d. 人的自然化生存是第一性的，人的技术化生存必须服务于人的自然化生存；然而人的自然化生存在演化中对人的技术化生存的适应性是一个渐进的过程；二者之间有一个“相容性阈值”，这是生物技术安全的阶段性局限。人类社会未来的生存发展方式是自然化生存与技术化生存交融的非线性系统。

3. 加速构建我国和谐社会框架下的生物技术自主创新体系

（1）当前的国际竞争归根结底是科技实力和创新能力的竞争。生物技术处于当代高科技前沿，加速构建我国生物技术自主创新体系是当前国际高科技竞争激烈化态势下的必然选择：

第一，自主创新体系，是在国际生物技术竞争新格局中打破发达国家专利壁垒和技术垄断的理论平台和技术平台。例如，我国是大豆的原产地，拥有世界上已知的野生大豆的90%，共超过6000多种。由于野生大豆对于改良大豆品质的重要意义，2000年4月26日“孟山都”跨国公司向全球106个国家提出了一个“高产大豆及检测和栽培高产大豆方法的专利”，如果该项专利获得批准，就不仅意味着“孟山都”跨国公司对所有大豆的高产品质拥有了垄断权，而且允许了它对中国野生大豆遗产资源的控制①。一旦发展中国家使用发达国家利用自己的基因资源开发出的技术和产品专利还要支付高额费用。许多生物技术的跨国公司都在窥视我国的基因资源，我国一定要在加强资源保护的同时加速构建自主创新体系。

第二，自主创新体系是自主知识产权的源泉。生物技术巨大的经济效益使其成为国际知识产权竞争的热门。“据统计，全世界每年授予的1万多项专利技术

---

① 毛新志．2005．转基因食品的伦理审视．武汉：湖北人民出版社．215

中，近三分之一出自生物技术。目前全世界有3000多个生物技术公司，能够在竞争中占据主导地位的，无一不是掌握了专利技术和专利产品。”[①] 1989年，我国第一个拥有自主知识产权的基因工程药物—重组人干扰素alb上市。但是目前我国的基因工程药物基本还上是仿制品。我国创新性的成果和在国际上获得的专利甚少，因而缺乏竞争性。在生物技术领域里缺乏自主知识产权，经济利益必然受到制约，在国际经济竞争中处于被动地位。

第三，自主创新体系是生物技术安全性争议中甄别是非曲直的试金石。当前，国内外关于生物技术安全性的争议空前激烈、众说纷纭。如果我国不加速自主创新体系的构建，就只能在各执一端的争议面前莫衷一是，丧失真正的自主权和发言权，难以在国际生物技术领域里进行平等对话和缔约决策。

（2）构建我国生物技术自主创新体系是当前国内生活需求与资源环境矛盾尖锐化的态势下的必然选择：

第一，我国是一个人口大国、农业大国、农民大国、人均耕地少。长期以来，我国传统经济增长方式主要依靠资源、资本和劳动力等要素的投入增长来推动，但是随着经济规模的不断扩大、能源、资源、生态环境对传统技术生产模式的制约日益突出，因此对于生物技术的需求也就益加迫切。我国地少人多，粮食进口一直呈上升趋势。中国粮、棉、油、糖的进口来源主要是美国、阿根廷、加拿大、澳大利亚等国家，而这些国家正是转基因作物生产大国。可见，若不加速构建我国生物技术自主创新体系，我国将不可避免地成为这些国家转基因生物及其产品输出的巨大潜在市场。我国的生物技术研究和开发虽然起步较晚，但因为认识到生物技术将成为解决我国粮食问题的一个主要方法和高技术革命的一项主要内容，政府给予了密切关注和优先资助，在国家科技攻关计划、自然科学基金、火炬计划中生物技术都被列为优先发展的项目。特别是在863计划的推动下，生物技术开发体系逐步在农业、医药、轻化工、环保、海洋等领域形成，建成了一批国家重点实验室、工程研究中心等研究开发基地，为构建我国生物技术自主创新体系提供了较好的条件。目前我国转基因农作物田间试验和商品化生产的面积已位居世界第4位。中国发展基因技术在确保农业生产稳定、维持社会稳定和提高农民生活水平方面具有重要的意义。

第二，构建我国生物技术自主创新体系有利于从源头上确定和排除生物技术所带来的生物安全隐患。例如，1998年3月，美国专利和商标局批准了一项由美国农业部和DPL（Delta and Pine Land）公司联合申请的终结者技术（terminator technology）专利。利用这个专利技术可使作物第一年种植获得的种子不育，在第二年种植时，种子会自动死亡[②]。众所周知，留种是农业生产中极为重

---

① 刘谦，朱鑫泉．2002．生物安全．北京：科学出版社．17

② 参见：毛新志．2005．转基因食品的伦理审视．武汉：湖北人民出版社．212

要的关键性环节。如果在我国的农业生产中使用或误用了“终结者”种子，或者由于花粉的传播造成了生态风险，其所造成的经济损失和社会影响都将是难以估量的。虽然，国际农业研究磋商小组(CGIAR)于1998年10月明确提出禁止该项技术，“孟山都”公司也宣布不把该技术商业化，可是真正要从源头上确定和排除生物技术所带来的生物安全隐患，必须加速构建我国生物技术自主创新体系。

第三，构建我国生物技术自主创新体系是构建我国和谐社会框架下的社会安全运行机制的必然选择。生物技术对我国的社会稳定、经济繁荣、人民的生活水平和生活质量的提高都具有重大的影响。是否能够迅速构建我国高水准的生物技术自主创新体系，不仅直接关系到我国的生物技术安全，同时影响到我国全面建设小康社会、加快推进社会主义现代化建设和构建和谐社会的宏伟战略目标。

4. 构建我国和谐社会框架下的生物技术自主创新体系的设想

第一，生物技术安全性范式。

生物安全是指对现代生物技术的开发和应用可能产生的负面影响（即对生物多样性保护和持续利用、生态环境保护和人体健康产生潜在有害影响）所采取的有效预防和控制措施，从而达到保护生物多样性、生态环境和人体健康的目的。

生物安全和生物危险是在特定的阈值范围内的一对相互依存并且此消彼长的共轭变量。忽视生物危险，则生物安全的程度就会降低，而加强了生物安全的防范，生物危险就会减少。

生物安全取决于与生物危险的发展的速度之比，它涉及以下内容：生物技术自身发展速度，对潜在危险因素的理论研究与实际检测发展速度、对生物危险因素的控制程度和反应速度，社会安全运行机制的完善程度和反应速度。

生物技术的安全性在于掌握它的作用机制和控制机制的精确性：“外源基因作用机制—体内基因活性表达条件—人体健康安全机制。”

生物技术的安全性在于掌握人类生态系统的演化速度、人类食物演化趋势、人体对食物的适应度及其演化趋势、人体对生物技术产品适应程度和速度、不同食物种类之间的平衡。

生命的重要本质之一是自我繁殖，转基因植物在遗传育种方面的稳定性和安全性是生物技术安全性影响农业粮食安全性的核心和关键。

生物多样性是生物安全的屏障，克服转基因作物的单一性、易于灭绝，也是生物技术多样性安全体系的重要内容。

第二，生物技术安全的自稳态机制。

美国生理学家坎农（W. B. Cannon）于1926年提出了“内环境自稳态”（homeostasis）的概念，认为它是保持生命机体内大多数器官和组织处于稳定状态的协调一致的生理过程，这种机制是所有生命结构普遍具有的与非生命结构相区别的本质特征。它高度概括了保持生命有机体内环境恒定的生理—生化反应过程中多渠道和多层次调控的协同和统一[①]。由于生物技术的目标、载体、过程和产物和作用对象都与生命过程密切相关，所以确保生物技术安全的体系应该采用由前馈和反馈组成的“双向双重控制”的自稳态机制。自稳态机制是一种区别于外部指令控制模式的、自组织性的内部自动控制机制：

前馈是指事先备有直接应对生物危险突发事件或渐变事件的多层次多渠道的预程序（紧急预案系统）。

反馈是指根据启动预程序应对生物危险具体事件后的反应再做新的调整应对。

“双向控制”是指为了维持生物技术安全“中性适度”所要求的最适状态，从可能发生偏离的正负两种相反的方向实施控制。

“双重控制”是指在调控作用的范围上分别从宏观全局和微观局部、调控作用的渠道上分别从快速高效与慢速持久实施控制。

生物技术安全性底线是维持地球村圈层关系演化中作为子系统的“社会圈”与作为大系统的“生物圈”之间的非线性相互作用的“相容性阈值”。

第三，生物技术自主创新体系的社会体制化运行。

①建立生物技术安全的“自主理论研究—自主技术开发和技术推广—自主生产—自主市场营销”一体化机制；②建立包括社会各层面和各系统的生物技术安全中性评价机制；③建立生物技术安全的全程监控机制，包括受体生物、基因操作、遗传工程体及其产品的生物学特性、预期用途和和接受环境（基因工程工作所涉及的生物及其基因种类、来源、结构、功能、用途、接受环境）；④建立生物技术安全的风险预警机制；⑤建立生物技术安全的社会防范应急机制；⑥建立生物技术安全的全球协调机制，包括国际法规协调、运行接轨、研究协调准则、协调渠道等。

9.4 人的社会价值与人格尊严

9.4.1 人的生命是自然属性与社会属性为基础的多样性统一

1. 人的自然属性是人生命价值的前提和基础

人的自然属性的观点反映了古今中外唯物主义思想传统中关于生命本质的观念，特别是反映了达尔文生物进化论的思想成果。古希腊哲学家德谟克利特（Democritus）从他的唯物主义原子论出发，认为世界上的一切事物（人是万物中的一种）都是由永远运动着的原子组成的。当人的灵魂原子和肉体原子结合在一起时，人的生命就产生了而当灵魂原子同肉体原子分离时，人的生命也就结束了。人的生命的自然属性不过就是特殊原子物质运动在社会时空中的表现。中国

① 参见：曾健，张一方. 2000. 社会协同学. 北京：科学出版社

古代思想家关于“人之初性本善”或“人之初性本恶”的观点，也是从人的自然属性来定义人的本质。关于人的生命的产生，汉代王充认为是一个自然作用的过程：天地合气，人偶自生也。犹夫妇合气，子则自生矣。人的自然属性从人的生物学生命的角度揭示了人的生命在自然系统演化中的位置。人隶属于生物进化分类系统中的中脊椎动物门、哺乳类、灵长目、人属，在人的生命有机体包含着生命进化30亿年信息成果的积累。正是这一套独特的遗传物质把人与其他物种从生物学的领域中区别开来。

2. 人类生命的理性本质——思维着的精神是自然属性的最高体现和对生命价值自我意识的基础

古希腊的哲学家亚里士多德认为人所特有的理性本质是区别人与其他物种的基础。他认为人的本质绝不仅是拥有生命。因为甚至植物也有生命。我们所求解的，仍是人特有的功能。因此，生长养育的生命，不能算作人的特殊功能。其次，有所谓的感觉生命，也不能算做人的特殊功能，因为甚至马、牛及一切动物也都具有。人的特殊功能是根据理性原则而具有理性的生活。人的理性本质是人的道德能力的基础。中国古代哲学家孔子用“性相近，习相远”作为在自然属性区分人与其他生物物种的尺度，以及在社会属性中人与人相互区别的尺度。“性相近”既可以理解为人与其他生物物种之间所具有共同的自然属性（生物属性），也可以理解为人与人之间在所具有共同的自然属性（生物属性）。“习相远”也既可以理解为人与其他生物物种之间所具有社会属性的差别，也可以理解为人与人之间在所具有社会属性的差别。人与动物和植物之间的生物属性的差别是构成人类的生命内在价值的基础，人与人之间社会属性的差别则是构成每一个生活在社会中的具体的、历史的人的生命内在价值的基础和自我尊严的基础。人的生命本质的基础是自然属性与社会属性的统一，而人的理性本质（不仅仅是思维的能力，还包括思维的客观内容与主观形式）则是这个统一的集中反映，因为意识是人类生命最重要的本质特征。

3. 人的生命价值与生命尊严的现实基础——人类生命的社会实践本质

人类生命出现之前的自然界是自在的世界，人类生命出现之后的自然界是属人的世界（人类世界）。自在世界是无目的、自发运动的；而人类世界则是有目的的、自觉发展的；自在世界无主体、无意识，因而没有价值取向（包括高等动物也不存在自身的生命价值取向）；而人类或个人的生命则具有自身的内在价值取向；自在世界是自因的，支配它的仅是物的尺度，即它自身的规律，而人类世界则是既有内因，也有外因，支配它的是物的尺度和人的尺度的统一。自在世界与人类世界相区别的最重要特征，同时也是自在世界与人类世界相统一的桥梁和纽带都在于人类生命所特有的社会实践本质；人的生命价值与生命尊严的现实基础也在于人类生命的社会实践本质。人类的生命与动物的生命其根本的区别点在于他们以不同的生存方式去与他们所生存的客观世界发生关系。动物是以被动服从的方式去顺应周围世界。人则是以主动认识、发明创造的方式去改造世界。人越来越生活在一个人化了的自然界中。人与动物虽同时生活在同一个自然界中，但他们对待自然界的行为方式却截然不同。动物的行为活动完全是一种受生命本能的原始欲望所支配的本能活动。而人的行为活动则是受意识支配的有目的、有计划、有措施、有步骤的理性活动。人的实践本质表现为：第一，人是社会的存在，社会是人的生命价值与生命尊严展现的舞台。人一旦与社会隔离，其生命价值与生命尊严就丧失了意义。第二，人是文化的存在，文化是人生命价值与生命尊严赖以依存的生态环境。人的生命是自然进化与文化进化并协的产物。第三，人是历史的存在，人类的发展史和个人的生活史是其生命价值与生命尊严的写照。

9.4.2 医学道德中的生命神圣论

生命神圣论（solemn league of life）是从医学传统道德到社会一般道德中的一条最基本的原则。无论是西方还是中国，义务论和美德论都是传统医学伦理学的核心理论，而生命神圣理论就是义务论和美德论的一种表现。医学道德的发展史与医疗实践的发展史一样长久。当医学从原始的宗教和巫术中脱胎而出时，同时引发了两个颇有意义的结果：一是利用自然哲学的理论来解释人的生命和人的健康与疾病产生的真正的医学理论体系；二是把对神的敬仰转化为对人的尊重，把健康从上帝的恩赐转化到人类自身，产生内在的医学伦理。这种医学伦理的核心思想就是生命神圣论的思想，它的基本信条是“生命至重，贵于千金，一方济之，德逾于此”。它要求医家在医疗实践中，一方面无条件维持人的生命（而且指的是人的生物学生命），生命是绝对不能侵犯的禁区。生命是神圣的，因此，我们不能结束自己和别人的生命。在任何情况下，保存生命、延长生命是医生的天职，是医学道德的根本要求。另一方而，又无条件地反对死亡，即使是那些不可避免的死亡，也要加以绝对的反对。

9.4.3 功利主义生命观——生命质量论

功利主义是一种强调人的行为的功利后果和对他人、对社会的普遍功利效用，并以此作为对人的行为道德价值判断和评价根据的伦理学理论体系。追求“最大多数人的最大幸福”是代表和反映这种伦理思想本质的著名的功利原则，继而发展出的后果主义和福利主义构成了现代功利主义伦理学两大基本结构的特征。后果主义表明了现代功利主义伦理学关于道德义务的观点，认为人的行为的正当性、应当性是由它的后果的价值所决定的，而不是由某种先验的原则所决定的；福利主义表明的是现代功利主义关于道德价值的观点，就是认为行为后果的价值是由它所产生的福利或人的偏好的满足所决定的，这就产生了利用衡量质量的高低来判断生命的好坏的生命质量理论。

生命质量论（qualjty of life）是在认同生命神圣的基础上，把注意力集中在对生命质量的考察，主张医学不仅在于保存人的性命，更重要的是要努力提高、增进人的生存质量的观念。人不仅要活着，更重要的是要活得幸福、美满。这就决定了人的生活离不开一个高质量的生命。生命质量论伦理观一个基本道德信条是：尊重人的生命，接受人的死亡。这里，尊重人的生命强调的是尊重有价值的、有质量的人的生命；同时，把接受人的死亡看成是尊重人的生命的基本内容。这是与生命神圣论的最大区别点。

9.4.4 生命价值论

医学对待人的生命、处置人的问题，医务人员的行为指向，其着力点和重心不应只是放在人的生物学生命方面：更应关注人的社会生命即人格生命的存在。存在主义伦理学深刻地认识到并紧紧抓住了人们价值观念和情感深层危机背后的人的现实，存在主义思想家们把这种现实提升到哲学本体论高度和伦理学的核心地位，人的价值、异化、价值关系、行动（选择、谋划等）、责任以及各种复杂的心理经验结构和情感状态，不仅占据了存在主义伦理思想的全部构架，而且成为其伦理学的基本主题。生命价值理论正是构建在存在主义、价值哲学、价值伦理学的基础之上的，既不是绝对的神圣，也不是简单的量化，而是对生命本身“意义”的追寻，更加地贴近生命的本质。这种把生命神圣与生命质量相统一的崭新的生命伦理观，即生命价值论正在成为当代医学道德的主导思想，成为当代人类对人的生命的控制和死亡控制的主要依据。生命价值论是把人的生命的物质价值、精神价值和人性价值作为衡量生命的个体效益和社会效益的尺度的一种伦理理论。因此具有了现实的批判性、人学精神、价值意识以及对人的关切的道德责任感。生命价值理论的力量就在于是对原有理论的否定性批判与继承，也就是所说的“重估一切价值”。在对于生命问题的探讨中，由于对象就是人的生命本身，所以很难去分清什么是实然与“应然”。生命价值理论力图消弭这二者之间的距离，并在二者之间架立起一座桥梁。也就是说，生命之所以神圣和具有神圣性在于它具有功效性，这种功效性最终表现为它的价值性，是由它的价值性的大小来体现的。同样，生命质量的高低也是与人的功效性密切相关的，最终也是由人的生命价值性的大小来表达的。

人的生命是一个渐进、持久并逐渐衰亡的过程，生命价值融于这一过程之中，因此，生命价值具有大小高低之分。判断生命价值的高低或大小可从两个方面考虑：①生命的内在价值，它是由生命的质量所决定的，它是判断生命价值的前提和基础；②生命的外在价值，它是由人格生命来体现的，即某一生命对他人、对社会和人类的意义。它是对生命价值做出判断的目的和归属。

生命的内在价值（internal value）与生命的外在价值（external value）并非一定呈现出正比例发展的趋势。人的生命的外在价值的实现是一个渐进发展的过程。用生命价值观去指导医疗实践，实际上是要求用动机与效果相统一的观点作指导，既要看到人的生命的内在价值，也要看到生命的外在价值，既要重视生命的生物学生命的存在，又要重视人的人格生命的社会意义，这是生命价值论的核心所在。人的生命价值是一个价值过程告诉我们：在医疗实践中，不能以个体生命的某一阶段或某一时期来判断人的生命价值。一个新生儿，尽管他的生命外在价值在婴儿时期几乎为零，但也不能因此结束其生命。否则，我们就犯了人的生物学生命与人的人格生命相脱离的错误。同时，在特定的情况下，医学除了努力去延续一些生命的衰亡过程外，还必须担负起责任去决定采取行动加速某些生命的衰亡过程。

从生物学的角度来说，每一个生命都有独一无二和无可替代的价值。但是，从社会的角度，衡量一个人的生命价值大小主要是看他对社会的贡献而不是索取。人最宝贵的是生命，生命属于我们每个人只有一次。人的一生应该这样来度过，当他回首往事的时候，不因虚度年华而悔恨，不因碌碌无为而羞耻。当生命停止的时候还能以你所创造的一切继续为人类服务，将其有限的生命投入无限的为人民服务之中。

9.4.5 人的尊严[①]

（1）生物学意义上“人的尊严”，指的是人的生命形式所享有的、区别于物和其他生命形式的一种特殊的尊贵和庄严，亦可准确地称之为“人的生命尊严”。构成这种尊严的必要条件是以生物学意义上的人为主体。最起码的条件就是具有人的基因组和人的生命特征。只要是基于人类基因组形成的个体生命（类似于法律上的自然人），不再需要附加其他任何条件，勿论其肤色、种族、信仰如何；也不论其智力、体力、性别、年龄不同，都享有人的生命尊严。哪怕是一个残疾人、一个精神病人、一个弃婴、一个战俘，其生命也有人之为人的那份尊贵，别人都不能非法剥夺、残害之，社会也应给予尊重和保护。可见，作为人的生命的尊严，是最低层次和最大范围的人的尊严；在具体情景下，生物学意义上人的尊严总是针对个人的，而不是抽象的人类，但它所涉及的范围或外延又是整个人类。

历史上，作为人的条件是有变化的，享有生命尊严的人的范围也随之变化。

① 本节的编写参考和引用：韩跃红．2005．护卫生命的尊严——现代生物技术中的伦理问题研究．北京：人民出版社．342-344

在1787年的《美国联邦宪法》和1789年法国的《人和公民权利宣言》中，只有成年白种有产者才具备完整的生存和发展权利。伏尔泰称黑人是动物。启蒙思想家把是否有理性作为人的必要条件，于是，理性还没有得到发展的新生儿、丧失理性的精神病人和昏迷病人，甚至被认为没有理性的女人都可能被置于人的范畴之外，其生命得不到应有的尊重和保护。德国纳粹把人定义为“人民同志”，排除非德意志血统或不为德意志人和帝国服务的人；日本军国主义者宣传支那人是猪。他们根本不把犹太人、支那人和抵抗者当作人来对待，而是极尽虐待、残杀之能事，或在“实验”中将其摧残而死。血的教训一再说明，如果在伦理和法律上，对人的生命概念附加生物学以外的其他条件，就会使一部分人丧失生命的尊严，就会导致许多罪恶和苦难。我们在哲学上可以把人的完整性概括为生物、心理和社会三种属性，却不能将此概念推延到伦理判断和法律实务中去，否则，那些心理不健全的、被家庭遗弃的人，是不是就丧失了生命的尊严？“人的生命尊严”中的“人”的外延逐渐扩大、标准不断降低是历史进步和文明发展的表现。

（2）心理学意义上“人的尊严”，指的是人的自尊意识和自尊心理，是由于人认识到自己的主体地位和社会价值而产生的自尊心和自豪感，亦可准确地称之为人的心理尊严。人的心理尊严的来源比较复杂，可以出于自爱和自尊；可以是对自己的存在和社会价值的自我肯定；也可以来自用身份、权势、金钱等世俗评价标准进行自我评价而引起的自豪感和光荣感；还可以源于为他人和社会做出贡献而感受到的快慰与满足。可见，心理学意义上“人的尊严”，作为人的一种自我意识，具有个体差异性的突出特点，是属于个人的精神特质。马克思认为“尊严就是最能使人高尚起来”、“并高出于众人之上的东西”。法学界也有学者指出，人的尊严是“公民基于自己所处的社会环境、地位、声望、工作环境、家庭关系等各种客观条件而对自己的社会价值的自我认识和评价”。他们所指的就是人的心理尊严。正是从心理学意义上理解人的尊严，马克思和恩格斯批评那些不感到自己是人的人，就像奴隶和马匹一样，没有任何人的思维和尊严。

（3）社会学意义上“人的尊严”，是与个人建立了社会关系的他人、群体和社会对个人给予的价值承认和尊重，亦可称之为人的社会尊严。人的社会尊严所表达的是“尊严”一词的另外一层含义——令人尊敬、敬畏、独立而不可侵犯的地位或身份。人的心理尊严和社会尊严都是以个人的社会价值为基础，个人享有的“尊严”高低是因人而异的。这是它们之间的相同之处，也是区别于人的生命尊严之处。但人的心理尊严和社会尊严之间的差异也是显而易见的。心理尊严是个人的自我评价和自尊心理，社会尊严是针对个人的社会评价和社会承认；心理尊严是一种主观自在的意识或体验，社会尊严则是通过人的地位、待遇、名望等所反映出来的一种客观状况；心理尊严类似于个人的“荣誉感”，社会尊严类似于个人实际享有的“威信”或“权威”。“荣誉感”取决于自己，“威信”或“权威”最终取决于社会，是个人不得不面对的实际。有的学者把人的尊严理解为

“公民作为一个人所应有的最起码的社会地位并受到社会和他人的最起码的尊重”，实际上讲的就是人的社会尊严。

人的心理尊严和社会尊严反映的都是对个人的社会价值的评价，只是评价主体不同而已。理想的情况应当是：一个人的社会价值与其心理尊严和社会尊严之间保持基本一致。一个公正的社会也应当努力使三者趋于一致，使那些对社会做出较大贡献的个人相应地得到社会较大的尊重与回馈，使之享有较高的心理尊严和社会尊严。

本章小结

生命伦理学是生命科学哲学的重要组成部分，是文理兼融的交叉性综合学科。从理论来源上来看，生命伦理学的科学基础主要是生命科学和医学科学；从理论框架上来看，生命伦理学是应用规范伦理学的一个分支学科。生命伦理学凸现了当前科学界和社会公众对科学技术研究的正当性、社会后果的严重关注，尤其是对科学技术研究成果的运用对人类生命和生态环境所产生的负面影响的焦虑。

正像死亡是生命不可分割的组成部分一样，死亡学（thanatology）也同样是生命科学哲学不可分割的组成部分。由于人的生命作为一种社会存在已经超越了生物存在的范围，因此人的生死就成了单纯依靠生命科学和医学所不能解决的问题，必须要有生命科学哲学的参与。

正视死亡与珍惜生命是对立面的统一：正视死亡是珍惜生命的理论前提，只有正视死亡才能做到真正地珍惜生命；同时也只有了珍惜了生命也才能真正正视死亡。艺术化方式与科学技术化方式，是人类超越生物体生命形式局限性的存在方式。人的社会价值与其心理尊严和社会尊严之间应该保持基本一致。一个公正的社会也应当努力使三者趋于一致，使那些对社会做出较大贡献的个人相应地得到社会较大的尊重与回馈，使之享有较高的心理尊严和社会尊严。

思考题

1. 怎样看待当前生命伦理学领域中的争议？
2. 怎样才能做到珍惜生命？
3. 怎样看待人类生存的生物方式与技术化方式？
4. 怎样看待人的价值与尊严？

结束语　在对生命真谛的认识中寻求科学理性与人文精神的统一

我们这颗蓝色行星上最美丽的生命花朵是人类思维的精神。对人类生命的关注，是当代自然科学、人文科学和社会科学相互交叉、渗透与融合的平台，也是科学理性与人文精神在当代结合的纽带。

科学是以实验和逻辑为主要手段探索自然奥秘的活动。近代科学的诞生是人类进入理性社会的重要标志之一。科学促进人类的生产方式、生活方式、思维方式和行为方式从经验模式向理性模式的根本性转折。本书编著者所理解的科学理性，就是与哲学的纯粹思辨相对的，建立在科学活动及其成果的可观察性、可操作性和可验证性基础上的思维的合规律性与可推导性。科学理性是在观念意识层面上对整个科学活动过程的实质与核心的全面概括和最高抽象，是科学目的、科学观念、科学态度与科学方法的内在统一。科学是追求主观与客观相符合的认识过程。科学理性精神的核心是“实事求是”。简言之，就是“求真贵确”。生命科学，是关于生命的知识体系，是在科学这种认识模式下对生命这一系统存在方式的外在现象和过程以及内在机制与规律做出描述、解释与预见等形式的理论表达。作为科学理性的表征，生命科学旨在真实地揭示、解释和预见生命的自然奥秘。

生物学（biology）一词出现于 19 世纪，而作为生命科学哲学价值观萌芽的人文主义精神中的人文主义（humanism）一词出现于 19 世纪早期。二者都根源于欧洲文艺复兴运动。人文主义传统是一种既有别于神学传统又有别于与它同时起源于欧洲文艺复兴运动中的自然科学体系的新的思想观念体系。人文主义认为，人本身是价值的原点，是最高的价值，是一切事物的价值尺度。人文精神的核心是倡导对人的尊重、关心和爱护。人是生命最复杂的载体，懂得生命的规律与尊重生命的价值，无疑是对人的尊重、关心和爱护的前提和基础。生命科学的成果是一柄利害兼备的双刃剑。生命科学哲学的人文精神旨在让生命科学的成果恩泽于苍生，造福于人类，而把危害降到最低程度。

生命是一个不可分解的基本事实，揭示生命真谛的科学理性与人文精神也同样是内在统一的。从起源上来说，科学理性与人文精神在文艺复兴运动中相伴而生。从结构与功能上来说，关注生命规律意识的科学理性与关注生命价值观念的人文精神同样不可或缺。没有科学理性为人类认识生命世界所提供的规律性知识体系，对生命的敬畏和对人的尊重就是空洞的；没有人文精神为人类对这些规律性知识体系的运用提供的精神价值导向，对生命的敬畏和对人的尊重就是盲目的。虽然生命科学因其在人类社会中的作用和地位日益凸现而为世人耳熟能详，但是不仅目前还令人感到很陌生的生命科学哲学的作用和地位却不能为生命科学所完全替代，而且更重要的是，对生命科学发展的基础、规律和方向的审视和反思以及对生命科学成果意义的阐明和理解等都离不开生命科学哲学的功能。

地球，这颗蓝色行星因生命的生生不息而美丽；人类，这一智慧生命形态也因对生命本质的认识和对生命价值的卫护而崇高。

本书徐徐划上了句号。掩卷静思，心头不由得涌上宋代理学家朱熹的《观书有感》："半亩方塘一鉴开，天光云影共徘徊。问渠哪得清如许，为有源头活水来。"①

① 缪钺等．1987．宋诗鉴赏辞典．1978．上海：上海辞书出版社．1117

参 考 文 献

[奥]埃尔温·薛定谔. 2003. 生命是什么. 罗来鸥,罗辽复译. 长沙:湖南科技出版社

[奥]路德维希·冯·贝塔朗菲. 1999. 生命问题——现代生物学思想评价. 吴晓江译. 北京:商务印书馆

[德] 艾根 M,舒斯尔特 P. 1990. 超循环论. 曾国屏,沈小峰译. 上海:上海译文出版社

[德]H. 莱欣巴赫. 2004. 科学哲学的兴起. 伯尼译. 北京:商务印书馆

[德]汉斯·波塞尔. 2002. 科学:什么是科学. 李文潮译. 上海:上海三联书店

[德]库尔特·拜尔次. 2001. 基因伦理学. 马怀琪译. 北京:华夏出版社

[法]阿尔贝特·施韦泽. 2001. 敬畏生命:五十年来的基本论述. 陈泽环译. 上海:上海社会科学院出版社

[法]埃米尔·诺埃尔. 2000. 今日达尔文主义. 朱小洁译. 北京:北京大学出版社

[法]米歇尔·莫朗热. 2002. 二十世纪生物学的分子革命——分子生物学所走过的道路. 昌增益译. 北京:科学出版社

[法]雅克·莫诺. 1977. 偶然性与必然性:略论当代生物学的自然哲学. 外国自然科学哲学著作编译组译. 上海:上海人民出版社

[加]许志伟. 2006. 生命伦理:对当代生命科技的道德评估. 北京:中国社会科学出版社

[美] 迈尔 E. 1992. 生物学哲学. 涂长晟等译. 沈阳:辽宁教育出版社

[美] 迈尔 E. 1990. 生物学思想发展的历史. 涂长晟等译. 成都:四川教育出版社

[美]坎贝尔,海尔. 2004. 探索:基因组学,蛋白质组学和生物信息学. 孙之荣主译. 北京:科学出版社

[美]洛耶 D. 2004. 进化的挑战:人类动因对进化的冲击. 胡恩华等译. 北京:社会科学文献出版社

[美]艾伦 GE. 1985. 二十世纪的生命科学. 谭茜等译. 北京:北京师范大学出版社

[美]彼得·辛格. 2005. 实践伦理学. 刘莘译. 北京:东方出版社

[美]戴尔·雷彻. 2001. 起源之战. 陈蓉霞译. 南昌:江西教育出版社

[美]洛伊斯·N. 玛格纳. 2002. 生命科学史. 李难等译. 天津:百花文艺出版社

[美]托马斯·库恩. 2003. 科学革命的结构. 金吾伦,胡新和译. 北京:北京大学出版社

[美]约翰·西蒙斯. 2006. 历史上最具影响力的科学家排行榜:科学家 100 人. 王旨燕,姜栋译. 北京:当代世界出版社

[美]詹腓力. 1999. 审判达尔文. 北京:中央编译出版社

[日]铃木善次. 1985. 生物学史话. 张友栋等译. 石家庄:河北人民出版社

[英]P. 卡洛. 1982. 生物机器——研究生命的控制论途径. 北京:科学出版社

[英]弗朗西斯·克里克. 1994. 狂热的追求——科学发现之我见. 吕向东,唐孝威译. 合肥:中国科学技术大学出版社

[英]卡尔·皮尔逊. 1999. 科学的规范. 李醒民译. 北京:华夏出版社

[英]理查德·道金斯. 2005. 盲眼钟表匠. 王德伦译. 重庆:重庆出版社

[英]罗素. 2004. 哲学问题. 何兆武译. 北京:商务印书馆

[英]伊·拉卡托斯. 科学研究纲领方法论. 兰征译. 上海:上海译文出版社

爱因斯坦. 1976. 爱因斯坦文集. 第一卷. 北京:商务印书馆

北京大学生命科学学院编写组. 2000. 面向 21 世纪课程教材:《生命科学导论》. 北京:高等教育出版社

贝尔纳. 1982. 科学的社会功能. 陈体芳译. 北京:商务印书馆

贝尔纳. 1981. 历史上的科学. 北京:科学出版社

波普尔. 1992. 科学知识进化论. 纪树立编译. 北京:三联书店

董国安. 1998. 生物学哲学:生物学理论的建构方法. 哈尔滨:哈尔滨出版社

高崇明,张爱琴. 2004. 生物伦理学十五讲. 北京:北京大学出版社

桂起权等.2003.生物科学的哲学.成都:四川教育出版社
郭贵春.1991.当代科学实在论.北京:科学出版社
胡文耕.2002.生物学哲学.北京:中国社会科学出版社
黄钢等.1998.生物医学伦理学.杭州:浙江教育出版社
江天骥.1984.当代西方科学哲学.北京:中国社会科学出版社
雷毅.2000.生态伦理学.西安:陕西人民教育出版社
李建会.2002.与真理为友——现代科学的哲学追思.上海:上海科技教育出版社
李建会.2004.走向计算主义 数字时代人工创造生命的哲学.北京:中国书籍出版社
李建会.2006.生命科学哲学.北京:北京师范大学出版社
刘次全等.1989.量子生物学引论.北京:科学出版社
刘杰.1999.科学的形而上学基础及其现象学的超越.济南:山东大学出版社
刘学礼.2001.生命科学的伦理困惑.上海:上海科学技术出版社
罗辽复.1994.物理学家看生命.长沙:湖南教育出版社
毛新志.2005.转基因食品的伦理审视.武汉:湖北人民出版社
倪慧芳,刘次全,邱仁宗.2000.21世纪生命伦理学难题.北京:高等教育出版社
潘永祥,李慎.1996.自然科学发展史纲要.北京:首都师范大学出版社
彭新武.2005.造物的谱系——进化的衍生、流变及其问题.北京:北京大学出版社
钱俊生等.2000.生命是什么——人类基因组计划及其对社会的影响.北京:中共中央党校出版社
孙小礼.2003.文理交融——奔向21世纪的科学潮流.北京:北京大学出版社
童第周.1980.生物科学与哲学.北京:中国社会科学出版社
托马斯·库恩.1981.必要的张力——科学的传统和变革论文选.福州:福建人民出版社
王延光.2003.中国当代遗传理论研究.北京:北京理工大学出版社
吴彤等.2004.科学技术的哲学反思.北京:清华大学出版社
吴相钰.2005.陈阅增普通生物学.第三版.北京:高等教育出版社
雅·布伦诺斯基.2002.科学进化史.李斯译.海口:海南出版社
余谋昌等.2004.环境伦理学.北京:高等教育出版社
翟晓梅,邱仁宗.2005.生命伦理学导论.北京:清华大学出版
张春美.2006.DNA的伦理地位.上海:上海书店出版社
中国科学院生物多样性委员会.1997.生物多样性译丛(三).北京:科学出版社